Klaus von Beyme

Die politischen Theorien der Gegenwart

Klaus von Beyme

Die politischen Theorien der Gegenwart

Eine Einführung

8., neubearbeitete und erweiterte Auflage

Westdeutscher Verlag

Die Deutsche Bibliothek – CIP-Einheitsaufnahme
Ein Titeldatensatz für diese Publikation ist bei
Der Deutschen Bibliothek erhältlich

1.-6. Auflage erschien im Piper Verlag, München.
7. Auflage 1992
8. Auflage Oktober 2000

Alle Rechte vorbehalten
© Westdeutscher Verlag GmbH, Wiesbaden, 2000

Der Westdeutsche Verlag ist ein Unternehmen der
Fachverlagsgruppe BertelsmannSpringer.

Das Werk einschließlich aller seiner Teile ist urheberrechtlich geschützt. Jede Verwertung außerhalb der engen Grenzen des Urheberrechtsgesetzes ist ohne Zustimmung des Verlags unzulässig und strafbar. Das gilt insbesondere für Vervielfältigungen, Übersetzungen, Mikroverfilmungen und die Einspeicherung und Verarbeitung in elektronischen Systemen.

www.westdeutschervlg.de

Höchste inhaltliche und technische Qualität unserer Produkte ist unser Ziel. Bei der Produktion und Verbreitung unserer Bücher wollen wir die Umwelt schonen: Dieses Buch ist auf säurefreiem und chlorfrei gebleichtem Papier gedruckt. Die Einschweißfolie besteht aus Polyäthylen und damit aus organischen Grundstoffen, die weder bei der Herstellung noch bei der Verbrennung Schadstoffe freisetzen.

Umschlaggestaltung: Horst Dieter Bürkle, Darmstadt
Druck und buchbinderische Verarbeitung: Langelüddecke, Braunschweig
Printed in Germany

ISBN 3-531-32361-X

Inhalt

Vorwort 7

Einleitung 11
  1. Definitionen 11
  2. Metatheorien und ihr Einfluß auf die Theoriebildung
     in der Politikwissenschaft 14
  3. Stadien der Entwicklung der politischen Theorie 18
  4. Geographie des Paradigmawechsels 22
  5. Theorie und Methode: Ebenen der theoretischen
     Analyse 25

I. Metatheoretische Grundlagen politischer Theorien 39
  1. Normative Theorien 39
    a) Politische Theorie als praktische Philosophie 39
    b) Politische Gründe für Niedergang und Wiederaufstieg
    normativer Theorien der Politik 50
  2. Empirisch-analytische Theorien 69

II. Methodische Ansätze politikwissenschaftlicher
    Forschung 87
  1. Der historische Ansatz 88
  2. Der institutionelle Ansatz 97
  3. Der behavioralistische Ansatz 111
  4. Der funktionalistische Ansatz 122
  5. Der Rational Choice-Ansatz 136
  6. Die vergleichende Methode 151
    a) Der Wandel des Stellenwerts der vergleichenden Methode 151
    b) Vom Polity- und Politics- zum Policy-Vergleich 155
    c) Vorarbeiten für den Vergleich: Klassifikationen,
    Typenbildung, Modelle 159
    d) Das geographische Substrat der typologischen Vorarbeit 164
    e) Vergleichende Analyse von Aggregatdaten 168

III. Grundbegriffe der politischen Theorie 179
Integrations- und Ordnungsmodelle 181
1. Der Staat 181
2. Die Macht 194
3. Das politische System 203
4. Politische Kultur 222
5. Demokratie 234
   a) Grundlagen der Demokratie 237
   b) Die Konsolidierung der neuen Demokratien 245
   c) Von der Partizipationsromantik zur zivilgesellschaftlichen reflexiven Demokratie 254
Konfliktmodelle 270
6. Gruppenpluralismus 273
   a) Der Neopluralismus 277
   b) Der Olsonsche Ansatz der Theorie des kollektiven Handelns 278
   c) Public Interest Groups 279
   d) Der Neokorporatismus 281
   e) Netzwerkpluralismus 285
   f) Die neue Ironie des Staates: eine starke Gesellschaft stärkt den maroden Staat 291
7. Theorien des Klassenkonflikts 296
8. Elitentheorien 310

Rückblick:
Zur Dynamik des Wandels politischer Theorien 337

Register 357

Tabellen und Grafiken

Matrix: Theorieansätze und methodische approaches der
  Theoriebildung 27
Tabelle II.1: Typologien in den Sozialwissenschaften 162
Schema: Zuordnung von politischen Ordnungsfunktionen,
  Staatsformen und Formen des Gesetzes 192
Matrix III.1: Gleichheit und Ungleichheit der Citizenships 265
Matrix III.2: Typologie der Policy-Netzwerke 287
Matrix III.3: Typologie der Netzwerkstrukturen in der
  Interessenartikulation 290

Vorwort

Die Theorien der Politik der Gegenwart sind in der Regel Theorien mittlerer Reichweite. Die großen Makrotheorien, für die der Bereich Politik nur einen Teilbereich des gesellschaftlichen Gesamtsystems darstellt, sind meistens außerhalb der Politikwissenschaft entwickelt worden. Dort ist die politische Theorie stark abhängig von der soziologischen Theoriebildung. Der Verfasser hat sich mit diesen Makrotheorien an anderer Stelle auseinandergesetzt (von Beyme 1991).

Diese Einführung setzt sich einige andere Ziele als die bisher – vor allem auf dem amerikanischen Markt – vorliegenden Abrisse der politischen Theorie:
(1) Es wird versucht, die *Abstraktionsebenen stärker zu sondern*, als dies in den meisten amerikanischen Darstellungen der Fall ist, bei denen Argumente der metatheoretischen, theoretischen, methodologischen und forschungstechnischen Ebene häufig unvermittelt nebeneinanderstehen. Es sei nicht verschwiegen, daß dieser Versuch gelegentlich auch etwas Künstliches an sich hat, etwa wenn die metatheoretischen und theoretischen Annahmen des Funktionalismus vom Begriff des politischen Systems oder der Begriff der politischen Kultur von den Grundlagen des behavioralistischen Ansatzes getrennt werden. Dennoch wird dieser Versuch unternommen, weil die Approaches in der Forschungspraxis häufig nur eklektisch einsetzbar sind. Teile von Theorien und Methoden lassen sich in konkreten Forschungen rezipieren, ohne zugleich alle metatheoretischen Implikationen einer Theorie zu übernehmen, wie sich vor allem am Funktionalismus zeigen läßt (vgl. Kap. II.4).
(2) Der vielbeschworene *Methodenpluralismus* – von der linken Kritik gelegentlich als „Konzeptlosigkeit" angeprangert – wird seinen wissenschaftstheoretischen Grundlagen untreu, wenn er die marxistischen Theorieansätze nicht mit einschließt und wenn liberale Pluralisten im Namen Poppers zu diskriminieren, statt zu falsifizieren beginnen. Vom Standpunkt eines methodischen Pluralismus aus werden die einzelnen Theorien und methodischen Ansätze nicht ausschließlich nach ihrer logischen Schlüssigkeit, sondern auch nach ihrer

Fruchtbarkeit für die Detail-Forschung beurteilt werden müssen. Der Methodenpluralismus muß sich vor allem auf die Behandlung der wissenschaftstheoretischen Diskussion vor den engeren Grenzen des Faches Politikwissenschaft beziehen und muß auch die Beiträge der Normativisten und Dialektiker würdigen, die sich vom *mainstream* positivistischer Sozialwissenschaft fernhalten. Methodenpluralismus in diesem Sinn heißt jedoch nicht, daß die Methoden – und vor allem die metatheoretischen Positionen – beliebig gewählt und vertreten werden können und daß sich eine eigene Stellungnahme des Autors erübrigt. Die Position des Autors ist nach wie vor die eines Kritischen Rationalismus. Meine Auffassung des Kritischen Rationalismus ist jedoch durchgehend eine, wie sie Lakatos gegenüber Popper vertreten hat, der sich von dem Theorien-Killer-Sadismus eines rigorosen Falsifikationismus absetzte und den wirklichen Erfolg „nur durch konstruktive Kritik mit Hilfe konkurrierender Forschungsprogramme" entstehen sah (Lakatos/Musgrave 1974: 173). Damit war für den Verfasser eine Entwicklung zu einem konsequenten Theorienpluralismus nahegelegt, der keine Berührungsangst gegenüber anderen Ansätzen entwickelt, auch wenn er diese in vielen Bereichen nicht als haltbar ansieht. Die von mir bevorzugten Positionen sind seit der ersten Auflage dieses Buches von Paul Feyerabend (ehe er zum dezisionistischen Anarchisten wurde, der lieber Bürgerinitiativen als Wissenschaftstheoretiker zum Schiedsrichter über eine Theorie anrufen will) und von Helmut Spinner weiterentwickelt worden. Der Verfasser muß als Nichtphilosoph weiterhin jener „Außenstehende" im Streit der Wissenschaftstheoretiker bleiben, den Spinner (1974: 234) wohlwollend apostrophierte. Er wird sich andererseits aber auch durch Kritik nicht abschrecken lassen, für eine bestimmte Position zu optieren, zumal es im Lichte einer Analyse der politikwissenschaftlichen Theorie gute Gründe gibt, weder Poppers noch Kuhns Vorstellungen über die Entwicklung theoretischen Fortschritts zu folgen, die allzusehr von der Geschichte der Naturwissenschaften geprägt sind (vgl. dazu die Einleitung). In einer solchen Einführung wird der Autor daher eine Fülle von Theorien zu referieren haben, auch wenn er sie selbst und ihre metatheoretische Grundlage für problematisch hält. „Der pluralistische Prüfprozeß muß eintrittsmäßig offen und im ganzen mehr auf Verbesserung aller Standpunkte als auf das Herausprüfen der momentan schwächeren Alternativen angelegt sein" (Spinner 1980: 46). Die Diskussion widerstreitender und zum Teil kaum vergleichbarer Theorien erübrigt sich auch aus didaktischen Gründen nicht, weil es zum Glück immer noch eine Mehrheit von Studenten gibt, welche die verschiedenen Ansätze kennenlernen will, ehe sie sich für ihre eigene Weiterarbeit festlegt, und nicht wenige von denen, die sich bereits metatheoretisch festgelegt haben, bleiben an einer Auseinandersetzung mit den Gegenpositionen interessiert.

(3) Die *Geschichte des politischen Denkens* vor dem 20. Jahrhundert wird nicht pauschal als Vorgeschichte empirischer Theoriebildung ausgeklammert, und die Verbindungen moderner Modelle zu älteren Denkansätzen werden nicht übersehen. Ebensowenig huldigt der Autor jedoch dem *nothing-new-under-the-sun-approach* einiger Normativisten, für welche die Ideengeschichte gelegentlich die Funktion eines bloßen Waffenarsenals zur Abreaktion von Aggressionen gegen moderne politische Theorien angenommen hat.

(4) Das Bemühen um brauchbare wissenschaftliche Methoden und Denkansätze soll sich nicht im *Methodenpurismus* mancher Szientisten verlieren, denen logische Klarheit oder technologische Verwertbarkeit über anderen Werten wie „gesellschaftliche Relevanz" und „Humanität" zu stehen scheint. Wissenschaftliche Methoden und Denkansätze werden in ihrer Verbindung mit den Interessen und Machtstrukturen der Gesellschaft und des Wissenschaftsbetriebes gesehen, ohne daß der Aufweis solcher Verbindungen dazu benutzt wird, bestimmte Methoden als ideologisch eindeutig fixiert abzulehnen. Den methodologischen Puristen, die jeden wissenssoziologischen Hinweis auf den Einfluß von Herrschafts- und Kommunikationsstrukturen als einen den Gesetzen der Wissenschaftslogik unangemessen relativistischen Historismus ablehnen, sei versichert: Der Hinweis auf die Gefahren einzelner Denkansätze und Methoden in einem bestimmten historisch-gesellschaftlichen Kontext ist notwendig, aber er sagt über die Validität einer wissenschaftlichen Aussage nichts aus, da Genesis und Verwertung von Theorien niemals identisch mit ihrem wissenschaftlichen Gehalt sind.

(5) Eine Einführung, die nicht auf eine eigene Position verzichtet, kann gleichwohl nicht den Anspruch erheben, eine eigene konsistente Theorie der Politik zu entwickeln. Dies konnten auch umfassendere Werke wie Friedrichs ‚Man and his Government' (1963) nicht, die sich als „empirische Theorie der Politik" verstehen. Nicht einmal die Normativisten haben bisher eine solche entwickelt, obwohl es für sie

vergleichsweise am leichtesten wäre. Nur bei einigen Systemtheoretikern seit Easton wird eine integrierte politische Theorie in Umrissen sichtbar. Die Ausfüllung des Skeletts ist jedoch auch ihnen nur unvollständig gelungen. Die politische Theorie hat sich in einzelnen Gebieten rasch entwickelt, als *general theory* ist sie jedoch wesentlich weniger entwickelt als die soziologische oder die ökonomische Theorie. Dennoch ist es nicht zu früh, sich mit den zahlreichen Theorien in einzelnen Bereichen der Politik zu befassen, zumal der Verfasser sich zu denen bekennt, denen die Komplexität der politischen Welt in den eigenen Arbeiten mehr am Herzen liegt als die allzu eilfertige Reduktion dieser Komplexität durch einige „general theories".

Dieses Buch versteht sich als Beitrag zur Suche einer Politikwissenschaft zwischen einem Szientismus, der die Wissenschaft nur noch für Wissenschaftler treibt, und einer Common-Sense-Ideologie, die eine relative Unabhängigkeit wissenschaftlicher Theorie von Umgangssprache und Erlebnisinhalten nicht anerkennen will. Es gilt, die Errungenschaft moderner Theorien, Methoden und Forschungstechniken nicht zugunsten einer ideologisierten politischen Philosophie wieder über Bord zu werfen, aber den Beitrag der Ideologien und Philosophien zur Hypothesenbildung und zur Zielsetzung in der Anwendung wissenschaftlicher Ergebnisse in einer technokratisch bedrohten Praxis nicht zu verkennen und die kritische Frage nach der Relevanz einzelner theoretischer Bemühungen für eine Humanisierung der Gesellschaft nicht pauschal als „Wissenschaftsstürmerei" zu diskriminieren.

Heidelberg, März 2000 *Klaus von Beyme*

Literatur

K. von Beyme: Theorie der Politik im 20. Jahrhundert. Von der Moderne zur Postmoderne. Frankfurt, Suhrkamp 1991, ³1996

M. von Brentano: Wissenschaftspluralismus. Das Argument, Nr. 66, 1971: 476-493

I. Lakatos/A. Musgrave (Hrsg.): Kritik und Erkenntnisfortschritt. Braunschweig, Vieweg 1974

H. Spinner: Pluralismus als Erkenntnismodell. Frankfurt, Suhrkamp 1974

H. Spinner: Theorienpluralismus in Wissenschaft und Praxis. In: Pluralität in der Medizin. Frankfurt, Umschau Verlag 1980: 34-58

Einleitung

1. Definitionen

Theorie soll eine generalisierende Proposition genannt werden, die behauptet, daß zwei oder mehr Dinge, Aktivitäten oder Ereignisse unter bestimmten Bedingungen sich miteinander verändern. Eine Theorie enthält drei Elemente:
(1) ein System von aufeinander bezogenen Aussagen über einen bestimmten Ausschnitt der politischen Realität;
(2) Angaben über die Voraussetzungen und Randbedingungen, unter denen diese Aussagen gelten sollen;
(3) die Möglichkeit, Hypothesen über künftige Ereignisse und Veränderungen zu bilden. Diese politisch-prognostische Funktion der Theorie hat nichts gemein mit der historischen Prophezeiung der dialektisch-historischen Theorien. Von empirischen Theorien sind immer nur Wenn-dann-Sätze ableitbar, welche genau die Voraussetzungen angeben, unter denen eine bestimmte Veränderung eintreten kann, während historische Prophetien bedingungslos gegeben werden.

Eine Theorie, die vielfach bestätigt ist, wird häufig ein *Gesetz* genannt. Eine Theorie, die weiterer Tests bedarf, wird oft nur als *Hypothese* bezeichnet. Der Kritische Rationalismus kennt jedoch keine bestätigten Theorien. Jede Theorie ist der Falsifikation auch nach hundert Bestätigungen noch offen. Es gibt eigentlich nur Falsifikation, der laxe Sprachgebrauch in Sätzen wie „die Theorie X wurde durch die Studie Y verifiziert" ist für Neopositivisten daher logischer Unsinn.

Politische Theorie enthält wie jede Theorie die drei Grundelemente, dennoch ist die Möglichkeit der Theoriebildung in der Politikwissenschaft nicht mit der anderer Wissenschaften gleichzusetzen. Die Theorien auch der einzelnen Sozialwissenschaften – die sich ursprünglich aus einer philosophischen Gesellschaftstheorie ausdifferenzierten – bevorzugen unterschiedliche Abstraktionsstufen, unter denen sich drei unterscheiden lassen:
(1) einzelne Generalisierungen, die das Gros der Studien in der Politikwissenschaft ausmachen;
(2) partielle Theorien (z.B. über Nicht- oder Wechselwähler);

(3) allgemeine Theorie (general theory) über das ganze politische System. Selbst ein Begriff wie der des „politischen Systems" ist jedoch verglichen mit dem Begriff „soziales System" in der Soziologie noch relativ wenig komplex. Die Erfahrung, daß die Politikwissenschaft mit relativ wenig komplexen Begriffen arbeitete, hat einzelne Theoretiker der Sozialwissenschaften zu der Behauptung geführt, die Politikwissenschaft sei eine „untheoretische Wissenschaft". Parsons und Edward Shils (1954: 28f.) haben daher auch im Vergleich zwischen Volkswirtschaftstheorie und politischer Theorie der Volkswirtschaftslehre einen eindeutig höheren theoretischen Rang eingeräumt, weil in ihr eine größere Anzahl von Komponenten berücksichtigt würde und der Gegenstand für eine allgemeinere Handlungstheorie geeignet sei.

Trotz dieser Erschwernisse im Bereich politischer Theorienbildung haben wir kaum Veranlassung, die Wirtschaftswissenschaften zu beneiden, da ihre abstrakten Modellkonstruktionen unter vielseitige Kritik geraten sind. Gerade der stärker vom Einzelproblem her erfolgende Zugang vieler Politikwissenschaftler auch unter denen, die nicht zu den orthodoxen Anhängern der Politik als praktischer Philosophie gehören, wird es leichter ermöglichen, der Relevanzfrage der kritischen Theorien gerecht zu werden. Im Bemühen um eine praxisbezogenere Politökonomie stehen beide Wissenschaften heute vor dem gleichen Problem.

In einem Überblick über die theoretischen Ansätze müssen wir uns daher bei der Überprüfung der Methoden einzelner politikwissenschaftlicher Werke vor Überheblichkeit hüten. Obwohl fast alle Einführungen in die Theorie verschiedener Sozialwissenschaften betonen, daß es Theorien verschiedener Abstraktionsgrade gebe, und nicht selten sogar die Contradictio in adjecto „deskriptive Theorie" benutzt wird, greift die Polemik sehr häufig zu dem Mittel, einem Konzept den Theoriecharakter abzusprechen.

Vielfach wird mit dem Vorwurf „Paratheorie" gearbeitet, oder ein im Selbstverständnis des Urhebers als Theorie bezeichnetes Aussagensystem wird nur als ein „analytisches Schema" angesehen (Narr/Naschold 1971, Bd. 3: 212). An solchen rigorosen Ansprüchen gemessen, ließe sich die Mehrheit aller sogenannten Theorien als bloße analytische Schemen entlarven, da sie über den Vorhof der Hypothesenbildung meist nicht hinauskommen. Damit würden jedoch nicht nur Gedankenkomplexe niederen Abstraktionsgrades vom Theoriebegriff ausgeschlossen, sondern gerade die allgemeinen Theorien höchster Abstraktionsstufe. Es wird überwiegend anerkannt, daß etwa Parsons Systemtheorie auch nur den „Rahmen" für empirisch-analytische Hypothesenbildung abgibt, und dennoch würde ihr niemand den Theoriecharakter absprechen.

Der weniger rigorose Theoriekritiker könnte die immanente Stimmigkeit eines Gedankenbildes zum Maßstab für Theorie machen. Daran gemessen würden jedoch sehr methodenbewußte und auf einem hohen Reflexionsniveau stehende empirische Untersuchungen allenfalls einzelne theoretische Elemente enthalten, ohne daß dieses Verdikt ihre wissenschaftliche Ergiebigkeit mindern könnte. Die Fruchtbarkeit vieler Studien war oft größer als ihre methodische Exaktheit und theoretische Konsistenz. Methodische Stringenz wird denn auch vornehmlich von Rezensenten beschworen, die sich jedoch in ihren eigenen Werken – aus den beschriebenen Gründen – auch nur partiell daran halten können.

Politische Theorie leidet bis heute darunter, daß sie nicht den gleichen Grad der Autonomie gegenüber den Nachbarwissenschaften erlangt, wie die Theorie in anderen Disziplinen. Anfangs war sie die „Magd der Theologie", später ein Teil der Philosophie. Mit den evolutionistischen Theorien des 19. Jahrhunderts geriet politische Theorie vielfach ins Schlepptau der soziologischen Großtheorien. Einige Ansätze, die vom Primat der Ökonomie ausgingen, wie ein Teil des Neomarxismus oder die neue politische Ökonomie liberaler Provinienz nach dem Zweiten Weltkrieg, orientierten sich an der ökonomischen Theorie. Diese war jedoch auch für andere unerreichtes Beispiel empirischer Exaktheit, obwohl der Modellplatonismus der Ökonomie von den kritischen Rationalisten immer wieder angegriffen worden ist (Albert 1967: 331ff.). Im frühen Behavioralismus dominierten psychologische Theorien. In der Rational-Choice-Bewegung wurde wiederum – oft nicht explizit – die Ökonomie zum Vorbild der Theoriebildung.

Der Einfluß der Nachbardisziplinen war je nach Ansatzhöhe verschieden stark. Die Soziologie dominierte in den Makrotheorien, die Psychologie im Mikrobereich. Auf der mittleren Meso-Ebene, auf der sich die Politikwissenschaft überwiegend bewegt, waren die Einflüsse hingegen nicht so gleichsinnig. In den Theorien mittlerer Reichweite kamen die Anregungen von Nachbarwissenschaften in unterschiedlicher Dosierung, je nachdem, ob das wählende Individuum, die Organisation von Parteien und Interessengruppen oder die Formierung von politischen Eliten auf den Prüfstand gerieten.

2. Metatheorien und ihr Einfluß auf die Theoriebildung in der Politikwissenschaft

Die vielgescholtene „Trias-Narretei", welche die politischen Theorien auf der Metaebene in normative, empirisch-analytische und dialektisch-kritische Theorien einteilte, war das Produkt einer Verteidigungsstrategie des empirischen „mainstreams" einer Politikwissenschaft nach dem Krieg, die versuchte, das Image einer normativen Ideengeschichte abzustreifen. Die normativen Theorien waren nach 1945 vielfach neo-naturrechtlich gestimmt und suchten nach Antworten auf die Frage, wie die inhumanen Systeme des Totalitarismus möglich wurden. Die Antwort lautete vereinfacht: Der verflachte Positivismus und Relativismus trug Mitschuld daran, daß die theoretischen Abwehrkräfte gegen die politischen Religionen des 20. Jahrhunderts geschwächt worden sind. Die Frage nach dem guten tugendhaften Leben der Bürger in einer auf Konsens und Ethik beruhenden Ordnung sollte erneut ins Zentrum der Politikwissenschaft gerückt werden. Empirisch-analytische Wissenschaftler haben diese Bemühungen meist nicht pauschal verdammt. Aber sie galt als Aufgabe der Politischen Philosophie. Die Philosophie hat sich im Zeitalter der Dominanz der Sprachphilosophie selbst szientifisiert und die Arbeit an normativen Gesellschaftsmodellen ihrerseits eher den Bindestrich-Wissenschaften überantwortet. Es ist daher kein Zufall, daß neuere Ansätze der normativen Theorie sowohl in philosophischen als auch in politikwissenschaftlichen Departments entwickelt worden sind. Diese Interdisziplinarität war für die Empiriker an sich noch nicht anrüchig. Der methodenbewußteste Teil des Behavioralismus definierte sich selbst als „politische Soziologie" und war ebenfalls in zwei Departments vertreten. Eine Reputationsanalyse (Klingemann/Falter 1997) hat unlängst gezeigt, daß die Mehrzahl der befragten Politikwissenschaftler unter diese Bezeichnung die führenden Behavioralisten subsumierte. Claus Offe war die einzige Nennung, die diesem Normalbild nicht entsprach. Es genügte dem Mainstream aber nicht, sich unter einer besonderen Bezeichnung „politische Soziologie" zu sammeln und gelegentlich sogar abzukapseln. Für die Mehrheit der Politikwissenschaftler, welche die Ehrenbezeichnung „politische Soziologie" nicht beanspruchen konnten – und die als empirisch nur im vagen weiteren Sinne galten, wie deskriptive Historiker empirisch genannt werden konnten – mußte eine weitere Verteidigungslinie gegen die politischen Ideologien aufgebaut werden. Dies ließ sich am einfachsten durch die Dreiteilung erreichen. Normative Theorien zeigten eine Verbundenheit mit der „*Prämoderne*" an. Kritisch-dialektische Theorien waren vielfach ähnlich theoriegeschichtlich-normativ ausgerichtet, nur der politische Gehalt ihrer Theorien schien politisch eher im linken Spektrum angesiedelt. Sie entbehrten der ontologischen Fundierung durch prämoderne Theorien wie bei den Normativisten. Sie waren hingegen der *Frühmoderne* stark verbunden, welche die normativen Grundlagen evolutionistisch historisiert hatten. Die „gute Politie" war nicht mehr durch schlichten Rückgriff auf die antike Polis zu erreichen. Diese „gute Gesellschaft" war unwiderruflich an eine untergegangene Gesellschaftsformation gebunden. Im Gegensatz zu rechten Normativisten haben kritisch-dialektische Normativisten auf der Linken nicht verkannt, daß die gute Gesellschaft der Antike gut nur für die kleine Zahl der Vollbürger war. Und selbst für diese hatte sie Nachteile, wie die Liberalen seit Constant nicht müde wurden zu demonstrieren.

Der „*Freiheit zu*" stand keine „*Freiheit von*" zur Seite, welche den Bürger vor der Willkür des Staates und seiner Mehrheits- oder Einstimmigkeitsentscheidungen schützen konnte. Elemente einer guten Gesellschaft wurden eher vor die antike Sklavenhaltergesellschaft gelegt und bei Dogmatikern sogar in einen angeblichen Urkommunismus.

Die für die Politikwissenschaft relevanten Exponenten der Kritischen Theorie hatten jedoch die Periodisierungsrabulistik der Marxisten hinter sich gelassen. Sie teilten mit den Marxisten meist noch die Vorstellung, daß die gute Gesellschaft erst in Zukunft herzustellen sei. Der Weg dahin unterschied sich freilich grundlegend: Keine Avantgarden waren berechtigt, durch Revolution und Zwang die angeblich gute sozialistische Gesellschaft künstlich herzustellen. Aufklärung, Diskurs und Konsens – alles Prinzipien, die alle Bürger umfaßten – mußten an die Stelle revolutionärer Stellvertreterpolitik treten.

Die Trias der Metatheorien, welche der empirische Mainstream konstruierte, hat jedoch die Dialektiker der verschiedenen Schulen nicht immer säuberlich geschieden. Die Trias hatte ohnehin nur im deutschsprachigen Bereich ihre Berechtigung. Der amerikanische Pragmatismus hat schon früh eine normative Komponente in die Politikwissenschaft getragen. In Wellen wurde versucht, die Kluft zwischen Idealen und Institutionen der amerikanischen Politik (Huntington 1981: 39ff.) nicht nur durch einen neuen moralischen Impetus zu schließen. Auch die Politikwissenschaft hat sich nach Jahren normativer Askese immer wieder der normativen Zielsetzung zugewandt, die Sabine (1969: 12) nach Faktenanalyse und Prognose immer für einen Teil der politischen Theorie hielt. Das *Progressive Movement* hat normative Setzungen in der Theorie seit der Chicago-Schule befördert. Nach dem zweiten Weltkrieg hat das *Caucus-movement* innerhalb der American Political Science Association nach dem Anstoß durch die *Studentenbewegung* normative Fragen wieder in die Theorie eingeführt.

Bis zum zweiten Weltkrieg gab es auch in Amerika keinen Konflikt zwischen Politikwissenschaft und politischer Ideengeschichte. Die meisten Wissenschaftler lehrten beides. Carl Joachim Friedrich war vielleicht der bekannteste Polyhistor der älteren Zeit. In den dreißiger Jahren kamen viele Emigranten nach Amerika und problematisierten das Verhältnis von Politikwissenschaft und politischer Philosophie. Während Charles Merriam oder Harold Lasswell die Pioniere einer empirischen Theorie der Politik waren, haben einige Emigranten, wie Leo Strauss, symbolische Aktionen unter entfremdeten Intellektuellen unternommen, die im Gegensatz zur Merriam-Schule fern vom politischen Leben blieben und mangels Vertrautheit mit der Gesellschaft auch kein direktes politisches Engagement anstrebten, das selbst bei einem Empiriker wie Merriam auffällig war.

Die Gefahr bei dieser intellektuellen Auffassung von politischer Theorie oberhalb der realen Gesellschaft war, daß sie in die „Demimonde" abzuwandern drohte (Gunnell 1986: 8) und zwischen Philosophie und Feuilleton endete oder zur Sektenbildung führte.

Das Buch „Power and Society" (1950) von Lasswell und Kaplan war ein erstes Manifest der empiristischen Wissenschaftsphilosophie, welche das Feld einer empirischen politischen Theorie absteckte. Die metatheoretischen Diskussionen, die Lasswell ursprünglich ferngestanden hatten, wurden auf dem logischen Positivismus als gesunkenes Kulturgut aufgebaut und führten in ein Bekenntnis zum Operationalismus und Instrumentalismus. Die lose Sammlung von Theorie-Stücken, die in dieser Kurzenzyklopädie „Power and Society" zusammengefaßt waren, waren noch nicht, wie später bei Riker und Ordeshook (1973) durch eine stringente Methode wie den Rational Choice-Ansatz integriert.

Der Behavioralismus als Etikett – in Europa häufig fälschlich mit dem dogmatischen Behaviorismus von Watson's Stimulus-Response-Ansatz identifiziert – war seinerseits ebenfalls eine lose Koalition von

Empirikern. Sie war keineswegs nur von Behavioralisten im Sinne einer Forschungstechnik beherrscht. Die *induktiven* Behavioralisten wurden bald von *deduktiv* vorgehenden Struktur-Funktionalisten verstärkt, da der Behavioralismus zwar die Theorie auf die Fahnen geschrieben hatte, aber außerhalb der Anwendung seiner Methode nicht weniger deskriptiv blieb als die älteren Institutionalisten und Historiker. Gemeinsam blieb dieser Koalition jedoch durchaus auch ein normatives Fundament: ein undogmatischer Liberalismus und die Verteidigung der amerikanischen Institutionen. Die eingewanderten Normativisten – mit Ausnahme von Hannah Arendt – blieben hingegen dem amerikanischen Institutionensystem gegenüber reserviert. Den Liberalismus sahen sie vielfach als gefährlich an, weil er zum Raub des Faschismus in Europa geworden war.

Erst Ende der sechziger Jahre setzte sich in den USA ein Pendant der europäischen Trias-Einteilung durch: historische, normative und empirische Theorien wurden unterschieden. Dabei kam es zu einer zunehmenden philosophischen Anreicherung der politischen Theorie, auch wenn die metatheoretischen Positionen vielfach nur oberflächlich rezipiert wurden.

Ein dogmatisierter Kritischer Rationalismus führte vielfach dazu, daß die empirische Überprüfung von Sätzen wieder fallen gelassen wurde. Die aufgeklärte Milderung der rigorosen und für die Empirie vielfach unpraktikablen Grundsätze Poppers wurde von den Adepten in Europa häufig nicht mehr verarbeitet. In Amerika hingegen hat der Policy-Impetus die Politikwissenschaft schon früh vor sterilem Dogmatismus bewahrt. Die Bannerträger des Behavioralismus wie Heinz Eulau waren enttäuscht vom Positivismus und der Philosophie die hinter ihm stand. Sie hatten sie allzu unkritisch als „Wissenschaft" akzeptiert. Die kritische Wissenschaftsgeschichte im Sinne von Thomas Kuhn (1976) zeigte auch mit empirischen Beispielen, daß die Textbuchvisionen der positivistischen Wissenschaftskonzeptionen nicht bestätigt werden konnten. Kuhn schärfte zudem den Blick dafür, daß 95% der Forschung trotz aller theoretischer Bekenntnisse kaum innovative Theoriebildung zu nennen waren. „Aufräumarbeiten" nannte er die normalen wissenschaftlichen Bemühungen nicht eben respektvoll. Trotz aller Lippenbekenntnisse zur empirischen und analytischen Theoriebildung von Lasswell bis Riker war der dominante Wissenschaftsbetrieb in der Political Science nicht deduktiv und falsifikatorisch angelegt. Nicht wenige von den entdeckten Generalisierungen hätte Popper wohl als „*ad-hoc-Theorie*" gerade abgelehnt. Die Datenjäger und Theoretiker blieben weiterhin getrennt. Als positivistische Sinnstiftung diente das Sakrament der „Operationalisierung" zur Vereinigung des Getrennten.

Auf der Makro-Ebene war die empirische Theorie vor allem von zwei soziologischen Ansätzen geprägt. Vereinfacht könnte man sie mit Max Weber und Emile Durkheim personifizieren. Die Tradition Max Webers orientierte sich an der historisch-typologischen Rekonstruktion der sozialen Realität. Sie arbeitete mit ex post facto gewonnenen Idealtypen und hat nicht den Anspruch erhoben, künftige Entwicklungen zu prognostizieren (von Beyme 1996: 44ff.). Die andere Tradition seit Durkheim war tief von der altpositivistischen Vorstellung der Comte-Schule eines *„savoir pour prévoir"* durchdrungen. Sie spezialisierte sich auf die Modellierung der Wirklichkeit und isolierte abhängige und unabhängige Variablen. Diese Tradition hat – wie bei Downs (1957: 21) – eine gute Prognose für wichtiger erklärt als die Wiedergabe der sozialen Realität. Ein solcher Anspruch wurde von großen politischen Umbrüchen stärker beeinträchtigt als der erste Zweig des Mainstream. Je exakter ein Ansatz schien, von behavioralistischen Erklärungen des Verhaltens im Sozialismus bis hin zu den Weltmodellen, umso größer waren die Irrtümer. Und umgekehrt: Je deskriptiver die Studien und je stärker sie historisch-narrativ blieben, umso mehr enthielten sie sich der Fehlprognosen und sind wenigstens in Teilen der Deskription lesenswert geblieben, wohingegen manches Weltmodell nur noch als Kuriosität in die Schmunzelecke der Wissenschaftsgeschichte eingehen wird.

3. Stadien der Entwicklung der politischen Theorie

Die politische Theorie der letzten fünfzig Jahre hat sich stark gewandelt:
(1) Im zweiten Weltkrieg hatte sich eine starke Bewegung für eine *normative Fundierung der politischen Theorie* entwickelt – als Antwort auf den instrumentellen Rationalismus, der durch den Faschismus pervertiert worden war (Miller 1990).
(2) In den fünfziger Jahren vollzog sich ein Niedergang der normativen Theorien. Die methodisch naiven historisch-genetischen und institutionellen Ansätze, die die Politikwissenschaft dominierten, wurden durch die *behavioralistische Revolte* in Frage gestellt. Die Behavioralisten waren an Fragen der Makrotheorie weitgehend desinteressiert. Als Reaktion auf

den Faschismus kam es zu einer Abkehr von ganzheitlichen Begriffen (vor allem vom „Staat") und zur Hinwendung zu kleineren Einheiten, vor allem zum Individuum. Die Gruppentheorie in der Tradition von Bentley und Truman wurde seit V. O. Key vielfach mit dem Behavioralismus in Verbindung gebracht. Strikte Behavioralisten bleiben jedoch gegenüber einer Teiltotalität, wie dem Begriff der Gruppe, nicht weniger skeptisch als gegenüber den Konzepten der Holisten. Der Behavioralismus verstand sich ursprünglich im Kampf gegen Legalismus und Formalismus als „jakobinische Revolte". Er wurde jedoch von seinen Gegnern von links und rechts in seiner Berufung auf die Weisheit von „sages and ages" bald als „Thermidor" gebrandmarkt (Goodin/ Kleingemann 1996, Kap. 1).

Die positivistische Theorie der Politik konzentrierte sich auf die Konzeptanalyse. COCTA, eine Forschungsgruppe der International Political Science Association in den sechziger Jahren, war typisch für diesen Trend. Lasswell und Kaplan (1950) hatten in den fünfziger Jahren bereits die moderne politische Theorie von Interessen und Normen zu reinigen versucht. Normative Revolten gegen diese Entwicklung hat es selbst in Amerika immer wieder gegeben. Sie blieben im Wissenschaftsbetrieb jedoch marginalisiert, obwohl ca. 10% der Lehrstühle auch in den USA immer der Randdisziplin „political philosophy" und „history of political ideas" gewidmet blieb.

(3) In den späten sechziger Jahren kam es zu einer *Wiederbelebung der „grand theory"*: Der Konflikt zwischen Marxismus und funktionalistischer Systemtheorie beherrschte die theoretische Szene. Planungseuphorie und kybernetische Steuerungshoffnungen verbanden die beiden Antagonisten mehr als sie wahrhaben wollten. Erst als der Pulverdampf sich verzog und postmoderne Rationalitätskritik die Gemeinsamkeiten schonungslos aufdeckte, kam der einheits- und identitätsstiftende Impetus jeder großen Theorie erneut in Verruf.

(4) In den späten siebziger Jahren waren die großen Debatten erschöpft. Die Kontrahenten begannen sich auf einer *mittleren Ebene der policy-Analyse zu treffen*. Empirische und normative Motive verbanden sich im Mainstream der Politikwissenschaft wieder stärker. Der dogmatische Anti-Normativismus wich der Vorstellung einer Möglichkeit zu kontrollierter Verwendung von normativen Zielvorstellungen in der politischen Analyse.

Das Treffen der alten Dialektiker und der Funktionalisten in einer *policy-orientierten Mehrebenen-Analyse* wurde gelegentlich wie der Sieg des Kritischen Rationalismus interpretiert. Diese Sicht verkennt, wieviel von den kritischen Theorien, auf mesotheoretische Ebene gesenkt, in die Policy-Analyse einging. Die Schematismen der marxistischen Ableitungsliteratur, welche die funktionalen Teilsysteme überwiegend im Verhältnis von Basis und Überbau sah, waren überwunden. Aber die Sprache blieb verräterisch: Die Mehrebenenanalyse, die ihre Anregungen vom Kölner Max-Planck-Institut und der Bielefelder Schule nahm und mehr oder weniger konsistent amalgamierte, entdeckte, wie einst die Dialektiker, überall Inkompatibilitäten von Handlungslogiken und Steuerungscodes. Nur von „Kapitallogik" wurde nicht mehr gesprochen. Auch von „Widersprüchen" sprach man nicht mehr. Eigendynamiken der Teilsysteme kehrten sich gegen die Intention der Urheber von politischen Entscheidungen.

Der Fortschritt lag vor allem darin, daß die strukturellen Makroüberlegungen in einem *aufgeklärten Institutionalismus* auf die Ebene empirischer Nachprüfbarkeit zurückgeholt wurden. Die Prognosen waren nicht mehr von makrotheoretischen Krisenszenarios verdüstert. Aber aus den „*Politikverflechtungsfallen*", die überall entdeckt wurden, schien es kein Entrinnen zu geben, bis der Federstrich des Gesetzgebers, oder konkreter ein neuer Impuls der Maastricht-Runde, dieses Szenario auf einer Ebene falsifizierte, wo es lange am plausibelsten gewesen ist.

Dieser Wandel der Theoriearbeit war begleitet von einem abnehmenden Glauben an die *Steuerungsfähigkeit*. Die Autopoiese hat im „teutonischen" Diskussionsmodell mit ihrer Steuerungsskepsis das Erbe der einstigen Ableitungsliteratur angetreten, nur daß sie sich nicht mehr auf die Phase des Kapitalismus, sondern auf jede denkbare Gesellschaft überhaupt bezieht. Unterhalb dieser Abstraktionsebene wurde die *gesellschaftliche Selbststeuerung* an die Stelle staatlicher Globalsteuerung gesetzt. Theorien der Konkordanzdemokratie (Lehmbruch, Lijphart), Theorien des Neokorporatismus (Schmitter 1981), societale Steuerung (Willke 1983), generalisierter politischer Tausch (Marin) oder „private interest government" (Streeck/Schmitter) waren die Bekenntnisformeln der *neuen Bescheidenheit* hinsichtlich der Steuerungsfähigkeit des politischen Systems. In Europa ging dieser Trend mit der staatlichen Bewegung für *Deregulierung* einher.

In der Sicht der Autopoiese ist die Transformation von Einsichten in politische Entscheidungen sehr einseitig angelegt. Nur Wahrheiten können zum Zuge kommen, für die sich eine Mehrheit finden läßt. Politik ist kein bloß formales Verhalten des Mehrheitsentscheids, das der Nichtpolitik als Mobilisierung von Einfluß oder Normen gegenübergestellt werden kann. Politik und Nichtpolitik stehen nicht im Verhältnis von System und Umwelt, sondern in einem Verhältnis von Form und Inhalt, die in Symbiose auftreten (Münch 1994: 389).

Politiker sind hingegen als Rollenträger aufzufassen, die in Macht-, aber auch in Austausch-, Solidaritäts- und Verständigungsbeziehungen agieren. Nicht alle Entscheidungen werden unter Zeitknappheit getroffen und unterliegen dem Machtcode. Durch wissenschaftliche Beratung wird dabei Definitionsmacht ausgespielt, um den Prozeß abzukürzen. Die Politiker – wie alle menschlichen Subjekte als Rollenträger – müssen zwischen verschiedenen Weltsichten vermitteln. Diese Vermittlungsrolle ist in die eigene Rolle eingebaut, weil sie ständig mit anderen Rollenträgern konfrontiert sind und weil jeder Akteur Träger mehrerer Rollen ist. Die Akteure agieren nicht in den operativ geschlossenen Systemen sondern zwischen ihnen (ebd: 397). Die Autopoiese hat mit der Selbststeuerung, die einer hierarchischen Konzeption von Steuerung entgegengesetzt wird, eine falsche Alternative aufgebaut. Die Steuerung wird ja gerade in der modernen Mehrebenenanalyse nicht mehr von der Spitze ausgehend angesehen. Die Verflechtung von Politik und Nichtpolitik ist eine Sichtweise, die weder hierarchische Überforderung noch autopoietische Unterforderung der Politik begünstigt. Konzeptionen einer „aktiven Gesellschaft" werden wieder möglich.

Der Mainstream der Politischen Theorie, der noch immer von amerikanischen Denkansätzen beherrscht war, hat von dieser „teutonischen" Debatte wenig Kenntnis genommen. Da Amerika eine etatistische Tradition nicht gekannt hat, konnte es nach Abflauen der Systemdiskussion ganz unbekümmert die Parole ausgeben: „Bringing the State back in". Selbst die Altmeister der frühen Systemdebatte, wie Easton (1981) und Almond (1990) fanden den Begriff „Staat" nicht mehr so absurd, wie in den Zeiten erster Entdeckerfreuden des politischen Systems. Aber im ganzen hatten Theorien einer aktiven Rolle des politischen Systems, wie in der Kybernetik von Deutsch oder der „aktiven Gesellschaft" Etzionis immer beschränkte Resonanz, und diese war in Europa größer als in Amerika.

(5) In den achtziger Jahren haben die *neuen sozialen Bewegungen* einen neuen Akteurstyp in die Theoriebildung eingeführt. Im Gegensatz zu den autopoietischen Systemtheorien, welche jede Akteurstheorie als alteuropäische Illusion aufgaben, haben die Bewegungstheoretiker eher übertriebene Hoffnungen an den neuen Akteur geknüpft, der seinen Einfluß ohne die klassischen Merkmale der Großorganisation zu entfalten schien. Wieder zeigten sich Unterschiede zwischen Kontinentaleuropa und Amerika. Während angelsächsische Theoretiker der Versuchung

widerstanden, einen völlig neuen Typ von Bewegungsgesellschaft auszurufen (Goodin 1992), haben einige europäische Theorien, wie die der Risikogesellschaft (Beck 1986) neue Gesellschaftstypen gleich mit ihren Gegengiften konfrontiert und den neuen Mustern der Subpolitik allzu große Wirkungsmöglichkeiten unterstellt. Selbst Habermas, der in seinem Hauptwerk von 1981 noch relativ skeptisch gewesen war, daß die neuen sozialen Bewegungen als Emanation der Lebenswelt den Kolonialisierungsbestrebungen des Systems (Bürokratisierung, Justizialisierung und Kommerzialisierung) Einhalt gebieten konnten, hat solche Möglichkeiten in seiner Theorie des Rechtsstaats höher eingeschätzt, gerade weil die schematische Konfrontation von System und Lebenswelt aufgegeben wurde (Habermas 1992).

Eine neue Generation in der Wissenssoziologie gewann an Einfluß. Die rationalistischen Illusionen der Popper-Schule, welche die Wahrheitssuche als Hauptantriebskraft in der Wissenschaft sahen, wurde durch die Wiederentdeckung anderer Motive für die Bildung von theoretischen Hypothesen ergänzt. Die Rolle von Interessen und normativen Zielsetzungen kam wieder ins Blickfeld der Theoriegeschichte (Barnes 1982). Gerade weil der Ideologieverdacht auch vor dem Kritischen Rationalismus nicht haltmachte, wurden zunehmend die sozialen Bedingungen betont, die wissenschaftliche Diskurse strukturieren (Wagner/Wittrock 1993).

4. Geographie des Paradigmawechsels

In amerikanischen Überblicken über den Stand der politischen Theorie scheint es eine große internationale Konformität der Trendentwicklungen zu geben. Der repräsentative Überblick für die American Political Science Association von William Galston (1993) hat kaum europäische Beiträge ausgemacht, außer bei Habermas und einigen französischen Postmodernisten, obwohl die amerikanische Dominanz im Bereich der politischen Philosophie keineswegs so überwältigend ist wie in der empirischen Theorie der Politik. Es gibt eine wachsende Diversifizierung der politischen Theorie auf der Makroebene, während im Bereich der partiellen Theorien, der für den Empiriker relevant ist, die Einheitlichkeit der Theoriebildung zugenommen hat. In den späten siebziger und in den achtziger Jahren haben alte Divergenzen der nationalen Denktraditionen sich auch in der politischen Theorie niedergeschlagen. Die

halb-ernste Typologie der intellektuellen Stile von Galtung (1983) erhielt einige Evidenz in den achtziger Jahren:
- Der *gallische Stil*, vor allem von Frankreich entwickelt, gegründet auf Sprache und Kunst in der sozialen Theorie, hat über die postmoderne Philosophie tiefen Einfluß auf die politische Theoriebildung genommen, mehr als Galtung 1983 ahnte.
- Der *teutonische Stil*, der in Galtungs Typologie noch vielfach mit dem Marxismus der Länder Osteuropas in Verbindung gebracht wurde, hat sich verlagert. Die autopoietische Systemtheorie der Bielefelder Schule entwickelte sich zum funktionalen Äquivalent der alten neomarxistischen Schulen. Die Inkompatibilität der Logik von funktionalen Teilsystemen war komplexer als die antagonistischen und nichtantagonistischen Widersprüche zwischen Basis- und Überbau-Sphären im Marxismus. Aber ihr Nachweis diente ähnlichen Zielen, auch wenn sie politisch eher auf der konservativen Seite anzusiedeln waren. Es ging um den Nachweis von Restriktionen des Handelns. Nicht die Grenzen der kapitalistischen Logik begrenzten in übelgelaunten Restriktionstheorien die Möglichkeiten politischen Handelns. Es war ein wohlgemuter Steuerungspessimismus, der sich mit der Unvereinbarkeit der Codes von Teilsystemen sehr gut abfinden konnte und mit den Resultaten von Evolution ohne effektive Steuerung leben konnte. Die scharfe Polemik der alten Marxisten war durch distanzierende Ironie gegenüber den „Alteuropäern" abgelöst worden. Vor allem Handlungstheorien wurden lächerlich gemacht, bis die Vorkämpfer der Autopoiese sich bei ihren definitorisch vorgeplanten Scheinsiegen zu langweilen begannen, und Anfang der neunziger Jahre größere Konzessionen an Handlungs- und Steuerungstheorien gemacht wurden.
- Es gab nie einen einheitlichen *angelsächsischen Theoriestil*. Großbritannien hat den Eifer für den Republikanismus kaum geteilt, der mehr Einfluß auf dem Kontinent entwickelte als in England. Ähnlichkeiten der angelsächsischen Theorietradition blieben vage als „pragmatisch" zusammengefaßt. Aber Pragmatismus im stringenten Sinn als eine bestimmte Philosophie blieb in England ebenfalls weit schwächer als in den USA. Positive politische Theorie, wie sie axiomatisch und deduktiv in Amerika entwickelt wurde (Riker/Ordershook 1973: XI), hatte in England nur begrenzte Gefolgschaft. Der Siegeszug der Rational Choice-Ansätze hat bis heute England nur partiell erfaßt.

Nationenübergreifend entwickelten sich gewisse Lockerungen der politischen Theorie gegenüber den letzten Ideologien. In den achtziger Jahren kam es zu einem Niedergang der *neokonservativen* Theorien in vielen Ländern – in dem Maße wie die Erosion radikal-sozialistischen Denkens voranschritt. *Neoliberalismus* wurde nun die dominante konservative Einstellung. Die Konservativen wurden vom wirtschaftsliberalen Denken erfaßt. Markt ersetzt auch bei ihnen zunehmend ältere Vorstellungen von Staat und Hierarchie.

Je etatischer die Vergangenheit eines europäischen Systems, umso antietatischer war die Reaktion des theoretischen Mainstreams in den jeweiligen Ländern. In Frankreich hat die Bourdieu-Schule – neben dem institutionellen Mainstream – die Theoriedebatte beherrscht. Die traditionellen institutionellen Brennpunkte der Politikwissenschaft wurden an die Peripherie der kulturellen Codes und Semantiken von Akteuren in den Subsystemen verlagert. Im Ganzen blieb jedoch in Europa die postmoderne Aufmerksamkeit für „political correctness" und für das „patchwork of minorities" begrenzter als in Amerika. Nur Frankreich hat eigenständige Positionen der politischen Theorie des Feminismus beigetragen, die überwiegend durch die Mobilisierung postmodernen Gedankenguts möglich wurde. In Amerika hat der neue Trend den wissenschaftlichen Diskurs stark beeinflußt. Selbst die linke Welle des „*Caucus*" in der Zeit der Antikriegsbewegung im Vietnam-Krieg hat keine solche Mobilisierung für die eigenen Ziele bewirkt, wie die Pluralität der Minderheiten, die ihren Anteil auch an den wissenschaftlichen Forschungsmitteln und Diskurspositionen forderten. Während die europäische Theorie der Politik sich damals in den Augen vieler amerikanischer Theoretiker durch Überpolitisierung diskreditierte, und der amerikanische Radikalismus gegen die Funktionalisierung durch den Marxismus überwiegend immun blieb, hat sich das Bild in den achtziger Jahren verkehrt. Der amerikanische Diskurs in seinem öffentlichkeitswirksamen Kongreßleben scheint sich ganz in ein *patchwork of minorities* aufgelöst zu haben, während die europäische Politikwissenschaft ihre Politisierungsenergien nicht im Ausmaß der siebziger Jahre revitalisiert hat.

Vergleichende Studien über die Politikwissenschaft in den USA und Europa kamen zu dem Schluß, daß die Globalisierung der Politikwissenschaft noch nicht sehr weit fortgeschritten ist – trotz der Dominanz amerikanischer Theorien und Methoden. Die europäischen Politologen haben in vielen Ländern – außer Großbritannien – leichteren Zugang zur Macht und zu den Medien. Sie ziehen – wie selbst die Kanadier – es immer überwiegend noch vor, in europäischen Zeitschriften zu publizieren. Die Tendenz der Theoriebildung bleibt unterschiedlich ausgeprägt. Die Amerikaner setzen weiterhin überwiegend beim Individuum an. Europäische Approaches sind diversifizierter. Die europäische Politikwissenschaft reflektiert den Zustand der politischen Systeme, die ein Gemisch aus Liberalismus, Korporatismus, Konkordanzdemokratie, Elitismus, Populismus, Etatismus und Sozialismus darstellen (McKay 1991: 464).

5. Theorie und Methode: Ebenen der theoretischen Analyse

Die politische Theorie geht überwiegend ohne Rücksicht auf methodologische Ansätze vor. Eine ungute Arbeitsteilung hat sich herausgebildet. Politische Theoretiker setzen vielfach ihre Ehre darein, sich um die Operationalisierung ihrer theoretischen Propositionen nicht zu kümmern. Empiriker andererseits haben die Methodologie nicht nur theoretischer Erwägungen entkleidet, sondern Methodenfragen auf Forschungstechniken reduziert. Theorie ohne Methodologie aber bleibt steril. Am weitesten gingen die Autopoietiker in der Abschirmung gegen die Empirie: Theoretiker und Empiriker haben einander nichts zu sagen. Allenfalls können beide versuchen, die Fragen des anderen in ihr Denksystem zu übertragen. Ziel der Diskurse ist weder Verifikation noch Falsifikation, sondern nur ein Diskurs über die Stringenz von Konstruktionen. Woran gemessen? Logische Geschlossenheit? Das kann kaum sein, weil kaum zwei Autopoietiker je über die Stringenz von Konstruktionen Einigkeit zeigen.

Ein Teil der theoretischen Ansätze, die in der Arena der Academia um Einfluß ringen, neigt dazu, Theorie und Methode zu vermischen oder gar zu identifizieren. Das gilt vor allem für zwei wichtige Ansätze der Gegenwart:

- Auf der Makroebene gilt es von der autopoietischen Systemtheorie.
- Auf der Mikroebene gilt es von den Rational Choice-Ansätzen.

Beide Ansätze neigten in ihrer Behandlung der Empirie zu „stylized facts" (Green/Shapiro 1994).

Das gegenteilige Extrem, die strikte Gewaltenteilung zwischen Theorie und Methodenlehre war ebenfalls nicht immer fruchtbar. In der Soziologie war die notwendige Balance zwischen Theorie und Methode in der Anlegung von Forschungsdesigns weit stärker internalisiert als in der Politikwissenschaft.

Selbst ein emphatischer Eskapismus in der politischen Theorie, der in diesem Forschungszweig nichts als „fachsystematisches Versagen", „Fachtheatralik" und „schlechte Professionalisierung" entdecken kann, bleibt gesprächsfähig, weil er einen methodischen Ansatzpunkt auf dem Weg zur Besserung der kranken politischen Theorie benennen kann. „*Misplaced concretion*" und „*misplaced abstraction*" seien durch den Ausgang von „Problemen" zu vermeiden. In Richtung „*concretion*" wird der Weg geöffnet, wenn „Genesis und Geltung von Institutionen" statt bloße „Funktionen" im Zeitraum der Analyse stehen (Narr 1989: 83). Max Webers „Leidenschaft zur Sache", „Augenmaß" und „Verantwortungsethik", die nicht, wie bei Weber, selbst realpolitisch reduziert wird, sollen so in der politischen Theorie verwirklicht werden. Ein solcher Ansatz will die alte Trias überwinden. Er dürfte wenigstens in Richtung des älteren phronesis-orientierten Normativismus konsensfähig werden, auch wenn er die Szientisten nach wie vor kalt läßt.

Der Historiker politischer Theorien wird natürlich nicht umhinkönnen, auch eine solche Position auf der Matrix zu verorten. Sie wird vermutlich an der Stelle des „*naiven Institutionalismus*" landen, auch wenn der Staatsbegriff bei den kritischen Emphatikern nicht im Zentrum stehen soll. „Naiv" ist dabei keineswegs diskriminierend gemeint. Ein von Problemen und lebensweltlichen Erfahrungen ausgehender Ansatz, der nicht von intellektuellen Konstrukten spricht, befindet sich dabei durchaus in Einklang mit Positivisten, die sich um einen sinnvollen mesotheoretischen Einstieg für das Fach Politikwissenschaft bemühen.

Warum ist es so schwer, die verschiedenen Ansatzhöhen zwischen Mikro- und Makro-Level in ihren jeweiligen Erkenntnisvorteilen gelten zu lassen? Der Emphatiker kann auf seiner methodologischen Basis gleichwohl die Ebene der Weltökonomie in einer Spezialstudie für die eigentlich relevante erklären, obwohl dort noch kaum Institutionen zu finden sind, die die eigentlichen Propositionen des Ansatzes ausweisen (Narr/Schubert 1994). Der von den Emphatikern verachtete mikro-orientierte Behavioralist ist in den Spitzenerzeugnissen des Ansatzes, der sich der Theorie zuwandte, bei Almond, Verba, oder Easton nicht ohne einen Vorgriff auf einen Systembegriff ausgekommen, der vor allem in Systemtheorien mit internationaler Perspektive – wie bei Karl Deutsch – immer schon ein „Weltsystem in nuce" ausgemacht hat.

Kaum ein Autor mit einer breiteren Perspektive hat handlungs- und steuerungstheoretische Erwägungen losgelöst von Ergebnissen der Forschung über Systemevolution angestellt. Selbst die Verächtlichmachung

Matrix: Theorieansätze und methodische approaches der Theoriebildung

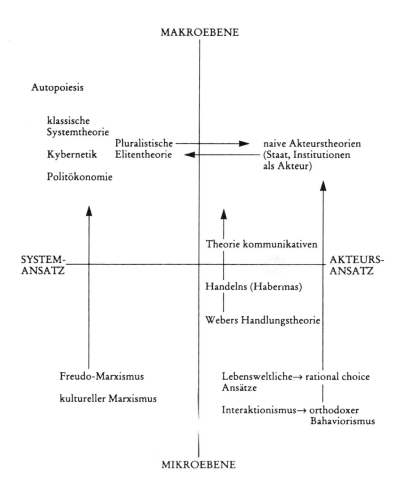

Quelle. von Beyme 1996: 346

von Handlungstheorien in der Autopoiese hat wenigstens zu neuen Formelkompromissen geführt.

Eine Vierfeldermatrix kann die Berührungspunkte demonstrieren, wenn die Theorieansätze nach handlungstheoretischen oder systemtheoretischen Ausgangspunkten auf der X-Achse mit Makro- und Mikro-Ansätzen auf der Y-Achse konfrontiert werden. Gerade das Beispiel der Weltökonomie zeigt das Dilemma der bekenntnishaften Wahl einer Ansatzhöhe: Autopoietiker müßten die Weltgesellschaft für die primordiale Systemeinheit halten und äußern sich gleichwohl gewunden zu dem Verhältnis der territorial fixbaren Systemebenen. Sie sind nicht wesentlich über die Klassifikation der Systemebenen von der UNO bis zur Gemeindepolitik hinausgekommen, die Karl Deutsch einst nebeneinander stellte, nur, daß sie sich um deren Interaktions- und Penetrationsverhältnis weniger sorgten als ein Empiriker der internationalen Politik. Die Weltgesellschaft bei Luhmann kommt in concreto nur als Ermahnung vor, daß die ohnehin nicht sehr plausiblen Steuerungstheorien neben den Beschränkungen, welche die jeweils speziellen Teilsystemcodes der Intervention von außen auferlegen, nicht vergessen mögen, daß für viele Entscheidungen bereits eine transnationale Ebene zuständig sei – als ob die Debatten in der Politikfeldanalyse seit Maastricht nicht verstärkt genau dieses Problem avisierten.

Zwischen den extremen Polen, dem orthodoxen Behaviorismus (Individuum) und der Autopoiese (Evolution des Weltsystems) hielten sich viele Zwischenpositionen. Trotz einiger Debatten auf der Methodenebene haben sich die Annäherungen seit langem vollzogen. Behavioralisten der weniger orthodoxen Variante haben immer Systemebenen als Konvergenzpunkt der vielen individuellen Perzeptionen und Attitüden gesucht. Wissenschaftler, die von den luftigen Systemkonstruktionen ausgingen, wie einige Kybernetiker, sind in der faktischen Analyse bei höchst konkreten Institutionen angelangt, die am Wege ihrer Rückkoppelungsschleifen auffielen. Man muß nicht postmoderner Wurstigkeit des „*anything goes*" verfallen, um das Prinzip der klassischen Moderne „eine Disziplin, eine Methode, eine bevorzugte Analyseeinheit" als methodischen Dogmatismus zu erkennen, so wie wir uns als Staatsbürger und Privatleute daran gewöhnt haben, die Vorstellung aufzugeben: „ein Staat", „eine Religion", eine Nation, ein Lebenspartner, eine Parteimitgliedschaft, eine Verbandszugehörigkeit – und das alles lebenslang.

Politikwissenschaft bedarf weit mehr als die Soziologie, die in Methodenfragen und Theorien vielfach Vorbild der Politologen wurde, der Vorstellung des Akteurs. Er gehört zu den notwendigen Lebenslügen dieser Wissenschaft, wie in der Geschichtswissenschaft, seit der dogmatische Strukturalismus wieder überwunden worden ist. Politikwissenschaft ist daher bei den Approaches auf der Matrix in der rechten Mitte angesiedelt. Sie tendiert zur Akteursseite, aber hält eine Mitte zwischen Makro- und Mikro-Ebene ein. Das bedeutet freilich nicht, daß die Traditionalisten recht haben, individualistische Ansätze der Behavioristen, die auf der Mikroebene ansetzen, aus dem Fach auszutreiben, wie es in den fünfziger und sechziger Jahren gelegentlich geschah, als in vielen europäischen Ländern (B. Crick, G. Sartori, W. Hennis) „Lanzen für die Politik" gebrochen wurden, um das Einfallstor der politischen Soziologie in der Zitadelle Politikwissenschaft zu verriegeln.

Nur diese Gruppe von traditional gesinnten Gelehrten mußte sich das Verdikt der Autopoietiker zu Herzen nehmen, daß sie in „penetranter Weise" auf einer Trennung von der Soziologie bestanden. Nur sie erhoben einen übertriebenen Anspruch auf die Königswissenschaft „Politik", und hielten an einem Primat der Politik fest. Der Mainstream, der von Amerika behavioralistisch kolonialisiert worden war, dachte in diesen Fragen immer differenzierter. Die Fachgrößen organisierten ihre Panels in der IPSA und in der International Sociological Association in gleicher Zusammensetzung. Lipset, Rokkan, Renate Mayntz und viele andere hätten die Frage, ob sie Politologen oder Soziologen seien, nicht einmal verstanden. Einige von ihnen – wie Lipset oder Bendix – wurden aus Soziologischen Departments herausgedrängt und durch den labelling approach zu Mitgliedern des Political Science Departments umdefiniert. Dies lag aber nicht an einer Abschottung der beiden sozialwissenschaftlichen Fächer, sondern eher an einer dogmatischen Mikro-System-Orientierung, welche die Makrosoziologen schon zur außerwissenschaftlichen Sozialphilosophie zu rechnen bereit war.

Die meisten Systemtheoretiker blieben resistent gegenüber den Sirenenklängen eines radikalen Konstruktivismus. Durkheims Beharrung auf der Entdeckung der „*faits sociaux*" hat einen zweiten Paradigmawandel der Systemtheorie auch bei Luhmann zunächst überlebt. Daß mesotheoretisch orientierte Politikwissenschaftler glauben, ihre Begriffe auch in der sozialen Realität vorzufinden, mag noch als erkenntnistheoretische Naivität abgetan werden. Aber auch Luhmann bestand lange darauf, daß seine Systeme in der Wirklichkeit existierten und keine reinen Konstrukte seien. Seit 1990 scheint der Widerstand gegen konstruktivistische Ansätze auch bei Luhmann schwächer geworden zu sein. Soweit Autopoietiker bekennende Konstruktivisten wurden, konnten sie aber wenig Einwände dagegen haben, den „Akteur" unter einer „als-ob-

Prämisse" einzuführen, nachdem Vaihingers „Philosophie des Als Ob" von der Postmoderne wieder entdeckt worden ist. Umstritten kann lediglich die Frage sein, nach welchem Kriterium die als-ob-Annahmen sich bewähren sollen. Akteurstheoretiker werden argumentieren, daß die Zunahme des Erkenntnisgewinns und der Steuerungsfähigkeit von Akteuren das Kriterium sein solle. Hier werden Autopoietiker skeptisch bleiben. Umgekehrt werden die empirisch orientierten Akteurstheoretiker sich schwerlich mit dem „Christo-Effekt", dem Aha-Erlebnis einer diskrepanten Erscheinung, „die Rückfragen an die eigene normalisierte Perspektive provoziert", zufriedengeben. Theorie mit der Kunst zu vergleichen, in der Konfrontierung der geläufigen Realität mit einer anderen Version derselben Realität, bleibt allenfalls bis zum Ende der auratischen und gegenständlichen Kunst plausibel (Luhmann 1984). Die nachauratische, moderne Kunst tritt eher als bewußte Konstruktion neuer Möglichkeitsrealitäten auf. Theorie scheint mir rigorosere Validisierungsregeln zu erfordern als Kunst. Solange nicht zwei Autopoietiker übereinstimmen, wie die Korrespondenzbeziehungen zwischen unterschiedlichen Rekonstruktionen von Wirklichkeit überprüft werden – stimmten sie überein, gäbe es weniger Meinungsverschiedenheiten zwischen Luhmann und Willke – bleibt diese Konzeption der Theorie für die empirischen „Macher" etwa so exakt wie die Hermeneutik. Auch ihr spricht ja niemand ab, daß sie wertvolle heuristische Erwägungen möglich macht. Es hapert nur an der „intersubjektiven Transmissibilität" des Wissens. Ein Autopoietiker freilich würde gerade diese für eine Utopie des klassischen Rationalismus halten. Aus dem Dilemma käme der Unentschiedene nur heraus, wenn er Wissen als Konvention definierte, oder postmoderne Inkommensurabilität predigte und dann dafür kämpft, daß für jede partiell durchsetzungsfähige Theorie ein Konkordanzlehrstuhl geschaffen wird.

Die erkenntnistheoretischen und methodologischen Debatten der „grand theory" waren für die meisten Politikwissenschaftler nur insofern relevant, als es um die Frage ging: ist eine Handlungstheorie möglich? eine Frage, die von den Mesotheoretikern meist unreflektiert bejaht wurde. Hier haben die neunziger Jahre wichtige Annäherungen der Positionen gebracht. Auch die Bielefelder Schule begann sich bei der Rabulistik von den „geschlossenen, aber in gewisser Weise offenen" Systemen (Teubner) zu langweilen. Helmut Willke hatte das Verdienst, sich eigenständig der Orthodoxie schon immer zu widersetzen. Willke hatte den Staat hinreichend entzaubert, um sich wieder vorurteilsfrei den verbliebenen Handlungsmöglichkeiten zuzuwenden. Etzioni wurde wieder entdeckt. Eine „aktive Gesellschaft" in seinem Sinne müßte ein Horror für jeden strenggläubigen Autopoietiker sein. Sozietale Steuerungstypen haben sich seit langem der Theoriebildung mittlerer Reichweite angenähert. Es wurde Willke – wohl zu Recht – die mehr oder weniger absichtsvolle Vermischung von System- und Akteursebene zugeschrieben (Ulrich 1994: 172). Dies konnte Luhmann (1984: 579) schwerlich gefallen. Er hielt es für illusorisch „sich vorzustellen, daß die Probleme der Interkoordination verschiedener gesellschaftlicher Funktionssysteme ... durch eine Aussprache der Beteiligten gelöst ... werden könnten". Er leugnete nicht, daß die Interkoordination folgenreich existierte. Er bezweifelte nur, daß sie die Probleme lösen könne.

Kein Wunder, daß der verblüffungsfeste Geist Niklas Luhmanns (1993: 54) sich ebenfalls bei der fruchtlosen Generaldebatte zu langweilen begann. Steuerung zu leugnen schien ihm absurd, „denn es hieße zu leugnen, was faktisch in erheblichem Umfange geschieht" (ebd.: 55). Steuerung wurde nun wieder als „Hauptbetätigungsfeld" der Politik angesehen. Der Steuerungsanlaß entsteht durch „Politisierung" eines Zustandes als eines Problems, bei dem „etwas geschehen muß". Langeweile schlug in Flucht nach vorn um: Luhmann bot den Steuerungs- und Handlungstheoretikern Formulierungshilfe an, damit ihre Position sinnvoller werde. Es wurde durchgespielt, was geschieht, wenn man die Analyse von der Systemtheorie auf Handlungstheorie umstellte. Dann stünden die Untersuchungen von Zwecken, gegebenen Beschränkungen und unbeabsichtigten Nebenfolgen als Unterscheidungen im Zentrum. Gewonnen ist mit dieser Umstellung für Luhmann (1993: 60) freilich nichts, weil abhängig von den jeweiligen Zeithorizonten, die Beschränkungen und Nebenfolgen viel größeres Gewicht hätten als die Zwecke selbst. Die ältere Planungstheorie hatte das System durch Steuerung noch von außen in einen jeweils anderen Zustand bringen wollen. Die neuere Steuerungstheorie kann sich für Luhmann von dieser schlechten Gewohnheit der älteren Planungstheorie nur schwer befreien. Wenn sie es tut, kann man jedoch notfalls von Steuerung sprechen. Er selbst (1991: 143) bevorzugte aber eher den angelsächsischen Ausdruck *control*. Bei politischer Steuerung geht es – in Anlehnung an Herbert Simon – eher um Kontrolle der Beschränkungen und Nebenwirkungen als der Zwecke.

Auch Luhmann sieht eine Möglichkeit zur *Kompatibilisierung* von Steuerungsinterventionen in anderen Funktionssystemen. Aber die Reaktion auf den Steuerungsimpuls bestimmen sie selbst. Die Hoffnung von Willke und Teubner durch Kontextsteuerung die selbstorganisierte

Sensitivität der Funktionssysteme auszunutzen, weil die „Irritationen", als die jeder Interventionsversuch von außen wahrgenommen wird, eine interne Suche nach Problemlösungen auslöst, teilte er nicht. Das Konzept ist für ihn nicht in der Lage, Transparenz der Wirkungsketten und die Prognostizierbarkeit der Erfolge vorzusehen.

Jede Interpenetrationstheorie älterer Parsons'scher Provenienz bleibt verdächtig, auch wenn sie im Gewande autopoietischer Terminologie antritt. Luhmann (1992: 76) blieb bei einer Logik zielloser Evolution. Mit dem Schlachtruf „nie wieder Vernunft" wird jede Anmaßung in Einsichten und Steuerungsfähigkeit zurückgewiesen. Trotz dieser verhärteten Grundsatzpositionen bleiben die Konzessionen an Handlungs- und Steuerungstheorien als Operation der Differenzreduktion für empirische Forscher, die ohne diese schwer auskommen, bemerkenswert. Die tröstliche Botschaft aus Bielefeld an die Steuerungsforscher lautete: „Man kann solche Sachverhalte im Hinblick auf Folgen und Nebenfolgen von Steuerung erforschen, ohne einen Gedanken an Autopoiesis zu verschwenden" (Luhmann 1990a: 144).

Merkwürdigerweise gab Luhmann nach einer erneuten Philippika gegen Steuerungsillusionen den Politikern in dem Teil der Politik gute Ratschläge, der am stärksten in Gefahr ist, populistische Handlungsmöglichkeiten zu simulieren, nämlich bei den Parteiprogrammen. Die Programme sollten sich darauf beschränken, die Grenzen der möglichen Steuerung der Staatspolitik publik zu machen. Damit wird irgendwie unterstellt, daß selbst mit vagen Programmen Verhaltenssteuerung der Wähler möglich sei. Man könnte argwöhnen, daß dieses Konzept allenfalls für eine Steuersenkungspartei, wie der Lega Lombarda oder Glistrups Fortschrittspartei, sinnvoll sei. Aber Luhmann konnte sich für solche Details nicht interessieren: Die Koalitionsvereinbarung von 1994 beginnt exakt mit diesem Gedanken. Das hindert sie freilich nicht, im folgenden durchaus kostentreibende Vorschläge zu machen, die dem limitierenden Vorspann kaum gemäß waren.

Trotz solcher Konzessionen Luhmanns an die handlungsorientierten Sozialwissenschaftler, können diese sich nur begrenzt freuen: Steuerungs- und Gesetzgebungsstudien auf allen politischen Ebenen dürften nach dieser Konzeption kaum mehr zutage fördern, als ein überwiegendes Scheitern der ursprünglichen Intentionen der Akteure. Wieviel Scheitern muß der Empiriker erwarten? Luhmanns Epidemiebeispiel für erfolgreiche Steuerung ist nicht glücklich gewählt. Der Staat, der Impfrichtlinien erlassen hat, ist sich bewußt, daß die Selbststeuerung des Gesundheitssystems die Erkrankungsraten senkte und nicht die Politiker. Aber im Bereich, wo Steuerung über Verhaltenssteuerung des Rechts erfolgt, ist das Übersetzungsproblem von Steuerung zu Selbststeuerung nicht so einfach zu lösen.

Ein pragmatischer Eklektizismus zeichnet sich bei den theorieorientierten Empirikern ab: Die neueren Theorien politischer Steuerung verengen sich zu einer präskriptiv gefärbten Theorie des politischen Handelns. Eine Gesellschaftstheorie scheint mit dem Steuerungsbegriff immer weniger verbunden zu sein. In dieser aber stehen Staatsintervention, Verhandlungsprozesse, Marktprozesse und spontane Strukturbildung nebeneinander. Auch bei den Theoretikern, die auf die spontane Subsystembildung setzen, wie Beck (1993: 209), ist eine reflexive, regelverändernde Politik des politischen Systems als Bezugspunkt für die Subpolitik keineswegs ersatzlos gestrichen worden. Diese aber beruht nur zum kleineren Teil auf autoritative Regelsetzung durch staatliche Steuerung.

Das Verhältnis von Theorie und Methode wurde in neueren Ansätzen zusätzlich kompliziert durch die Infragestellung des kausalen Denkens der klassischen Moderne. In der Zeit der Popperisierung der analytisch gestimmten Wissenschaft – von ihren Gegnern irreführend als „Neopositivismus" etikettiert – wurden die angeblich exakteren Naturwissenschaften zu einem Vorbild der Sozialwissenschaften. Der Behavioralismus hat über die empirische Psychologie schon immer diesem Vorbild gehuldigt. Er schien der Popperisierung allenfalls in der Ermahnung zu bedürfen, daß Wissenschaft mit deduktiven Theorien zu arbeiten habe. Im Behavioralismus, der sich von der Dogmatik des strikten Behaviorismus löste, wurde diese Forderung zum Teil erfüllt. Funktionalistische Systemtheorien verbanden sich mit behavioralistischen Methoden.

Am Ende der klassischen Moderne häuften sich die Stimmen der Naturwissenschaftler, die eher sozialwissenschaftliche Denkfiguren wie *Chaos und Fluktuation* wiederkehren sahen, auch in der Natur. Die Gefahr wuchs, daß ein veralteter Stand der Naturwissenschaften kopiert wurde. In der Transformationsepoche wuchs die Bereitschaft mit chaostheoretischen Elementen zu operieren, da lineare Kausalität und selbst stochastische Schwankungen die globalen Prozesse nicht mehr erklären konnten. Vieles blieb metaphorisch und auf Makro-Phänomene begrenzt, obwohl bei hinreichender Operationalisierung auf vielen Ebenen mit chaostheoretischen Annahmen gearbeitet werden kann. Niemand wird jedoch im Eifer des Gefechts soweit gehen, lineare Kausalität für überholt zu halten. Für die täglichen Durchschnittsphänomene reichen die Interventionsmöglichkeiten linearer Kausalität aus. Der Forscher, der beim Arzt für seine Erkältung mit zirkulären Erklärungen und Hinweis auf eine nichtlineare Logik vertröstet würde, wird geneigt sein, den Arzt zu wechseln. Der Politiker, der bei konkretem Handlungsbedarf nur Globaltheorien geboten bekommt, wird den wissenschaftlichen Berater wechseln – mit Recht.

Eine Antwort auf die neuen Entwicklungen der Naturwissenschaften war die autopoietische Systemtheorie. Es mehrten sich die Stimmen, die bezweifeln, daß selbst Organismen operativ völlig geschlossen sind (Schwegler/Roth 1994). Es gab immer schon mehr Zweifler als Gläubige, daß man das Bild von der operativen Geschlossenheit, wenn es denn in der Natur plausibel wäre, auf soziale Gebilde übertragen könne. Luhmann hat den Vorwurf des Biologismus immer strikt zurückgewiesen. Unzweifelhaft ist, daß biologische Metaphern auf vielen Ebenen in die sozialwissenschaftlichen Theorien Eingang gefunden haben, von der neuen Nationalismusforschung bis zu feministischen Theorien. Biopolitik – einst ein verlängerter Arm behavioralistischer Theoriebildung – wurde ontologisiert und zur Gefahr für die Eigenständigkeit sozialer und politischer Phänomene (Féher/Heller 1994). Selbst wenn der Vorwurf des Biologismus entkräftet werden kann, – und er kann es ganz sicher in der Weiterentwicklung einiger Autopoietiker wie Teubner oder Willke – bleibt die konstruktivistische Beschränkung auf die systemtheoretische Realitätssicht eine Reifizierung der analytischen Kategorien (Münch 1994: 394).

Ansprüche auf *Prognosefähigkeit* und Hilfen für die *Politikberatung* sind durch diese neueren Entwicklungen der Theorie nicht gerade untermauert worden. Die Politikberatung geht zwar weiter, aber um den Preis, daß – mit wenigen Ausnahmen – die Politikwissenschaft die Politikberatung den Juristen und anderen Disziplinen überläßt. Während der theoretische Streit weitertobt, ob wir mehr als „half knowledge" besitzen, und ob dies für Prognosen und Steuerungshilfen im Teilsystem Politik ausreicht, wird weiter interveniert, schon weil die politische Elite ihre Responsiveness unter Beweis stellen muß. Obwohl nicht alles Wissen über Waldsterben und Ozonloch gesichert erscheint, wird mit Hilfe von Wissenschaftlern politisch gehandelt.

Literatur

U. von Alemann: Politikwissenschaftliche Methoden. Opladen, Westdeutscher Verlag 1995
H. Albert: Marktsoziologie und Entscheidungslogik. Neuwied, Luchterhand 1967
G. Andrews (Hrsg.): Citizenship. London, Lawrence & Wishar 1991
G. A. Almond: The Return to the State. APSR 1988: 853-874
B. Barnes: Thomas Kuhn and Social Science. New York, Columbia Unversity Press 1990
U. Beck: Risikogesellschaft. Frankfurt, Suhrkamp 1986
U. Beck: Die Erfindung des Politischen. Frankfurt, Suhrkamp 1993
K. von Beyme: Die deutsche Politikwissenschaft im internationalen Vergleich. In: Ders.: Der Vergleich in der Politikwissenschaft. München, Piper 1988: 29-49
K. von Beyme: Theorie der Politik im 20. Jahrhundert. Von der Moderne zur Postmoderne. Frankfurt, Suhrkamp, ³1996
K. von Beyme/C. Offe (Hrsg.): Politische Theorie in der Ära der Transformation. Opladen, Westdeutscher Verlag 1996
W. Bleek/H. Lietzmann (Hrsg): Schulen der deutschen Politikwissenschaft. Opladen, Leske & Budrich 1999
D. Braun: Theorien rationalen Handelns in der Politikwissenschaft. Opladen, Leske & Budrich 1999
P. B. Clarke: Citizenship. London, Pluto Press 1994
A. Downs: An Economic Theory of Democracy. New York, Harper & Row 1957
D. Easton: The Political System Besieged by the State. Political Theory 1981: 303-325
R. Falk: The Making of Global Citizenship In: B. van Steenbergen (Hrsg.): The Conditions of Citizenship. London, Sage 1994: 127-140.
F. Féher/A. Heller: Biopolitics. Aldershot, Avebury 1994
C. J. Friedrich/Z. Brzezinski: Totalitarian Dictatorship and Autocracy. Cambridge/Mass., Harvard UP 1965
W. Galston: Political Theory in the 1980s. In: A. Finifter (Hrsg.): Political Science. The State of the Discipline II. Washington, American Political Science Association 1993: 27-53
J. Galtung: Struktur, Kultur und intellektueller Stil. Leviathan 1983: 303-338
R. Goodin: Green Political Theory. Cambridge, Polity 1992
R. E. Goodin/H.-D. Klingemann (Hrsg.): A New Handbook of Political Science. Oxford, Oxford University Press 1996
D. P. Green/I. Shapiro: Pathologies of Rational Choice Theory. New Haven, Yale University Press 1994
M. Th. Greven/ R. Schmalz-Bruns (Hrsg.): Politische Theorie – heute. Baden-Baden, Nomos 1999
J. G. Gunnell: Political Theory: The Evaluation of a Subfield. In: A. W. Finifter (Hrsg.): Political Science. The State of the Discipline. Washington, American Political Science Association 1983: 3-46
J. Habermas: Faktizität und Geltung. Beiträge zur Diskurstheorie des Rechts und des demokratischen Rechtsstaats. Frankfurt, Suhrkamp 1992
J. Hacker: Deutsche Irrtümer. Schönfärber und Helfershelfer der SED-Diktatur im Westen. Berlin, Ullstein 1992
J. Hartmann: Wozu politische Theorie? Opladen, Westdeutscher Verlag 1997
H.-D. Klingemann/J. W. Falter: Die deutsche Politikwissenschaft im Urteil der Fachvertreter. In: M. Greven (Hrsg.): Demokratie – eine Kultur des Westens? 20. Wissenschaftlicher Kongreß der Deutschen Vereinigung für Politische Wissenschaft. Opladen, Leske & Budrich 1998: 305-341

T. Kuhn: Die Struktur wissenschaftlicher Revolutionen. Frankfurt, Suhrkamp ²1976

D. Lalman: Formal Rational Choice Theory. A Cumulative Science of Politics. In: A. Finifter (Hrsg.): Political Science. The State of the Discipline II. Washington, American Political Science Association 1993: 77-103

H. D. Lasswell/A. Kaplan, Abraham: Power and Society, A Framework for Political Inquiry. New Haven, Yale University Press 1950

H. J. Lietzmann/W. Bleek (Hrsg.): Politikwissenschaft. Geschichte und Entwicklung. München, Oldenbourg 1996

N. Luhmann: Soziale Systeme. Frankfurt, Suhrkamp 1984

N. Luhmann: Soziologische Aufklärung 5. Konstruktivistische Perspektiven. Opladen, Westdeutscher Verlag 1990

N. Luhmann: Steuerung durch Recht? Zeitschrift für Rechtssoziologie 1990a: 142-146.

N. Luhmann: Betrachtungen der Moderne. Opladen, Westdeutscher Verlag 1992

N. Luhmann: Politische Steuerungsfähigkeit eines Gemeinwesens. In: R. Göhner (Hrsg.): Die Gesellschaft für morgen. München, Piper 1993: 50-65.

T. H. Marshall: Citizenship and Social Class. London, Pluto Press 1991

D. McKay: Is European Political Science inferior or different from American Political Science? EJPR 20, 1991: 459-466

D. Miller: The Resurgence of Political Theory. Political Studies 1990: 421-437

D. Miller (Hrsg.): The Blackwell Encyclopedia of Political Thought. Oxford, Blackwell 1991

R. Münch: Politik und Nichtpolitik. Politische Steuerung als schöpferischer Prozeß. KZfSS 1994: 381-405.

W.-D. Narr: Politische Theorie wofür? Anforderungen an politische Theorie heute. Gründe ihres weitreichenden Versagens. Ansätze, den Mangelstand zu überwinden. Österreichische Zeitschrift für Politikwissenschaft 1989: 77-88.

W.-D. Narr/F. Naschold: Einführung in die moderne politische Theorie. 3 Bde. Stuttgart, Kohlhammer 1969-1971

W.-D. Narr/A. Schubert: Weltökonomie. Die Misere der Politik. Frankfurt, Suhrkamp 1994

K.-D. Opp/R. Wippler (Hrsg.): Empirischer Theorievergleich. Opladen, Westdeutscher Verlag 1990

P. C. Ordeshook: A Political Theory Primer. New York, Routledge 1992

T. Parsons/E. Shils: Toward a General Theory of Action. Cambridge/Mass., Harvard UP 1954

W. Riker/P. C. Ordeshook: An Introduction to Positive Political Theory. Englewood Cliffs, Prentice Hall 1983

G. Sabine: What is political theory? In: J. A. Gould/V. V. Thursby (Hrsg.): Contemporary Political Thought. New York, Holt, Rinehart & Winston 1969: 7-20

H. Schwegler/G. Roth: Steuerung, Steuerbarkeit und Steuerungsfähigkeit komplexer Systeme. In: H. Bußhoff (Hrsg.): Politische Steuerung. Baden-Baden, Nomos 1992: 11-49

B. S. Turner: Postmodern Culture/Modern Citizens. In: B. van Steenbergen (Hrsg.): Conditions of Citizenship. London, Sage 1994: 153-168

G. Ulrich: Politische Steuerung. Staatliche Intervention aus systemtheoretischer Sicht. Opladen, Leske & Budrich 1994

U. Vogel/M. Moran (Hrsg.): The Frontiers of Citizenship. London, Macmillan 1991

P. Wagner/B. Wittrock: Social Sciences and Societal Development. The missing perspective. Berlin, Science Center 1993

M. Walzer: The Communitarian Critique of Liberalism. Political Theory 1990: 6-23.

H. Willke: Entzauberung des Staates. Überlegungen zu einer sozietalen Steuerungstheorie. Königstein, Athenäum 1983

I. M. Young: Justice and the Politics of Difference. Princeton UP 1990

I. Metatheoretische Grundlagen der politischen Theorien

Der wichtigste Wandel der neueren Theorieentwicklung ist die Wiederbelebung der normativen Theorie. Nachdem sich die alte Trias der metatheoretischen Positionen (vgl. Schema in der Zusammenfassung) überlebt hat, wird eine Zweiteilung sinnvoll:
(1) Normative Theorien
(2) Empirisch-analytische Theorien.

Beide metatheoretischen Positionen haben noch immer eine gewisse Nähe zu bestimmten Methoden und Ansätzen. Aber es läßt sich nicht mehr dogmatisch unterscheiden, welche Felder und Grundbegriffe ihnen zuzuordnen sind. „Gerechtigkeit", „Anerkennung" oder Zivilgesellschaft werden überwiegend von normativen Theoretikern diskutiert. Aber durch die Debatten der „reflexiven" und „deliberativen" Demokratie sind normative Erwägungen auch zunehmend in die empirische Forschung eingegangen. Bestimmte methodische Instrumente, wie die Netzwerkanalyse sind bei empirischen wie bei normativen Theorien sogar in gleicher Weise en vogue.

1. Normative Theorien

a) Politische Theorie als praktische Philosophie

Im Gegensatz zwischen den normativen Theorien und den neupositivistischen empirisch-analytischen Theorien lebt der alte Konflikt zwischen der aristotelischen Politik als praktischer Philosophie und den rationalistischen und empirischen Theorien der Neuzeit seit Machiavelli, Bacon und Hobbes fort, die sich vornehmlich an einem technisch-rationalen Begriff des Politischen orientierten. Die klassische Politikwissenschaft seit Aristoteles verstand sich als Lehre vom guten und gerechten Leben und als Fortsetzung der Ethik. Plato behandelte Politik und Ethik in einem Buch. Aristoteles schied beide, aber ihr Zusammenhang blieb gleichwohl eng: Ethik befaßt sich mehr mit der statischen, Politik mehr mit der dynamischen Seite eines Gegenstandes. Politik wurde einerseits als „Königswissenschaft" angesehen, als die höchste der praktischen Wissenschaften, andererseits konnte sie sich in ihrem Erkenntnisanspruch nicht mit strenger Wissenschaft, der *episteme*, messen. Im Gegensatz zu den politischen Wissenschaften oder Künsten werden wissenschaftliche Erkenntnisse in den theoretischen Wissenschaften (Mathematik, Naturwissenschaften, Gotteslehre) um ihrer selbst willen erstrebt. Der Bereich der Praxis hingegen ist der Bereich des bewußten Wählens. Im Bereich der strengen Wissenschaft (*episteme*) herrscht Notwendigkeit. Der Bereich des Handelns, der Politik galt hingegen nicht als determiniert (Hennis 1963: 37f.). Das Gerechte und Gute im Bereich der Praxis ist für diese Lehre nicht nach logischer Notwendigkeit auszumachen. Im Bereich der praktischen Philosophie kommt es auf die *phronesis*, das kluge Situationsverständnis an. Die *phronesis* setzte sich später in Begriffen wie *prudentia* (Cicero) und *prudence* (E. Burke) fort.

Der antike Politikbegriff zielte nicht nur auf die Erhaltung des Lebens ab, sondern auf Sicherung eines menschlichen, guten Lebens in Freiheit und Tugend. Diesen Sinn hatte die Politik auch im Mittelalter in der Verbindung aristotelischer und christlicher Gedanken. Bei Thomas von Aquin (Ausgewählte Schriften zur Staats- und Wirtschaftslehre. Jena 1923: 83) heißt es: „So ist das Leben nach der Tugend das Endziel menschlicher Gemeinschaft. Ein Zeichen dafür ist es, daß nur diejenigen Glieder einer in Gemeinschaft verbundenen Gesellschaft sind, die einander wechselseitig zu dem guten Leben die Hilfe der Gemeinschaft leisten. Denn wenn sich die Menschen allein des bloßen Lebens willen zusammenschließen wollten, so wären auch Tiere und Sklaven ein Teil der staatlichen Gemeinschaft."

Eine Reduktion des (in den Begriffen moderner Systemtheorie ausgedrückt) Systemzielmodells auf ein Systemüberlebensmodell setzte sich in der politischen Theorie erst im Zeitalter der Bürgerkriege der Neuzeit durch, als man sich mit der Sicherung des bloßen Lebens zufrieden gab und die Trennung von Ethik und Politik einsetzte. Die alte moralisch-pädagogische Fürstenspiegelliteratur wich bei N. Machiavelli erstmals der Theorie der technischen Möglichkeiten, ein Staatswesen zu erhalten, gipfelnd in der Theorie der Staatsräson, die für die Zeit des Absolutismus von großem Einfluß wurde. Bei Th. Morus trat zu den politischen und machttheoretischen Erwägungen zum erstenmal eine Theorie der Möglichkeiten sozialökonomischer Sicherung der menschlichen Existenz hinzu. Damit setzte auch die Bemühung um eine einheitliche wissenschaftliche Methode für die Naturwissenschaften wie für die Sozialwissenschaften ein. Bacon gab im „Novum Organon" (1, 127) auf eine fiktive Frage die Antwort: „Auch könnte jemand fragen: ob wir bloß die Naturlehre auf diese unsere Weise bearbeitet sehen möchten oder auch andere Wissenschaften, wie Logik, Moral, Politik? Hierauf zur Antwort, daß wir alles bisher Gesagte ganz allgemein verstanden wissen wollen."

Auch der Bereich der praktischen Philosophie wurde damit als Wissenschaft im strengen Sinne – wie sie seit Aristoteles für die Politik als möglich galt – konstituiert und in der frühen Aufklärung more geometrico analog zu den Naturwissenschaften zu entwickeln versucht. Stärker historisch denkende politische Theoretiker, von Machiavelli und Bodin bis hin zu Montesquieu, mißtrauten jedoch der geometrischen Methode und kamen zu kombiniert genetisch-morphologischen Theorien, welche der historischen Entwicklung trotz abstrakter Modellbildung stärker Rechnung zu tragen versuchten. In Deutschland befreite sich die politische Theorie in der Polizeiwissenschaft – die sich im 19. Jahrhundert in Nationalökonomie, Verwaltungslehre und Verwaltungsrecht differenzierte – weniger stark als die westeuropäischen Theorien von der aristotelischen Verbindung der Politik mit der Ethik in weitgehend kompilatorischen Entwürfen für eine Sozialpolitik, in der Theorie der „guten Polizey" (H. Maier 1966). Mit der wachsenden Autonomie eines ausdifferenzierten politischen Systems im Zeitalter des Absolutismus differenzierte sich auch die Wissenschaft von der Gesellschaft und von der Politik, eine Entwicklung, die ihren Höhepunkt in der begrifflichen Absetzung von *civil society* und *government* in Großbritannien und in der Gegenüberstellung von Staat und Gesellschaft auf dem Kontinent hatte, durch welche die alte Einheit des Begriffes der *civitas sive societas civilis* aufgehoben wurde. In den einzelnen Disziplinen der Staatswissenschaft (Staatslehre, Verwaltungslehre, Volkswirtschaft) lebten jedoch auch im 19. Jahrhundert – trotz des aufkommenden Positivismus – theoretische Ansätze fort, welche die „politischen Wissenschaften" als präskriptive normative Wissenschaften verstanden.

Kritisch-dialektische Theorien beriefen sich gern auf ihren antifaschistischen Charakter und neigten dazu, den konservativen Normativisten faschistoide Gesinnung vorzuwerfen. Zwar lassen sich bei einzelnen Normativisten – wie Voegelins „Autoritärer Staat" (1936) – Werke mit zeitbedingtem faschistoiden Inhalt finden. Die Normativisten insgesamt sind jedoch nicht weniger durch das Erlebnis des Faschismus geprägt als die Dialektiker und die Neopositivisten. Wie die Vertreter jener Richtungen mußten Hannah Arendt, Arnold Bergstraesser, Eric Voegelin oder Leo Strauss emigrieren und formulierten ihre Theorien zum Teil in bewußter Erkenntnis, daß die positivistische Rationalität mangels Beachtung des Sollensbereichs sich meist widerstandslos vor den Karren irrationaler Ideologien spannen ließ.

In den Nachbardisziplinen, die sich mit Politik befassen – vor allem in der Philosophie und der Rechtswissenschaft – überwogen normative Politikbegriffe keineswegs nur bei jenen Denkern, die sich der christlichen Soziallehre verbunden fühlten. Zugleich gibt es verwandte normative Ansätze auch in anderen Sozialwissenschaften, und gelegentlich gibt es direkte Verbindungen zwischen diesen und der politischen Theorie, wie etwa vom normativen Modellplatonismus Euckens zur politischen Theorie von Manfred Hättich (1967: 71). Normative Theorien der Politik finden sich in allen wichtigen Ländern, selbst in Großbritannien, einem Land, dem man eine geringe Anfälligkeit für den Normativismus aufgrund seiner empiristischen Traditionen nachgesagt hat. In Amerika stammten die bekanntesten normativen Theoretiker aus den Reihen der Emigranten, wie Hannah Arendt, Leo Strauss, Eric Voegelin, Herbert Spiro, oder haben einen stark europäischen Background bewahrt wie Dante Germino. Die philosophischen Grundlagen normativer Theorien lassen sich nicht einheitlich fixieren: Vom Thomismus bis zum skeptischen Konservatismus in der Tradition Humes bei Michael Oakeshott in England haben viele Lehren eingewirkt. Ein Novum nach dem Zweiten Weltkrieg ist jedoch der Umstand, daß die meisten und wichtigsten normativen Theorien nicht mehr religiös fundierte Theorien darstellen.

Allen normativen Ansätzen sind eine Reihe von Gemeinsamkeiten eigen:
(1) Fast alle normativen Theorien der Politik haben unter dem Eindruck des Wertrelativismus und des Zusammenbruchs älterer Demokratien und der Entstehung totalitärer Diktaturen im 20. Jahrhundert versucht, *an die klassische aristotelische Theorie der Politik wiederanzuknüpfen*. Die klassische politische Theorie preist Leo Strauss in „What is Political Philosophy?" (in: Gould/Thursby 1969: 58) als Mittel der Befreiung „gegen die Enge des Juristen, die Brutalität des Technikers, die Vagheit des Visionärs und die Niedrigkeit des Opportunisten". Den führenden Köpfen normativer politischer Philosophie, L. Strauss, E. Voegelin, A. Cobban, H. Maier u.a., ist daher ein starkes Interesse an politischer Ideengeschichte gemeinsam, die vor allem am Anfang der Institutionalisierung des Faches Politikwissenschaft die

Literatur zu überwuchern drohte. A. Schwan (in: Oberndörfer 1961: 254) forderte zum Beispiel, „immer wieder zurückzukehren zu den aus den religiösen und philosophischen Arten des Selbstverständnisses sich ergebenden Normen, an denen sich als einem letzten Maßstab politisches Denken und Handeln orientierten". Bisweilen verbindet sich dieser Approach mit großer Skepsis gegen die Akkumulation von Detailwissen, wie sie der unreflektierte Positivismus vornahm, etwa bei Hennis (1963: 25): „Montesquieu, Burke und Rousseau fühlten sich mit allen geistigen Erzeugnissen der Vergangenheit noch gleichsam auf einer Ebene" und jagten noch keinem imaginären letzten Forschungsstand nach. Im Bereich der Forschung über vergangene politische Theorien polemisierte dieser Ansatz stark gegen allzu historische Deutungen der politischen Theorien (wie etwa I. Berlin gegen die Interpretation von Hobbes und Locke durch Macpherson). Die normativen Theorien betonten die überzeitlichen Werte älterer politischer Theorien der Ideengeschichte und suchten ihre eigene politische Theorie in die untersuchten Denker hineinzutragen oder sie an ihnen zu messen (wie etwa L. Strauss in ungerechter Weise an Machiavelli). Der Rückgriff auf die klassische politische Theorie, der etwa bei Voegelin (1959: 13) nur in Hinsicht auf die platonisch-aristotelische *episteme* als möglich angesehen wird, wird jedoch nicht als eine bloße doxographische Renaissance angesehen, sondern versteht sich als Rückgriff auf die theoretische Grundlegung der Wissenschaft von politischer Ordnung. Normative Theorien werfen meist dem Positivismus vor, daß er notwendigerweise in Historismus ausarte, der die Frage nach guter Gesellschaft als illegitim verwirft, da jede Gesellschaft als historisch bedingt angesehen wird (Strauss 1969: 57).

(2) Den älteren normativen Theorien der Politik wurde meist bewußt eine *Ontologie* zugrunde gelegt. „Die Voraussetzung des Unternehmens, das über bloße Meinungen *(doxai)* zur Wissenschaft *(episteme)* von der Ordnung vordringen will, ist eine durchgearbeitete Ontologie, die alle Seinsbereiche, vor allem den welt-jenseitigen, göttlichen als real anerkennt und nicht versucht, die höherstufigen Seinsbereiche durch Kausalerklärungen auf niederstufige zu ‚reduzieren'." (Voegelin 1959: 14). Voegelin und andere fühlen sich einem theozentrischen Humanismus im Gegensatz zum anthropozentrischen Humanismus – der einzige, der sich logisch als Begriff halten läßt – verbunden (Germino 1967: 169). Politische Theorien, vor allem die positivistischen, die ontologische Erwägungen in den Bereich der Meta-

physik verbannen, werden als „unwissenschaftlich", „gnostisch" oder „ideologisch" abklassifiziert. Zu den Prämissen der meisten normativen Theorien gehört die Annahme *objektiver Wahrheit*. Über die Möglichkeit, diese objektive Wahrheit und die Struktur der Seinsordnung zu erkennen, gehen die Meinungen jedoch auseinander. Von der Hermeneutik und der Phänomenologie bis zu konservativen angelsächsischen Common-sense-Philosophien werden der politischen Theorie die verschiedensten Methoden empfohlen.

(3) In der Methodologie haben die normativen Theorien meist *wenig zur empirischen Forschung beigetragen*. Normative Theorien stellen sich oft in bewußten Gegensatz zu den Versuchen der Neopositivisten, die Politikwissenschaft zu einer Wissenschaft zu erheben, die annähernd so exakte und meßbare Resultate ergibt wie die Naturwissenschaften: „Ihr methodischer Ansatzpunkt ist daher nicht der naturwissenschaftliche (Messung, kausale Schlußfolgerung, Verallgemeinerung). Sie geht vielmehr – ebenso wie die richterliche Rechtsfindung, die Heilkunde, Erziehung und andere praktische Wissenschaften – vom Einzelfall, von einzelnen Problemen aus, die sie mit Hilfe allgemeiner Regeln und Präzedentien zu lösen sucht." (H. Maier 1969: 238) Aus dieser Einstellung ergibt sich in der Regel eine starke Skepsis gegen abstrakte Modelle und selbst gegen die Theorien mittlerer Reichweite, vor allem gegenüber den modernen Systemtheorien. Die normativen Ansätze versuchen in konkreten Forschungen, die von der positivistischen Wissenschaftstheorie sanktionierten Methoden nicht völlig auszuschließen, unverkennbar ist jedoch ihre Neigung zu genetischen Theorien, Fallstudien und präskriptiven Monographien. Bei W. Hennis (1963) und anderen wurde versucht, die Methode der Topik wiederzubeleben, die nicht von allgemeinen Sätzen, sondern einzelnen Problemen ausgeht, nach dem Vorbild der Rhetorik die plausiblen annehmbaren Gesichtspunkte (griech. topoi) sucht und nur wahrscheinliche, nicht aber logisch zwingende Schlüsse auf der Basis der Einsicht und des „gesunden Menschenverstandes" zuläßt. Als ein Verfahren der Findung von Hypothesen wird die Topik auch von den Anhängern der Wissenschaftslogik für zulässig gehalten, sie kann jedoch nicht leisten, was die deduktiv-empirischen Theorien mit eindeutiger logischer Nachprüfbarkeit ihrer Sätze erreichen können. Wie in der klassischen Wissenschaft wird das „technische Wissen" der analytischen Politikwissenschaft dem praktischen Wissen gegenübergestellt und den Rationalisten und Positivisten eine Voreingenommenheit für „Gewißheit" vorgeworfen (M. Oakeshott 1966: 20), die

jedoch den kritischen Rationalisten (wie K. Popper oder H. Albert mit ihrer Betonung des Fallibilismus) gerade nicht nachgesagt werden kann. Gegenüber der Überfremdung politischer Theorie mit Reduktionen des politischen Prozesses auf andere Variablen (Klassen, wirtschaftliche Produktionsverhältnisse, demographische Prozesse usw.) wird von einigen normativen politischen Theoretikern eine Lanze für die „reine Politik" gebrochen (B. Crick, B. de Jouvenel).

(4) Ziel der Erkenntnis normativer Theorien ist *das Handeln,* nicht das Erkennen um seiner selbst willen. Das politisch zu Tuende ist nicht „vorgegeben", sondern „aufgegeben"; während die deskriptiv-analytischen Theorien sich vornehmlich mit *res gestae* befassen, zielt normative Politik als praktische Wissenschaft auf die *res gerendae* (D. Oberndörfer 1962: 19). Normative Theoretiker sind entschiedene Gegner der im Positivismus und vor allem im Neukantianismus rigoros durchgeführten Trennung von Sein und Sollen. M. Oakeshott (1966: 32f.) bedauerte, daß seit Machiavellis Kurs in politischer Technik das politische Training an die Stelle der politischen Erziehung getreten ist, und führte darauf die Ausbreitung politischer Unerfahrenheit in der Neuzeit sowohl bei den Herrschenden wie bei der ganzen politischen Gesellschaft zurück. Politische Erziehung der Rationalisten, die auch Oakeshott nicht ganz wegdiskutieren konnte, wurde mit bloßer Aneignung von „Buchwissen" gleichgesetzt.

Das erkenntnisleitende Interesse der Anleitung zu Bürgertugend und kluger Verwaltung führt daher zu einer starken Betonung von Regierungs- und Verwaltungslehre (etwa bei W. Hennis) und zu einem geringeren Interesse für den „Mitbestimmungssektor" der Politik (Parlament, Wahlen, politisches Verhalten der Massen).

Nach dem Zweiten Weltkrieg förderte dieser Ansatz die Selbstauffassung der Politikwissenschaft als Demokratiewissenschaft, die im Dienst der *Reeducation* vornehmlich präskriptiv angereicherte Fertigkeiten der Staatsbürger zu vermitteln trachtete und weniger auf Analyse der Realität oder kritische Infragestellung des politischen Systems und der ihm zugrundeliegenden Werte gerichtet war. Beides hat dem Ruf der Wissenschaftlichkeit der jungen Disziplin, vor allem in Deutschland, stark geschadet.

(5) Normative Theoretiker haben in der Regel ein *normativ-statisches Verhältnis zur Sprache.* Rein äußerlich zeigt sich das darin, daß viele von ihnen (in Deutschland etwa Wilhelm Hennis und Hans Maier, in England Bernard Crick und Michael Oakeshott) einen geschliffenen, lebendigen, an der Rhetorik geschulten Stil schreiben. Schwieriger ist

das Verhältnis zur Sprache bei einigen Emigranten wie Hannah Arendt, Eric Voegelin oder Leo Strauss zu beurteilen, die zum Teil deutsch dachten und englisch schrieben. Den meisten Normativisten ist eine Abneigung gegen das technizistische Vokabular der Neopositivisten gemeinsam, das manchen von ihnen an den internationalen Pilotenjargon erinnert. Der Vorwurf gegen die Politikwissenschaft als einer „Jargonwissenschaft", die nur Gegenstände und Probleme anderer Wissenschaften mit einer eigenen Terminologie versieht, um sich als neue Wissenschaft zwischen die etablierten zu drängen, kommt bei den Nicht-Politologen häufig aus einer den Normativisten in der politischen Theorie geistesverwandten Haltung. Im Rahmen der Totalitarismusforschung gab es immer auch Sprachuntersuchungen – meist nicht von der exakten Natur, wie sie die sprachanalytische Oxforder Schule seit Wittgenstein anstellte, die bei Th. Weldon der Politikwissenschaft wertvolle, auf ihre speziellen Bedürfnisse hin zugeschnittene Einsichten vermittelte -, etwa bei Dolf Sternberger (1962) und anderen im „Wörterbuch des Unmenschen". Der verdienstvolle Kampf gegen die unmenschliche Sprache autoritärer Regime hat jedoch selbst bei Wissenschaftlern wie Sternberger, die nicht pauschal zur normativistischen Schule gezählt werden können, einige ideologische Vorurteile impliziert, die sich auch gegen das Spezialvokabular der empirischen Wissenschaft richten und bald auf verlorenem Posten gegen die Sprache der Kybernetik kämpften. In dieser Abneigung gegen technizistisches Vokabular in der Politik berühren sich die Extreme in der politischen Theorie. Herbert Marcuse (Der eindimensionale Mensch. Neuwied, Luchterhand 1967^2: 112) mit seiner Polemik gegen Wortbildungen wie „saubere Bombe" oder „science military dinner" ging ähnlich von einer „heilen Sprachwelt" aus wie einige Normativisten auf der „Rechten" – wobei seine allzu weitreichenden Schlüsse die ihren zum Teil noch übertrafen -, wenn er dieses Vokabular als schlechthin der spätbürgerlichen Gesellschaft eigen bewertete.

(6) Ältere normative theoretische Ansätze bewegten sich in der Forschung vorzugsweise in *ideengeschichtlicher Sphäre*. Wenn sie zu konkreten politischen Fragen vorstießen, so – dem topischen Falldenken gemäß – punktuell, in zupackender Analyse, die meist in geistreicher Form die Problematik eines Falles bis zu Aristoteles zurückverfolgt. Beispiele dafür sind die Thesen zur Parlamentsreform von Bernard Crick und das Büchlein von Wilhelm Hennis „Demokratisierung" (Köln/Opladen, Westdeutscher Verlag 1970). An dem zweiten Bei-

spiel kann man die Mängel dieses Ansatzes in klassischer Weise aufzeigen: Es herrscht eine Neigung zum *Begriffsrealismus* vor. Begriffe werden als verfälscht und unsinnig abgetan, die der Nominalist kampflos aufzugeben bereit wäre. Hennis etwa beteuerte, daß seine Feststellung der Sinnlosigkeit des Geredes über Demokratisierung im nichtstaatlichen Bereich nicht seine prinzipielle Gegnerschaft gegen erweiterte Mitbestimmung der Mitglieder eines Subsystems bedeutet. Nominalistische Gegner würden ihm entgegnen: Dann sprechen wir eben von Partizipation, aber halten uns nicht bei der Wahrung eines vorgeblich „reinen Sprachgebrauchs" auf, sondern diskutieren das Partizipationsproblem unter einer neutralen, möglichst wenig affektgeladenen Formel. Hinter dem begriffsgeschichtlichen Interesse von Normativisten verbirgt sich jedoch häufig auch eine konservative politische Theorie, denn man kann nicht Begriffe auf einen bestimmten Definitionsstand festlegen, ohne auch den damit gemeinten Sinn in das gegenwärtige Problem hineinzutragen. Bei Hermann Lübbe (1965: 13f.) wird mit der Begriffsgeschichte ein stark konservatives Konzept verbunden: „In solchen und ähnlichen Fällen wächst der begriffsgeschichtlichen Forschung die Aufgabe zu, in einen sozusagen verluderten philosophischen Wortgebrauch korrigierend einzugreifen, damit der Begriff wieder praktikabel werde. Sie tut das, indem sie in historischer Aufarbeitung seiner Genesis ihn auf diejenige Definition festzulegen empfiehlt, die durch die Plausibilität und Stringenz jener Genesis am stärksten beglaubigt ist."

Die meisten unserer politischen Begriffe entstanden aber als „Sprachverluderung" und setzten sich gleichwohl durch. Was wird heute nicht alles als Revolution, als Opposition, als Fortschritt, Demokratie und Parlamentarismus ausgegeben! Der Begriff Souveränität wird im Zeitalter der Supermächte mit nuklearer Sanktionsmacht noch immer verwandt, obwohl er schwerlich durch die Genesis seit Bodin noch im Sinne von Lübbe „stringent und plausibel beglaubigt" ist. Ebenso stark ist der Kampf der konservativen Normativisten gegen Neologismen, wie sie jede neue Theorie nun einmal braucht. Eine geheime Liebe für Hermeneutik und eine Tendenz zur Flucht in ästhetische Betrachtungsweisen, den die konservativen Ontologen mit den linken Dialektikern von Adorno bis Marcuse partiell teilen, lassen sich bei vielen nicht ganz verleugnen. Die Ahnherren der kritischen Theorie haben jedoch gegen ihre wissenschaftstheoretischen Widersacher mit dem gleichen Vorwurf gearbeitet und sogar den Neopositivismus des „Ästhetizismus" im „System abgelöster Zeichen" bezichtigt (M. Horkheimer/Th. W. Adorno: Dialektik der Aufklärung. Amsterdam, Querido 1947: 29).

In einigen Punkten gab es Berührungen zwischen den normativen Theorien und kritischen Ansätzen der Neuen Linken, und es war auch hochschulpolitisch gesehen kein bloßer Zufall, daß einige der radikalsten Normativisten in den Konflikten mit der protestierenden Studentenschaft einen für die Bedürfnisse der Studenten sehr offenen Standpunkt bezogen haben. Die Linke unterstützte an den Normativisten das antipositivistische Credo, das ihren Arbeiten zugrunde liegt, und erkannte das Bemühen um einen Praxisbegriff an. Kritisiert wurde jedoch, daß eine normative Teleologie, die sich weigerte, das Telos konkret zu definieren, orientierungslos auf das Motiv subjektiven guten Willens beschränkt und letztlich systemaffirmativ blieb durch die Deduktion von vorgegebenen Staatszwecken, die sich an den Werten des bestehenden Systems orientierten.

Trotz der zunehmenden Isolierung der älteren Normativisten und der überwiegenden Ablehnung, auf die sie bei den Wissenschaftlern stießen, die auf dem Boden der analytischen Wissenschaftstheorie einerseits und der dialektisch-kritischen Theorie andererseits standen, wäre es ein ungerechtfertigter Hochmut, jedes Verdienst dieses theoretischen Ansatzes zu leugnen:

(1) Die Normativisten waren die größten *Anreger eines Studiums der politischen Ideengeschichte;* ähnlich wie der linke Normativismus in der kritischen Theorie. In der Regel haben sie zwar ihre eigene politische Philosophie in die großen Denker der Vergangenheit hineinprojiziert, wie Voegelin in die klassische griechische Philosophie, oder aber Denker der Vergangenheit an den Wertbekenntnissen der eigenen Position in ungerechter Weise gemessen, wie Leo Strauss in seinem Buch über Machiavelli. Häufiger aber haben sie fruchtbare neue Fragen an die großen Theoretiker der Vergangenheit gestellt, während die Positivisten nur zu gediegener Systematisierung der Gedanken und immanenter Interpretation politischer Theorien vorstießen oder historische Einflußstudien schrieben.

(2) Die normativen Theoretiker haben *wertvolle Anregungen für die empirische Forschung gegeben,* von Hannah Arendts Beitrag zur Totalitarismusforschung bis zu Bertrand de Jouvenels Initiativen zu einer Zukunftswissenschaft in der „Kunst der Vorausschau". In der Theorie der politischen Bildung (Manfred Hättich) oder der Regierungslehre (Wilhelm Hennis) wurden ebenfalls neue Fragen aufgeworfen, die der vorherrschende Behavioralismus ignorierte.

1. Normative Theorien

(3) Normative Theorie ist *unerläßlich zum Abbau von Irrationalität* im Bereich der Aussagen über das Sollen, in dem nicht mit der gleichen Verläßlichkeit und Stringenz Aussagen gemacht werden können wie auf der Stufe der Seinsanalyse in den Sozialwissenschaften. Ein normatives Element wohnt jeder systematischen Wissenschaft inne, die auf Praxis und Handlung hin angelegt ist, im Gegensatz etwa zu den historischen Wissenschaften.

Der unreflektierte ältere Positivismus neigte – wie mit Recht von den Normativisten und den Dialektikern kritisiert wurde – zum Dezisionismus. Die politische Philosophie und die Sozialphilosophie gehen heute in der Regel nicht mehr rein spekulativ vor. Auch in normativen Systemen auf der Basis einer Ontologie oder Anthropologie werden – wie in jeder Ideologie – eine Fülle von Seinserkenntnissen aus dem Bereich der Sozialwissenschaften verarbeitet. In diesem Bereich wird so wenig rein irrational argumentiert, wie im Bereich der Seinserkenntnis und der exakten Methoden zu ihrer Gewinnung etwa nur streng rationale geistige Operationen durchgeführt werden. Bei der Auswahl aus der unendlichen Fülle von Hypothesen, die man auf jeder Stufe wissenschaftlicher Erkenntnisbemühung wieder testen müßte, geht jeder Wissenschaftler – auf der Basis seines normativ gewonnenen Vorverständnisses – relativ intuitiv vor. Solche Entscheidungen haben in der Regel keinen zwingenderen Charakter als die topische Suche nach plausiblen Argumenten auf der Basis eines gewissen Common sense. Ganz unverkennbar ist der Nutzen normativer politischer Philosophie im Stadium der Hypothesenbildung einerseits und am Ende des wissenschaftlichen Räsonnements andererseits, wenn nach der Prognosenbildung in Form von Wenn-dann Sätzen eine Anregung zum politischen Handeln gegeben werden soll. So verdienstvoll der Kampf positivistischer Wissenschaftler zur Bekämpfung der Überwucherung empirischer Sozialwissenschaft durch Sozial- und politische Philosophie auf einer bestimmten Stufe des wenig spezialisierten sozialwissenschaftlichen Wissenschaftsbetriebes war, so sehr muß gegen den Trend Stellung genommen werden, diesen Bereich des Denkens, in dem in geringerem Maße intersubjektiv transmissibles Wissen gefunden wird, aus der Universität hinauszudrängen.

b) *Politische Gründe für Niedergang und Wiederaufstieg normativer Theorien der Politik*

Für die Entwicklung eines militanten Anti-Normativismus im Zeitalter des Behavioralismus sind teils wissenschaftsimmanente, teils politische Gründe verantwortlich. Zu den wissenschaftsimmanenten Gründen gehörten das Bemühen um die *Professionalisierung* einer Politikwissenschaft, die sich – vor allem in Europa – aus unterschiedlichen anderen Disziplinen heraus entwickelt hatte und nach einem Profil strebte. Der Behavioralismus mit seiner Abkehr von ganzheitlichen Begriffen (wie dem „Staat") und der Hinwendung zu Individuen und kleinen Einheiten (den Gruppen in der Bentley-Truman-Schule), war normativen Erwägungen erst recht abhold. *Holismus* galt als eine „unworkable doctrine" (Philipps 1976: 123). Schon der Funktionalismus, der normative Stabilitäts- und Gleichgewichtstheoreme in die Theorie wieder einführte, wurde trotz seines Anspruchs, zur analytischen Wissenschaftstradition zu gehören, als „positivistischer Organizismus" beargwöhnt.

Linke Theoretiker gaben sich mit den wissenschaftsimmanenten Erwägungen über die Gründe für den Anti-Normativismus nicht zufrieden, sondern führten die Vorherrschaft eines antinormativen wissenschaftlichen Paradigmas auf politische Ursachen zurück, wie die *bipolare Konstellation der Welt*, in der ein „penetranter Anti-Kommunismus" mit einem linken „Anti-Antikommunismus" in Konfrontation lebte und „alle normativen Kriterien in den Hintergrund treten" ließ, „die nicht schon durch die gegebene institutionelle Struktur beider Systeme vorgeprägt waren" (Rödel u.a. 1989: 11f.).

Der Zusammenbruch des Sozialismus und die Transformation der osteuropäischen Systeme zur Demokratie – oder wenigstens zur *Anokratie* (einem Gemisch zwischen Anarchie und Autokratie) – schien normative Modelle wieder diskutierbar zu machen. Das Konzept der Bürgertugend und der Zivilgesellschaft berief sich vielfach auf die empirischen Erfahrungen Osteuropas, ohne diese freilich auch wirklich empirisch zu untersuchen (Cohen/Arato 1992: 15).

Die „Triasnarretei" der Nachkriegszeit wurde 1971 obsolet, als Rawls Buch „Theory of Justice" erschien (Kymlicka 1990: 9). Trotz der intensiven Diskussion, die Rawls und später Nozick auslösten, waren die Anhänger einer normativen Politikwissenschaft, die sich den wirklichen Problemen der Gesellschaft stellte, nicht zufrieden. Die politische Theorie hatte sich für sie noch weiter von der politischen Wissenschaft abgewandt. Die Gerechtigkeitsspekulationen von Rawls und Nozick schienen „elegant, machtvoll und überzeugungsstark" und dennoch völlig unpolitisch (Ricci 1984: 321f.). Es zeigte sich jedoch seit Anfang der achtziger Jahre, daß die neue normative Debatte zwischen Liberalismus und Kommunitarismus sich nicht über einen Kamm scheren ließ und gewiß nicht in die Rubrik „normativ-ontologische Theorie" gepreßt werden konnte. Konnte man auf der Liberalismus-Seite noch die Absenz der Politikwissenschaft und die Dominanz der Philosophie und der Ökonomie beklagen, so änderte sich das mit dem Auftreten der Kommunitarier. In einer wirklich interdisziplinären Debatte hörte die Philosophie auf, ihr Gewißheits- und Begründungsmonopol zu behaupten, auch wenn es noch fundamentalistische Rückzugspositionen gab, die am Letztbegründungsanspruch festhielten (vgl. Habermas 1988: 349). Auch in der Zeit der Vorherrschaft des behavioralistischen Szientismus haben die Hochburgen des Empirismus, wie Ann Arbor, immer noch mit etwa zehn Prozent der Lehrstühle auch an Diskussionen über Normen und politische Philosophie teilgenommen (von Beyme 1988). Dank einer flexiblen Department-Struktur waren die Beiträge von Autoren, die auf politikwissenschaftlichen Lehrstühlen saßen, wie Sandel oder Walzer, stark beachtet.

Mit der Wiederanknüpfung der modernen politischen Philosophie des Liberalismus an die Vertragstheorien schien der prämoderne archaische Beigeschmack normativer Theorie überwunden, und kam erst mit der *Tugenddebatte* wieder zum Vorschein, auch wenn sie nur selten mit so archaischen Ansichten wie bei MacIntyre (1987) geführt wurde. Bürgertugend wurde in der Kommunitarismusdebatte gegen den liberalen Grundbegriff der Gerechtigkeit ausgespielt. Die Positionen wurden vielfach in die Radikalalternative gedrängt: hier atomistisch-abstrakter universalistischer Liberalismus – dort menschlich konkreter situations- und akteursbezogener Kommunitarismus (O'Neill 1996a: 38). Der Auftrieb für die Kommunitarier kam nicht zuletzt durch die postmoderne Fragmentierung und die *political correctness*-Debatte zustande, der die partikularistischen Positionen gegen die universalistischen zu stärken schien. Der *neue Republikanismus* lehnte die liberale Position ab, daß das Rechte dem Guten vorgeordnet sei. Eine Politik des Gemeinwohls war für Kommunitarier mehr als die utilitaristische Summierung aller individuellen Präferenzen. Freiheit und Partizipation schienen für den Liberalismus nur zufällig verbunden. Für Kommunitarier wurde die Selbstregierung zur Voraussetzung der Freiheit. In der Alternative Tugend oder Gerechtigkeit ließ die Synthese nicht auf sich warten: „*virtue with justice*" wurde zu einem neuen Minimalkonsens (O'Neill 1996: 209).

Seit citizenship und Zivilgesellschaft wieder zu zentralen Begriffen der politischen Theorie wurden, lacht niemand, wie einst, als Wilhelm Hennis wegen seines theoretischen Ausflugs in die Bürgertugend-Lehre als „Tugend-Willi" apostrophiert wurde. 1981 schrieb Habermas in der *Theorie des kommunikativen Handelns* (1981, Bd.1: 18), daß die Politikwissenschaft sich vom naturrechtlichen Normativismus abgesetzt habe und moralisch praktische Fragen der Legitimität ausschließe, oder sie „als empirische Fragen eines jeweils deskriptiv zu erfassenden Legitimitätsglaubens" behandele. Im gleichen Jahr trat in der Theorie die Trendwende ein. Beide Positionen der Liberalismus- und Kommunitarismus-Debatte waren in wenig einig, außer darin, daß sie ein empiristisches, utilitaristisches Modell der Demokratie ablehnten und daß eine normative Theorie der demokratischen Legitimität oder Gerechtigkeit entwickelt werden müsse. Von „Normativisten" sprachen freilich meist nur solche Autoren, wie Cohen und Arato (1992: 6, 8), die vor allem deutschsprachige Literatur verarbeitet hatten.

Neben dem radikalen Kommunitarismus, der zu einer Entdifferenzierung der politischen Analyse neigte, gab es den gewichtigeren Zweig der äußerst differenziert denkenden gemäßigten Kommunitarier wie Michael Walzer und Amitai Etzioni. Die Liberalen, die in der Zeit der Erosion jeder sozialistischen Alternative dominierten, forderten den Widerspruch der Kommunitarier heraus. Die Suche nach übergreifenden Wertzusammenhängen blieb nicht ohne Rückwirkungen auf den Neoliberalismus. Der Liberalismus „liberalisierte" sich wieder. Michael Walzer (1990) hat einmal resignativ eingeräumt, daß die Kommunitarier die Schlacht nicht gewinnen und allenfalls den Liberalismus als Gegenspieler wieder humanisieren konnten.

Der neue liberale Grundkonsens, der die Pole an den Enden der theoretischen kommunizierenden Röhren umfaßt, ist das Ideal der *civil society*. Es wurde zugleich zum Ansatzpunkt einer Ideologiebildung der Opposition gegen den bürokratischen Sozialismus in seiner Endphase. Es zeigte sich freilich, daß die dominante staatlich geförderte Ideologie selbst auf die Opposition nicht ohne Rückwirkung geblieben war: Die Opposition betonte das Prinzip des „*homme*" als Träger von Menschenrechten, die im Sozialismus verweigert wurden. Sie forderten den *citoyen*, der nicht nur einer staatlich manipulierten Pseudopartizipation zugeführt werden wollte. Aber das sozialistische Gedankengut war stark genug, um den *bourgeois*, der seit Locke und den amerikanischen Founding Fathers immer zum Begriff der Civil society gehörte, weiterhin zu verachten. Daraus entwickelte sich ein wohlmeinender, aber weltfremder Idealismus, der die Intelligencija vor der Realität einer besonders brutalen frühen mafiosen Form des Kapitalismus nicht standhalten ließ. Nicht wenige Radikale im Westen hatten um 1989 Impulse für die erstarrte und routinisierte Demokratie im Westen aus den friedlichen Revolutionen erhofft. Angesichts der Institutionenskepsis und der Wirtschaftsfremdheit solcher Theorien blieb dieses Gedankengut rasch in einer larmoyanten Minderheitenposition.

Die Länder des Westens erfuhren gleichwohl von Ansätzen einer zivilen Bürgergesellschaft ganz neue Anregungen. Die politische Theorie konnte sich nicht mit dem Gefühl des siegreichen Sektkorkenknallens abfinden. Die Theoretiker spürten, daß nach dem Untergang des bürokratischen Sozialismus nichts mehr so sein werde, wie vorher. Das prognostische Versagen gegenüber dem Kommunismus wurde sogar mit besonders eifrigen *dooms-day*-Szenarios hinsichtlich der Veränderungen im Westen zu kompensieren versucht. Eine Schlüsselrolle spielte die weltweite Migration, die durch den Wegfall des Eisernen Vorhangs nicht mehr einzudämmen schien. Die nordatlantische Festung begann über ihre Grundlagen nachzudenken.

Gegenüber unbekümmerten postmodernen Buntheitsvorstellungen unreflektierter multikultureller Gesellschafts-Apologeten hatte die Theorie des *Citizenship* das Verdienst, die Spannung von Inklusion und Exklusion, die in jedem Bürgerbegriff liegt, differenziert zu analysieren. Globalisierung einerseits und subsystemische Regionalisierung und Partikularisierung andererseits lassen den Nationalstaat und seinen – ethnischen oder kontraktualistischen – Staatsbürgerbegriff nicht mehr sinnvoll erscheinen. Loyalitäten konstituieren sich zunehmend unterhalb oder jenseits der territorialen Definitionen von Staatsbürgerschaft. Die normative Komponente dieser Theorieansätze verkannte auch nicht, daß das Bild des „guten Bürgers" eine Loyalität erforderte, die sich in einer säkularen Gesellschaft – und nur in ihr ist civil society letztlich denkbar – nicht von selbst herstellt, sondern durch Sozialisation gefördert werden muß (Heater 1990: 203).

Postmodern gestimmte Ansätze des Denkens über die Zivilgesellschaft konnten nicht bei T. H. Marshalls (1991) Dreiteilung der citizenship in civil, political und social stehen bleiben, welche in der individuellen Freiheit, in der politischen Partizipation und in der sozialen Wohlfahrt der Bürger ihren Niederschlag findet (Clarke 1994: 173). Eine Postmoderne, die sich nicht als romantischen Rückfall in die Prämoderne verstand, sondern als die Entwicklung der guten Seiten der klassischen Moderne, monierte an der Marshall'schen Konzeption die Konzentration auf den Wirtschafts- und Sozialbürger. *Cultural citizenship* mußte als viertes Element hinzutreten (Turner 1994: 159). Das Denken in Fragmenten bekam Unterstützung in dieser Betonung der kulturellen Faktoren von den Feministinnen (Vogel/Morgan 1991), von antirassistischen Denkbemühungen und einer positiven Bewertung der Ethnien in neueren Nationalismusansätzen. Je stärker der Bürgerbegriff sich verrechtlichte – bis in die Wirtschaftssphäre – und auch normativ zunehmend auf einen Verfassungspatriotismus vereidigt wurde, umso mehr wurde die Rolle der Ethnien in den kulturellen Aspekt der modernen Gesellschaft verankert. Soweit postmoderne Denker einen Primat des Teilsystems Kultur unterstellten, lag damit jedoch auch die Gefahr nahe, die alten primordialen Begriffe, wie die Nation, in neuem postmodernen Gewand unverdächtig verkleidet, wieder staatsfähig zu machen. Wegweisender ist jedoch ein Denkstrang, der im Postnationalismus – in Ansätzen in der Europäischen Union anvisiert – neue soziale Rechte transnationalisiert und der subnationalen Verwirklichung von Gruppen ganz neue Horizonte eröffnete.

Die Entwicklung der Theorie der Politik ist gekennzeichnet durch das Nebeneinander von extremer Spezialisierung und immer kühneren Griffen nach einer holistischen Konzeption des Ganzen. Neben postmoderner buntscheckiger Inkommensurabilität und Beliebigkeit entwickelt sich die Sehnsucht nach einer Gemeinschaft. Sie ist keineswegs auf das Gewimmel der New Age-Philosophien und Neofundamentalismen beschränkt. „Die Bürgergemeinschaft sichert die Solidarität nicht nur für sich selbst, sondern für die ganze Gesellschaft mit ihren Teilsystemen" (Münch 1994: 384) lautet die tröstliche Botschaft der Parsonschen Systemtheorie. *Systemische Integration* ist noch möglich, auch wenn soziale Integration zum Opfer der Differenzierung wurde. Wo die Systemtheorie zur Autopoiese weiterentwickelt wurde, haben ihre Vordenker an der moralischen Kälte ihrer Theorie auf die Dauer kein Vergnügen gefunden. Das Ganze und der Bürgersinn, der es realisieren soll, werden wenigstens unter als-ob-Prämissen wieder eingeführt. Ungelöstes Problem bleibt vorerst, auf welcher Ebene das Ganze angesiedelt werden soll, da sich der Nationalstaat verflüssigt und die Identitätsbildung sich pluralisiert. Es bleibt die vage Hoffnung auf eine *Weltgesellschaft*, die nicht nur als Teilphänomen vom „Weltkrieg" bis zum „Weltmarkt" existiert. Politik als „Kunst des Unmöglichen" (Falk 1994: 140) wird der Theorie der Politik von einem normativen Bürgerverständnis als künftige Aufgabe ins Stammbuch geschrieben.

Beide Varianten des empirisch-analytischen Mainstreams der Sozialwissenschaften, mit den Polen Weber und Durkheim (vgl. Einleitung), haben mit Einschränkungen normative Betrachtungen bei der Fragestellung und bei den Konklusionen aus der Analyse niemals ausgeschlossen. Auch eine Position in der neukantianischen Tradition der Trennung von Sein und Sollen, die normative Theorie nur als nicht-metaphysisches Projekt akzeptierte und auf „*intersubjektiv transmissiblem Wissen*" bestand, wie die von Arnold Brecht (1961: 159, 477ff.), hat einerseits die „*parteiergreifende Zielsetzung*" für legitim gehalten und andererseits durch Extrapolation der Normen aller Rechtssysteme der Welt ein paar universale Postulate der Gerechtigkeit als wissenschaftlich feststellbar angesehen.

Auch bei den Empirikern, die sich von der Popper-Orthodoxie freigemacht hatten, wuchs das Bewußtsein, daß die Wertfreiheit als Postulat selbst ideologisch-politischen Funktionen diente, als Hilfsmittel der Sozialisation von Wissenschaftlern und als Schutz gegen Einflüsse des Staates, wie der eigenen politischen Freunde, die Wissenschaftler gern zu Zeloten einer Sache umfunktionieren. Wertfreiheit wurde so zu einem Waffenstillstandsabkommen zwischen Schulen mit widerstreitenden Normvorstellungen (Beck 1974: 208 ff.). Grundbegriffe der Analyse, vor allem die Integrationsbegriffe, enthielten jedoch immer ein normatives Element, das sich auch bei normativer Askese nicht ausschalten ließ, weil die soziale Realität selbst „normativ imprägniert" ist (Peters 1993: 24f.).

Normative und analytische Theorie näherten sich wieder an, weil auch die Analytiker eine *fiktive Empirie* konstruierten. Während normative Theoretiker, die über „Motivating Political Morality" nachdachten (Goodin 1992: 150), davor warnten, zeit- und kontextlose Wahrheiten zu verkünden, sahen sie voller Bitterkeit, daß die mathematische Schule der Sozialwissenschaft ähnlich vorging wie manche normative Theoretiker und jeden ernsthaften Kontakt mit der realen Welt vermied. *Rational Choice-Ansätze* haben sich mit fiktiven Daten ein Abbild der realen Welt geschaffen, das empirische Einzelfragen ausblendet. Mit normativen Fragen hat die Rational Choice-Schule keine Schwierigkeiten: Die Güte der Mutter Teresa kann nach den gleichen Prinzipien optimiert werden, wie der schamloseste Egoismus eines Kasino-Kapitalisten, der nur in Termini von täglichen Kursgewinnen denken kann.

Die Wiederkehr des normativen Denkens war von einem Paradoxon gekennzeichnet. Je mehr auch der Mainstream-Empiriker die partielle Funktion normativer Theorie im Forschungsprozeß akzeptierte, umso bescheidener wurden die Ansprüche an die normativen Vorgriffe der Theorie. Habermas (1992: 399) hat bereits beklagt, daß der „idealistische Gehalt" normativer Theorien im Lauf der Entwicklung unter der Sonne der sozialwissenschaftlichen Erkenntnisse dahinschmelze. Das gilt nicht nur für die idealistischen Gehalte. Habermas (1996: 283f.) hat sich inzwischen sogar vom Idealismus der Kommunitarier abgesetzt, die sich vielfach auf seine Diskurstheorie berufen. Die ethische Engführung politischer Diskurse durch den Kommunitarismus mußte für ihn scheitern, weil die Pluralität der Positionen einen *Interessenausgleich* braucht, der durch bloß ethische Diskurse nicht zu erreichen ist.

Habermas' Entdeckung des Rechtsstaats hat ihn den früher oft an ihn selbst gerichteten Vorwurf, er habe ein zu optimistisches Menschenbild, an die Kommununitarier weiterreichen lassen. Juristen, die für eine Rehabilitierung der normativen Politikwissenschaft eintraten (v. Arnim 1986: 20f.), haben sich immer schon stärker auf Humes Devise „rules, not men" besonnen. Diese wird nun ausgerechnet von Habermas implizit den blauäugigen Bürgertugend-Aposteln wieder vorgehalten, ohne daß er sich dabei in die Radikalalternative „Freiheit statt Tugend" hineinziehen läßt, die den frühen Normativismus auszeichnete.

Die Erosion des Normativen und die Sehnsucht nach neuen Wertgemeinschaften sind gegenläufige, aber gleichzeitig ablaufende Prozesse in der politischen Theorie. Utopien erfuhren eine Rehabilitierung, seit sie nicht mehr unter Totalitarismus-Verdacht gestellt werden mußten. Die Entideologisierung hat den Szientismus entkrampft und ihm die Berührungsängste mit normativen Theorien genommen, aber zugleich die Utopiefähigkeit der politischen Theorie reduziert, und den Gemeinspruch „Mut zur Utopie" zu einer schulterklopfenden Alibilosung verkommen lassen.

In der Ära der Entideologisierung wurde der *Utopiebegriff* von der Ideologie stärker gesondert. Karl Mannheim (1952: 225) hatte bereits den Untergang der Ideologie für unbedenklich gehalten, das völlige Verschwinden des Utopischen jedoch als Schreckensvision an die Wand gemalt: „Das Verschwinden der Utopie bringt eine statische Sachlichkeit zustande, in der der Mensch selbst zur Sache wird." Der negative marxistische Ideologiebegriff stand bei dieser Dichotomie Pate. Utopie schien der gute, unerläßliche normative *Traum* von einer gerechten Lebensordnung zu sein, während die Ideologie nur *Schein* darstellte. Es ist freilich auch linken Analytikern (Neusüss 1968: 15) nicht entgangen, daß diese Dichotomie es sich zu leicht macht. Auch Ideologien förderten diesen Traum, wenn auch nur den Schein eines Traums, deformiert und für die Interessen einer neuen herrschenden Klasse zurechtgebogen. Der Niedergang der Kommunismus-Visionen seit Chruschtschow, als der reale Sozialismus immer neue Spiralen in der Entwicklung des „reifen Sozialismus" fand, war jedoch ein Beleg dafür, daß die utopisch-normativen Elemente des ideologischen Denkens ihre Schubkraft in dem Maße einbüßen, wie das normative Bild der Utopie funktionalisiert wird.

Auch Daniel Bell (1960, 1966: 405) stand in dieser Tradition der Linken, die die Utopie gegen die Ideologien ausspielten. „Das Ende der Ideologie" bedeutete für ihn einen umso größeren Bedarf an Utopie. Verdiente diese aber noch den Namen, wenn die Leiter zur „Stadt des Himmels" keine „Glaubensleiter" mehr sein durfte, sondern empirisch zu sein hatte: „eine Utopie hat zu erklären wohin man gehen will, wie man dorthin gelangen will, was die Kosten des Unternehmens sind ... und wer sie bezahlen soll." Die Abwendung vom Schein der Ideologie führte dazu, daß die Utopie einem rigorosen empirischen Test unterworfen wurde, um den Gefahren der Ideologie zu entgehen.

Angesichts des normativen Defaitismus der klassischen Moderne und erst recht der Postmoderne wurde die Utopie nostalgisch verklärt. Dabei wurden vielfach auch die nichtutopischen Anteile vieler Utopien übersehen. Schon bei Thomas Morus sind Teile seiner „Utopia" eine luzide Analyse der damaligen englischen Gesellschaft. Bei Harringtons „Oceana" ist der analytisch-deskriptive Gehalt des Werkes so groß, daß man zögert, das Werk noch unter die Utopien im engeren Sinne einzureihen. Immer enthielten Utopien eine gewisse Vermengung von Seins- und Sollensanalysen. Die Sprache Äsops in repressiven Regimen zwang zur Verfremdung der Ist-Analysen noch in der Zeit, da die Utopien von fiktiven Reisebeschreibungen abgelöst wurden, die das was sein soll, in die verklärende Morgensonne eines fernen Landes rückten, wie die „Lettres Persanes" von Montesquieu.

Die Toleranz der Empiriker gegen normatives Räsonnement als dritte Operation jeder politischen Theorie wuchs in dem Maße, in dem sich das utopische Denken in das Regelwerk wissenschaftlicher Überprüfung einordnete. Der normative Defaitismus der Autopoiese wurde bei Habermas (1992: 399f.) noch beredt angeprangert, weil die „Öffentlichkeit" und der Diskurs wie Störfaktoren behandelt wurden in einem politischen System, in dem das administrative Subsystem in den rechtsstaatlich regulierten Machtkreislauf einbrach und die größte Kompetenzvermutung für sachliche Entscheidungen zugesprochen bekam. Aber der normative Gehalt der Diskurstheorie ist mit zunehmender empirischer Sättigung von Buch zu Buch auch bei Habermas geschrumpft.

Die Sehnsucht nach Utopie bleibt in der normativen Theorie der Politik überwiegend rhetorisch. Die Ganzheitlichkeit der Utopie kann die Fragmentierung und mangelnde Steuerungsfähigkeit der Politik nicht mehr überspielen. Der „Ethikboom" scheint die Antwort auf Modernisierung und Differenzierung der Gesellschaft zu sein. Wo Bürger in einer fragmentierten Gesellschaft keine einheitliche Öffentlichkeit mehr herstellen können, wird auf Probleme „moralisch" reagiert (Reese-Schäfer 1997: 32, 571), um zu Problemlösungen zu gelangen. Das Ergebnis ist so fragmentiert wie die gesellschaftliche Realität: Ethikkommissionen schaffen immer neue Spezialethiken je nach Handlungsbereich.

Der Moral gelingt es in der modernen Gesellschaft nicht, sich als geschlossenes System zu etablieren, obwohl sie einen Code (gut/schlecht) zu haben scheint. Sie diente daher nach Luhmann (1993: 33) in heroischer Selbstbeschränkung allenfalls noch zur Stärkung des Codes in den anderen Subsystemen. Normative Vorstellungen dienen z.B. bei Korruption und Skandalen in der Politik der Selbstreinigung des politischen Systems, um sicherzustellen, daß die Funktionsweise des Subsystems erhalten bleibt, wenn man einzelne Akteure opfert.

Eine normative Theorie wird in dieser Konzeption der Differenzierungssoziologie nur noch zur besseren Begründung der jeweils praktizierten Moral gebraucht. Da jedes normative Postulat in der pluralistischen Gesellschaft Gegenpostulate hervorruft, kommt einer normativen Theorie der Politik die Funktion zu, möglichst konsensfähige Begründungen zu finden. Gerade diese *friedensstiftende Funktion im potentiellen Bürgerkrieg der Normen* führt jedoch dazu, daß die Begründungen der politischen Ethik *realitätsnah* und *konsensfähig* zugleich bleiben sollten.

Die Gegensätze der theoretischen Positionen haben sich nach dem Ende der Ideologie verringert. Die Positionen näherten sich an. Die Möglichkeit zu kühnen normativen Vorgriffen wurde dadurch nicht gefördert. Normative Theorien der Phase des „revival" haben nur wenige Glaubensprämissen gesetzt. Es ist kein Zufall, daß *Vertragstheorien* die größte Renaissance erlebten. Sie hatten seit Hume und Kant für analytische Köpfe schon immer den Vorteil, nur ein paar hypothetische Annahmen einzuführen. Den „Schleier des Nichtwissens" im Naturzustand braucht niemand als historisches Faktum zu akzeptieren. Alt-Normativisten hingegen zwangen zur Akzeptanz ganzer Ontologien.

Nur diese harte Variante der normativen Theorie hat starke Ablehnung hervorgerufen. Viele Pragmatiker, die nicht – wie Vollrath (1987: 170) treffend formulierte – „an methodologischer Hochrüstung interessiert sind", haben hingegen die „weicheren Formen" der Freiburger Schule als gesunkenes Kulturgut akzeptiert, und zwar umso stärker, je mehr sie die junge Disziplin als demokratische Reeducation-Wissenschaft verstanden. Heutige Varianten eines normativen Konsenses liegen eher bei den Lehren der Kommunitarier, die in den USA und in Deutschland von den Parteien entdeckt und eingespannt worden sind.

Mit dem Zerfall der ideologischen Lager wird die theoretische und metatheoretische Auseinandersetzung – mit einigen Ausnahmen – zunehmend weniger siegesgewiß. Wo noch die Nachkriegsauseinandersetzungen bis zur Studentenrevolte vom eifernden Ton der Beleidigung gekennzeichnet waren, unterstellen die Protagonisten heute einander nur noch „Alteuropäismus" und äußern den Verdacht, daß der Andere „schlichten Gemüts" sei. Die *Weberisierung* der Diskurstheorie hat *mehr Faktizität als Geltung* bewirkt. Der dogmatische Liberalismus Amerikas wurde kommunitarisiert (Bell 1993: 8) und Michael Walzer bekannte (1993: 180), daß es für die Kommunitaristen nicht möglich sei, im Streit mit dem Liberalismus zu obsiegen, sondern daß sie nur die Selbstheilungskräfte eines überzogenen Liberalismus stärken könnten, was den Kommunitarismus zu ewiger Wiederkehr verdamme.

Es zeigte sich in der politischen Theorie der neunziger Jahre ein großes Maß an Skepsis gegenüber holistischen und weitreichenden

Vorgriffen auf ein Modell der Zukunft (vgl. Kap. II.5). Aber muß von der Moderatheit der heutigen Reformliteratur in der Demokratiediskussion auf einen generellen normativen Defaitismus geschlossen werden? In den sich überlappenden Post-Bewegungen der Theoriediskussion wird die *Wahrheit* vielfach auf den *Konsens* reduziert. Wahrheit beruht für viele Ansätze nicht auf einer Korrespondenz der theoretischen Sätze mit einer objektiven Wirklichkeit. Mit der Reduktion des Wahrheitsanspruchs der Wissenschaft wird jedoch zugleich der normative Anspruch ausgehöhlt. Bei der Evaluation von Politikern zeigt sich zunehmend, daß die Konsenstheorie der Wahrheit, die in der Gefälligkeitsdemokratie weit verbreitet ist, zu einer Beurteilung von politischen Maßnahmen allein nach dem Kriterium der *Akzeptanz der Betroffenen* führt. In solchen populistischen Stimmungslagen lassen sich weitreichende normative Ansprüche, die von der Mehrheit noch nicht internalisiert sind und allenfalls von aufgeklärten Minderheiten vertreten werden, kaum politikfähig machen.

Die neuere Policy-Forschung, die sich zur Berücksichtigung normativer Fragen bekannte, bleibt trotz ganzheitlicher Bekenntnisse sektoral begrenzt. Sie glaubte sich beispielsweise nicht in der Lage, „die politischen Institutionen zu verbessern" (de Leon 1993: 482). Genau diese Synthese von Vorschlägen zur Politik- und Institutionenreform wäre aber erforderlich, weil sonst die kritische Politikanalyse und ein aufgeklärter Neo-Institutionalismus unverbunden nebeneinander her arbeiteten.

Eine grundsätzliche *Systemkritik* ist im Zeitalter der Transformation nicht mehr sichtbar. Der Minimalkonsens reicht weit, auch wenn er unter einer Vielfalt von Termini die Geringfügigkeit der Meinungsverschiedenheit versteckt. *Verhandlungsdemokratie, Netzwerk-Kooperation* oder *Subpolitisierung* breiten sich als Grundbegriffe aus. Die Hoffnung auf eine neuartige *Bewegungsgesellschaft* aber hat nicht einmal die Bannerträger der Zivilgesellschaft erreicht. Die Advokaten der reflexiven Demokratie beeilten sich, zu erklären, daß normative Gründe nicht dazu taugen, theoretische Modelle gegen analytische Anforderungen und empirische Einsichten zu imprägnieren (Schmalz-Bruns 1995: 153).

Es ist nicht so sehr die empirische Forschung, die der normativen Theorie eine Funktion einräumt. Sie ist daran entweder desinteressiert, oder von einer wurstigen Duldsamkeit, die mit dem Abflauen eines dogmatischen Kritischen Rationalismus die Szientisten erfaßte. Es ist eher die normative Theorie, die sich zunehmend an die empirische Forschung klammert. Habermas ist eine Inkarnation des Ehrgeizes, Sozialphilosoph und Soziologe zugleich zu sein. Ein Teil der beckmesserischen Kritik an seiner Theorie wurde durch zu tiefe Einlassungen in empirische Exkurse eingeladen, die notwendigerweise aus zweiter Hand sein mußten. Eine normative Begründung seiner Diskursidee hätte des empirischen Rückgriffs auf die Lebenswelt nicht bedurft. Sie wird einmal auf der erkenntnistheoretischen Ebene von Husserl, einmal auf der Ebene der Sozialphilosophie von Schütz und ein drittes Mal auf der soziologisch-empirischen Ebene zum Gegenstand der Erörterung gemacht. Allenfalls die oberste Ebene wäre für die normative Ableitung notwendig gewesen (vgl. Apel 1989: 22ff.).

Der Drang, möglichst viel empirische Plausibilität zu integrieren, läßt das normative Konzept nicht deutlicher werden. Der Regreß auf immer weitere Stützungstheorien bis hinab in den Bereich von Sprach- oder Wahrnehmungs- oder kindlichen Entwicklungstheorien wäre überflüssig, wenn Habermas sich damit abfinden könnte, daß er neben Rawls' Theorie der Gerechtigkeit die wohl am breitesten konsensfähige normative Konzeption entwickelte.

Sein größter Fehler ist wohl die Leugnung, „aus dem Diskursprinzip so etwas wie eine normative politische Theorie zu entwikkeln" (Habermas 1986: 396). Dabei ist auf der empirischen Ebene seine Konzeption viel angreifbarer als auf der normativen. Die Wirkung seiner Theorie beruht jedenfalls gegen die Intention des Autors auf der normativen Ebene.

Je stärker die Diskurstheorie sich auf die Empirie einließ, umso affirmativer wurde sie. Der Vorwurf des normativen Defaitismus fiel auf sie selbst zurück. Bei allem differenzierten Lob für neue Kräfte der Bewegungen, welche das Ideal einer deliberativen Politik fördern können, wird die zentrale Ebene des Parlaments ganz entschieden verteidigt (Habermas 1992: 215). Reflexionsschleifen und eine assoziationspolitische Modernisierung werden gefordert und sind dringend erforderlich. Aber die normativen Erwägungen sind weitgehend eine Deskription dessen, was die *Netzwerkanalyse* empirisch schon vorfindet. Fast gerührt nimmt man zur Kenntnis, wie die Bannerträger einer *assoziativen Demokratie* ihre Vorstellungen von Solidarität, einer neuen Moral, Experimentierfreudigkeit und Offenheit gegen den Vorwurf des Utopischen in Schutz nehmen. Das Normative reduziert sich gelegentlich darauf, daß man von der „*Wiedererfindung*" dessen spricht, was längst existiert und von den gleichen Autoren in ihren lokalen Netzwerkstudien auch längst empirisch nachgezeichnet worden ist (Cohen/Rogers 1994: 149ff.). Das „*Reinventing*" bezieht sich dann deklarativ auf die Wiedererfindung einer geläuterten, nicht mehr etatistischen Sozialdemokratie und anderer zunächst für obsolet erklärter Einrichtungen.

Weitreichende Bezüge auf eine *Wertgemeinschaft* werden in der normativen Theorie diskutiert. Der „Kampf um Anerkennung" (Honneth 1992: 210f.) schlägt sich in Primärbeziehungen (Liebe, Freundschaft), Rechtsverhältnissen und *Solidarität in einer Wertgemeinschaft* nieder, die sich nicht mit altliberaler passiver Toleranz begnügt, sondern affektive Anteilnahme an dem individuell Besonderen der anderen Person weckt. Alle diese Modelle leiden an dem, was das „kommunitarische Dilemma" genannt worden ist: an einer zu großen Nähe der normativen Theorie zu den gesellschaftlichen Praktiken, an denen ihre Realisierung festgemacht werden soll (Schmalz-Bruns 1995: 79).

Die Individualisierung, die den Modernisierungsprozeß begleitete, ließ Normen von Kollektiven zunehmend weniger verbindlich werden. Die Individuen akzeptierten Normen nur noch, wenn sie sie selbst anerkannt hatten. Neokontraktualistische Fiktionen hatten nicht zufällig Hochkonjunktur. Schon Hegel (1821, 1993: 485) hatte in der Rechtsphilosophie Moderne und Zustimmungspflichtigkeit von Normen miteinander in Verbindung gebracht: „Das Prinzip der modernen Welt fordert, daß, was jeder anerkennen soll, sich ihm als ein Berechtigtes zeige". Wahrheit wurde zunehmend durch Konsens als Orientierungsrahmen verdrängt, was man auch an Rawls scharf kritisiert hat. „Der politische Philosoph ist Philosoph und keine Politikerimitation im Reich des argumentativen Diskurses" (Kersting 1993: 235). Die Annäherung von Sein und Sollen wurde andererseits gerade im Streit um Rawls vorangetrieben, wenn diesem vorgeworfen wurde, daß er trotz der eigenen Warnungen nicht der Gefahr entgangen sei, „im bloßen Sollen zu verbleiben" (Gerecke 1995: 44).

Kein altmarxistisches Bildverbot hindert die heutigen „utopischen Sozialisten", ihre Modelle einer besseren Gesellschaft auszumalen. Kein neukantianischer Rigorismus kann die Kluft zwischen Sein und Sollen noch erhalten, die über ein Jahrhundert die normative Theorie an der Entfaltung hinderte. Aber mit zunehmender Konkretisierung geht die Norm verloren, die eine andersartige kritische Instanz darstellt, an der eine deformierte soziale Realität gemessen werden kann. Die allzu enge Rückkopplung von Walzers „Sphären der Gerechtigkeit" an existierende soziale Praktiken ist bereits früh gebrandmarkt worden (Cohen 1986). *Status-quo-orientiert* oder konservativ bleibt die normative Idee, je näher sie an die Realität heranrückt. *Normativ leer* bleibt sie, so weit sie den Abstand zwischen Sein und Sollen in weiser Selbstbeschränkung wahrt. Walzer gelingt die Balance relativ gut. Bei Etzioni (1995: 176f.) wird die normative Idee jedoch zur Kenntlichkeit verzerrt, wenn „bürgernahe Polizei" und „neighbourhood watch groups" als das Resultat der großen normativen Idee angeboten werden – ohne selbstkritischen Sinn für die Gefahren einer neuen sozialen Kontrolle, die für die Betroffenen peinlicher sein kann als die notwendig unvollkommene staatliche soziale Kontrolle.

Ein Paradoxon tut sich auf: Erst in der postmodernen Ära der Transformation, in der die liberale Demokratie konkurrenzlos zurückblieb, wurde der Vorwurf wahr, den die Linke in den sechziger und siebziger Jahren gern gegen jede „bürgerliche" Theoriebemühung schleuderte, daß selbst die normative Theorie nur die phantasiearme Duplizierung einer tristen sozialen und politischen Realität sei. Wie so oft folgt die Wissenschaft der Kunst. Auf der Suche nach der Kunst wird der Betrachter in vielen modernen Ausstellungen nicht mehr aus der Wirklichkeit entführt, sondern seit dem Triumph der Pop Art und der „kitchen-sink-Kunst" auf die Wirklichkeit zurückverwiesen.

Normative Theorie hat seit Rawls eine Renaissance erfahren. Der Neo-Kontraktualismus als „Grammatik des wechselseitigen Anerkennungsmodus der Bürger" (Kersting 1996: 354) ist *zivilgesellschaftlich* geworden und verzichtet zunehmend auf ethnische oder staatliche souveränitätstheoretische Stützungslehren. Der postmoderne Konstruktivismus erlaubt es, die Vertragstheorie als gedankenexperimentelles Testverfahren einzusetzen, ohne historische Aussagen oder metaphysische Rechtfertigungslehren zu bemühen. In Konzeptionen der deliberativen und reflexiven Demokratie wird von einem individualistischen Ausgangspunkt die wechselseitige Anerkennung von Rechten und Pflichten der Bürger konstituiert. Die gegenseitige Verpflichtungsleistung ist dabei nicht nur prozedural-konventionalistisch abgesteckt. Seit Rawls sind minimale Vorstellungen einer materialen Gerechtigkeit mit dem Vertragsgedanken verbunden. Empirie und „normativ-prozedurales Ideal" (Kersting 1996: 355) nähern sich einander an, wenn die normativen Annahmen mit den Regeln einer *Rational-Choice-Theorie* oder gar der *Spieltheorie* zunehmend verbunden werden.

Vor einer zu geringen Distanz zwischen normativem Sollen und analytisch aufbereitetem Sein kann auch im Licht der Erfahrungen der Wissenschaftsgeschichte gewarnt werden. Empiriker beneiden zunehmend die Langlebigkeit der normativen Theorie. Nachdem die empirisch-analytische Wissenschaftstheorie jahrzehntelang die These ausgegeben hatte, die politische Philosophie sei tot, entdeckte sie die immer auffälligere Kurzlebigkeit der empirischen Forschung. Immer rascher veralten die Ergebnisse der Forschung, und in noch rascher gewandelten Theorie- und Terminologiemoden wird selbst das noch nicht veraltete Wissen in die Flaschen neuer Begriffshülsen gefüllt.

Ein Beispiel für die Konkurrenz von normativen und deskriptiv-typologischen Theorien bietet die Totalitarismustheorie. Hannah Arendt und Carl Joachim Friedrich entwickelten in den fünfziger Jahren die Theorie des Totalitarismus. Arendts Ansatz war stark normativ und auf die conditio humana schuldig gewordener Bürger zugeschnitten. Sie sorgte sich nicht um die Vergleichbarkeit totalitärer Regime und beteiligte sich nicht an den Abhakspielen der Friedrich-Schule, ob auch die DDR oder das faschistische Italien die Kriterien des Totalitarismus erfüllten. Arendts Theorie schien durch die analytischen Typologien Friedrichs überholt. 1989 hat die Totalitarismustheorie in den friedlichen Kerzenrevolutionen eine Renaissance erlebt. Während Friedrich wegen seiner Irrtümer hinsichtlich der Möglichkeit, totalitäre Systeme von innen her zu stürzen, scharf kritisiert wurde, erlebte Hannah Arendt als Vorläuferin einer zivilgesellschaftlichen Konzeption des Antitotalitarismus eine neue Wertschätzung.

Trotz solcher Erfahrungen unterschiedlicher Veralterungsgeschwindigkeiten von Theorien wird die Kluft zwischen dem analytischen Mainstream und der Minderheit normativer politischer Philosophie erhalten bleiben. Angesichts der Senkung des Abstraktionsniveaus normativer Theorie wäre eine zusätzliche Einmischung von analytisch-deskriptiver Theorie mit dem Anspruch eines eigenständigen Beitrags zur politischen Philosophie kaum wünschenswert. Mehr als demokratischer Dezisionismus kann dabei auch schwerlich herauskommen. Der Empiriker gleicht gelegentlich einem auf einen Kirchentag versprengten Agnostiker, der befremdet zur Kenntnis nimmt, daß von theologischen Grundsatzfragen kaum die Rede ist, und ein normativ-christliches Räsonnement sich nur noch – wie betroffene Politiker auch – um den Regenwald oder die multikulturelle Gesellschaft sorgt. Ein normativer Dezisionismus ist dabei nur noch auf das Postulat der „Bewahrung der Schöpfung" gegründet. Der

Empiriker kann das normativ getränkte patchwork von Sollenssätzen inkommensurabler Minderheitenpostulate schwerer ertragen als das ganz andere: die spekulative Theorie, die sich nicht aus den Modetrends eines augenblicklichen sozialen Seinszustandes rechtfertigt. Die Funktion der normativen Theorie ist die eines Gedankenentwurfs, der die Enge der rationalistischen Moderne und ihres Szientismus transzendiert. Die Arbeitsteilung zwischen analytisch-empirischer und normativer Theorie aber wird dabei aufrechterhalten werden, wenigstens aufgrund von Zweckmäßigkeits- und theoretischen Kompetenzvermutungen.

Diese Konklusion scheint in eine emphatische Variante der kritischen Theorie zurückzuverweisen, die niemand von mir erwartet. Als „Erzpositivist" beeile ich mich daher, doch noch einen affirmativen Schluß zu finden. Der normative Defaitismus selbst der einstigen Linken erscheint mir nicht unter allen Umständen systembedrohend. Nicht, weil mein Vertrauen so groß ist, wie das der Autopoietiker, daß Legitimität trotz einiger Einbrüche notfalls administrativ wieder „beschafft" werden kann. Eher, weil auch die europäischen Systeme mit der Entideologisierung der politischen Lager zu einer *Balance zwischen Utopie und Pragmatismus* kommen, wie sie der amerikanischen Demokratie von Anfang an zu Grunde lag.

Der *reale Sozialismus* ging unter, als er seine utopisch-kommunistischen Verheißungen zugunsten eines Gulasch- und Polski-Fiat-Sozialismus aufgab, ohne aber die strukturellen Voraussetzungen und die Offenheit der Gesellschaft zu schaffen, die es erlaubte, die kommunistische Utopie durch dauerhaften marktwirtschaftlichen Wohlstand zu ersetzen. Selbst nach dem Zusammenbruch des realen Sozialismus hatte die antibürokratische Intelligenz als Fackelträger der zivilgesellschaftlichen Gegenkonzeption beträchtliche Schwierigkeiten zu akzeptieren, daß zur Zivil- und Bürgergesellschaft, die sie beschwor, nicht nur der Mensch (*l'homme*) und der *citoyen*, sondern auch der Wirtschaftsbürger, der *bourgeois*, als Träger von Rechten gehört. Semper aliquid haeret: Die Intelligenz haßte den bürokratischen Sozialismus, war aber hinreichend von ihm affiziert. Sie hätte nur allzu gern die Strapazen eines marktwirtschaftlichen Wettbewerbs von den Transformationsgesellschaften ferngehalten und ihre sozialistische Versorgungsmentalität in die demokratische Marktwirtschaft hinüber gerettet.

Der Gegenpol zum realsozialistischen System, die *amerikanische Demokratie*, wurde in seiner politischen Kultur als heilsame Mischung aus *utopischen* und *pragmatischen* Elementen beschrieben. Es gab eine Konservatismus und Liberalismus umfassende amerikanische Grundkonzeption, während in Europa die ideologischen Lager grundsätzlich jeweils eine „andere Republik" (oder sonstige Staatsform) wollten. Das pragmatische Element der amerikanischen politischen Tradition bringt das Land periodisch immer wieder in die Niederungen von Mißwirtschaft und Korruption, die es den Tugenden seiner *republikanisch-demokratischen* Grundidee entfremden. Aber der IvI Gap – *ideals versus institutions* – den Huntington (1981: 39, 45) feststellte, ermöglichte auch periodisch die Selbstreinigung des Systems und die Rückführung der Institutionen auf die republikanisch-demokratischen Ideale.

Solange in Europa die Verehrung für ein amerikanisches „*mixed government*", gesehen durch die Brille von Aristoteles bis Harrington – bei den älteren Normativisten von Voegelin bis Sternberger – eher zum Dammbau gegen einen europäischen Radikalismus benutzt wurde, blieb die Aussage „Ich wünschte ein Bürger zu sein" gestelzter Liberal-Konservatismus für elitäre Zirkel. Selbst das Plädoyer für den *Verfassungspatriotismus* blieb elitär und erlebnisarm. Seit der amerikanische Republikanismus jedoch in neuen Konzeptionen des Bürgers auch in Europa Fuß faßte, und die Demokratiekonzeption sich globalisierte, entwickelt sich die Hoffnung, daß der oben beschriebene schrumpfende Abstand von Norm und Realität ausreicht, um die periodische Selbstreinigung und institutionelle Revitalisierung der Demokratie zu erreichen.

Ein *demokratisch-republikanischer Grundkonsens* in der nachideologischen Demokratie kann vermutlich auch in Europa gedeihlich kleinere Abstände zwischen Norm und Wirklichkeit verarbeiten als ein System mit *ideologischer Pluralität*, in dem die widerstreitenden Utopien die Verfassungsrealität periodisch in Bürgerkriegen zermalmen.

Literatur

K.-O. Apel: Normative Begründung der ‚Kritischen Theorie' durch Rekurs auf lebensweltliche Sittlichkeit? In: A. Honneth u.a. (Hrsg.): Zwischenbetrachtungen im Prozeß der Aufklärung. Jürgen Habermas zum 60. Geburtstag. Frankfurt, Suhrkamp 1989: 15-65

H. Arendt: Vita activa oder Vom tätigen Leben. München, Piper 1960

H. H. von Arnim: Zur normativen Politikwissenschaft. Versuch einer Rehabilitierung. Speyer, Speyerer Arbeitsheft 1986

K. Graf Ballestrem/H. Ottmann (Hrsg.): Politische Philosophie des 20. Jahrhunderts. München, Oldenbourg 1990

S. Bartolini/R. D'Alimonte (Hrsg.): Maggioritario ma non troppo. Bologna, Il Mulino 1995

U. Beck: Objektivität und Normativität. Die Theorie-Praxis-Debatte in der modernen deutschen und amerikanischen Soziologie. Reinbek bei Hamburg, Rowohlt 1974

U. Beck: Die Erfindung des Politischen. Frankfurt, Suhrkamp 1993

D. Bell: The End of Ideology. New York, Free Press 1960, 1966

D. Bell: Communitarianism and its critics. Oxford, Clarendon 1993

K. von Beyme: Die Rolle der Theoriegeschichte in der modernen Politikwissenschaft: Das Beispiel Amerikas. In: Ders.: Der Vergleich in der Politikwissenschaft. München, Piper 1988: 88-108

K. von Beyme: Theorie der Politik im 20. Jahrhundert. Von der Moderne zur Postmoderne. Frankfurt, Suhrkamp ^{3}1996

K. von Beyme/C. Offe (Hrsg.): Politische Theorien in der Ära der Transformation. PVS Sonderheft 26. Opladen, Westdeutscher Verlag 1996

A. Brecht: Politische Theorie. Tübingen, Mohr 1961

P. B. Clarke: Citizenship. London, Pluto Press 1994

J. Cohen: Michael Walzer: Spheres of Justice. (Bookreview). The Journal of Philosophy 83 1986: 457-468

J. Cohen/J. Rogers: Secondary Associations and Democratic Governance. Politics and Society, No. 4 1992 (special issue): 393-472

J. Cohen/J. Rogers: Solidarity, Democracy, Association. In: W. Streeck (Hrsg.): Staat und Verbände. PVS Sonderheft 25. Opladen, Westdeutscher Verlag 1994: 136-159

J. L. Cohen/A. Arato: Civil Society and Political Theory. Cambridge/Mass., MIT Press 1995^3

H. Crick: Eine Lanze für die Politik. München, Nymphenburger 1966

P. deLeon: Demokratie und Policy-Analyse. In: A. Héritier (Hrsg.): Policy-Analyse. PVS Sonderbeft 24. Opladen, Westdeutscher Verlag 1993: 471-485

A. Downs: An Economic Theory of Democracy. New York, Harper & Row 1957

A. Etzioni: Die Entdeckung des Gemeinwesens. Stuttgart, Schäffer & Pöschel 1995

R. Falk: The Making of Global Citizenship. In: B. van Steenbergen (Hrsg.): The Conditions of Citizenship. London, Sage 1994: 127-140.

U. Gerecke: John Rawls' Beitrag zu einer Theorie der modernen Gesellschaft. In: I. Pies/I. Leschke (Hrsg.): John Rawls' politischer Liberalismus. Tübingen, Mohr 1995: 21-47

D. Germino: Beyond Ideology. The Revival of Political Theory. New York, Evanston, Harper & Row 1967

D Germino: The Contemporary Relevance of the Classics of Political Philosophy. In: F. I. Greenstein/ N. W. Polsby (Hrsg.): Political Science: Scope and Theory. Reading/Mass., Addison-Wesley 1975, Bd. 1: 229-281

R. E. Goodin: Motivating Political Morality. Oxford, Blackwell 1992

J. G. Gunnell: Between Philosophy and Politics. The Alienation of Political Theory. Amherst, The University of Massachussetts Press 1986

J. Habermas: Theorie des kommunikativen Handelns. Frankfurt, Suhrkamp 1981, 2 Bde.

J. Habermas: Entgegnung. In: A. Honneth/H. Joas (Hrsg.): Beiträge zu Jürgen Habermas' Theorie des kommunikativen Handelns. Frankfurt, Suhrkamp ^{2}1988: 327-405

J. Habermas: Faktizität und Geltung. Beiträge zur Diskurstheorie des Rechts und des demokratischen Rechtsstaats. Frankfurt, Suhrkamp 1992

J. Habermas: Die Einbeziehung des Anderen. Studien zur politischen Theorie. Frankfurt, Suhrkamp 1996

M. Hättich: Einführung in die Politikwissenschaft. 3. Bde. Mainz, v. Hase & Köhler 1967-1971

D. B. Heater: Citizenship: the civic ideal in world history, politics and education. London u.a., Longman 1990

G. W. F. Hegel: Grundlinien der Philosophie des Rechts. Werke, Bd.7, Frankfurt, Suhrkamp 1821, 1993

D. Held: Political Theory and the Modern State. Cambridge, Polity 1989

W. Hennis: Politik als praktische Philosophie. Eine Studie zur Rekonstruktion der politischen Wissenschaft. Neuwied, Luchterhand 1963

A. Honneth: Kampf um Anerkennung. Zur moralischen Grammatik sozialer Konflikte. Frankfurt, Suhrkamp 1992

S. Huntington: American Politics. The Promise of Disharmony. Cambridge/Mass. 1981

N. Johnson: The Limits of Political Science. Oxford, Clarendon 1989

B. de Jouvenel: Die Kunst der Vorausschau. Neuwied, Luchterhand 1967

W. Kersting: John Rawls zur Einführung. Hamburg, Junius 1993

W. Kersting: Die politische Philosophie des Gesellschaftsvertrags. Darmstadt, Primus 1996

P Graf Kielmansegg/U. Matz (Hrsg.): Die Rechtfertigung politischer Herrschaft. Freiburg, Alber 1978

W. Kymlicka: Contemporary Political Philosophy. Oxford, Clarendon 1990

M. Lilla (Hrsg.): New French Thought. Political Philosophy. Princeton University Press 1994

C. Lindner: Kritik der Theorie der partizipatorischen Demokratie. Opladen, Westdeutscher Verlag 1990

H. Lübbe: Säkularisierung. Geschichte eines ideenpolitischen Begriffs. Freiburg, Alber 1965

N. Luhmann: Grundrechte als Institution. Berlin, Duncker & Humblot 1965

N. Luhmann: Das Recht der Gesellschaft. Frankfurt, Suhrkamp 1993

A. MacIntyre: Der Verlust der Tugend. Frankfurt, Campus 1987

H. Maier: Politische Wissenschaft in Deutschland. München, Piper 1969

K. Mannheim: Ideologie und Utopie. Frankfurt, Schulte-Bulmke 1952

T. H. Marshall: Citizenship and Social Class. London, Pluto Press 1991

R. A. McDaniel: The Nature of Inequality. Uncovering the Modern in Leo Strauss's Idealist Ethics. Political Theory, Bd. 26, Nr. 3 1998: 317-345

E. Meehan: Citizenship and the European Community. London, Sage 1993

B. Moore: Injustice. The Social Bases of Obedience and Revolt. London, Macmillan 1978

H. Münkler/M. Llanque (Hrsg.): Konzeptionen der Gerechtigkeit. Baden-Baden, Nomos 1999

H. Münkler (Hrsg.): Bürgerreligion und Bürgertugend. Baden-Baden, Nomos 1996

F. Naschold: Organisation und Demokratie. Stuttgart, Kohlhammer 1969

A. Neusüss (Hrsg.): Utopie und Phänomen des Utopischen. Neuwied, Luchterhand 1968

M. Oakeshott: Rationalismus in der Politik. Neuwied, Luchterhand 1966

D. Oberndörfer (Hrsg.): Wissenschaftliche Politik. Freiburg, Rombach 1961

O. O'Neill: Towards justice and virtue. Cambridge University Press 1996
O. O'Neill: Tugend und Gerechtigkeit. Berlin, Akademie-Verlag 1996a
B. Parekh: Contemporary Political Thinkers. Oxford, Robertson 1982
B. Peters: Die Integration moderner Gesellschaften. Frankfurt, Suhrkamp 1993
D. C. Phillips: Holistic Thought in Social Science. Stanford University Press 1976
D. M. Ricci: The Tragedy of Political Science. Politics, Scholarship and Democracy. New Haven, Yale UP 1984
U. Rödel u.a.: Die demokratische Frage. Frankfurt, Suhrkamp 1989
G. Sabine: What is political theory? In: J. A. Gould/V. Thursby (Hrsg.): Contemporary Political Thought. New York, Holt, Rinehart & Winston 1969: 7-20
M. J. Sandel: Liberalismus oder Republikanismus. Von der Notwendigkeit der Bürgertugend. Wien, Passagen 1995
G. Sartori: Comparative Constitutional Engineering. Houndsmill, Macmillan 1994
R. Schmalz-Bruns: Reflexive Demokratie. Baden-Baden, Nomos 1995
Qu. Skinner (Hrsg.): The Return of Grand Theory in the Human Sciences. Cambridge UP 1985
D. Sternberger u.a.: Aus dem Wörterbuch des Unmenschen. Hamburg, Claasen 1975, [2]1962
L. Strauss: What is Political Philosophy? In: J. A. Gould/V. Thursby (Hrsg.): Contemporary Political Thought. New York, Holt, Rinehart & Winston 1969: 45-69
B. S. Turner: Postmodern Culture/Modern citizens. In: B. van Steenbergen (Hrsg.): Conditions of Citizenship. London, Sage 1994: 153-168
E. Voegelin: Die neue Wissenschaft der Politik. München, Pustet 1965
U. Vogel/M. Moran (Hrsg.): The Frontiers of Citizenship. London, Macmillan 1991
D. R. Villa: The Philosopher versus the Citizen. Arendt, Strauss and Socrates. Political Theory Bd. 26, Nr. 2 1998: 147-172
E. Vollrath: Grundlegung einer philosophischen Theorie des Politischen. Würzburg, Königshausen & Neumann 1987
M. Walzer: The Communitarian Critique of Liberalism. Political Theory 1990: 6-23
M. Walzer: Die kommunitaristische Kritik am Liberalismus. In: A. Honneth (Hrsg.): Kommunitarismus. Eine Debatte über die moralischen Grundlagen moderner Gesellschaften. Frankfurt, Campus 1993: 157-180

2. Empirisch-analytische Theorien

Noch vielschichtiger als die normativen Theorien sind die empirisch-analytischen (auch deduktiv-empirische oder empirisch-generalisierend-induktive Theorien genannt), die auf der Basis einer Variante neopositivistischer Wissenschaftslogik ruhen. Die empirische Theorie verdient die Bezeichnung „Theorie" nur, insofern sie systematisch ist, das heißt durch formal widerspruchsfreie Deduktionen Erklärungen und Voraussagen von Ereignissen ermöglicht. Die Aussagen dieses Theorietyps müssen möglichst allgemein und aussagehaltig und in nomologischer Form gehalten sein; über das Ausmaß der Nomologisierbarkeit und die Höhe des Abstraktionsgrades von politikwissenschaftlichen Theorien herrscht jedoch unter Positivisten keine Einigkeit. R. K. Merton (1961: 6) hielt in den Sozialwissenschaften nur Theorien mittlerer Reichweite für möglich und die Hoffnung auf eine umfassende Theorie, die von Tausenden empirischer Forscher getestet wird, für einen „verfrühten und apokalyptischen Glauben".

Die Anhänger der analytischen Wissenschaftstheorie sind sich in der Politikwissenschaft meist einig, daß Wert- und Tatsachenurteile begrifflich geschieden werden müssen und nur Tatsachenurteile als wissenschaftliche Aussagen anerkannt werden. Es wird dabei unterschieden: (1) Die Wissenschaften haben eine Wertbasis und sind durch Wertungen beeinflußt, (2) sie müssen Wertungen in ihrem Objektbereich analysieren, aber sie brauchen keine Werturteile innerhalb ihres Aussagenzusammenhangs zu enthalten (Albert 1967: 156). Die Tatsache, daß sich immer wieder Wertungen in die Aussagen einschleichen, wird nicht als Einwand gegen die Möglichkeit der Wertfreiheit durch kritische Eliminierung verschleierter normativer Gehalte der Aussagen akzeptiert.

Für die Sozialwissenschaften am einflußreichsten wurde von allen empirisch-analytischen Theorieansätzen der Kritische Rationalismus Karl Poppers. Paradoxerweise erhielt Poppers Werk Breitenwirkung erst in dem Augenblick, als er zum Zentrum des Angriffs für kritisch-dialektische Theoretiker wurde. Seine frühen Beiträge zur „Logik der Forschung" (1934 mit der Jahresangabe 1935) und die „Offene Gesellschaft und ihre Feinde" (dt. 1957) sind nur vereinzelt rezipiert worden.

Am knappsten informieren über die Ausgangsposition des Neopositivismus die *27* Thesen, die Karl R. Popper im Oktober 1961 auf dem Soziologentag in Tübingen gegen die dialektisch-kritische Theorie vorgetragen hat. Popper geht davon aus, daß unsere Unwissenheit grenzenlos und ernüchternd ist. Dies unterscheidet die analytische Wissenschaftstheorie von Theorien, die sich auf absolute Werte oder Einsicht in den Geschichtsprozeß berufen. Wissenschaft beginnt mit Problemen. Konkrete anstehende Probleme geben den Anstoß, unser Wissen zu vermehren; zugleich ist es ohne einen gewissen Stand an Wissen nicht möglich, Probleme zu erkennen. „Kein Problem ohne Wissen – kein Problem ohne Nichtwissen" (Popper in: Adorno 1969: 104). Diese Einsicht wird gerade von der Neuen Linken häufig ignoriert, und es wurde manchmal als ausreichend angesehen, wenn man Problem und Vorverständnis hatte, andererseits aber von einem ziemlich grenzenlosen Wissen ausging, einem Wissen, das man im

2. Empirisch-analytische Theorien

Vorgriff aus einer selbst nicht mehr in Frage gestellten Geschichtstheorie mit ihrem Totalitätsbegriff schöpfte.

Diese Vorüberlegungen führten Popper zu seiner Hauptthese, daß die Methode der Sozialwissenschaften wie der Naturwissenschaften darin bestehe, Lösungsversuche für ihre Probleme auszuprobieren. „Lösungen werden vorgeschlagen und kritisiert" (ebd.: 105). Alle Kritik besteht in Widerlegungsversuchen. Wenn ein Lösungsversuch durch die Kritik widerlegt wird, so versuchen wir es mit einem anderen. Wenn dieser der Kritik standhält, akzeptieren wir ihn vorläufig, aber er muß weiter diskutiert werden.

Diese Methode des tentativen Lösungsversuches mittels *trial and error* (Versuch und Irrtum) erlaubt keine Verifikation, da keine Theorie je als endgültig bekräftigt angesehen werden kann. Es hat Theorien gegeben, die Jahrtausende geglaubt wurden (z.B. die ptolemäische) und sich doch als falsch erwiesen. Jeder Unfehlbarkeitsanspruch für eine Theorie oder gar für eine Instanz wird zugunsten eines *Fallibilismus* zurückgewiesen. Der Infallibilismus mancher radikaler Geschichtstheorien hingegen wird wegen seiner Tendenz zum Dogmatismus als unvereinbar mit wissenschaftlichem Denken dargestellt (Albert 1968: 36).

Die Rehabilitierung des Wahrheitsbegriffes gegen Relativismus und historizistische Ideen (z.B. dialektischen Materialismus und Wissenssoziologie) ist eine Grundlage der kritischen Methode. Es gibt nicht nur historische Wahrheiten, sondern die Gesetze der Logik gelten unabhängig von der historischen Epoche ebenso wie die Operationen, mit denen man feststellt, ob eine Theorie mit der Wirklichkeit übereinstimmt. Nur diese Wirklichkeit ändert sich, nicht die Erkenntnismethode der Wirklichkeit gegenüber.

Am meisten mißverstanden worden ist der angebliche Wertfreiheitsanspruch der Kritischen Rationalisten. Die Objektivität der Wissenschaft hängt für Kritische Rationalisten jedoch nicht von der Objektivität des einzelnen Wissenschaftlers ab. Auch der Naturwissenschaftler ist nicht objektiv, sondern ebenso parteiisch wie andere Menschen, vor allem wenn es um seine eigenen Ideen geht. Objektivität liegt allein in der Tradition, seine Theorien immer wieder der Kritik auszusetzen.

Der objektive und wertfreie Wissenschaftler ist kein idealer Wissenschaftler. Man kann diesem nicht seine Parteilichkeit rauben, ohne ihn zugleich seiner Menschlichkeit zu berauben. Objektivität und

Wertfreiheit sind selbst Werte! Daher ist die Forderung nach unbedingter Wertfreiheit paradox.

In diesem Sinne hat Popper (1970, Bd. 2: 259) auch den moralischen Radikalismus des Marxismus noch gelobt, als er sich längst nach einem kurzen Intermezzo marxistischer Überzeugung von ihm abgewandt hatte. Den „wissenschaftlichen Marxismus" hielt er für tot, so sehr dieser sich gegen Falsifizierung und Überprüfung auch immer wieder immunisieren mochte (Popper 1979: 53).

Die erstaunliche Wirksamkeit einer abstrakten Wissenschaftstheorie in den 60er und 70er Jahren ist auf die Analogie zwischen dem erkenntnistheoretischen Fallibilismus und dem sozialen Reformismus in der Gesellschaftslehre zurückzuführen, die von Anhängern und Gegnern des Kritischen Rationalismus vielfach unterstellt wurde. Für die Reformpolitik der 60er Jahre war ein sozialer Reformismus auf der Grundlage einer technologischen statt der utopisch-historistischen Begründung attraktiv. Die Trinität der Popperschen Prinzipien wie kritische Einstellung, gradualistische Stückwerktechnologie statt Revolution und die Vorstellung einer „offenen" nichtdogmatischen Gesellschaft kamen dem Selbstverständnis der herrschenden Eliten in den Nachkriegsdemokratien sehr entgegen. Ein skeptischer Fortschrittsglaube, der überall Möglichkeiten des Fortschritts, aber keine deterministischen Gesetze des Fortschritts (wie der Historische Materialismus in der Form, die in sozialistischen Ländern vorherrschte) sieht, schien einem Demokratieverständnis, das gesamtgesellschaftliche Steuerung mit Offenheit der politischen Arena zu verbinden suchte, sehr gemäß. Der antirevolutionäre Gewaltverzicht, den Popper (1970, Bd. 2: 187) verlangte – mit Ausnahme des Widerstandsrechts gegen Angriffe auf die demokratische Verfassung und auf die Verwendung demokratischer Methoden –, schien geeignet als Abwehrtheorie gegen revolutionäre Transformationsideologien der 60er und 70er Jahre zu sein. In der Betonung der Argumentation als universalen Mittels der Auseinandersetzung berührte sich der Kritische Rationalismus partiell sogar mit Grundannahmen einiger Dialektiker, z.B. mit dem Diskursmodell von Habermas (vgl. Kap. III.5).

Für die Politikwissenschaft speziell erschien das Programm des Kritischen Rationalismus besonders attraktiv, weil ihr im Kampf um Durchsetzung gegen die etablierten Fächer eine tröstliche Botschaft zuteil wurde: „Es gibt kein ‚Ding an sich' wie ein wissenschaftliches Fach" (Popper 1969: 108). Jede Disziplin ist nur ein konstruiertes

2. Empirisch-analytische Theorien

Konglomerat von Problemen. Auch die Soziologie – deren Gegenstand immer so universal war, daß er sich niemals von anderen Spezialdisziplinen abgrenzen ließ, in der aber jede der älteren Schulen wenigstens eine spezifisch soziologische Methode gefunden zu haben glaubte – ist von der Suche nach dem abgrenzbaren Gegenstand und der spezifisch soziologischen Methode abgekommen (Dahrendorf 1967: 43). Dies hat die Politikwissenschaft nicht ganz davor bewahrt, die gleichen Fehler noch einmal zu wiederholen, mit dem Unterschied, daß sie meistens optimistischer in bezug auf den abgrenzbaren Gegenstand (Politik) als auf die (spezifisch politikwissenschaftliche) Methode war. Es wird heute jedoch überwiegend für die Politologie akzeptiert, daß dieses Fach durch „Setzung" zustande gekommen ist. Noch ist es zu früh, mit Popper von „traditioneller Setzung" zu sprechen, da diese Setzung im Gefüge der als „hochschulreif" anerkannten Disziplinen noch immer nicht unumstritten ist.

Die Fachabgrenzung steht nach Ansicht der Neopositivisten der Kritik offen, wenn sie auch meist weniger aufgeschlossen gegenüber der Kritik waren, welche die Kritische Theorie gegenüber der Abgrenzung des Faches Politikwissenschaft vorbrachte. Mit Recht wird die schottendichte Abschließung zur Ökonomie und Psychologie heute kritisiert. Ähnlich haben die Behavioralisten bereits die Grenzen zwischen politischer Soziologie und Politikwissenschaft fließend werden lassen, die bei der alten überwiegend historisch-institutionell und juristisch-normativ orientierten Politikwissenschaft noch als vorgegeben galten.

Diese pragmatische Auffassung Kritischer Rationalisten vom Wandel der wissenschaftlichen Disziplinen schien geeignet, die Politikwissenschaft zu modernisieren. Dazu mußte sie nach Ansicht einiger ihrer Adepten das „Philosophenkönigtum" aufgeben (Wildenmann 1967: 21), das bei der normativen Schule noch immer anklang. Das pluralistische Credo des Kritischen Rationalismus war ebenfalls für ein neues Fach attraktiv, in dem sich keine „herrschende Lehre" wie in der Jurisprudenz oder der Wirtschaftswissenschaft durchsetzen konnte. Es ließen sich nach Popper nur bessere von schlechteren Theorien unterscheiden. Das Urteil über die Qualität einer Theorie wurde meist recht pragmatisch gefällt: Eine Theorie gilt als besser als eine andere, wenn sie sich bewährt, wenn ihre Begriffe für empirische Forschung operationalisierbar werden und wenn sie bei der Anwendung im sozialen Bereich hilfreich ist.

Die Wissenschaftstheorie des Kritischen Rationalismus ist seit dem Tübinger Soziologentag von 1961 einer zunehmenden Kritik der Kritischen Theorie ausgesetzt. Es wird der positivistischen Theorie vorgeworfen, daß die „Gedankenmaschine" ihrer Theorie gleichsam aus der Wirklichkeit diejenigen realen Datenzusammenhänge herausstanzt, die sie in Gestalt nomologischer Hypothesen, stets überprüfbarer Gesetzmäßigkeiten schon im voraus entworfen hat, daß also alle Bewußtseins- und Handlungsautomatiken der Menschen schon vorweg kalkuliert sind.

Damit werden Erklärung, Prognose und Planung der positivistischen Theorie unter den technischen Zwang der Wiederholung gestellt, „sie verwandeln sie auf dem Fließband des szientifistischen und technologischen Wissens zur Warenwelt der industriellen Zivilisation". Da fortlaufend nur die Daten selektiert werden, die in das vorentworfene Datennetz der Theorie passen, wird der Geschichte als „gerichtete Veränderung" die Wirklichkeit im voraus abgesprochen (Baier in: Schäfers 1969: 15ff.).

Die Kritischen Rationalisten hingegen sprechen zwar der Geschichte nicht die Wirklichkeit ab, bezweifeln aber, daß ein Telos der Geschichte mit wissenschaftlichen Mitteln zu erkennen ist, und befürchten, daß Aussagen über das Gerichtetsein des Geschichtsprozesses sich allenfalls mit Hilfe einer *self-fulfilling prophecy* bestätigen lassen.

Es wird dem Kritischen Rationalismus verargt, daß der Fortschritt nur noch als kontinuierliche Verbesserung der Theorie und als Erweiterung des informativen Gehalts der Theorie denkbar ist. Trotz der Beschränkung der meisten Positivisten auf Theorien mittlerer Reichweite wird ihnen vorgeworfen, daß sie durch Akkumulation von Aussagen mit zeitörtlich und thematisch eingeschränkter Geltung letztlich auf die „große Weltformel", die theoretische „Herrschaftsutopie" hinstrebten (ebd.: 19). Innerhalb des positivistischen Wissenschaftsbetriebes gilt für die Kritische Theorie die Frage nicht mehr als sinnvoll, welche konkreten Subjekte eine solche Globaltheorie überhaupt denken können und sollen oder welche subjektiven Interessen mit ihrer Hilfe in welchen Situationen möglichst befördert werden sollen (ebd.: 20), während Habermas von einem Kommunikationsmodell interagierender Individuen ausgeht, in dem beide Fragen noch sinnvoll gestellt werden können.

Für die Kritische Theorie ist der Methodenstreit, der oft als „Positivismusstreit" apostrophiert wurde, letztlich ein praktischer politischer Streit im Gewande eines theoretischen Konflikts. Dem Neopositivismus wurde mangelnder Praxisbezug vorgeworfen, und es wurde behauptet, daß die Politikwissenschaft unter Anleitung der analytischen Wissenschaftstheorie zur bloßen Hilfswissenschaft für rationale Verwaltung degradiert werde, da zwischen nicht kontrollierbarer Normsetzung und der atomisierten Isolierung datenverarbeitender wissenschaftlicher Individuen der Spielraum bloßer Dezision wachse. Es wurde darüber hinaus geltend gemacht, daß das pluralistische Modell akademischen Gelehrtenstreites vor den politischen Aufgaben notwendigerweise versagen müsse, weil es bei moderner Politikwissenschaft um die Abschätzung von Folgen der praktischen Absichten von Menschen gehe.

Was von der Fundamentalkritik dabei als Positivismus und Neopositivismus vielfach in einen Begriff zusammengefaßt wurde, war weit davon entfernt, eine Einheit zu bilden. Eine differenzierte Kritik von links hat mit Recht vermerkt, daß „Politologie als moderne Sozialwissenschaft" – gegen Essentialismus wie Marxismus gerichtet – allenfalls eine „konzeptionelle Grundhaltung" teile (Kastendiek 1977: 262f.). Ein Teil der *behavioralistischen* Politikwissenschaft, die von Amerika im Zuge der „Modernisierung" übernommen wurde, stand in ihrer atheoretischen und induktiven Auffassung eher noch in einem Stadium positivistischer Theorieentwicklung, das dem Kritischen Rationalismus Poppers vorausging und gegen den Popper und Albert sich abgrenzten.

In der Regel waren amerikanische Politologen unreflektierte Positivisten und Pragmatiker, die im Gegensatz zu vielen deutschen Wissenschaftlern angesichts des kaum erschütterten Grundkonsenses in der amerikanischen Politikwissenschaft keine metatheoretischen Bekenntnisse für nötig hielten. Selbst wo ein Buchtitel „positive politische Theorie" lautete, wurde auf metatheoretische Begründung dafür verzichtet. „Positiv" stand für „axiomatisch-deduktiv" im Gegensatz zum üblichen Induktionismus des Theoretisierens (Riker/Ordeshook 1973: XI).

Ein anderer Teil der amerikanisierten Politikwissenschaft war durch hektische Übernahme systemtheoretischer Gedanken gekennzeichnet. Soweit der Systembegriff nicht zur bloßen Girlande im Vorwort von deskriptiver Untersuchung wurde (vgl. Kap. II.4), sondern auf einer funktionalistischen Metatheorie beruhte, war dieser Teil der auch von der Linken gelegentlich als „positivistisch" denunzierten Politikwissenschaft mit einem stringenten Kritischen Rationalismus eher unvereinbar und ließe sich mühelos unter Hans Alberts Kritik am „Modellplatonismus" der ökonomischen Theorie subsumieren.

Ein Teil der herrschenden Rationalitätsauffassung in der modernen, angeblich empirisch orientierten Politikwissenschaft ist in den vom Kritischen Rationalismus überwundenen „Certismus", der nach Gewißheit strebt, zurückgefallen. Ungewißheit und Unsicherheit werden von solchen Ansätzen – vor allem jenen, die aus der Nationalökonomie kamen, wie bei Downs und anderen Vertretern, die wirtschaftliche Marktmodelle auf die Politik übertrugen – allenfalls insoweit in den Bereich des Rationalen einbezogen, als es sich um ein überschaubares, kalkulierbares – nicht selten spieltheoretisch angegangenes – Risiko handelt (vgl. Spinner 1978, Bd. 1: 116).

Die Vorwürfe der kritisch-dialektischen Theoretiker gegen den technokratischen Gehalt des Kritischen Rationalismus wurden im Tageskampf der politischen Lager überdehnt: Nicht jede Theorie, die technokratische Problemlösungen bevorzugt, ist zugleich dem Kritischen Rationalismus anzurechnen, wie man am eindeutigsten bei Niklas Luhmann (vgl. Kap. II.4) zeigen kann.

Gewichtiger noch als die neomarxistische Fundamentalkritik am Kritischen Rationalismus, die kaum zu einem wirklichen Ideenaustausch führte, war die Fortentwicklung des Kritischen Rationalismus Ende der 60er und in den 70er Jahren.

In der Auseinandersetzung zwischen Helmut Kuhn und Popper um die Frage, wie sich Theorienwandel eigentlich vollzieht, haben aufgeklärte Kritische Rationalisten wie Lakatos (Lakatos/Musgrave 1974: 173) begründete Zweifel angemeldet, daß die Kritik auf der Grundlage von Poppers Logik der Forschung so rasch tötet, wie man häufig unterstellt hat. Der Sterilität eines zwar nicht mehr „dogmatischen", aber doch „naiv" gebliebenen Falsifikationismus wird die „konstruktive Kritik mit Hilfe konkurrierender Forschungsprogramme" gegenübergestellt. Die Reduktion der Forschung auf die Falsifizierung von Hypothesen, die Albert und die Popper-Schule vornahmen, wurde auch in Deutschland von vielen Wissenschaftlern, die der analytischen Wissenschaftstheorie nahestehen, als unrealistische Verengung nicht mitgemacht (vgl. Scheuch 1969: 156). Rigoroser Falsifikationismus würde psychologisch im Forschungsprozeß sehr bald zu Frustrationen führen und eine Prämie auf Widerlegungsversuche setzen, die ohne eigene Neuansätze zur Fortentwicklung der Wissenschaft unternommen werden. Sehr allgemeine Theorien würden zudem der falsifikationistischen Verfolgungsjagd zunächst entgehen, weil sie sich mit begrenzten Forschungsmitteln und ohne vermittelnde Operationalisierungen gar nicht falsifizieren lassen. Ein kritischer Neopositivismus wird daher allenfalls den Geltungsbereich einzelner Theorien einschränken und versuchen, die mit reduziertem Geltungsanspruch vorgetragenen Aussagen einer Theorie durch neue Hypothesen anzureichern.

Auch Paul Feyerabend (1976: 48) nahm das pluralistische Erkenntnismodell und den epistemologischen Fallibilismus ernster als die Popper-Orthodoxie und entwickelte den Ansatz konsequent zu Ende: „Erkenntnis in diesem Sinne ist keine Abfolge in sich widerspruchsfreier Theorien, die gegen eine Idealtheorie konvergieren; sie ist keine allmähliche Annäherung an die Wahrheit. Sie ist ein stets anwachsendes Meer miteinander unverträglicher ... Alternativen." Die anarchistische Revolte „Wider den Methodenzwang" rückte von der Wissenschaftsgläubigkeit der Kritischen Rationalisten ab. In der sich zuspitzenden Polemik verstieg sich Feyerabend (1979: 89) auch gegenüber ihm näher gebliebenen Kritischen Rationalisten zu dem Ausdruck „Ratiofaschist". Jede beliebige Theorie, jedes Märchen, jeder Mythos sollte nun wieder an der Konkurrenz der Ideen zur Entwicklung unseres Bewußtseins teilnehmen dürfen.

Bei Popper blieb Falsifikation von Theorien weitgehend noch ein „Zweikampf zwischen Theorie und Beobachtung" (Lakatos 1974: 175). Feyerabend machte geltend, daß auch in den Erfahrungswissenschaften Theorien sich letztlich nur durch Alternativtheorien ‚empirisch' widerlegen ließen, vor allem da, wo die empirischen Elemente einer Theorie zu klein oder zu diffus sind, um verläßlich isoliert und gemessen werden zu können. Der pluralistische Prüfprozeß würde in neueren Ansätzen möglich bleiben. Auch anscheinend widerlegten Theorien wurde das Recht zugesprochen, weiter im Ideenwettbewerb zu bleiben. Nicht nur neue Theorien sollten einen gewissen Schutz im Wettbewerb genießen. Auch für theoretische Renaissancen sollte der Wettbewerb offengehalten werden.

Kritischer Rationalismus wurde in den 70er Jahren auch gegen Popper und seine späteren Ausdeutungen der eigenen Lehre in Schutz genommen. Es wurde klargestellt, daß kein Standpunkt den Anspruch erheben kann, selbst ‚der Pluralismus' zu sein und die geförderte Pluralität der Standpunkte zu verkörpern oder gar angeblich nichtpluralistische Ansätze auszuschalten. Pluralismus wurde als „Partei" anerkannt – in der Abwehr neomarxistischer Kritik am

„Monopolpluralismus" des Kritischen Rationalismus (Spinner 1974: 238f.). Außerdem wurde geltend gemacht, daß der Kritische Rationalismus die Analogie zwischen dem erkenntnistheoretischen Pluralismus und dem Pluralismus in der Gesellschaft überzogen habe. Der Kritische Rationalismus hat – ähnlich wie das Diskursmodell in der Kritischen Theorie – die Neigung entwickelt, politische Interessengegensätze in theoretische Abstraktionen aufzulösen und Interessenunvereinbarkeiten auf bloße Meinungsdifferenzen zu reduzieren.

Der Kritische Rationalismus drohte – vor allem in Deutschland – in den 70er Jahren gegen seinen ursprünglichen sozialreformerischen Impetus zur konservativen Abwehrideologie zu erstarren. Popper, Albert und Topitsch haben sich in den Tagesauseinandersetzungen der Studentenrevolte und ihres dialektisch-kritischen Impetus darauf beschränkt, über das Aufkommen des neuen Irrationalismus zu lamentieren und die neuen „Theologumena" unter ihre alten Kategorien zu subsumieren. Albert (1971: 46) bedauerte einmal: „Es gehört zweifellos zu den bedeutsamsten Wirkungen des Neomarxismus, der das Denken der neuen Linken bestimmt, auf das öffentliche Bewußtsein, daß er die oben skizzierte Konzeption der Rationalität einigermaßen wirksam in Frage gestellt und dadurch bei vielen ihrer Verfechter *und auch bei anderen* (Hervorhebung d. Autors), denen sie zumindest bis zu einem gewissen Grade plausibel oder gar selbstverständlich erschien, einen Prozeß der Neubesinnung hervorgerufen hat, dessen Konsequenzen noch abzuwarten sind." Albert ist bereit abzuwarten, er scheut jedoch den Kampf mit seinen falschen Freunden, die im Namen der analytischen Wissenschaftstheorie eine durchaus ideologische, konservative Politik fördern.

Der Kritische Rationalismus drohte in den 70er Jahren zum gesunkenen Kulturgut der politischen Programmatik der deutschen Parteien zu werden. Zuerst bei den Liberalen (Dahrendorf), später bei der SPD (Lührs u.a. 1975) und schließlich sogar bei dem Teil der Unionsparteien, der nicht einer normativen Konzeption auf dem Boden der christlichen Soziallehre anhing. Eine inhaltlich problemorientierte Reformtheorie kam dabei weniger heraus als ein gemeinsamer Minimalkonsens zur Abwehr neomarxistischer Gedanken. Radikales Problemdenken wurde durch „radikales Abgrenzungsdenken auf Popper-komm-raus" ersetzt, wie Spinner (1978: 55) mit gewohnter Bissigkeit formulierte. Mehrere Gefahren wurden bei dieser unerwarteten Popularitätswelle für das pluralistische Erkenntnismodell immer deutlicher:

2. Empirisch-analytische Theorien

(1) Der Pluralismus wurde eingeengt und das Denken über weitreichende Reformalternativen als „holistisch" verdächtigt. Die neoliberale Grundstimmung der in der Bundesrepublik relevanten politischen Öffentlichkeit wurde durch eine gewisse Entpolitisierung der Politik in der Sozialtechnologie des Kritischen Rationalismus angezogen, der zur Verharmlosung von Konflikten zu Meinungsdifferenzen neigt, als ob alle vitalen Bedürfnisse vorab schon befriedigt seien. Die Analogie vom Modell des Erkenntnispluralismus zum politischen Pluralismus erwies sich als überzogen: „Vitale Bedürfnisse gilt es nicht zu ‚falsifizieren', sondern zu befriedigen" (Spinner 1974: 236). Die Voraussetzung für die Akzeptierung der Regeln des Kritischen Rationalismus im Theorienkampf müsse durch Politik jeweils immer auf den Stand eines Minimalkonsenses der Gruppen, die Träger widerstreitender Paradigmen sind, gebracht werden, wenn nicht Gesprächsverweigerung die Antwort auf einen innovationsfeindlichen Status-quo-Pluralismus sein soll.

Selbst bescheidene Experimente mit bestimmten Innovationen – z.B. im Prüfungswesen oder mit Partizipationsmodellen – können mit solchen Subsumtionen zusammen mit den Totalitätsutopien der radikalen Ideologien verketzert werden; Experimente, die durchaus im Sinne der Popperschen Stückwerktechnologie sind, weil sie gerade keine Veränderungen der Gesamtgesellschaft anstreben, sondern simultane Reformen in einigen Subsystemen der Gesellschaft, in der manchmal trügerischen Hoffnung, daß diese *spill over*-Effekte auf andere Subsysteme entwickeln und langsam zu einer Umpolung des Gesamtsystems führen.

Die Erfahrung zeigt, daß die Popperschen Konzepte bis hin zum *piece-meal-engineering* immer wieder in den Armen einer etablierten Wissenschaftsgruppe unkritisch zu erstarren drohen, was gegen eine Grundregel des Kritischen Rationalismus verstößt, daß Theorien falsifiziert werden müssen, aber nicht diskriminiert werden dürfen. Man lehnt kritische Totalentwürfe ab und nimmt sich wegen ihres utopischen Charakters das Recht, wichtige Vorschläge, die sie produzieren, vom Testverfahren der *trial and error*-Methode auszuschließen.

Reformer pflegen das durchzusetzen, was Radikale und Revolutionäre in den Anfangsphasen ihrer Theoriebildung noch an sinnvollen Vorschlägen unterbreitet haben, oder schaffen eine Synthese aus jenen Ideen, die zwar nicht auf die Radikalen zurückgehen, jedoch geeignet sind, den Gravamina, die sie artikuliert haben, den Boden der Kritik zu entziehen. Was aber soll ein abstraktes Bekenntnis zur

Stückwerktechnologie, wenn Experimente mit paritätischer Mitbestimmung in Betrieben, überbetrieblichen Umverteilungsfonds, mit Drittelparität in Universitäten, mit Nulltarif im öffentlichen Verkehr und viele andere keineswegs pauschal revolutionäre Konzepte als revolutionär und utopisch diskreditiert werden im Namen von Popper oder Albert?

(2) Kritischer Positivismus kann trotz der rigorosen Anforderungen seiner Metatheorie nicht so wenig pragmatischen Sinn für die Operationalisierbarkeit von Ansätzen entwickeln, daß er sich nicht darum kümmert, wer *die Kluft zwischen reiner Wissenschaftstheorie* – wie sie fast alle Teilnehmer am deutschen Positivismusstreit betreiben – und *der deskriptiven Empirie des täglichen Wissenschaftsbetriebes füllt*. Mertons These, daß nur Theorien mittlerer Reichweite möglich seien, weil eine generelle Theorie, die von Tausenden von Wissenschaftlern getestet werde, vorerst Utopie sei, sollte zu denken geben. Nur der Marxismus hatte über 70 Jahre lang in einem wissenschaftlich fruchtbaren Land wie Rußland die Möglichkeit, die gesamte Forschung in die Überprüfung einer *general theory* zu stellen. Erfahrungsgemäß verzichten jedoch gerade Systeme, in denen eine allgemeine Theorie verbindlich ist, auf Falsifikation und produzieren überwiegend den Typ von Literatur, der die Gegenpositionen – hier die der bürgerlichen Wissenschaft – über den Leisten der eigenen Theorie schlägt und für falsch erklärt, nicht aber systematisch mit selbsterhobenen Fakten zu falsifizieren sucht. Es wäre zu befürchten, daß jede allgemeine Theorie, auch wenn sie nicht von einer Partei, die „Hauptverwaltungen für ewige Wahrheiten" einrichtet, verbindlich gemacht wäre, ähnlich falsifikationsfeindliche Attitüden entwickeln würde. Der Funktionalismus zeigte bereits Anzeichen davon (vgl. Kap. II.4).

(3) Wissenschaftstheoretiker der verschiedenen Schulen pflegen *einander vorzuwerfen, daß nichts bei ihren theoretischen Ansätzen herausgekommen sei*. Vor allem gegenüber dialektischen Theorien hört man diesen Vorwurf nicht selten (Albert 1971: 46ff.). Solche Vorwürfe stützen sich meist auf zwei Argumente:

a) Die Wissenschaftstheoretiker selbst versuchen nicht, empirisch mit ihren Konzepten zu arbeiten. In allen Schulen tun sie das allenfalls ideologiekritisch oder ideengeschichtlich: Albert sogar nur in kleinen Ausschnitten zu einzelnen Philosophemen oder ökonomischen und soziologischen Modellen, Topitsch wenigstens in Broschüren (so ungerecht sie manchmal ausfallen, wie im Falle von Hegel) und Popper immerhin in einer gewichtigen Längsschnittanalyse

2. Empirisch-analytische Theorien 81

über die ‚Offene Gesellschaft und ihre Feinde' von Plato bis Marx. Daß Adorno oder Habermas nur am Rande empirisch zu arbeiten versuchten (‚Authoritarian Personality', ‚Student und Politik'), ist ihnen kaum anzukreiden. Die wissenschaftliche Arbeitsteilung läßt dies auch durchaus als sinnvolle Spezialisierung erscheinen.

b) Auch die wissenschaftlichen Adepten der bekannten Metatheoretiker haben kaum empirisch mit den Konzepten der Wissenschaftstheorien gearbeitet. Die analytische Wissenschaftstheorie hat den Vorteil, daß wegen ihrer großen theoretischen Offenheit eine Fülle von Ansätzen unter sie subsumierbar sind und als Operationalisierungsbereiche dieser Theorie gelten dürfen. Zum anderen ist sie als gesunkenes Kulturgut selbst bei den theoretisch oder wissenschaftstheoretisch nicht interessierten Empirikern angekommen, da sie stärker mit dem etablierten *mainstream* des westlichen Bildungsbetriebs verwoben ist.

Hier ein endgültiges Urteil zu fällen wäre verfrüht. Auf dem Boden kritischer Ansätze haben jüngere Politikwissenschaftler und Soziologen auch in Deutschland versucht, die Kritik an abgegrenzteren Gegenständen zu operationalisieren.

In der materiellen Politikanalyse hat sich in den 70er Jahren eine fruchtbare Ergänzung von analytischen und kritisch-dialektischen Orientierungen ergeben, die empiriegesättigter sind als die Ende der 60er Jahre rasch hinskizzierten Depravationstheorien im Bereich der Parlamentarismuskritik und der Faschismusanalyse. Dabei zeigte sich, daß die jüngere Generation der Politikwissenschaftler in Deutschland Beiträge zu einem kritischeren Politikverständnis leistete, ohne in ihrer Mehrzahl die Grundeinsichten des Kritischen Rationalismus und seine Beurteilungsmaßstäbe für die Auseinandersetzung mit anderen Theorien über Bord zu werfen. Es dient der Sache des Kritischen Rationalismus wenig, wenn alle solche Gesprächsversuche über die Grenzen der verschiedenen Paradigmen hinaus als politisch gefährlich und wissenschaftlich unsauber abgetan werden, nur weil die ersten Selbstverständigungsversuche mit – nach den Grundsätzen des Kritischen Rationalismus ohnehin niemals ausrottbaren – Mängeln und Unzulänglichkeiten behaftet waren.

(4) Die verschiedenen wissenschaftstheoretischen Positionen bedenken einander gern mit dem *Vorwurf der Ontologisierung,* der zuerst vom Funktionalismus gegen alle anderen Ansätze ausging, was Dialektiker mit der Behauptung der Verdinglichung des Funktionsbegriffs und

der Fetischisierung bestimmter Annahmen in systematisch-strukturellen Theorieansätzen heimzahlten.

Der kritische Rationalismus verkennt nicht, daß durch Konsens der Wissenschaftler eine Reihe von Grundannahmen gesetzt werden. Im Vergleich zu anderen wird jedoch von der analytischen Wissenschaftstheorie am wenigsten gesetzt. Die ontologischste Aussage unter diesen Setzungen ist wohl die Trennung von Sein und Sollen. In ihr sind jedoch mehr Denkmöglichkeiten angelegt, diesen Konsens, der einer solchen Setzung zugrunde liegt, zu revidieren, als in anderen Wissenschaftstheorien.

Kritischer Rationalismus ist sich indessen bewußt, daß diese Revision von Konsens auf soziale Handikaps in großer Zahl stößt. Eine „herrschende Lehre" – wie sie vor allem in der Jurisprudenz als magische Einheit immer wieder beschworen wird – ist schwer revidierbar. Im Gegensatz zu einer normativen Wissenschaft wie der Jurisprudenz ist die Revision von allgemein akzeptierten Annahmen in den Sozialwissenschaften graduell einfacher. Zwar gibt es auch in ihnen wissenschaftliche Institutionen, die mit Initiations- und Kooptationsriten nur wenig Abweichung von der herrschenden Lehre durch die Schleuse lassen, aber es gibt nicht die mit staatlicher Sanktion verbundene gerichtliche Entscheidung, die bestimmte Anschauungen für Jahrzehnte durch Präzedenzfälle stabilisieren kann und sozial regulierend wirkt, so daß ein wichtiges Gerichtsurteil den Charakter einer *self-fulfilling prophecy* entwickelt. In allen Wissenschaften ist jedoch die Konsensbildung relativ elitär strukturiert. Es wird weniger nach dem *maior pars* als nach dem *sanior pars* einiger wichtiger *opinion leaders* in der Wissenschaft entschieden, was herrschende Lehre ist. Immerhin ist die Politikwissenschaft wie alle Sozialwissenschaften heute zunehmend dadurch ausgezeichnet, daß es kaum noch herrschende Lehren gibt und der wissenschaftstheoretische Pluralismus wächst. Dieser Vorteil wird mit dem Nachteil bezahlt, daß die Stellenbesetzungspolitik in den Sozialwissenschaften heute von engem Proporzdenken beherrscht wird und die bisher ungerechte Unterdrückung einiger Ansätze in die Forderung nach „Konkordatslehrstühlen" für jede „progressive" neue Theorie umschlägt.

(5) Kritischer Rationalismus hütet sich, zwischen *Theorie und Ideologie* einen allzu schematischen Trennungsstrich zu ziehen. Popper hat in der ‚Logik der Forschung' (1966: 13) bereits auf den Nutzen der Metaphysik und der Ideologien für die Hypothesenbildung hingewiesen, und wenn wir die Aussage im ‚Traktat über kritische Vernunft' (Al-

2. Empirisch-analytische Theorien

bert 1968: 55ff.) ernstnehmen, daß die handlungsleitenden Werte zwar nicht beweisbar, aber dennoch rationaler Diskussion zugänglich sind, dann kann eine sozial verantwortlich denkende Politikwissenschaft den Bereich der Sollensaussagen nicht völlig den spekulativen Utopikern überlassen oder mit Scheuch (1969: 181) achselzuckend der Sozialphilosophie überweisen. Die Trennungslinie zwischen wissenschaftlicher Theorie und Ideologie ist in praxi weit schwerer zu ziehen, als die analytische Wissenschaftstheorie glauben läßt. Jedes theoretische System enthält einige ideologische Elemente und weist unterschiedliche Grade an Empiriesättigung und Falsifikationsmöglichkeiten auf. Auch Ideologien sind selten völlig ohne empirischen Gehalt, und selbst die großen Utopien enthielten immer ein gut Teil deskriptiver Beobachtung.

Ideologien sind für die Hypothesenbildung von Bedeutung. Ohne utopischen Vorgriff der Radikalen würden auch die auf empirische Überprüfung ausgehenden Wissenschaftler keine relevanten neuen Fragestellungen mehr aufgreifen. Die Zukunft des kritischen Rationalismus liegt nicht zuletzt darin, daß die Dialektiker so gut wie keine eigenen Forschungstechniken und Methodologien entwickelten und außerhalb ihrer metatheoretischen Arbeit überwiegend narrativ und historisch-genetisch vorgehen.

Die Position, die in der deutschen Hochschulpolitik als „linksliberal" bezeichnet wurde, basierte überwiegend auf einem kritischen Positivismus. Die Neopositivisten waren, politisch gesehen, seit Popper niemals Liberale im älteren Sinn des Wortes, sondern standen überwiegend den sozialdemokratischen Parteien nahe und verbanden ihren wissenschaftstheoretischen Rigorismus in einer – psychologisch gesehen – manchmal schwer zu vollziehenden Weise mit einem optimistischen politischen Pathos zugunsten von Werten wie Toleranz und Fortschritt. Die Anhänger eines Kritischen Rationalismus heute haben eine intellektuelle „Öffnung" vollzogen, die der des Neopositivismus im Vergleich zum älteren Positivismus ähnlich ist. Nicht selten haben Kritische Rationalisten dabei die Ideen aufgenommen, wissenschaftlich operationalisiert und zur politischen Durchsetzung vorbereitet, welche die utopischen wie die Kadersozialisten verschiedener Schattierungen in ihrer Pauschalablehnung bestehender kapitalistischer Gesellschaften „rechts" liegen ließen.

Der Kritische Rationalismus scheint im Rückblick der Inbegriff der theoretischen Bestrebungen der klassischen Moderne zu sein. Keine andere Theorie – außer dem Strukturalismus in Frankreich –

wurde vom nachmodernen Denken so scharf aufs Korn genommen wie der Kritische Rationalismus. Es speiste sich aus zwei Quellen: neuen Ansätzen in den Naturwissenschaften und aus der Kunsttheorie. Das Spannungsverhältnis des Kritischen Rationalismus zwischen Wissenschaftsgläubigkeit in eigener Sache und generalisierter Ideologiekritik der bisherigen Wissenschaften wurde „entlarvt". Die rationalistische Moderne kam als „halbierte Moderne" auf die Anklagebank. Alle Herrschaftsinstrumente waren bereits einer rigorosen Kritik unterworfen worden: die Macht, der Staat, die Wirtschaft, die Technik. Nur die Wissenschaft als Verkörperung eines neuen Herrschaftsanspruches nach Art einer szientistischen Religion schien der Kritik entgangen zu sein. Die französischen Poststrukturalisten (Foucault 1989), die Anhänger einer anarchistischen Erkenntnistheorie wie Paul Feyerabend (1989), Soziologen, die sich in keine der metatheoretischen Schulen einordnen ließen wie Ulrich Beck (1986: 270ff.) oder Niklas Luhmann (1984: 147) kritisierten den Anspruch der Wahrheitsverkündigung und -verfügung im modernen Szientismus und zeigten die sozialen Funktionen des Postulats der Wertfreiheit. Der französische Poststrukturalismus berief sich bei Lyotard (1985: 38) auf Paul Feyerabend, der die Trennung von Staat und Wissenschaft, wie einst die Trennung von Staat und Religion, am pointiertesten gefordert hatte. Die Verquickung von Staat und Wissenschaft stärkte die Tendenzen der Techno-Wissenschaft. Hier berief sich Lyotard (1987: 87) ausnahmsweise positiv auf Habermas. Nicht „wahr oder falsch" drohe das Kriterium dieser Art von Wissen zu werden, sondern die Frage nach der Wirksamkeit der Aussagen.

Der positivistische *mainstream*, der sich gegen die neomarxistische Welle gut behauptet hatte, geriet erstmals in die Defensive. Aber nicht, weil er nicht einige plausible Argumente gegen die Auflösung der Vernunft durch die postmodernen Denker hatte, sondern weil sich das Frageinteresse vieler allgemeiner Theoretiker zu verschieben begann. Viele Sozialwissenschaftler folgten aber auch in den 90er Jahren den Postulaten des Kritischen Rationalismus „als ob" sie weiter unbestrittene Geltung hätten. Eine über sich selbst reflektierende Sozialwissenschaft hat soviel wissenssoziologischen Abstand gegenüber dem eigenen denkerischen Tun gewonnen, daß sie diese Grundsätze nur als konventionalistische Setzung akzeptiert. Sie dient vor allem dazu, die Autonomie des Wissenschaftssystems gegen die Begehrlichkeiten von Ideologien und politischen Imperativen abzusichern (vgl. von Beyme 1996: 45ff.).

2. Empirisch-analytische Theorien

Vom Standpunkt der empirisch-analytischen Theorien aus war die Kritik der „realistischen Empiriker" gewichtiger, welche den Kritischen Rationalismus als unpraktikabel ansehen (Lane 1998: 378). Durch die „methodologische Hochrüstung" einiger Ansätze (Behavioralismus, Rational Choice) ist jedoch der szientistische Mainstream in den 90er Jahren eher noch rigoroser geworden als die alten Popperianer auf der metatheoretischen Ebene verlangt hatten.

Literatur

Th. W. Adorno u.a.: Der Positivismusstreit in der deutschen Soziologie. Neuwied, Luchterhand 1969
H. Albert: Marktsoziologie und Entscheidungslogik. Neuwied, Luchterhand 1967
H. Albert: Traktat über kritische Vernunft. Tübingen, Mohr 1968
H. Albert: Plädoyer für kritischen Rationalismus. München, Piper 1971
H. Albert: Kritik der reinen Erkenntnislehre. Tübingen, Mohr 1987
U. Beck: Risikogesellschaft. Auf dem Weg in eine andere Moderne. Frankfurt, Suhrkamp 1986
K. von Beyme: Theorie der Politik im 20. Jahrhundert. Von der Moderne zur Postmoderne. Frankfurt, Suhrkamp ³1996
R. Dahrendorf. Pfade aus Utopia. München, Piper 1967
V. Dreier: Empirische Politikforschung. München, Oldenbourg 1997
U. Druwe: Politische Theorie. München, Ars Una 1993
J. W. Falter: Der ‚Positivismusstreit' in der amerikanischen Politikwissenschaft. Opladen, Westdeutscher Verlag 1982
P Feyerabend: Wider den Methodenzwang. Skizze einer anarchistischen Erkenntnistheorie. Frankfurt, Suhrkamp 1976
P. Feyerabend: Erkenntnis für freie Menschen. Frankfurt, Suhrkamp 1979
P Feyerabend: Irrwege der Vernunft. Frankfurt, Suhrkamp 1989
M. Foucault: Die Ordnung der Dinge. Eine Archäologie der Humanwissenschaften. Frankfurt, Suhrkamp ⁸1989
H. Kastendiek: Die Entwicklung der westdeutschen Politikwissenschaft. Frankfurt, Suhrkamp 1977
I. Lakatos/A. Musgrave (Hrsg.): Kritik und Erkenntnisfortschritt. Braunschweig, Vieweg 1974
R. Lane: Positivism, scientific realism and political science. Journal of Theoretical Politics, Bd. 8, Nr. 3 1996: 361-382
C. Lührs u.a. (Hrsg.): Kritischer Rationalismus und Sozialdemokratie. Berlin/Bonn, Dietz 1975
N. Luhmann: Soziale Systeme. Grundriß einer allgemeinen Theorie. Frankfurt, Suhrkamp 1984
F. Lyotard: Grabmal des Intellektuellen. Graz, Böhlau 1985
F. Lyotard: Postmoderne für Kinder. Graz, Böhlau 1987
R. K. Merton: Social Theory and Social Structure. Glencoe/Ill., Free Press ²1961
K-H. Messelken: Politikbegriffe der modernen Soziologie. Köln/Opladen, Westdeutscher Verlag 1968

O. P. Obermeier: Poppers ‚Kritischer Rationalismus'. München, Vögel 1980

K. R. Popper: Logik der Forschung. Tübingen, Mohr ²1966

K. R. Popper: Was ist Dialektik? In: E. Topitsch (Hrsg.): Logik der Sozialwissenschaften. Köln, Kiepenheuer & Witsch 1966: 262-290

K. R. Popper: Die offene Gesellschaft und ihre Feinde. 2 Bde. Bern, Francke 1970

K. R. Popper: Ausgangspunkte. Meine intellektuelle Entwicklung. Hamburg, Hoffmann & Campe 1979

B. Schäfers (Hrsg.): Thesen zur Kritik der Soziologie. Frankfurt, Suhrkamp 1969

E. Scheuch: Methodische Probleme gesamtgesellschaftlicher Analysen. In: Th. W. Adorno (Hrsg.): Spätkapitalismus oder Industriegesellschaft. Stuttgart, Enke 1969: 153-182

H. Spinner: Pluralismus als Erkenntnismodell. Frankfurt, Suhrkamp 1974

H. F. Spinner: Popper und die Politik. Bd. 1 Geschlossenheitsprobleme. Berlin/Bonn, Dietz 1978

W. Spinner: Ist der Kritische Rationalismus am Ende? Weinheim, Beltz 1982

A. Waschkuhn: Kritischer Rationalismus. München, Oldenbourg 1999

A. Wellmer: Kritische Gesellschaftstheorie und Positivismus. Frankfurt, Suhrkamp 1969

II. Methodische Ansätze politikwissenschaftlicher Forschung

In der modernen sozialwissenschaftlichen Theoriebildung wird zunehmend zwischen Theorie und Methode geschieden, obwohl einige Denkansätze – wie der Funktionalismus oder die dialektischen Theorien immer wieder dazu neigen, beides zu vermischen. Vom Behaviorismus, soweit er sich als Sozialtechnologie verstand, wurde der Begriff der Methode über Gebühr auf Forschungstechniken eingeengt, z.B. Survey-Methoden, Skalierungsverfahren oder sehr spezielle Techniken der Datenbehandlung. Methoden sind Systeme von Regeln, welche die Forschungstätigkeit auf ein bestimmtes Ziel hin ausrichten. Sie bedürfen daher metatheoretischer und theoretischer Voraussetzungen, da nicht die Methode – und schon gar nicht die Methode im engeren Sinne als Forschungstechnik – die Ziele der Forschung angeben kann. Wo sie das tut, wie gelegentlich beim Methodismus rigider Behavioristen, droht die Gefahr, daß die Phänomene, die beobachtet werden können, ganz in Konstrukt-Begriffe oder operationalisierte Chiffren übersetzt werden, die das Ergebnis präformieren – ein Ergebnis, das die soziale Wirklichkeit nur noch schemenhaft widerspiegelt und die „Ästhetik" der Forschungstechnik über die Relevanz für die politischen Probleme stellt.

Theorie und Methode sind aufeinander angewiesen. Eine Theorie ohne methodische Überprüfung und Erweiterung bleibt nutzlos, eine Methode ohne Theorie, welche die Entscheidung über den sinnvollen Einsatz von Methoden lenkt, bleibt steril. Methoden wirken auf die Theoriebildung zurück, aber die beschränkte Anzahl der Methoden in der Politikwissenschaft hat eine gewisse Unabhängigkeit gegenüber der Vielzahl von Theorien, deren Gültigkeit von relativ wenigen Methoden überprüft werden muß. Theorien müssen falsifizierbar sein und sind mit ihrer Falsifikation erledigt. Methoden sind durch die Falsifikation von Theorien, die sie hervorgebracht haben, vielleicht diskreditiert, aber keineswegs erledigt, da eine Methode nacheinander und nebeneinander gleichzeitig viele Theorien erzeugen kann (Luhmann).

Als methodische Ansätze in der Theorie der Politik lassen sich folgende sechs herausstellen:
(1) der historisch-genetische,
(2) der institutionelle,
(3) der behavioralistische,
(4) der funktional-strukturelle
(5) der Rational Choice-Ansatz und
(6) der vergleichende Ansatz.

Sie schließen in der Anwendung einander keineswegs aus. Vor allem der vergleichende Ansatz kann mit den fünf anderen kombiniert werden. Keiner dieser sechs Ansätze ist strikt als Methode oder Theorie klassifizierbar, sondern muß bei den einzelnen Autoren jeweils nach dem Selbstverständnis eingeordnet werden. Vor allem der funktional-strukturelle Ansatz neigt dazu, sich als allgemeine Theorie und nicht nur als Methode zu verstehen. Je weniger hoch das Abstraktionsniveau des Ansatzes, um so mehr entfernt sich der Approach von der Methode, die im allgemeinen einen höheren Allgemeinheitsgrad aufweist als die meist nicht sehr abstrakten Theorien in der Politikwissenschaft.

Keiner der sechs Ansätze ist einer der drei Wissenschaftstheorien eindeutig zuzuordnen. Am stärksten erscheint der behavioralistische Ansatz der wissenschaftsanalytischen Metatheorie verbunden. Den dialektisch-kritischen Theorien kann man eine gewisse Vorliebe für historische Ansätze und den normativen Theorien teils für historische, teils für institutionelle Ansätze nachsagen.

1. Der historische Ansatz

In den 60er Jahren hatten sich in der Bundesrepublik unter dem Einfluß der Sozialwissenschaften der Bildungshorizont und die Curricula vorübergehend enthistorisiert. Nach Aneignung der Erkenntnisobjekte, die früher überwiegend von Historikern untersucht wurden, durch andere Wissenschaften (Soziologie, Wirtschaftswissenschaft, Politikwissenschaft) blieb für die Historie „kein genuines Erkenntnisobjekt" mehr übrig, worüber sich die Historiker nur mit dem Hinweis zu trösten vermochten, daß jede auf diese Weise bereicherte Wissenschaft selbst „historisch imprägniert" blieb (Koselleck 1971: 3f.).

1. Der historische Ansatz

Viele Historiker, die damals durch Tendenzen der Schulpolitik, einen integrierten historischen Sozialkundeunterricht zu schaffen, nicht nur in ihrem methodischen Selbstverständnis, sondern auch bezüglich des Berufsbildes der Mehrheit der Studenten, die sie ausbildeten, verunsichert und von Statusfurcht befallen waren, befürchteten, daß die Geschichtswissenschaft zur bloßen Hilfswissenschaft für die Sozialwissenschaften wird, die nur noch den durch *case studies* zerkleinerten Rohstoff für Longitudinalanalysen liefert.

Der Niedergang der historisch-genetischen Methode hängt nicht lediglich mit der Entwicklung neuerer sozialwissenschaftlicher Methoden und der Verbesserung moderner Datensammlung zusammen. Der Anspruch der Politikwissenschaft – wie aller systematischen Wissenschaft – ist ein grundsätzlich anderer. Historische Wissenschaften beschäftigen sich mit Gegenständen, die der moderne Wissenschaftler nicht hervorbringen kann, selbst wenn er will. Systematische Wissenschaften, wie die Sozialwissenschaften, sind hingegen Handlungswissenschaften, die auf Gestaltung des gegenwärtigen sozialen Lebens ausgehen. Für den politischen Theoretiker der Gegenwart gilt daher, was Helmut Seiffert (1971: 156) jedem systematischen Wissenschaftler nachsagte: „Der systematische Wissenschaftler tritt von vornherein mit dem Anspruch auf, im Prinzip dasselbe leisten zu können wie die jeweils ‚Besten' des fraglichen Gegenstandsbereiches. Es bestehen also hier bestenfalls graduelle, nicht prinzipielle Unterschiede." Obwohl die Historiker sich in programmatischen Reden und Schriften immer wieder Gedanken über die Frage „Können wir aus der Geschichte lernen?" gemacht haben, war die Geschichtswissenschaft aufgrund ihres spezifischen Ansatzes – trotz vieler punktueller Einsichten – weder in der Lage, noch, wenn sie kritisch blieb, willens, sich auf das Feld der Prognosen zu begeben. Der Historismus mit seinem Glauben an die Einmaligkeit jeder historischen Konstellation und Epoche mußte zwangsläufig die Reste der prämodernen Vorstellung von der Geschichte als Lehrmeisterin über Bord werfen (Koselleck 1989: 38ff.).

Eine der großen Errungenschaften der modernen Sozialwissenschaften – neben der Trennung von Theorie und Praxis und der Anerkennung der Autonomie unterschiedlicher Handlungssphären in der Gesellschaft, wie Politik, Wirtschaft, Recht oder Kultur – war die Sonderung von Evolution und Geschichte. Seit Max Weber (1951: 184) setzte sich die Einsicht durch, daß Sinn an die Geschichte vom Betrachter herangetragen wird, daß dieser jedoch nicht kraft irgendwelcher immanent wirkender Kräfte aus der Geschichte herauszulesen ist. An Stelle der notwendigen Kausalität trat eine Kontingenzkausalität. Stufenfolgen und Entwicklungen lassen sich nur im Nachhinein „rekonstruieren". Mit dem Marxismus ging die letzte prämoderne Lehre als Staatsphilosophie unter, die noch bis in die 60er Jahre – vielleicht bis zum Ende der Ära Chruschtschow – an das evolutionistische Schema glaubte, das notwendigerweise zum Kommunismus führen mußte.

Die Geschichtswissenschaft war trotz der Ausbreitung sozialwissenschaftlicher Methoden weiterhin überwiegend an einmaligen Zusammenhängen interessiert. Gesetzlichkeiten, wie sie die Sozialwissenschaften zu suchen trachten, werden von reflektierten Historikern nicht geleugnet. Sie interessieren jedoch nur als Mittel, Einzelzusammenhänge besser zu verstehen. Sozialwissenschaftliche Theorien – Modernisierungs- oder Revolutionstheorien – sind daher gleichsam Hilfswissenschaft für die Geschichtswissenschaft. Umgekehrt ist die Geschichtswissenschaft für die Politikwissenschaft zur Vorklärung der Fakten eine Hilfswissenschaft. Nur wenn der wechselseitige Einsatz als Hilfswissenschaft begriffen wird, liegt darin keine Diskriminierung. Von der Genesis der Disziplin her und in der staatlichen Förderung und öffentlichen Geltung mag es noch eine Hierarchie der Wissenschaften geben. Für den am Erkenntnisfortschritt Interessierten gibt es keine solche Hierarchie. Mit dieser Einsicht erübrigt sich ein guter Teil der Prioritätsstreite zwischen Politikwissenschaft und Geschichte.

Mit einem Zweig der modernen Sozialwissenschaften, dem Behavioralismus, hat der historische Ansatz ein strikt individualistisches Vorgehen gemeinsam. Ereignisse und Institutionen müssen letztlich als Produkt individueller Handlungen aufgezeigt werden. Kollektivbegriffe wie Staat haben idealiter keinen Zutritt zu einer strikt historisch-genetischen Analyse. Da aber die Komplexität aller Handlungen niemals aufgeschlüsselt werden kann, und nicht jeder Begriff zu seinen Ursprüngen zurückverfolgt werden kann, muß auch die historische Methode zu Kollektivbegriffen Zuflucht nehmen (Albert 1990: 227). Auch durch solche Reduktionen historischer Komplexität nähern sich Geschichts- und Politikwissenschaft in vielfacher Hinsicht an: Beide Wissenschaften teilen zudem die Vorliebe für eine Meso-Ebene des Geschehens, die zwischen den großen gesellschaftlichen Konstellationen, die mit Makrotheorien beschrieben werden, und dem individuellen Geschehen im strikten Sinne, mit dem sich

1. Der historische Ansatz

Psychologen zu befassen haben und das mit Mikrotheorien eingefangen wird, liegt.

Der Übergang zwischen Geschichtswissenschaft und Politikwissenschaft war in den Anfängen fließend. Die Politikwissenschaft war häufig nicht mehr als eine aktualisierende und räsonierende Historie, die ihre Beispiele mehr nach systematischen als chronologischen Gesichtspunkten aus der Geschichte auswählte. Solange ein Teil der Quellen der Politikwissenschaft historische Quellen sind, die archiviert und mit dem historischen Handwerkszeug bearbeitet werden müssen, wird die Grenze zwischen beiden Wissenschaften fließend bleiben. Nur da, wo die Politikwissenschaft – etwa bei Interviews – ihre Quellen selbst durch methodische Fragen fabriziert, hat sie sich radikal von der Geschichte gelöst. Nachdem der Behavioralismus sich in seiner Existenzberechtigung durchgesetzt hat und nicht mehr durch pauschale Ablehnung der Geschichte versuchen muß, seine Dignität zu erweisen, kann der Politikwissenschaftler heute wieder gelassener anerkennen, daß er auf historische Forschungen angewiesen ist, und zwar nicht nur in dem Sinne, wie alle Wissenschaften füreinander zur Hilfswissenschaft werden können. Longitudinalstudien, die in Zeiträume zurückreichen, für die keine nach modernen Methoden aufbereiteten Survey-Daten zur Verfügung stehen, bedürfen immer auch der Anwendung historischer Methoden.

Vorübergehend war die Geschichtsfeindschaft der Politikwissenschaft eine notwendige Durchgangsstufe zur inneren Befreiung von der Übermacht historischer Arbeitsweisen. Denn der historische Ansatz war in Deutschland bei dem Übergewicht der ideographischen im Gegensatz zu der nomothetischen Wissenschaft (Rickert) auch in der Politikwissenschaft lange Zeit dominierend, zumal eine Reihe bekannter Wissenschaftler (W. Besson, K.D. Bracher, Th. Eschenburg, H. Maier, K. Sontheimer, G. Ziebura u.a.) aus der Geschichtswissenschaft zur Politikwissenschaft gestoßen sind.

Einige Sozialwissenschaftler verkündigten voreilig, nicht ohne unangebrachte Überheblichkeit, daß die theoretische Soziologie „keinen Respekt vor der Geschichte" habe (Dahrendorf 1967: 217), da sie an einem anderen Bezugssystem als an der historischen Chronologie orientiert sei. Sozialwissenschaftliche Theorien sind ein kategoriales Bezugssystem, von dem alle weiteren analytischen Kategorien deduzierbar sind. Die empirisch-analytische Wissenschaftstheorie erkennt in historischen Aussagen nur Quasi-Theorien, die stärker auf die Frage „wie?" als auf die Frage „warum?" abzielen und politische Phänomene nicht streng kausal zu erklären trachten. Dieser Vorwurf verkennt jedoch, daß auch ein großer Teil der modernen sozialwissenschaftlichen Ansätze im Zeichen von Funktionalismus und Systemtheorie sowie die Korrelationsanalysen der vergleichenden Methoden (vgl. Kap. II.4 und 6) auf strikte Kausalerklärungen verzichten, und zwar in weit größerem Maße als die Historiker bei der Erforschung von Sinn- und Motivationszusammenhängen. Trotzdem war lange gerade der Funktionalismus der erbittertste Gegenspieler der historischen Methode, solange diese die Chronologie als Orientierungslinie nicht aufgibt, da für ihn Leistungen zur Erhaltung von politischen Systemen durch funktionale Äquivalente ersetzbar sind. Beim Ausfall bestimmter bestandswesentlicher Leistungen kann das System durch Änderung der Struktur reagieren, ohne daß sich bisher exakt feststellen ließe, von wann ab solche Änderungen ein neues System konstituieren. Der theoretische Teil der Historie, die Periodisierungslehre, wird damit für diese Richtung gegenstandslos.

Die Politikwissenschaft wird jedoch in ihrer Verachtung für die Chronologie als Bezugsrahmen nicht ganz so weit gehen können wie die Soziologie. Ein Teil der Politikwissenschaft wird das Studium von Institutionen in einzelnen Ländern bleiben, deren Funktionswandel ohne die historische Dimension nur schwer zu erkennen ist. Zum anderen hofft die Geschichtswissenschaft – etwa mit Reinhart Koselleck (1971: 15) – auf neue Funktionen einer theoretisch weiterentwickelten Historik durch die Herausarbeitung einer Theorie der Temporalstrukturen mit mehrschichtigen Zeitabfolgen, die alle für sich ein Vorher und Nachher kennen, die aber auf dem Raster der naturalen Chronologie in ihrer linearen Sequenz nicht zur Deckung zu bringen sind. Auch diese Aufgabe hat bisher die autonome Existenz der Geschichte nicht geschützt, selbst wenn viele Sozialwissenschaftler das Problem der kausalen Abfolge durch statistische Korrelationsanalysen und funktionale Äquivalenztheorien überwiegend ausgeklammert haben.

Sowenig die Politikwissenschaft jedoch die einzige – wenn vielleicht auch die wichtigste – Wissenschaft ist, die sich heute mit der Erforschung des Politischen befaßt, sowenig ist die Geschichtswissenschaft die einzige Disziplin, welche Temporalstrukturen erforscht. Philosophie, Sozialwissenschaften und sogar die Physik interessieren sich für das gleiche Thema unter den spezifischen Fragestellungen ihrer Wissenschaft. So wie Historiker, soviel sie auch von Wandel redeten, nicht selten mit relativ statischen Begriffen umgingen (z.B.

Ständestaat, Merkantilismus), haben andererseits die Sozialwissenschaftler, die gern von abstrakten Modellen her dachten, immer auch an dynamischen Ablaufmodellen gearbeitet. Das gilt nicht nur für die globalen Evolutionstheorien vom frühen historisierenden Positivismus bei Comte und Spencer bis zum historischen Materialismus. Es zeigte sich auch bei modernen Globaltheorien, wie den Entwicklungstheorien mit ihren Stadienschemen, sowie bei Konvergenztheorien mit ihren Aussagen über die Entwicklungstrends der Ersten und der Zweiten Welt.

Der vorherrschende Behavioralismus hat die Einzelperson des großen Politikers als Studienobjekt fast völlig aufgegeben. Er mußte auch die Ansicht älterer Historiker und Philosophen wie Theodor Mommsen und Dilthey zurückweisen, daß der Forscher erst mit zunehmendem Alter ein guter Historiker werde, wenn er im Besitz möglichst vielfältiger menschlicher Erfahrungen ist, die als Grundlage seines Urteils dienen können. Dies kann für den Typ von Literatur, den die Angelsachsen gern *reevaluation* nennen, durchaus zutreffen. Generell jedoch ist die Handhabung exakter analytischer Methoden bei originärer Forschung, die nicht aus zweiter Hand lebt, unabhängig vom Alter des Forschers.

Nicht nur der Behavioralismus mit seinen quantifizierenden Methoden erwies sich als Feind der meisten historischen Fragestellungen. Selbst der Neomarxismus, der das Verdienst hatte, historische Fragestellungen unter generalisierender Betrachtungsweise wiederzubeleben, hatte gegen die traditionelle, überwiegend biographisch orientierte Geschichtswissenschaft starke Einwände. Es wurde von Marxisten immer wieder bestritten, daß subjektive Elemente, mit denen die biographische Methode arbeitet, als Unterlagen für soziale Phänomene beweiskräftig herangezogen werden können. Erst spät haben sich Sozialwissenschaftler wieder der biographischen Methode als Hilfsmittel zur Erforschung von sozialem Bewußtsein zugewandt und sie neben den Survey-Studien als wichtige Quelle anerkannt (Szczepanski 1967: 566f.). Um vom Individuell-Anekdotischen dieser Methode wegzukommen, wird jedoch heute die Notwendigkeit betont, eine große Zahl von Autobiographien zu untersuchen – wie das vor allem in der Elitenforschung geschieht – und die Biographie des Durchschnittsmenschen quantitativ auszuwerten, statt die Biographie „großer Männer" durch die verstehende Methode in ihrer gesamtgesellschaftlichen Bedeutung magisch zu überhöhen.

Mit zunehmender Verflechtung aller Sozial- und Verhaltenswissenschaften erwuchs der genetisch-historischen Methode eine Hilfe in Form der Psychoanalyse, die sie lange nicht zu schätzen wußte. Sowohl die Traditionen des Rankeschen Historismus und die Einflüsse des Neoidealismus bei Croce oder Dilthey, die vor allem auf die kontinentaleuropäische Geschichtswissenschaft stark wirkten, waren dem vermeintlichen Naturalismus der Psychoanalyse feindlich und verkannten die Gemeinsamkeit einer individualisierenden Betrachtungsweise, die sie verband (vgl. Hughes in: Wehler 1971: 31f.). Eriksons „Young Man Luther" war bahnbrechend mit einer neuen Form psychoanalytischer Biographie, die zwar nicht allen Regeln historischer Quelleninterpretation genügte, aber gleichwohl neue Einsichten in tiefere Schichten der Motivation ermöglichte.

Einzelne Sozialwissenschaftler haben versucht, selbst die Untersuchung einzelner politischer Führer – methodisch verbessert – wieder aufzugreifen, obwohl die extremen „Situationisten" der Meinung sind, daß die menschliche Persönlichkeit angesichts der unermeßlichen Zahl von Situationen, auf die sie reagieren muß, eine zu instabile Einheit ist, um empirisch brauchbare Ergebnisse über politische Prozesse zu ergeben (Edinger 1964: 435). Auch wenn solche Studien eine vulgarisierte Ex-post-facto-Psychoanalyse ablehnen, ist jedoch – wie an Edingers Werk über Kurt Schumacher gezeigt werden kann – der Nachweis, daß individuelle psychische Dispositionen sich in politisches und soziales Handeln umsetzen, für Geschichts- und Sozialwissenschaften gleichermaßen wichtig.

Die übertriebene Ablehnung der Geschichtswissenschaft durch viele Sozialwissenschaftler orientiert sich an einem veralteten Bild ihrer Methode. Der biographisch-verstehende Ansatz der älteren Geschichtsschreibung, in der jedes geschichtliche Werk von einigem Anspruch zugleich nach dem Lorbeer strebte, selbst eine Art Kunstwerk zu sein, wird von einem stärker sozialwissenschaftlichen Approach unter Anwendung quantitativer Methoden, Typologien und zum Teil auch schon mit Modell-Konstruktionen auf beachtlicher Abstraktionsstufe abgelöst. Auch in der Haltung zur vergleichenden Methode, die von den Doktrinären der ideographischen Methode als unmöglich angesehen wurde, zeichnet sich zunehmend ein Kompromiß ab, seit auch Historiker dem Vergleich mehr als illustrative Bedeutung beimessen und nicht mehr davon ausgehen, daß er in systematischer Form die Eigenart des historischen Stoffes und der historischen Methode pervertiere. Der vergleichende Historiker hat

1. Der historische Ansatz

mit allen anderen vergleichenden Wissenschaften die Eigenart gemein, daß der Komparatist ungleich stärker an Theorien als an Erzählungen interessiert ist (Puhle 1979: 119).

Ein beliebter Vorwurf der Sozialwissenschaftler gegen die Geschichtswissenschaft behauptet, daß die Historiker ihre Begriffe unsystematisch bildeten, so daß man allenfalls zu Ad-hoc-Generalisierungen, jedoch niemals zu Theorien gelangen könne. Der Historiker hat einen Gegenvorwurf zur Hand: der Sozialwissenschaftler bilde seine Begriffe unter dem Vorwand der Systematik willkürlich und ohne Rücksicht auf die beglaubigte Genesis der Begriffe. Bei den normativen Theorien wurde bereits deutlich, daß Begriffsgeschichte gelegentlich im Dienst einer konservativen politischen Theorie gestanden hat (vgl. Kap. I.1). Trotz dieser Gefahren kommt jedoch auch der Begriffsgeschichte bis heute eine wichtige Funktion zu, weniger für die Konzeptbildung als für die ideologiekritische Seite der Arbeit des Politikwissenschaftlers.

Diese Gebiete methodisch gemeinsamer Interessen – neben den gemeinsamen Interessen an Stoffen, vor allem auf dem Gebiet der Zeitgeschichte, der Verfassungs-, Parlaments- und Parteiengeschichte – verbinden Politikwissenschaft und Geschichtswissenschaft trotz mancher methodischer Differenzen. Die moderne Geschichtswissenschaft wendet sich zudem immer stärker sozialwissenschaftlicher Theoriebildung und quantifizierenden Methoden zu, was die Kluft ebenfalls verringert. Diese Annäherung wird sich vermutlich noch verstärken, wenn einmal in hundert Jahren der überwiegende Teil der Historiker, der sich mit neuester und mit Zeitgeschichte befaßt, mit Abschnitten der Chronologie konfrontiert wird, die von zeitgenössischen Sozialwissenschaftlern mit systematischem Daten- und Survey-Material bearbeitet worden sind. Für diese Zeiten dürfte das magische Datum der „Öffnung von Archiven" nicht mehr die gleiche Bereicherung historischen Wissens erbringen wie heute, und selbst wenn unbekannte Quellen periodisch zutage treten, kann kein Historiker an dem sozialwissenschaftlichen Material vorbeisehen, das akkumuliert wurde. Für dessen Auswertung muß er – neben der Ausbildung in historischen Hilfswissenschaften – ein ähnliches geistiges Handwerkszeug erlernen wie der Politikwissenschaftler.

Literatur

K Acham: Theoretische Sozialwissenschaft und historische Erklärung. In: H. Albert/ K. H. Stapf (Hrsg.): Theorie und Erfahrung. Beiträge zur Grundlagenproblematik der Sozialwissenschaften. Stuttgart, Klett-Cotta 1979: 163-191

H. Albert: Methodologischer Individualismus und historische Analyse. In: K. Acham/ W. Schulze (Hrsg.): Theorie der Geschichte. Band 6. Teil und Ganzes. München, DTV 1990: 219-239

J. Bergmann u.a. (Hrsg.): Geschichte als politische Wissenschaft. Stuttgart, Klett-Cotta 1979

W. Conze: Theorie und Geschichtswissenschaft und Praxis des Geschichtsunterrichts. Stuttgart, Klett 1972

J. Edinger: Political Science and Political Biography. Journal of Politics 1964: 423-439

K. O. Hondrich/J. Matthes (Hrsg.): Theorienvergleich in den Sozialwissenschaften. Darmstadt, Luchterhand 1978

R. Jensen: History and the Political Scientist. In: S. M. Lipset (Hrsg.): Political and Social Science. London, Oxford UP 1969: 1-28

J. Kocka: Sozialgeschichte. Göttingen, Vandenhoeck & Ruprecht ²1986

J. Kocka/Th. Nipperdey (Hrsg.): Theorie und Erzählung in der Geschichte. München, DTV 1979

R. Koselleck: Wozu noch Historie? Hist. Zeitschrift 1971: 1-18

R. Koselleck: Vergangene Zukunft. Zur Semantik geschichtlicher Zeiten. Frankfurt, Suhrkamp 1989

H. Mommsen: Zum Verhältnis von politischer Wissenschaft und Geschichtswissenschaft in Deutschland. Vierteljahreshefte für Zeitgeschichte 1962: 341-372

A. Nitschke: Historische Verhaltensforschung. Stuttgart, Ulmer 1981

K. Palonen: Rhetorical and temporal perspectives on conceptual change. Finnish Yearbook of Political Thought. Bd. 3 1999: 41-59

H. J. Puhle: Theorien in der Praxis des vergleichenden Historikers. In: J. Kocka/Th. Nipperdey (Hrsg.): Theorie und Erzählung in der Geschichte. München, DTV 1979: 119-136

D. K. Rowny/J. Q. Graham (Hrsg.): Quantitative History. Homewood/Ill., Dorsay Press 1969

A. Schmidt: Geschichte und Struktur. Fragen einer marxistischen Historik. München, Hanser 1971

W. Schulze: Soziologie und Geschichtswissenschaft. München, Fink (1974) 1979

H. Seifert: Die Hermeneutik und die historische Methode. Kap. 2. In: Ders.: Einführung in die Wissenschaftstheorie. München, Beck 1971: 43ff.

A. L. Stinchcombe: Historicist Causal Imagery. Kap. Ill, 3. In: Ders.: Constructing Social Theories. New York, Harcourt/Brace 1968: 101ff.

J. Szczepanski: Die biographische Methode. In: R. König (Hrsg.): Handbuch der empirischen Sozialforschung. Stuttgart, Enke, ²1967: 551-569

H.-U. Wehler: Modernisierungstheorie und Geschichte. Göttingen, Vandenhoeck & Ruprecht 1975

H.-U. Wehler (Hrsg.): Geschichte und Psychoanalyse. Köln, Kiepenheuer & Witsch 1971

R. Wittram: Anspruch und Fragwürdigkeit der Geschichte. Göttingen, Vandenhoeck & Ruprecht 1969

2. Der institutionelle Ansatz

Die ersten Politikwissenschaftler, die über die Grenzen ihres jeweiligen Landes hinauswirkten, wie Sir Ernest Barker, Lord Bryce, Harold Laski, Herman Finer und Carl Joachim Friedrich, waren Institutionalisten, obwohl sie sich von der überwiegend juristischen Betrachtungsweise gelöst hatten. Der institutionelle Ansatz war jedoch zu allen Zeiten mit dem Odium der Konservativität belastet. Gerade in konservativen Ideologien sind immer wieder bestimmte Institutionen (Monarchie, Zweikammersystem), spezifische Gewaltenteilungsarrangements und Verwaltungsorganisationen als sakrosankt erklärt worden, um hergebrachte Steuerungsmechanismen der Gesellschaft im Dienste sehr spezifischer Herrschaftsinteressen zu bewahren.

Der institutionelle Ansatz in der Politikwissenschaft, der in Deutschland bei der ersten Generation von Politikwissenschaftlern der Nachkriegszeit überwog, ist inzwischen durch die Herausforderung der politischen Verhaltensforschung der Behavioralisten stark in Mißkredit geraten, da er sich überwiegend mit den Output-Funktionen des Staates, wie Parlament, Regierung, Verwaltung, Rechtsprechung, beschäftigte und zum Teil auch die politischen Organisationsformen des gesellschaftlichen Bereiches stark institutionalistisch behandelte, z.B. Duverger die Parteien, Th. Eschenburg die Interessengruppen. Die Input-Funktionen kamen beim institutionellen Ansatz zu kurz. Er ging meist von einer relativ mechanistischen und wenig komplexen Systemvorstellung aus, wie sie bis heute dem Begriff „Regierungssystem" zugrunde gelegt wird, der noch immer – von der klassischen Gewaltenteilungslehre her beeinflußt – als Gleichgewichtsmodell der drei wichtigsten Gewalten konzipiert wird. Erst in jüngster Zeit bemühen sich einige Wissenschaftler, das Institutionenstudium unter Einbeziehung der Errungenschaften der politischen Soziologie und der behavioralistischen Forschungsansätze wieder stärker zu fördern. Zunehmend wird das Verhalten innerhalb der Institutionen durch *decision making studies* erforscht, vor allem im Bereich der Verwaltung und des Parlaments sowie der Verfassungsgerichtsbarkeit.

Seit die Vorherrschaft eines unreflektierten Institutionalismus gebrochen ist, setzt wieder ein Bemühen um eine Theorie der Institutionen ein. Weniger sinnvoll als die Unterscheidung von Institutionenlehre und Institutionentheorie erscheint mir die Unterscheidung von „Institutionentheorie" und „institutionellem Ansatz". Die alte Annahme von Erik Allardt (1969: 17), daß die Politikwissenschaft schlechthin mit einem „institutionellen Ansatz" arbeite, während die Soziologie den Schichtungsaspekt in den Vordergrund stellt, ist doppelt schief. Einmal sind Schichtungsansatz und institutioneller Ansatz keine Gegensätze auf einer gemeinsamen logischen Ebene. Schichtung kann wie Eliten- oder Gruppentheorie zu einem Grundbegriff für die Erklärung politischen Wandels gemacht werden. Aber es ist eine Variante einer vornehmlich dynamisch konzipierten politischen Theorie. Ein Ansatz wie der institutionelle Ansatz hingegen ist im Methodenbereich angesiedelt. Luhmanns (1970: 31) Plädoyer für eine schärfere Sonderung von Theorie und Methode kann nicht oft genug wiederholt werden, weil gerade holistische Theorien wie die Systemtheorien, soweit sie eine funktionalistische Logik beschwören und nicht nur metaphorisch eingesetzt werden, oder auch marxistische Ansätze beides immer gern vermengen. Theorien können falsifiziert werden, Methoden sind nicht erledigt, wenn gewisse Theorien, die man mit einer Methode zu stützen versucht hatte, sich nicht bewähren. Der institutionelle Ansatz ist nicht obsolet, seit man zu Recht argumentiert, daß im modernen Parlamentarismus das Gewaltenteilungstheorem überholt erscheint. Die Revision der mechanistischen Gewaltenteilungsannahmen geschah schließlich auch durch einen Ansatz, der institutionell genannt werden muß. Inhaltlich gefaßte theoretische „Ansätze" haben schon unsere Terminologie verwirrt, die „Ansatz" mal auf „Methode", mal zur Abschwächung von Theorieansprüchen benutzt haben. Wie die Interessengruppentheorie gehören sie nicht in eine Reihe mit institutionellen, genetischen, behavioralistischen oder funktionalistischen Theorien.

Die Verwirrung von Theorie und Methode kann jedoch gerade beim Institutionalismus – mehr als bei Ansätzen, die so stark auf bestimmte Forschungstechniken geeicht sind wie der behavioralistische Ansatz – immer wieder mildernde Umstände beanspruchen. Dem Institutionalismus lag eine politische Theorie zugrunde, er verkörperte sogar den „Mainstream" politischen Denkens seit Aristoteles. Sternberger (1978: 383) hat seine drei Wurzeln der Politik als Politologik (repräsentiert durch Aristoteles), Dämonologik (repräsentiert durch Machiavelli) und als Eschatologik (repräsentiert durch Augustinus oder Marx) bezeichnet. In der Kurzfassung sind die drei Konzeptionen der Politik institutionell, prozessual und intentional benannt worden.

2. Der institutionelle Ansatz

Der institutionellen Politik-Konzeption lag überwiegend die Vorstellung prinzipieller Offenheit des politischen Prozesses und prinzipieller politischer Gleichheit der Vollbürger zugrunde. Es gab keine Trennung von Fürsten und Massen, Erleuchteten und Unerleuchteten, proletarischer Avantgarde und bürgerlichen Relikten. Eine eher prozedurale Auffassung von Politik, die sich nur auf einige Prinzipien des Minimalkonsenses festlegt, ist allen Institutionalisten gemeinsam. Modernisierung im freiheitlichen Sinne wurde in allen relevanten Theorien seit Max Weber als Prozeß der Institutionenbildung begriffen. Bei Max Weber ist die okzidentale Sonderentwicklung vor allem mit der institutionellen Differenzierung weltlicher und geistlicher Herrschaft und der Herausbildung der Stadt, als von patrimonialen und feudalen Herrschaftsmustern der Zeit abweichend, erklärt worden. Inter-institutionelle Konflikte sind typisch für die okzidentalen Prozesse (Lepsius 1977: 21). Neben die Inter-Organkontrollen traten noch die Intra-Organkontrollen (K. Loewenstein), wie innerparlamentarische Gegensätze im Zweikammersystem zum Beispiel. Die klassischen Institutionalisten seit Montesquieu und Tocqueville waren nie gedankenlose Institutionalisten, welche Institutionen absolut setzten. Sie sahen sie in einem Systemzusammenhang, und jede Institution war an besondere soziale Träger gebunden. Deistische, mechanistische Uhrwerksideen gediehen nur selten zu jenem Formalismus, der politische Gruppen zum Schein in Mützen und Hüte aufteilte, um so zu einem Zweikammer- oder Zweiparteiensystem zu gelangen.

Seit Max Weber hat die historische Soziologie den Institutionen eine zentrale Rolle zugewiesen, selbst wenn sie dabei immer formalistischer wurde und den Institutionenbegriff zum Teil aufgab. Die amerikanische Systemtheorie, die von Max Weber beeinflußt war, definierte institutionelle Muster als das Rückgrat des sozialen Systems, versuchte sie aber zu entmystifizieren und die substanzorientierte Konzeption von Institutionen durch Untersuchung der Rolle, die sie im sozialen System spielten, abzulösen. Die amerikanische Soziologie, welche weniger von Europa her beeinflußt war und sich stärker an naturwissenschaftlichen Systemvorstellungen als an den zeitgenössischen Varianten einer Evolutionstheorie orientierte, erwähnte den Institutionenbegriff kaum oder ersetzte ihn durch Ausdrücke wie „Struktur". Jedes System hat politische Strukturen, die Strukturen haben im Gegensatz zum älteren institutionalistischen Ansatz keine feste vorgeschriebene Rolle. Die gleichen Funktionen können von unterschiedlichen Strukturen erfüllt werden und umgekehrt. Gleichwohl zeigten die Typologien von Strukturen häufig eine schlichte Reproduktion der *institution-chose* im Sinne Haurious – in Anlehnung an die klassischen drei Gewalten – oder die *institutions-groupes*, welche Interessenaggregation und Interessenartikulation wahrnehmen. Die daraus abgeleitete Komparatistik kam zur Klassifikation von vier Grundinstitutionen (Exekutive, Bürokratien, Parlamente, Parteien), von denen historisch gesehen einige Prärequisiten für die anderen sind (z.B. Parlamente für die Parteien).

Die deutsche Systemtheorie von Luhmann bis Münch hatte weit weniger Aversionen gegen den Institutionenbegriff entwickelt und folgte auch terminologisch der Weber-Parsons-Tradition in vielem. Wo die Schulen Eastons und Almonds den Ausdruck „Institution" geflissentlich vermieden und vielfach „Struktur" an seine Stelle setzten, gebrauchte Luhmann (1965: 13) beide Begriffe gelegentlich synonym: „Institutionen sind zeitlich, sachlich und sozial generalisierte Verhaltenserwartungen und bilden als solche die Struktur sozialer Systeme." Der Neoinstitutionalismus entwickelte sich vor allem in der Modernisierungs- und Entwicklungstheorie. Das Movens dieses Prozesses wurde von Behavioralisten in kognitiven Prozessen, von Ökonomisten in Bevölkerungs- und Wachstumsentwicklungen gesehen. Eine Minderheit der Theoretiker aber betonte die Entwicklung politischer Institutionen als die treibende Kraft. Wo Konflikte fehlen, sind politische Institutionen nicht nötig, wo sie zu stark sind, werden sie unmöglich. Bei schwacher Institutionalisierung überwiegt ein Hobbesianischer Kampf aller gegen alle, ein Kampf zwischen sozialen Gruppen, Familien, Klanen, der Ethnien. Die Binnenmoral vorrationaler Gesellschaften führt zum *amoral familism, clanism, groupism* oder *classism* (Huntington 1968: 24). Alte Webersche Wertungen schimmern in diesem Ansatz durch: Bürokratien sind besser als parochiale oder feudale Eliten. Über Weber hinaus wies die Ansicht, daß Parteiendemokratien wiederum im ganzen bürokratischer Herrschaft vorzuziehen seien.

Die Haltung der politischen Theorie zu den Institutionen ist also geistigen Traditionen verhaftet. Zwar gibt es einen älteren Institutionalismus, der nicht an einzelne Länder gebunden ist. Es war eher ein Stadium, das die gesamte Politikwissenschaft in Ablösung von der legalistischen Betrachtungsweise der Jurisprudenz durchlief. Aber in der angelsächsischen Tradition war der Institutionalismus immer pluralistischer und nicht so stark in einer Institution gebündelt wie in der

2. Der institutionelle Ansatz

politischen Theorie des europäischen Kontinents. Hier wurden nicht nur einzelne Institutionen verdinglichter aufgefaßt, sondern auch der Staat als Institution der Institutionen magisch überhöht. Die *institution-groupe*, die immerhin in Haurious (1965) Institutionenlehre vorgesehen war, wurde eher diskriminiert und nicht gleichberechtigt mit institution-chose behandelt. In der angelsächsischen Welt war der Institutionalismus auf einen beschränkteren Begriff konzentriert. Nicht der Staat stand im Zentrum der Bemühungen, sondern *government*. Der Staatsbegriff hatte universalistische Nebenbedeutungen, der Staat hatte eine einzigartige Mission, selbst noch im limitierten neoliberalen Verständnis in der Ordnungspolitik (Dyson 1980: 209), die dem angelsächsischen Denken fremd war. „Staat" hatte für die angelsächsischen Länder eine autoritäre oder eine marxistische Konnotation.

Nachdem Amerika die Anfänge der Politikwissenschaft und die starken Einflüsse der deutschen Staatslehre überwunden hatte, setzte die anti-institutionelle Welle schon früh ein. Im 20. Jahrhundert entwickelte sich auch die angelsächsische Tradition auseinander, weil England zwar einem limitierten, aber dennoch stark entwickelten Institutionenbegriff verhaftet blieb. Britische Theoretiker der Politik haben den „uncriticized institutionalism" abgelehnt, der Institutionen verdinglicht und den Institutionalismus zum Kult einer Gruppe für ihre präferierte Institution macht. Aber sie haben nicht aufgehört, „government" als einen Zentralbegriff anzuerkennen. In Amerika hingegen hat die Welle der „New Science of Politics" bereits vor dem Behavioralismus eine entschiedene Abkehr vom älteren Institutionalismus eingeleitet. Institutionen wurden nur im vagen Allgemeinsinn der Soziologie oder der Ethnologie noch gebraucht (vgl. Lasswell/ Kaplan 1950: 47). Der Neomarxismus – in Amerika häufig nur so genannt und de facto allenfalls ein neuer Radikalismus – hat dem Konzept des Staates auch in der angelsächsischen Debatte wieder stärker zum Durchbruch verholfen. Easton (1981: 322) sorgte sich 1981, daß der Staat das politische System zu belagern begänne und befürchtete einen Rückfall mit schlimmen Folgen. Es blieb ihm jedoch der Trost, daß auch Autoren wie Miliband oder Poulantzas zunehmend Anleihen bei der Systemtheorie gemacht hatten. In der Tat ist die Annäherung von politökonomischer Staatstheorie und Systemtheorie einer der bemerkenswertesten Prozesse in der neuen Theorieentwicklung. Gleichwohl handelt es sich gerade wegen dieser Annäherung nicht um einen „romantischen Rückfall". Die Welle der Policy-Orientierung, welche die globalen Debatten um die „letzten Dinge" Ende der 70er Jahre abzulösen begann, bedurfte für die Konzeptualisierung der Interventionsfelder und Interventionsarten doch wieder so etwas wie eines zentralen Akteurs. Selbst Neoliberale wie Olson, die aller Vermachtung politischer wie wirtschaftlicher Märkte abhold waren, bedurften einer Art *deus ex machina*. Sie nannten es nicht Staat, forderten aber gleichwohl ein „kohärentes Programm" eines staatlichen Akteurs (Olson 1982: 237).

Holistische Theorien begannen sich zu berühren. Nur der dogmatische Behavioralismus schien von dieser Annäherung ausgenommen. Eine Staatsdebatte im Behavioralismus war undenkbar, aber Institutionen spielten noch eine gewisse Rolle. Selbst die Pioniere des Behavioralismus haben den institutionellen Ansatz, den sie theoretisch kritisierten, nicht völlig aus der Politikwissenschaft verbannt. Zwar hat der Ansatz beim Individuum die Verdinglichung von großen Entscheidungskollektiven wie Nationen, Regierungen, Parlamente, Bürokratien, Parteien oder Interessengruppen nicht akzeptiert. *Realistische* Hinnahme oberflächlicher Kollektivrealitäten und mangelnder Sinn für die *nominalistische* Skepsis, daß Gruppen mehr seien als die Summe der Mitglieder, deren Interaktionen es zu messen gelte, wurde dem Institutionalismus vorgeworfen. Aber auch Kritiker wie Heinz Eulau (1969: 1, 158) haben die Institutionen nicht zu den Akten gelegt, sondern das Instrument eines *behavioral-institutional research* entwickelt, das besonders in der Parlaments- und Gerichtsforschung zu immer stärker mathematisierten Konsequenzen getrieben worden ist. Hatte sich Heinz Eulau um die Verknüpfung von Mikro- und Makroprozessen noch intensiv bemüht, so ließ sich doch nicht leugnen, daß ein großer Teil der behavioralistischen Revolte in unkritischen Schlüssen von der Mikro- auf die Makroebene versank. Rollentypologien von Lobbyisten, Entscheidungsträgern oder Richtern waren das abstrakteste, was in diesem Forschungszweig mit seinem individualistischen Bias in der Regel zugelassen schien.

Eine simple Dichotomie zwischen Traditionalisten und Behavioralisten, die in vielen Erörterungen überwog, machte es schwer, den Anteil der eigentlichen Institutionalisten an den Traditionalisten auszumachen. John C. Wahlke (1979) hat in seiner Presidential Address als Präsident der American Political Science Association der Behauptung einer siegreichen Revolte, für die seit Dahl bereits die ersten Nachrufe erschienen, widersprochen. Seine Aufstellung anhand von Review-Artikeln und Forschungsnotizen der American Political

Science Review gewonnener Daten lassen kein klares Bild über den Anteil der institutionellen Studien im engeren Sinne zu. Aber sie schienen – zusammen mit dem Studium politischer Prozesse, soweit diese nicht als „political behavior-studies" anerkannt waren – noch immer zu überwiegen, selbst in der American Political Science Review, die als Kampfblatt des siegreichen Behavioralismus gegolten hat.

Dem Behavioralismus wurde vielfach eine gewisse Theoriefeindlichkeit nachgesagt. Das erscheint bedeutungslos, wenn dies im Namen von Ableitungstheorien geschieht, die keinen Ansatz als Theorie gelten läßt, der nicht den eigenen Abstraktionsgrad und Standpunkt teilt. Aber der Vorwurf kam auch von einigen Funktionalisten und Systemtheoretikern, besonders jenen – wie Easton oder Deutsch – die sich der Welle des Postbehavioralismus und einer Wiederanerkennung der politischen Philosophie stärker öffneten. Viele Politikwissenschaftler, die bei uns häufig als Positivisten und Behavioralisten in einen Topf geworfen wurden, haben eher auf systemtheoretischer Grundlage makrotheoretische Theorien entwickelt. Gelegentlich haben sie, wie Gabriel Almond, behavioralistische Ansätze mit systemtheoretischen Räsonnement auch verbunden.

Die eigentliche Wiederbelebung der Institutionenforschung kam von der makrotheoretischen vergleichenden Politikwissenschaft. Sie war in der Regel eklektisch in den Methoden, aber empirisch-analytisch im metawissenschaftlichen Fundament, und hat Institutionen als eine Variable in der vergleichenden Systemanalyse behandelt. Je nach Fokus konnte dies die abhängige oder unabhängige sein. In keinem Fall kam es zu einer dogmatischen Wiederbelebung eines generell institutionellen Ansatzes.

Die vergleichende Politikwissenschaft, vor allem in ihrer Erweiterung zum Policy-Vergleich, hat den *Neoinstitutionalismus* neuerer Ansätze gefördert. Hauptunterschied zum älteren Institutionalismus: es wird *nicht* alles mit Institutionen erklärt. Es kann Situationen wenig verfestigter politischer Prozesse geben, in denen selten etwas mit den Institutionen erklärt werden kann, und wenn, dann ist ein Ereignis nur subsidiär davon mitbedingt worden. Das gilt vor allem für die Dritte Welt. Der Untergang der Demokratie in Chile könnte aus dem institutionellen Umstand erklärt werden, daß Frei laut Verfassung nicht wiedergewählt werden konnte. Gegen einen starken Christdemokraten wie Frei hätte Allende kaum eine Chance gehabt, und dem Lande wäre bei einer weniger rigorosen Wiederwahlbeschränkung manches erspart geblieben. Aber niemand würde aus einem solchen singulären Befund schließen, der Prätorianismus des Militärs in der Dritten Welt ließe sich institutionell erklären. Je fester etabliert der politische Prozeß und je stärker fragmentiert die Institutionen, um so mehr Erklärungskraft hat der institutionelle Faktor.

Mit der Wendung der Politikwissenschaft von den Entscheidungsmechanismen der Politik (*politics*) zum Resultat des Prozesses (*policy*) kam es zu einer neuen Wertschätzung der Institutionen. Paläo-Institutionalisten waren nicht beglückt, daß diese Bewegung sich Neo-Institutionalismus oder gar „kritischer Institutionalismus" nannte, obwohl die neue Bewegung den herkömmlichen institutionalistischen Ansatz nicht in Bausch und Bogen verdammte. Wie alle „Neo"-Begriffe (etwa der Neokorporatismus) kam bei den Traditionalisten der Verdacht auf, daß hier nur neuer Wein in alte Schläuche gefüllt werden sollte. Das Neue am Neoinstitutionalismus lag in der Berücksichtigung der Sekundärinstitutionen, wie der organisierten Gruppen und Netzwerke, während der alte Institutionalismus stärker auf die Organisation der Haupt- und Staatsaktionen im Bereich der *polity* abgehoben hatte. Die Interaktionen von öffentlichen und privaten Akteuren rückte ins Zentrum. Die Koordinationsmechanismen, die in einer Mehrebenenanalyse freigelegt wurden, wurden zentral für die Analyse. Ein weiterer angelsächsischer Ausdruck wurde rezipiert, der vor allem in der Internationalen Politik wichtig wurde, wo noch keine übernationalen Regierungsstrukturen (*government*) festgestellt werden konnten: die losere Form der Regelungsmechanismen auf der Basis von Vereinbarungen wird vielfach *governance* genannt. Hatte die kybernetische Systemtheorie von Karl Deutsch die „*nerves of government*" freigelegt, so wurden im Neoinstitutionalismus die „*nerves of governance*" analysiert. Die neoliberale Welle der Theoriebildung – auch in der Ökonomie – konnte nicht übersehen, daß im Zeitalter der Regionalisierung und Globalisierung nicht alle Politik einfach marktförmig organisiert werden konnte, wie einige Vertreter der Neuen Politischen Ökonomie suggeriert hatten. Jenes Gemisch von Marktelementen durch Tauschvorgänge unter rationalen Akteuren verschiedener Ebenen und Resten einer autoritativen Entscheidungsfindung, die an ältere Formen staatlicher Politik gemahnten, wurde in empirischen Studien als „governance" immer wieder variiert.

Theorieorientierte Altinstitutionalisten waren meist „institutionalistische Strukturalisten". Vielfach waren sie konservativ: sie beobachteten Strukturen und unterstellten, daß diese – institutionell verfestigt – einen funktionalen Beitrag zur sozialen und politischen Stabilität leisten (Goodin 1996: 5). Neoinstitutionalisten begannen hingegen vielfach als Radikale, welche die strukturelle Dominanz bestimmter Institutionen und die „Handlungskorridore" für neue Gruppen und unterprivilegierte soziale Bewegungen immer enger werden sahen. Feministische Theoretikerinnen haben stärker noch als andere Neoinstitutionalisten die Trennung von „öffentlich und privat" ins Zentrum der Analyse gerückt, um die Macht der ins Private verdrängten Institutionen zu entlarven.

Der Neoinstitutionalismus war auch eine Gegenreaktion gegen den siegreichen Behavioralismus. Dieser hatte die Institutionen marginalisiert. Institutionen wiesen den Individuen den Weg wie sie handeln sollten. Der Behavioralismus wollte hingegen aufdecken, wie die Subjekte tatsächlich handeln. Das tatsächliche politische Handeln schien für sie wenig Zusammenhang mit den Verhaltensnormen der Institutionen zu haben. Korruption scheint ein solcher Grenzfall zu sein, wo die öffentlichen Normen ignoriert sind. In entwickelten Gesellschaften, in denen Korruption jedoch die Ausnahme und nicht die Norm darstellt, kann die Aufdeckung von Korruptionsfällen nicht soweit getrieben werden, alle politischen Aktionen aus der Korruption heraus zu erklären.

Behavioralisten haben auf diese Gegenbewegung ebenfalls reagiert: Altbehavioralisten neigten dazu, Programme und Erklärungen für reine Verhüllungen der tatsächlichen Interessen der Akteure zu erklären. Klingemann, Budge und andere bestanden hingegen auf die Gegenbotschaft: *„programmes matter"* und haben akzeptiert, daß normative Verlautbarungen durchaus handlungsanleitend für die Regierungspolitik von Parteien an der Macht werden. Die einst sozialpsychologische Orientierung der Behavioralisten wich einem Ansatz, der eher an ökonomischen Modellen menschlicher Handlungen von rationalen Nutzensuchern und Zielverwirklichern ausgerichtet war (Goodin 1996: 14)

Ein Aufsatz von March und Olsen, in der American Political Science Review (1984) und ein Buch (1989) haben das Programm eines „neuen Institutionalismus" erstmals publikumswirksam zusammengefaßt. Der neue Institutionalismus betonte die relative Autonomie der Institutionen, die von den Behavioralisten wie von ihren Gegnern unter den marxistischen Staatsableitern allzu lange geleugnet worden war. Vorschnellen Effizienzberechnungen gegenüber den bestehenden Institutionen wurde mit der Wiederentdeckung der „*symbolischen Politik*" entgegengetreten.

Fritz W. Scharpf hat das Programm eines policy-orientierten Neo-Institutionalismus in Deutschland als erster prononciert vertreten und setzte sich von den formal-klassifikatorischen und deskriptiven institutionellen Ansätzen ab. Die *Policies* wurden nicht einseitig durch die Institutionen determiniert gesehen. Die Beziehung der beiden Variablen ist vermittelt durch allgemeine Problemlösungsstrategien (Schmalz-Bruns 1990: 319). Wenn der Neoinstitutionalismus das Beiwort „kritisch" verdient hat, dann allenfalls durch die Entdeckung, daß die institutionellen Strukturen nicht so direkt auf das Politikergebnis durchschlagen, wie viele Korporatismustheoretiker in ihrer Entdeckerfreude angenommen hatten (vgl. Kap. III.6). Scharpf (1987: 26) zeigte durch eine vergleichende Studie zur Arbeitsmarktpolitik in sozialdemokratisch regierten Systemen, daß einige Länder wie Dänemark, die Niederlande oder die Bundesrepublik auf der Korporatismusskala relativ hoch rangierten. Gleichwohl traten die Segnungen dieses korporativen Arrangements hinsichtlich guter Beschäftigungslage nicht wie in Österreich oder in Schweden ein (inzwischen müssen wir auch Schweden als Vorbild aus dieser Einordnung am positiven Pol einer Korporatismusskala herausnehmen). „Wirtschaftspolitische Strategien" zwischen Handlungsrestriktionen und Handlungskorridoren sind aber auch nicht nur von Institutionen geprägt. Der Neoinstitutionalismus verband sich in diesem Ansatz zunehmend mit der Rational Choice-Methode (Ostrom 1986).

Die politischen Strategien als Vermittlungsbegriff sind ihrerseits determiniert von kulturellen Normen des Verhaltens, welche mit den formalen Regeln der bestehenden Institutionen interagieren. Der „Staat" in der traditionellen Sicht als „Verteilungs- und Umverteilungsmaschine" wird somit aus dem Verdacht herausgenommen, schlimmstenfalls eine Art Mafia-Agentur und bestenfalls eine Art „Leviathan" darzustellen (North 1990: 140). Die Einwände der kulturalistischen Theorie gegen den Neoinstitutionalismus (Grenstad/Selle 1995) wurden damit bereits unterlaufen. Es gibt nicht „einen" Neoinstitutionalismus, sondern diese Bezeichnung beherbergt vielfältige Mixturen von theoretischen Elementen und Methoden. In vielen Ansätzen wurde der Neoinstitutionalismus nur zu einer stärker quantitativ orientierten Variante der Variablen-Soziologie, der die Institutionen als unabhängige Variable setzt, und den Einfluß von parlamentarischen oder präsidentiellen Systemen, von Proporz- oder

Mehrheitswahlrechten, von Einparteienregierungen oder Regierungskoalitionen auf das Politikergebnis untersuchte (Weaver/Rockman 1993: 11ff.).

Der Neoinstitutionalismus muß angesichts der Komplexität moderner Ansätze keinen Rückfall in unreflektierten Alt-Institutionalismus beinhalten. Selbst der Forscher, der sich auf Institutionen spezialisiert und alles andere zu abhängigen Variablen deklariert, kann damit nicht verhindern, daß ein anderer Forscher sich eine genauso legitime Fragestellung wählt, in der Institutionen nur eine abhängige Variable darstellen.

Daher ist einige Skepsis erlaubt, ob es eine allgemeine Institutionentheorie geben kann. Diese könnte nur relativ abstrakt sein und müßte wie ein großer Teil der historischen Soziologie des zwanzigsten Jahrhunderts von Bendix bis Münch die Elemente des okzidentalen Rationalismus zur Erklärung von Modernität schlechthin benutzen. Langfristig scheinen solche Erklärungen richtig zu sein, selbst im Bereich der immer wieder gefährdeten Grundrechte. Aber Politikwissenschaftler haben es in der Regel nur mit mittelfristigen Prozessen zu tun. Für globale Systementwicklungstheorien ist ihr Erfahrungsausschnitt ohnehin zu schmal. Diese muß die Politikwissenschaft der historischen Makrosoziologie überlassen. Es gibt jedoch wenig Grund, die Soziologie um diese Möglichkeit zu beneiden. Eine allgemeine Theorie der Institutionenentwicklung bleibt wohl notwendigerweise so allgemein wie bei Münch (1984). Sein Werk ist selbst in der Verarbeitungsdichte vorliegenden Materials recht locker. In einigen Institutionenbereichen wie der Parteienforschung erscheinen Weber, Ostrogorski und Michels als der neueste Forschungsstand. Es ist daher sicher kein Zufall, daß Luhmann mit seiner weit umfassenderen Detailverarbeitungskapazität sich in interessanten Einzelstudien von den Grundrechten bis zur „Legitimation durch Verfahren" der Theorie von Institutionen angenähert hat, ohne sich an eine allgemeine Theorie der Institutionen zu wagen.

Im Lichte dieser Erfahrungen in den deutschen Sozialwissenschaften ist die Politikwissenschaft gut beraten, ihre Genugtuung über die Wiederentdeckung der Institutionen nicht in theoretische Kurzschlußhandlungen umschlagen zu lassen. Eine allgemeine Institutionentheorie, die informationsgesättigt und nicht blutleer formal bleibt, könnte kaum mehr als eine halbierte vergleichende Regierungslehre sein, halbiert vor allem um die Verhaltensaspekte politischer Prozesse. Auch die stärkste Institutionennostalgie kann die behavioralistische Revolte nicht gänzlich ungeschehen machen, sondern nur ihre Übertreibungen korrigieren.

Das Jahr 1989 wurde zu einem Einschnitt auch in der Einschätzung des Stellenwertes der Institutionen. Die Demokratisierungs- und Konsolidierungsforschung (vgl. Kap. III.5) entdeckte, wie schwer ein Mangel an konsolidierten Institutionen wiegt (Toonen 1993). Ohne demokratische Konsolidierung der Institutionen im Polity-Bereich, wurde eine normale Konsolidierung der Sekundärinstitutionen wie Parteien- Interessengruppen oder Elitennetzwerke außerordentlich erschwert. Gleichzeitig wurden zunehmend Krisenerscheinungen in den bereits konsolidierten Demokratien entdeckt. Prozesse der Föderalisierung (Belgien, Kanada), der Präsidialisierung (Israel, Italien), der Suche nach einem mehrheitsbildenden Wahlrecht (Italien) oder einer fairen Repräsentation der Ethnien (Neuseeland, Kanada) haben neue institutionelle Diskussionen in Gang gebracht. Ein von neoinstitutionalistischen Skrupeln unbelasteter Altinstitutionalismus erlebte eine Renaissance mit Giovanni Sartoris (1994) Plädoyer für ein *„constitutional engineering"* in westlichen Demokratien. Der modische Ausdruck scheint an mechanistische Vorstellungen des Gleichgewichts in politischen Systemen anzuknüpfen. Er wird allerdings durch Common-sense-Urteile in seiner Tragweite als institutionalistische Machbarkeitsillusion gemildert.

Ein reiches Feld für institutionelle Studien wurde durch die Transformation Osteuropas eröffnet. Opas Politikwissenschaft lebte wieder auf: wie einst in der Laski-Price-Debatte der vierziger Jahre, ob das präsidentielle oder das parlamentarische System günstiger für die Konsolidierung der Demokratie sei, wurden durch Juan Linz und andere wieder die Fahnen für ein parlamentarisches System geschwungen. In Lateinamerika erwies sich das als unsinnig. In Osteuropa konnte man einige semipräsidentielle Systeme wie Polen oder Litauen positiv bewerten. Angesichts der vielen Kontextvariablen, welche die Neoinstitutionalisten – im Gegensatz zu den Altinstitutionalisten – nicht aus dem Auge verloren, war jedoch der Einfluß der Institutionen nicht eindeutig. Rußland hätte auch mit einem parlamentarischeren System kaum eine bessere Entwicklung genommen (Beichelt 2000). Die Institutionen wurden eher auf Verhaltensvariable zurückgeführt: die Selbstbescheidung der Herrschenden, die Akzeptierung des Rechtsstaat und der pluralistischen Spielregeln waren entscheidender als die Ausgestaltung des Regierungssystems im einzelnen. Gleichwohl konnte die Konsolidierungsforschung eine Fülle von konsolidierenden Institutionen ausmachen, vom Wahl- und Parteiensystem bis zu föderalistischen Institutionen oder Verfassungsgerichten.

Literatur

E. Allardt: Political Science and Sociology. Scandinavian Political Studies 1969: 11-21

T. Beichelt: Demokratische Konsolidierung und politische Institutionen im postsozialistischen Europa. Diss. Heidelberg 2000

R. M. Czada/A. Windhoff-Héritier (Hrsg.) Political Choice. Institutions, Rules and the Limits of Rationality. Frankfurt, Campus/Boulder, Westview 1991

K. Dowding: The Compatibility of Behaviouralism, rational choice and ‚new institutionalism'. Journal of Theoretical Politics, Bd. 6 Nr. 1/1994. 105-117

K. H. F. Dyson: The State Tradition in Western Europe. A Study of an Idea and an Institution. Oxford, Martin Robertson 1980

H. Eulau: Micro-Macro Political Analysis. Chicago, Aldine 1969

G. Göhler (Hrsg.): Grundfragen der Theorie politischer Institutionen. Opladen, Westdeutscher Verlag 1987

G. Göhler u.a. (Hrsg.): Politische Institutionen im gesellschaftlichen Umbruch. Opladen, Westdeutscher Verlag 1990

G. Göhler u.a. (Hrsg.): Die Rationalität politischer Institutionen. Baden-Baden, Nomos 1990

R. E. Goodin: The Theory of Institutional Design. Cambridge University Press 1996

G. Grendstad/P. Selle: Cultural Theory and the New Institutionalism. Journal of Theoretical Politics, Bd.7, Nr.1/1995: 5-27

H. H. Hartwich (Hrsg.): Macht und Ohnmacht politischer Institutionen. Opladen, Westdeutscher Verlag (17. wiss.Kongress der DVPW) 1989

M. Hauriou: Die Theorie der Institution und zwei andere Aufsätze von M. Hauriou. Berlin, Duncker & Humblot 1965

A. Héritier (Hrsg.): Policy-Analyse. Opladen, Westdeutscher Verlag (PVS-Sonderheft 24) 1993

S. P. Huntington: Political Institutions. In: Ders.: Political Order in Changing Societies. New Haven, Yale UP 1969: 1-92

E. Immergut: The Normative Roots of the New Institutionalism. In: A. Benz/W. Seibel (Hrsg.): Theorieentwicklung in der Politikwissenschaft – eine Zwischenbilanz. Baden-Baden, Nomos 1997: 325-356

F. Kjellberg: Political Institutionalization. London, Wiley 1975

H. Lasswell/A. Kaplan: Power and Society. New Haven, Yale UP 1950

M. R. Lepsius: Modernisierungspolitik als Institutionenbildung. In: Ders.: Interessen, Ideen und Institutionen. Opladen, Westdeutscher Verlag 1990: 53-62

W. Lipp: Institution und Veranstaltung. Berlin, Duncker & Humblot 1968

N. Luhmann: Legitimation durch Verfahren. Neuwied, Luchterhand 1969

N. Luhmann: Grundrechte als Institution. Berlin, Duncker & Humblot 1965

J. G. March/J. P. Olsen: The New Institutionalism: Organizational Factors of Political Life. APSR: Bd.78/1984: 734-749

J. G. March/J. P. Olsen: Rediscovering Institutions. The Organizational Basis of Politics. New York, Free Press 1989

K. von Mettenheim (Hrsg.): Presidential Institutions and Democratic Politics. Baltimore, Johns Hopkins Press 1997

R. Münch: Die Struktur der Moderne. Grundmuster und differentielle Gestaltung des institutionellen Aufbaus der modernen Gesellschaften. Frankfurt, Suhrkamp 1984

D. C. North: Institutions, institutional Change and Economic Performance. Cambridge University Press 1990

M. Olson: The Rise and Decline of Nations. New Haven, Yale UP 1982

E. Ostrom: An agenda for the study of institutions. Public Choice Bd.48/1986: 3-25

T. Parsons: The Social System. Glencoe/Ill., Free Press ³1959

W. R. Philipps/D. R. Hall: The Importance of Governmental Structure as a Taxonomic Scheme for Nations. Comparative Political Studies 1970: 63-89

W. W. Powell/P. J. DiMaggio (Hrsg.): The New Institutionalism in Organizational Analysis. Chicago, University of Chicago Press 1991

R. Putnam u.a.: Institutional Performance and Political Culture. Governance, Bd. 1, Nr. 3/1988: 221-242

D. W. Rae: Political Democracy as a Property of Political Institutions. APSR 1971: 111-119

G. Sartori: Comparative constitutional engineering. Houndsmill, Macmillan 1994

F. W. Scharpf: Sozialdemokratische Krisenpolitik in Europa. Frankfurt, Campus 1987

H. Schelsky (Hrsg.): Zur Theorie der Institution. Düsseldorf, Bertelsmann UV 1970

R. Schmalz-Bruns: Ansätze und Perspektiven der Institutionentheorie. Wiesbaden, DUV 1989

R. Schmalz-Bruns: Neo-Institutionalismus. In: T. Ellwein u.a. (Hrsg.): Jahrbuch zur Staats- und Verwaltungswissenschaft, Bd.4. Baden-Baden, Nomos 1990: 315-335

R. Schnur (Hrsg.): Institution und Recht. Darmstadt, Wiss. Buchgesellschaft 1968

G. Sjöblom: Some Critical Remarks on March and Olsen's Rediscovering Institutions. Journal of Theoretical Politics. Bd.5, Nr. 3/1993: 397-407

S. Steinmo u.a. (Hrsg.): Structuring Politics: Historical Institutionalism in Comparative Analysis. Cambridge University Press 1992

D. Sternberger: Drei Wurzeln der Politik. Frankfurt, Insel 1978

G. M. Thomas u.a. (Hrsg.): Institutional Structure. News Park, Sage 1987

Th. A. J. Toonen: Analysing institutional Change and administrative transformation: a comparative view. Public Administration Bd.71/1993: 151-168

J. C. Wahlke: Pre-Behavioralism in Political Science. APSR 1979: 9-31

R. K. Weaver/B. A. Rockman (Hrsg.): Do institutions matter? Washington, Brookings 1993

3. Der behavioralistische Ansatz

Der Behavioralismus als eine methodenbewußte individualistische Vorgehensweise mit exakten Methoden ist in Amerika zur Sammelbezeichnung für alle Richtungen geworden, die mit quantitativen Methoden arbeiten. Im Selbstverständnis ist er „erklärend" tätig, während die konventionelleren Methoden nur „deskriptiv" sein können. Diese Sammelbezeichnung muß vom orthodoxen Behaviorismus der Psychologie gesondert werden. Häufig werden beide Richtungen in Europa verwechselt.

Die Durchsetzung des behavioralistischen Ansatzes in der amerikanischen Politikwissenschaft wurde häufig eine „Revolution" genannt. Der Behavioralismus in der Politikwissenschaft entstand unter dem Einfluß der Psychologie von E.L. Thorndike und J.P. Watson, welche die früheren psychologischen Methoden der Selbstbeobachtung und des unmittelbaren Verstehens fremden Seelenlebens ablehnten und sich dem empirischen und möglichst quantifizierenden Studium von Verhalten – ohne Versuch seelischer Deutung – zuwandten. Die Intentionen der behavioristischen Psychologie wurden einmal mit der spöttischen Bemerkung umschrieben, daß – falls wir die Umgangssprache nach den Forderungen der behavioristischen Psychologie reformieren wollten – der Satz „How are you?" durch den Satz „How am I?" ersetzt werden müßte, da der neutrale Beobachter aus dem Studium des Verhaltens von außen das Befinden wesentlich besser erkennen müßte als der Betroffene selbst (zit. in C. F. Graumann [Hrsg.]: Handbuch der Psychologie, Band 7: Sozialpsychologie. 1. Halbbd., Göttingen 1969: 180).

Der Behavioralismus in der Politikwissenschaft ist keine methodische Einheit. Nach der spöttischen Feststellung von E. M. Kirkpatrick war er „eine Art von Regenschirm", groß genug, um zeitweiligen Unterschlupf für eine heterogene Gruppe zu bieten, die nur durch die Unzufriedenheit mit der traditionellen Politikwissenschaft geeint wurde. Ahnherren der behavioralistischen Bewegung in der Politikwissenschaft waren Ch. Merriam und die Chicago-Schule, aus der vor dem Krieg einige der führenden Politikwissenschaftler, wie G. Almond, H. Lasswell, H. Simon und D. Truman, hervorgingen. Ansätze einer behavioralistischen Haltung fanden sich außer bei Ch. Merriam und A.F. Bentley selbst bei jenen Wissenschaftlern des beginnenden 20. Jahrhunderts, die stark institutionell interessiert waren und noch unter dem direkten Einfluß europäischer institutionell-juristischer Methoden gestanden hatten, wie J. Burgess und Lowell. Der Zentralbegriff dieser Schule, „politisches Verhalten", kam in einem Buchtitel erstmals 1928 vor (F Kent), bekannt wurde er jedoch erst durch das Buch des Schweden H. Tingstén (Political Behavior 1937).

Gefördert wurde der Behavioralismus einmal durch die neuen praktischen Probleme der technischen und ökonomischen Hilfsprogramme und der Rationalisierung der Verwaltung, vor die sich die amerikanische Politikwissenschaft gestellt sah, zum anderen durch den Einfluß einiger Emigranten – wie R. Bendix, H. Eulau, P. Lazarsfeld, F. Neumann und S. Neumann –, die behavioralistischen Einflüssen offenstanden oder zu Vermittlern von europäischer sozialwissenschaftlicher Literatur wurden (vor allem Pareto, Durkheim, M. Weber). Sie trugen dazu bei, die Theoriefeindschaft einiger früherer behavioralistischer Strömungen zu mildern und behavioralistische Gedanken mit *General Theory*-Konzeptionen (etwa der Systemtheorie) zu verbinden (Dahl 1969: 121). Erst nach dem Zweiten Weltkrieg wurde jedoch die behavioralistische Schule dominierend in der amerikanischen Wissenschaft. 1945 wurde vom „Social Science Research Council" das „Committee on Political Behavior" errichtet. 1950 wurde der erste Behavioralist, P. Odegard, Präsident der „American Political Science Association". In einer Untersuchung über die amerikanische Politikwissenschaft Anfang der 60er Jahre wurden auf die Frage nach den zehn renommiertesten amerikanischen Politikwissenschaftlern sieben Behavioralisten genannt: V. O. Key, D. Truman, R. Dahl, H. Lasswell, H. Simon, G. Almond, D. Easton (A. Somit/J. Tanenhaus: American Political Science. A Profile of a Discipline. New York 1964: 66).

In einigen Forschungszweigen – wie der Wählerverhaltens- und Elitenforschung – errang dieser Ansatz nahezu eine Monopolstellung. Nur in Frankreich hielt sich in der Wahlforschung noch lange Zeit der stark deskriptive Ansatz der Wahlgeographie, wie er seit A. Siegfried entwickelt worden war. In Deutschland faßten die behavioralistischen Methoden erst unter den Jüngeren Fuß (z.B. in der Köln-Mannheimer Schule, E. Scheuch, R. Wildenmann und dem Institut für Politische Wissenschaft in Berlin unter O. Stammer. Eulau (in: Charlesworth 1967: 34) sowie Easton und andere (ebd.: 29) waren mit Recht der Ansicht, daß die Durchsetzungskraft des Behavioralismus von Dahl (1969: 118ff.) überschätzt wurde, der bereits Anfang der 60er Jahre glaubte, ein Epitaph für eine erfolgreiche Protestbewegung, die fortan in der allgemeinen Politikwissenschaft aufgehen werde, errichten zu können. In Europa jedenfalls war der Kampf noch keineswegs entschieden, und unter dem Druck einer neuen Ausbreitung marxistischer Denkansätze ist dieser Kampf an mehreren Fronten wiederaufgelebt.

So heterogen die Ansätze auch sind, die unter der Bezeichnung „behavioralistisch" zusammengefaßt werden, so lassen sich doch eine Reihe von Gemeinsamkeiten aufzeigen:
(1) Politikwissenschaft kann nach dem Vorbild der Naturwissenschaften (mehr der Biologie als der Chemie oder Physik) Erklärungen geben und Voraussagen machen und statt deskriptiver Studien *systematische Analyse* bieten unter der Anleitung von Theorien, die getestet werden.
(2) Politikwissenschaft soll sich auf Phänomene beschränken, die *beobachtet* werden können. Auch der institutionelle Ansatz wird abgelehnt, weil Institutionen nur als „geronnenes soziales" Verhalten aufgefaßt werden und die Wirkung von Institutionen nicht anders als durch Verhalten in Institutionen als analysierbar gilt.
(3) Die Daten sollen möglichst *quantifiziert* werden.
(4) Die Politikwissenschaft soll statt „reiner Forschung" *angewandte Forschung* zur Lösung bestimmter politischer Probleme und innovatorischer Programme treiben.
(5) Politikwissenschaft muß die großen *issues* aufgeben, sie *kann die Richtigkeit und Falschheit von Werten* (Demokratie, Gleichheit, Freiheit usw.) *nicht wissenschaftlich erweisen.* Sie soll sich daher der Wertungen enthalten oder sie wenigstens nicht als Teil der wissenschaftlichen Bemühungen ansehen.
(6) Politikwissenschaft muß *interdisziplinär* sein. Einige Behavioralisten gehen so weit, der Politik den Charakter einer eigenständigen Wissenschaft überhaupt abzusprechen. Führende Politikwissenschaftler dieser Schule in Amerika, aber auch in Europa, fühlten sich in der Soziologie nicht weniger zu Hause als in der Politikwissenschaft. Nur Giovanni Sartori pflegte die (mit seinem modernen Ansatz verglichen) „unangemessene" Marotte, die politische Soziologie mit seinem Hasse zu verfolgen (Sartori 1969), soweit sie die politischen Phänomene auf soziale Faktoren reduzierte. Die Gegner des Behavioralismus dagegen bezweifelten, daß die Politikwissenschaft eine Wissenschaft von der Exaktheit der Naturwissenschaften werden kann und überwiegend quantifizierbare Daten gefunden werden können.

Der ältere Behaviorismus, wie er aus der Psychologie in die Politikwissenschaft übernommen wurde, ging von einem Paradigma S-R *(stimulus-response)* aus. Verhalten wurde vor allem als Antwort auf Umweltstimuli verstanden. In der Verbindung des Behavioralismus mit der Systemtheorie, wie bei David Easton (in: Charlesworth 1967: 12), wurde dieses zu einfache Schema durch ein dreiteiliges Paradigma S-O-R *(stimulus-organism-response)* verdrängt, indem Gefühle, Motivationen und andere Aspekte subjektiver Natur als nützliche Daten einbezogen wurden. Erst durch die Symbiose mit der Systemtheorie wurde die Bedeutung von Normen für das Verhalten wieder in den Blickkreis behavioristischer Ansätze gerückt.

Nicht alles, was heute „behavioristisch" genannt wird, verdient diese Bezeichnung. Nur wenige, die mit den Methoden arbeiten, die der Behaviorismus entwickelte, sind doktrinäre Verfechter seiner metatheoretischen Annahmen, und unter dem Einfluß der Systemtheorie bekommt eine alte Unterscheidung von Heinz Eulau (in Charlesworth 1962: 31) zunehmende Bedeutung. Nach ihr gehen *studies of political behavior,* wie sie im frühen Behaviorismus der 20er und 30er Jahre dominierten, vom Individuum als nicht hinterfragter Einheit der Analyse aus, während die *behavioral studies of politics* zwar auch noch das Individuum als *empirische* Einheit in den Mittelpunkt der Forschung stellen, aber als *theoretische* Einheit – je nach Bedarf – die Konzepte Rolle, Gruppe, Institution, Organisation, Kultur oder System verwenden.

Trotz aller berechtigter Kritik am Behavioralismus wird dieser Ansatz für immer das Verdienst behalten, exakte Methoden zum Studium politischen Verhaltens entwickelt zu haben. Survey-Methoden, wie sie der Behavioralismus verwandte, heißen alle Operationen, mittels derer systematische Daten in der Bevölkerung oder einem Sample der Bevölkerung erhoben werden, sei es durch persönliches Gespräch, durch Face-to-face-Interviews, durch Telefon-Interviews oder postalisch versandte Fragebogen. Survey-Methoden sind der einzige Weg, um aus vagen Hypothesen über den Zusammenhang von Ideologien und Glaubenshaltungen zum Handeln zu kommen. Vor allem marxistische Ansätze sündigten auf diesem Gebiet stark gegen die Erfordernisse empirischer Forschung. Bestimmte soziale Bedingungen und Produktionsverhältnisse wurden als automatische Ursache eines bestimmten Verhaltens gedacht, zum Beispiel: *Klasse an sich* (objektive Klassenzugehörigkeit) setzte sich nach marxistischer Ansicht in *Klasse für sich* (Klassenbewußtsein) um. Soweit dies nicht

3. Der behavioralistische Ansatz 115

geschah, wurden mechanische (gewaltsame) und manipulative Widerstände der Gegenklasse dafür verantwortlich gemacht oder die Schuld bei der eigenen (mangelhaften) Aufklärungstätigkeit und Organisation gesucht. Es wurde jedoch niemals systematisch erforscht, unter welchen Bedingungen Einstellung auch Handeln bewirkt, daher mußten die Prognosen über einen Umschlag von objektiven Klassenlagen in politisches Handeln durch eine immer mehr ausdifferenzierte Periodisierungslehre stets wieder neu gedeutet werden. Behavioralistische Untersuchungen dagegen haben zuweilen das Klassenbewußtsein durch Selbsteinschätzungsanalysen zu erfragen versucht, haben ihre Forschungen jedoch zu wenig unter dem Mobilisierungsaspekt gesehen, das heißt, es ist kaum je versucht worden, Meinungen zu ermitteln, sie einer gezielten Propaganda auszusetzen und den Wandel festzustellen. Totalitäre Gruppen, die dazu am ehesten den Impuls verspüren könnten, pflegen aufgrund der Überbetonung der Agitation oder aufgrund der Sorge, daß unangenehme Ergebnisse herauskommen, die zur Revision der Taktik zwingen, die Meinungsforschung geringzuachten. In sozialistischen Ländern begann man erst spät mit behavioralistischen Studien und sie dominierten vornehmlich in relativ unpolitischen Bereichen wie Familien- oder Industriesoziologie.

Den Survey-Methoden wurde häufig vorgeworfen, daß sie theoriefeindliches Verhalten der Wissenschaftler erzeugten. Diese Folge ist jedoch nicht notwendigerweise mit diesem Ansatz verbunden. Der behavioralistische Ansatz hat die rigoroseste Methodik entwickelt, da in jedem Stadium einer Untersuchung genau angegeben werden muß, was und mit welchen Mitteln untersucht wird. Quantität erweist sich gegenüber den Qualitäten, von denen Ontologen und Dialektiker häufig ausgehen, als der kompliziertere Begriff, der strenge Definitionen dessen, was gezählt und gemessen werden soll, und strenge Kontrollen benötigt, um verläßliche Ergebnisse zu zeitigen. Methodische Strenge kann sich auch in der theoretischen Klarheit niederschlagen. Umgekehrt wird keine Theorie mittlerer Reichweite auf die Dauer ohne die Methoden auskommen, die vom Behavioralismus entwickelt worden sind. Survey-Methoden sind freilich kein Allheilmittel. Sie weisen auch einige Mängel auf:

(1) Sie erfordern *hohe Kosten*, die oft in keinem Verhältnis zum Ergebnis stehen. Mit enormen Summen wurden etwa Eliten untersucht, aber an die wichtigsten Positionsträger – die Partei- und Regierungsspitzen – kommt man nicht heran, oder man muß befürchten, daß

auf dieser Ebene die Brisanz von Fragen so groß ist, daß angesichts der kleinen Zahl die Diskretion nicht garantiert ist und die Antworten einen höheren Grad an Unzuverlässigkeit aufweisen als bei der Befragung von Landes- oder Lokaleliten. Die spärlichen Ergebnisse, die man in diesem Bereich erzielt, lassen sich darüber hinaus nicht ohne weiteres auf die Elite auf nationaler Ebene übertragen, ein Dilemma aller bisherigen Community-Power-Studies.

(2) Trotz der hohen Entwicklung der Survey-Techniken und dem Einbau von Kontrollfragen ist die *Suggestivfrage*, die den Antwortenden sich an den vorherrschenden Werten orientieren läßt, noch immer eine große Gefahr. Die geringe Zahl derer, die sich zu extremen Gruppen bei Wählerbefragungen bekennen, zeigt dies immer wieder. Die Routinearbeit von großen Zahlen von Interviewern eröffnet zusätzliche Fehlerquellen. Mobile und allzu Unkommunikative (Arme, wenig Gebildete, Mißtrauische) drohen in den meisten Samples unterrepräsentiert zu sein, und die Restkategorie der „Meinungslosen" ist bis heute ein methodisches Problem.

(3) Survey-Methoden *versagen meist bei Gruppen und Institutionen*. Survey-Methoden sind in der Regel zu individualistisch und neigen dazu, das Individuum aus seinem sozialen Kontext herauszuziehen. Die meisten Individuen treffen politische Entscheidungen relativ unselbständig in Gruppen, befragt werden können sie jedoch nur individuell. Dies verstärkt das Mittelstandsbias der Survey-Methoden. Die Summe einzelner Meinungen erklärt oft noch nicht das Funktionieren einer Institution. Surveys können eine vernichtende Meinung aller Personen, die in einer Institution arbeiten, zutage fördern, aber nicht das zählebige Beharrungsvermögen und den mangelnden Innovationswillen in Institutionen erklären. Der funktionale Ansatz ist daher als theoretische Anleitung für sinnvolle Fragen im Rahmen des behavioralistischen Ansatzes eine unerläßliche Ergänzung.

(4) Survey-Methoden analysieren Meinungen, lassen aber *Verhalten in der Zukunft zu wenig erkennen*. Sie gehen von einem demokratischen Bias über öffentliche Meinung aus, mit der stillschweigenden Unterstellung, daß Kultur verbal sei und ein hoher Grad an Übereinstimmung zwischen verbalem Verhalten und politischem Handeln bestehe.

(5) Survey-Methoden tendieren zu *statischer Betrachtung*. Hohe Kosten ihrer Anwendung und die geringe Lebensdauer und Überwachbarkeit eines Samples zwingen dazu, punktuelle Querschnittsanalysen vorzuziehen und die historische Dimension zu vernachlässigen. Nicht nur bei Wählerprognosen, sondern auch bei längerfristigen Orientier-

ungsanalysen gutinformierter Eliten gab es immer wieder krasse Fehlprognosen, wie z.B. bei Deutsch in seiner Analyse der deutschen und französischen Eliten 1967, denen keine große Wandlungsfähigkeit nachgesagt wurde, obwohl 1968/69 sich gerade in diesen beiden Ländern vergleichsweise tiefgreifende Wandlungen vollzogen – keineswegs nur an der Führungsspitze (K. W. Deutsch: Arms Control and the Atlantic Alliance. Europe faces coming Policy Decisions. New York 1967).

(6) Survey-Methoden neigen zur *Vernachlässigung der moralisch-humanen Dimension* politischen Verhaltens und beschränken Fragen überwiegend auf meßbare Fakten.

Obwohl der Behavioralismus gegenüber dem alten Institutionalismus und juristischen Positivismus einen neuen Praxisbezug anstrebte, wurde dieser in der letzten Zeit als zu affirmativ kritisiert. Der überwiegend technologische Praxisbezug der Behavioristen und die Feindschaft gegen Wertungen sind sowohl normativen wie historisch-dialektisch orientierten Wissenschaftlern suspekt und erscheinen auch manchen Anhängern der analytischen Wissenschaftstheorie bei den Behavioristen zu weit getrieben zu werden. Das Überwuchern des methodischen Rahmens über den Inhalt und die Information einerseits und die weitgehende Vernachlässigung der historischen Dimension bei behavioralistischen Querschnittsanalysen andererseits werden ebenfalls immer wieder kritisiert. Die Überbetonung der Methodologie wurde von einem Normativisten wie Herbert Spiro (1971: 323ff.) bissig das „Masturbationsstadium der Politikwissenschaft" genannt. Durch eine rigide Methodologie ist der Gegenstand des wissenschaftlich Erkennbaren recht willkürlich eingeengt und die Relevanz dessen, was nach diesen rigorosen methodologischen Anforderungen noch erforscht werden konnte, stark eingeschränkt worden.

Ein weiterer Vorwurf gegen den Behavioralismus liegt in seiner Tendenz zur Entpolitisierung der Fragestellung in den Sozialwissenschaften. Ein Politologe wie R. Dahl (in: Gould/Thursby 1969: 132), der als einer der führenden Behavioralisten galt, glaubte schon 1961, daß die behavioralistische Revolte nach ihrem Sieg dem Untergang geweiht sei und ihre sektiererischen Züge verlieren werde. Ch. Bay (ebd.: 137ff.), einer der Pioniere der antibehavioralistischen Gegenbewegung, die zeitweilig sogar die Einheit der „American Political Science Association" gefährdete, warf dem Behavioralismus 1965 vor, anstatt mit politischer Theorie überwiegend mit Pseudopolitik befaßt zu sein. Vor allem in der politischen Soziologie wurde immer wieder eine Fülle von sozialen Background-Variablen oder Einstellungsmustern herangezogen, deren Relevanz für politische Entscheidungsprozesse kaum noch reflektiert wird. Außerdem ließ sich zeigen, daß bei den meisten Behavioralisten – entgegen ihrem methodologischen Credo – Werturteile in die Analyse einfließen und meist unkritisch die Werte der angelsächsischen Demokratie zugrunde gelegt wurden. Selbst in den Political-Culture-Forschungen der Gruppe um G. Almond und S. Verba und der an sie anknüpfenden Entwicklungsländerforschung wurde ein Bias zugunsten einer bestimmten *civic culture* sichtbar, welche die Mitte zwischen starker Partizipation und politischer Apathie für optimal hielt. Auch in Wahlstudien von B. Berelson und in der politischen Soziologie im Begriff des „Political Man" bei S. Lipset wird ein starker Affekt gegen allzu starke Partizipation und politische Aktivität der Massen deutlich. D. Easton (1969: 1052), einer der amerikanischen Theoretiker in der Politikwissenschaft mit dem höchsten Abstraktionsniveau, der zu Unrecht zu den Behavioralisten gezählt wurde, sprach bereits von der Ära des „Post-Behavioralismus", in der die Frage nach der Relevanz gegen den behavioralistischen Ansatz ins Treffen geführt wird.

Der neue Antibehavioralismus stellte folgende Forderungen und Vorwürfe auf:

(1) *Substanz* muß wichtiger bleiben als Forschungstechnik. Es ist besser, vage als präzis, aber nicht relevant zu sein.

(2) Der Behavioralismus verschleiert die Ideologie eines empirischen *Konservatismus*.

(3) Er verlor den *Kontakt zur Wirklichkeit* durch eine geschraubte Spezialterminologie und zu hohe Abstraktion.

(4) Der *technokratische Praxisbezug* muß durch die Verantwortlichkeit der Intellektuellen und durch direktes politisches Engagement und kreative Spekulation abgelöst werden. Die eingetretene Professionalisierung des Faches, die in der Konsolidierungsphase unerläßlich war, soll einer intellektuell-humanistischen Auffassung der Rolle des Politikwissenschaftlers in der Gesellschaft weichen, was die Politisierung des Faches notwendigerweise fördert. Auch diese antibehavioralistische Welle wird jedoch die Verdienste um die Methodologie der Politikwissenschaft nicht wieder rückgängig machen können, sondern auf die Dauer nur die Einseitigkeiten des Behavioralismus korrigieren.

3. Der behavioralistische Ansatz

Im Bemühen um methodisch saubere Arbeit bei der Untersuchung von Verhalten sind die Behavioralisten bis heute allen anderen Ansätzen weit überlegen. Gerade die empirischen Untersuchungen der linken Kritiker, die meist von normativen Postulaten aus Ideologiekritik treiben, verstoßen häufig gegen die elementarsten Regeln der sozialwissenschaftlichen Methodologie, die es unzulässig erscheinen läßt, *verbal behavior* (in Wort und Schrift) mit tatsächlichem politischen Verhalten zu identifizieren.

Der *methodische Rigorismus* vieler Behavioralisten verbindet sich jedoch andererseits in recht unfruchtbarer Weise mit *gewissen sozialen Zwängen unseres Wissenschaftsbetriebes:*
(1) Gerade die Empiriker, die sich als Organisatoren von Datenbanken und großen Forschungsteams verdient gemacht haben, entwickeln eine starke Aversion gegen zusammenhängende Überblicke. Dies fördert nicht gerade die Kumulierbarkeit der Forschungsergebnisse, die der Behavioralismus anstrebte, und kann zur Vernachlässigung der Lehre führen, wenn diese in einem stark szientistischen Wissenschaftsbetrieb, in dem Politologen nur noch für sich selbst schreiben, gänzlich den Popularisatoren überlassen wird. Die negativen Folgen zeigten sich in der Unruhe an den Hochschulen, die dann zu ebenso einseitiger Betonung der Didaktik führte, mit dem Ergebnis, daß die Forschung aus der Universität auszog und die Arbeitsteilung zwischen quantifizierenden Forschern und popularisierenden Lehrern eine noch tiefere Kluft aufriß.

Auch das internationale Kommunikationssystem der Sozialwissenschaftler fordert gelegentlich allzu esoterische Publikationsformen. Der Konferenzbetrieb der auf internationale Zusammenarbeit angewiesenen Elite der Empiriker begünstigt die Publikation von Papers, die bei leicht variierten Konferenzthemen die gleiche Methode auf einen verwandten Gegenstand anwenden und immer neue quantifizierende Details akkumulieren. Einige der besten behavioralistischen Politikwissenschaftler der Welt scheinen ein geradezu unüberwindliches Vorurteil gegen *comprehensive studies* zu haben, außer wenn sie methodologischer Natur sind; sie gehören zum Kern einer viel reisenden Gruppe, die in wechselnden Kombinationen zahlreiche Sammelbände vorlegt. Die Bücher der meisten Pioniere quantitativer Verhaltensanalysen sind solche Bände, die auf Konferenzen entstanden, oder Aufsatzsammlungen. Das gilt selbst für so einflußreiche Studien wie Deutschs ‚Nerves of Government' oder Lipsets ‚Political

Man', die auch aus Aufsätzen zusammengewachsen sind, aber mehr innere Kohäsion aufweisen als die üblichen Buchbindersynthesen.

(2) Soweit orthodoxe Behavioralisten Synthesen schreiben, sind sie entweder *deskriptiv-typologisierend*, wie bei Almond/Powell, oder sie legen einen Teil in ihrer strikten Arbeitsweise als Hypothese zugrunde, arbeiten aber den Rest mehr oder weniger konventionell auf und schrecken dann auch vor ideengeschichtlichen Exkursen und ungesicherten Vermutungen nicht zurück. Ein gutes Beispiel dafür ist eine der wenigen Synthesen über das amerikanische politische System, die eine allgemeine Fragestellung durchzuhalten sucht, verfaßt von Robert Dahl.

(3) Gelegentlich kann dieser Typ wissenschaftlicher Arbeit ins rein *Spekulative* gehen, so ein Teil der amerikanischen Literatur über ausländische Systeme, etwa Ecksteins ‚Division and Cohesion in Democracy' (Princeton UP 1966), ein Werk, das Norwegen letztlich – unter Verwendung spärlicher norwegischer Quellen – mit der Hypostasierung einer Politischen Kultur zu erklären versuchte, die einer romantischen Wikingerphilosophie nicht mehr fern war. Der Versuch konsequenter typologischer Arbeit unter Verzicht auf die gelehrten Reminiszenzen, die Eckstein einst der älteren Generation der Komparatisten wie Friedrich vorwarf, könnte gelegentlich zu einer Sehnsucht nach dem alten Methodeneklektizismus verführen, der zwar seine Aussagen nicht immer proportionieren und verbinden konnte, aber informationsgesättigter als die meisten neueren Studien blieb.

(4) Wo es bei Behavioralisten zu Monographien größeren Umfangs kommt, können sie häufig ihren methodischen Anspruch nur durch die Wahl *immer engerer Forschungsausschnitte* aufrechterhalten. Der typische Fall ist Heinz Eulau, der seine enormen Kenntnisse klassischen Bildungsstoffes ausklammerte und vom Interesse für amerikanische nationale Politik über Staatenlegislaturen bis zu Lokaleliten in der San Francisco-Bay aus methodischen Skrupeln „innerlich emigrierte", weil nur in dem kleinen Rahmen noch strikt komparable Größen abgegrenzt werden konnten (Eulau/Prewitt 1973).

Gerade diese Beschränkung führte jedoch im allgemeinen theoretischen Teil solcher Werke zu ideologiegesättigten Übertreibungen, etwa bei Prewitt (1970: 1), der glaubte, von der schmalen Basis einer Lokalstudie aus den einleitenden Satz riskieren zu können: „In political life, some men lead and other men follow. There can be no organized community without hierarchy and no hierarchy without ranking." Methodische Rigoristen, die aus wissenschaftstheoretischen

Skrupeln weite Gebiete des Relevanten den Spekulanten überlassen, geraten paradoxerweise selbst in uferlose Spekulation, sowie sie das schmale Terrain, das sie empirisch beackerten, verlassen müssen. Abnehmende Relevanz von mit großem Aufwand erreichten empirischen Ergebnissen wird durch Aufbauschung der theoretischen Einleitung und der Zusammenfassung zu kompensieren gesucht.

Die Methodologen des Behavioralismus standen in den Auseinandersetzungen mit der Neuen Linken überwiegend im konservativeren Lager – wie Heinz Eulau in Amerika, Stein Rokkan in Skandinavien oder Erwin Scheuch in der Bundesrepublik. Sie bekämpften mit guten Gründen die utopischen Vorgriffe der Radikalen, übersahen aber die Mitschuld ihres eigenen Ansatzes an der Entstehung des Protests, der dann seinerseits bei der Artikulation der Relevanzfrage häufig allzu unbekümmert die Errungenschaften der sozialwissenschaftlichen Methodologie über Bord warf.

Literatur

P. L. Beardsley: A Critique of Post-Behavioralism. Political Theory 1977, Nr. 1: 97-111
H. Berelson (Hrsg.): The Behavioral Science Today. New York, Harper Torchbook 1964
J. G. Charlesworth (Hrsg.): Contemporary Political Analysis. New York, Free Press 1967
R. A. Dahl: The Behavioral Approach in Political Science. Epitaph for a Monument to a Successful Protest. In: J.A. Gould/V. Thursby (Hrsg.): Contemporary Political Thought. New York, Holt, Rinehart & Winston 1969: 118-136
K. Dowding: The Compatibility of Behaviouralism, rational choice and ‚new institutionalism'. Journal of Theoretical Politics, Bd.6, Nr.1 1994: 105-117
D. Easton: The New Revolution in Political Science. APSR 1969: 1051-1061
H. Eulau: Micro-Macro Political Analysis. Chicago, Aldine 1969
H. Eulau: The Behavioral Persuasion in Politics. New York, Random House 1963
H. Eulau/K. Prewitt: Labyrinths of Democracy. Indianapolis, Bobbs-Merrill 1973
J. W. Falter: Der ‚Positivismusstreit' in der amerikanischen Politikwissenschaft. Entstehung, Ablauf und Resultate der sogenannten Behavioralismus-Kontroverse in den Vereinigten Staaten 1945-1975. Opladen, Westdeutscher Verlag 1982
J. W. Falter u.a.: Politische Theorie in den USA. Opladen, Westdeutscher Verlag 1990
J. Galtung: Theory and Methods of Social Research. Oslo, Universitetsforlaget, ^{2}1969
D. R. Gerstein u.a. (Hrsg.): The Behavioral and Social Sciences. Achievements and Opportunities. Washington, National Academy Press 1988
F. I. Greenstein/N. W. Polsby (Hrsg.): Political Science. Scope and Theory. Handbook of Political Science, Bd. 1. Reading/Mass., Addison-Wesley 1975: 58ff.
G. C. Homans: Social Behavior. New York, Harcourt/Brace 1961
E. Ions: Against Behavioralism. Oxford, Blackwell 1977
U. Laucken: Naive Verhaltenstheorie. Stuttgart, Klett 1973

Ch. A. McCoy/J. Playford (Hrsg.): Apolitical Politics. A Critique of Behavioralism. New York, Crowell 1967
K. Messelken: Die Verhaltenstheorie. In: G. Endruweit (Hreg): Moderne Theorien der Soziologie. Stuttgart, Enke 1993: 135-213
K. Prewitt: The Recruitment of Political Leaders. Indianapolis, Bobbs Merrill 1970
W. H. Riker/R G. Ordeshook: An Introduction to Positive Political Theory. Englewood Cliffs, Prentice Hall 1973
G. Sartori: From Sociology of Politics to Political Sociology. Government and Opposition 1969: 195-214
B. F. Skinner: Was ist Behaviorismus? Reinbek, Rowohlt 1978
I. de Sola Pool (Hrsg.): Contemporary Political Science. Toward Empirical Theory. New York, McGraw Hill 1967
H. J. Spiro: Critique of Behaviorism in Political Science. In: K. von Beyme (Hrsg.): Theory and Politics. Festschrift für C. J. Friedrich. Den Haag, Nijhoff 1971: 314-327
E. Weede: Mensch und Gesellschaft. Soziologie aus der Perspektive des methodologischen Individualismus. Tübingen, Mohr 1992

4. Der funktionalistische Ansatz

Die Sozialphilosophie und die Sozialwissenschaften, die sich im 19. Jahrhundert aus ihr entwickelten, haben zu allen Zeiten mit mechanistischen und organizistischen Systembegriffen gearbeitet. „Organismus" und „Maschine" waren Metaphern, die in der politischen Theorie seit Jahrhunderten verwandt wurden. Der Organismus wird jedoch im Gegensatz zu älteren biologischen Analogien nicht mehr als beseeltes Wesen verstanden, sondern als adaptives System, das auf wechselnde Umwelteinflüsse reagiert und versucht, die eigene Struktur stabil zu halten. Auch die Maschine wird heute nicht mehr nur nach ihrem spezifischen Produktionszweck, sondern als Selbststeuerungsanlage konstruiert gedacht, die auf wechselnde Umweltinformationen reagiert (Luhmann 1970: 38f.). Während die Maschine in dieser modernisierten Form in der kybernetischen Variante der Systemtheorie fortlebt, ist selbst der moderne biologische Systembegriff für die Politikwissenschaft weitgehend unbrauchbar, weil die Systemgrenzen fließend sind und bei sozialem Wandel die Frage, wann ein neues System entsteht und ein altes aufhört (etwa nach Revolutionen, welche die Identität der Nation nicht beseitigen), weit schwerer zu beantworten ist als in der Biologie. Ältere Organismusbegriffe gingen von einem Ganzen aus, dessen Teile ebenfalls ontologisch gedacht waren. Die Welt der Systemtheorie hingegen ist eine komplexe, ontisch unbestimmte, kontingente Welt. Soziale Systeme werden Möglichkeiten zur Reduktion von Komplexität der Umwelt und ermöglichen Selektionen. Selbst die Strukturen werden zunehmend selektiv, und auch das Nichtentscheiden wird zunehmend zur Entscheidung, wenn Änderungen möglich sind.

Der moderne Systembegriff der funktionalistischen Schule wurde aus der Ethnologie und der Soziologie in die Politikwissenschaft rezipiert. Bei den englischen Ethnologen A. R. Radcliffe-Brown und B. Malinowski wurde der Funktionsbegriff noch relativ deskriptiv verwandt. Die mechanistische Auffassung des frühen Funktionalismus in der Ethnologie zeigt sich in dem Satz von Bronislaw Malinowski (1951: 92): „Dem Funktionalisten stellt sich die Kultur, d.h. ihre ganze Ausstattung mit Werkzeugen und die Charta ihrer sozialen Gruppen, Ideen, Glaubensvorstellungen und Gebräuche als ungeheurer Apparat dar, mit dessen Hilfe der Mensch in die Lage versetzt ist, mit den konkreten und speziellen Problemen, denen er sich im Zuge der Anpassung an die Umwelt bei der Befriedigung seiner Bedürfnisse gegenübergestellt sieht, fertig zu werden." Wichtiger für die Politik war der umgedeutete Kulturbegriff, der über die Political-Culture-Forschung Eingang in die Politologie fand und der neuere von der Gesellschaft – und nicht vom Staat – her gewonnene Ganzheitskonzepte mit sich brachte. Der ältere Funktionalismus ging davon aus, daß das Ganze mehr als die Summe der Teile sei, verbunden mit der Betonung der Notwendigkeit und der funktionalen Bezogenheit der einzelnen Teile aufeinander. Interdependenz und Gleichgewicht wurden zu Grundbegriffen des Funktionalismus. Der Begriff des Gleichgewichts ist jedoch nicht identisch mit dem älterer Gleichgewichtsmodelle, welche die Systeme als aus sich selbst heraus bestehend ansahen und die Umwelt nur als Quelle von Störungen betrachteten.

Einflußreich für den Funktionalismus in der Politikwissenschaft war die Soziologie Durkheims, etwa mit ihrer Erklärung der Rolle der Religion bei der Systemerhaltung in primitiven Gesellschaften und der Vorstellung der *faits sociaux,* die von außen einen Druck auf das Individuum ausüben (Durkheim 1950: 123). Anders als die Behavioralisten, die vom Individuum ausgingen und Verhalten psychologisch erklärten, ging die funktionalistische Theorie der Durkheim-Schule vom *phénomène social total* aus (M. Mauss).

Im Zuge einer alten Tradition, die sich bis auf den Nominalismus des Spätmittelalters zurückführen läßt, versucht der Funktionalismus das Denken in Substanzen aufzugebr nd Substanzen durch Funktionen zu ersetzen.

Wie Homans (1969: 97) mit Recht betonte, kann man das empirische Programm des Funktionalismus verwirklichen helfen, ohne die metatheoretischen Annahmen des Funktionalismus zu übernehmen. Der Funktionalismus muß daher in der Politikwissenschaft untergliedert werden, um keiner Fehleinordnung einzelner Ansätze Vorschub zu leisten. Es gibt drei Funktionalismen verschiedener Reichweite (vgl. Flanigan/Fogelman in: Charlesworth 1967: 72ff.):

(1) *Eklektische Funktionalisten* benutzen die funktionale Betrachtungsweise als eine von vielen, neben strukturellen, historischen, institutionellen und ideologie-kritischen. In diesem Sinne sind die meisten Wissenschaftler Funktionalisten, wenn sie fragen, welche Funktion erfüllt X, und was leistet diese zur Aufrechterhaltung eines Systems oder zur Schlichtung oder Verschärfung bestimmter Konflikte? Der eklektische Funktionalismus zwingt nicht zur Übernahme der metatheoretischen Annahmen des Funktionalismus.

(2) Der *empirische Funktionalismus* – wie ihn etwa Robert Merton in seiner Suche nach latenten und manifesten Funktionen als Paradigma für die funktionale Analyse vertrat – hat begrenzte theoretische Implikationen. Merton definiert Funktionen als jene beobachteten Konsequenzen, welche Adaption und Anpassung an ein gegebenes System ermöglichen.

Funktionen sonderte Merton scharf von der subjektiven Kategorie „Motiv", was in der Unterscheidung von manifesten und latenten Funktionen zum Ausdruck kommt, da die latenten Funktionen jene Konsequenzen für die Adaption an das System sind, die von Mitgliedern eines Systems weder intendiert noch erkannt wurden.

(3) Die *strukturell-funktionale Analyse,* wie sie Talcott Parsons und Theodore Lowi (1963) vertraten, strebte letztlich eine allgemeine Theorie an, von der erklärende Hypothesen für alle Aspekte des politischen Systems abgeleitet werden können.

Eine Identifikation funktionalistischer Erwägungen mit dem metatheoretischen Programm des philosophischen Funktionalismus ist schon deshalb unzulässig, weil sich in der empirischen Forschung funktionalistische Erklärungsmodi und behavioralistische Ansätze immer stärker verbanden, wie sich etwa bei Almond und Easton zeigen läßt. Ursprünglich gab es starke Differenzen zwischen beiden Ansätzen:

(1) Der Behavioralismus ging von einem mechanistischen, der Funktionalismus mehr von einem organischen Modell aus.

4. Der funktionalistische Ansatz

(2) Der Funktionalismus geht von der Einheit des Systems aus, während der Behavioralismus meist Ziele geringerer Reichweite anstrebte und sich auf die exakte Ermittlung von Beziehungen einzelner Systemteile spezialisierte.

(3) Der Funktionalist geht von Zwecken des gesamten Systems aus, während der Behavioralist Spekulationen über „purposes" zunächst völlig verketzerte und später allenfalls bei einzelnen Individuen und Aggregaten untersuchte. Der Funktionalismus war vor allem an Normen interessiert, wie er sie in den Begriffen „Rolle" und „Institution" fand, und richtete seine Hauptaufmerksamkeit auf institutionalisiertes Verhalten. Warum es jedoch Rollen überhaupt geben sollte, fragte diese Richtung selten, sondern deduzierte sie von den Notwendigkeiten komplexer und arbeitsteiliger Gesellschaften.

(4) Der Funktionalismus sucht nach Möglichkeiten, funktionale Äquivalente für Bestehendes zu finden und Ungleiches vergleichbar zu machen, mißt aber der Quantifikation geringere Bedeutung zu als der Behavioralismus, da „angesichts der Kompliziertheit menschlicher Motivation ein noch so genaues Auszählen und Nachmessen spezieller Kausalrelationen niemals zu einer exakten Voraussage künftiger Einzelfälle oder der Häufigkeitsverteilung künftiger Fälle führen könnte" (Luhmann 1970: 35).

Erst in der Verbindung, die der eklektische Funktionalismus mit den Forschungsmethoden des Behavioralismus einging, konnte dieser Gegensatz aufgehoben und der behavioralistischen Forschung ein komplexeres Erklärungsmodell für soziales Handeln angeboten werden, als es das alte Stimulus-Response-Schema darstellte.

Funktionalistische Theorien sind meist deduktiv-empirisch. Bei Parsons wird der Strukturbegriff dem Funktionsbegriff vorgeordnet und nach den funktionalen Leistungen gefragt, welche erbracht werden müssen, um das System zu erhalten. Nach Parsons hat ein soziales System vier Probleme zu lösen: (1) Anpassung (Beziehungen zur Umwelt), (2) Zielbefriedigung, (3) Integration und (4) Aufrechterhaltung der latenten Muster und Bewältigung von Spannungen. Strukturen und Prozesse werden nach dem Nutzen für die Erfüllung dieser Aufgaben klassifiziert. Damit tritt ein normatives Element in Form der „funktionellen Imperative" in die Betrachtung ein.

Das Politische ist durch die Zielbefriedigung *(goal attainment)* in diesem Schema repräsentiert gedacht. Der Politikbegriff ist jedoch selbst in den Augen von Verehrern Parsons' (Mitchell 1967: 35) seltsam vage geblieben. Die spärlichen Hinweise bei Parsons verraten einen administrativ-technokratischen Politikbegriff. Das *goal attainment* erscheint überwiegend einer politischen Elite überlassen, die er entgegen seinen sonstigen liberal-konservativen Anschauungen auch in ihren manipulativen Fähigkeiten zu stärken empfiehlt, obwohl er dem Staat sonst eher nur die Rolle einer Zentralbank beimißt, die nicht so sehr autoritative Entscheidungen trifft als Regulationsfunktionen im Kreislauf der Macht (die mit dem Geld verglichen wird) wahrnimmt. Suzanne Keller (1963) hat daher auch folgerichtig aus dem Parsonsschen AGIL-Schema eine Elitentypologie deduziert, wobei die Adaption der wirtschaftlichen, wissenschaftlichen und militärischen Elite zufällt, die Integration dem Klerus, den Erziehern, den Philosophen und den „first families", die Pattern-Maintenance hingegen den Athleten, Filmstars, den Künstlern und Publizisten sowie der „glamour society". Mit Recht hat man angesichts solcher Analogien zwischen kapitalistischer Wirtschaft und Macht Parsons hier einen Rückfall in manchesterlichen Altliberalismus vorgeworfen.

Luhmann (1970: 114) hat wenigstens in diesem Punkt überflüssige konservative Implikationen der Parsonsschen Theorie abgebaut, indem er die struktur-funktionale Systemtheorie durch die funktional-strukturelle Systemtheorie ersetzte, die keine festen Strukturen mehr voraussetzte und den Begriff der Funktion dem der Struktur vorordnete, um nach dem Sinn von Systembildung überhaupt und nach den Funktionen von Systemstrukturen fragen zu können.

Ältere funktionalistische Theorien waren überwiegend Überlebensmodelle und nicht Systemzielmodelle (vgl. Kap. III.3), da sie meist nach den notwendigen Institutionen – und später (unter dem Einfluß des Behavioralismus) nach den unerläßlichen Verhaltensweisen der Staatsbürger – zur Erhaltung politischer Systeme fragten. Neuere Ansätze – wie bei Luhmann (1970: 33) – zeigen jedoch, daß Systeme zu ihrer Erhaltung nicht an bestimmte Leistungen gebunden sind, sondern daß die bestehenden durch funktional äquivalente Leistungen ersetzbar sind. Alternative Problemlösungen ersetzen die Bestandsformeln des älteren Funktionalismus und dynamisieren diesen Ansatz. Gerade der moderne Politologe, der zunehmend in der Beratung für Politiker mitwirkt, wird alternative Problemlösungsmöglichkeiten und keine Patentrezepte anbieten und daher von diesem Approach auch im wissenschaftlichen Stadium der Überlegungen (vor der Ziehung von Schlüssen zur Beratung von Praktikern) stark angezogen werden.

4. Der funktionalistische Ansatz

Funktionale Systemtheorien haben die Absicht, die Rationalität des Handelns zu steigern, und sie versuchen dies durch Herausarbeitung alternativer Problemlösungen. Eine Struktur kann multifunktional sein und unterschiedliche Funktionen erfüllen, und eine Funktion kann durch verschiedene Strukturen erfüllt werden.

Funktionalistische Systemtheorien auch in ihrer dynamisierten Form sind Ordnungsmodelle, jedoch im Gegensatz zu älteren Ordnungstheorien werden diese nicht mehr substantialisiert und mit bestimmten verdinglichten Begriffen wie „Staat" oder „Macht" gleichgesetzt. „Ordnung" wird vielmehr durch eine Handlungstheorie erklärt, die nach dem Sinn von Handeln fragt und die Komplementarität des Erwartens im Handeln aufzeigt.

Im Gegensatz zu kausalistischen Erklärungen, wie sie bis heute überwiegen, versucht der funktionalistische Ansatz keine Beziehung zwischen Ursache und Wirkung zu unterstellen, sondern sucht nach einem Verhältnis von mehreren Ursachen oder mehreren Wirkungen zueinander. Obwohl Funktion häufig synonym mit Kausalität gebraucht wird, legen sich Funktionalisten ungern auf „nackte Kausalität" fest (Luhmann 1970: 33) und flüchten sich in Typologien der „Systembedürfnisse". Diese Neigung, sich um klare kausale Feststellungen zu drücken, teilt der Funktionalismus mit der Dialektik, mit der er einige ontologische Prämissen gemeinsam hat, wie die Annahme, daß Widersprüche nicht zugelassen werden sollen (van den Berghe 1963). Die Aufhebung der Widersprüche denkt sich die dialektische Theorie jedoch wesentlich schematischer in der Triade These-Antithese-Synthese als der Funktionalismus, der sie durch die Herausarbeitung funktionaler Äquivalenzen gegenstandslos zu machen versucht. Die an Kausalbeziehungen orientierte Wissenschaftstheorie des Neopositivismus bei Nagel (1956) und Hempel (1959: 271ff.) hat versucht nachzuweisen, daß der Funktionalismus strengen Anforderungen an wissenschaftliche Methodologie nicht genüge, weil er weder statistische Korrelationen noch Kausalbeziehungen nachweise und daher zu nicht nachprüfbaren Unterstellungen oder gar zu teleologischen Deutungen gelange.

Eines der Hauptprobleme war die klare Abgrenzung von System und Umwelt. Systeme stabilisieren Grenzen um Inseln, die geringere Komplexität als ihre Umwelt aufweisen. Habermas (Luhmann 1971: 149) sah es als fast unmöglich an, diese „symbolisch konstituierten Sinngrenzen" zu ermitteln, und ließ eine Hoffnung dafür allenfalls dadurch offen, daß er auf sein eigenes Forschungsinteresse verwies:

die Bemühung um eine allgemeine Theorie der Sprache und der umgangssprachlichen Kommunikation.

Beim politischen System erscheint es vergleichsweise einfacher als bei sozialen Systemen, die Grenzen abzustecken. Häufig orientierte man sich noch an den traditionellen Merkmalen der Staatsdefinition (Staatsgrenzen, Staatsmacht, Staatsvolk). Aber auch hier wird die Abgrenzung schwer, wenn etwa beim Staatsvolk Irredenta-Gebiete von einem System beansprucht werden, das weder von der Mehrheit der betroffenen Minderheit noch von der Mehrheit des Systems, in dem diese inkorporiert ist, für legitim gehalten wird (z.B. Elsaß-Lothringen in gewissen Epochen der Geschichte des 19. und 20. Jahrhunderts). Noch schwieriger wird die Fixierung der Grenzen bei Subsystemen des politischen Systems, etwa in der Lokalpolitik, die in der BRD immer eng mit Landes- und Bundespolitik verbunden ist.

Ein weiteres Problem ist die Herausarbeitung der Funktionen. Der Funktionsbegriff der Funktionalisten ist weder eindeutig, noch wird er einheitlich gebraucht. Funktionalistisches Vokabular gebraucht das Wort „Funktion" gelegentlich in der Bedeutung von „Aktivitäten" der Strukturen, gelegentlich von Folgen der Strukturen, manchmal als „Abstraktionsklasse der möglichen Verhaltensweisen des Systems" (G. Klaus), seltener in dem mathematischen Sinn „Relation von Strukturen". Strukturen des politischen Systems haben nicht immer eine einzelne nachweisbare Funktion. Nicht selten sind sie multifunktional, und vor allem im funktionalen Vergleich sind Funktionswandel von Strukturen in zeitlicher Perspektive und Funktionsverschiebung in räumlicher Perspektive die Regel. Selbst wo Strukturen und Prozesse mit bestimmten Funktionen in Verbindung gebracht werden können, haben Soziologen wie R.K. Merton ganz andere, latente Funktionen nachweisen können.

Zusammenfassend lassen sich durchaus einige Vorteile des funktionalistischen Ansatzes hervorheben:

(1) Die *Überwindung des alten ontologischen Substanzdenkens,* wie es in der Philosophie bis ins 20. Jahrhundert hinein überwog.

(2) *Vergleiche werden* durch die funktionale Methode *sinnvoller* als beim alten institutionellen Ansatz. Bei Vergleichen wird nicht mehr nach substantieller Ähnlichkeit von politischen Erscheinungen gefragt, sondern nach funktionalen Äquivalenten bei der Aufrechterhaltung politischer Systeme und Strukturen. Dadurch wurde der Formalismus der alten Ontologie mit ihrer Klassifikationswut gemildert. Selbst Vergleiche bisher als substantiell unterschiedlich gedeuteter Systeme

4. Der funktionalistische Ansatz

– wie westlicher Demokratien und sozialistischer Diktaturen – werden sinnvoll. Funktionale Vergleiche verbinden sich heute in vielfältiger Weise mit institutionellen und behavioralistischen Ansätzen im Rahmen der vergleichenden Methode der Politikwissenschaft.

(3) Das normative Element wird nicht nach einer abstrakten Metaphysik deduziert, sondern nach *klar angebbaren Zielen der Systemerhaltung* ausgemacht. Funktionale Imperative entbehren häufig der Eindeutigkeit und fördern das Denken in Alternativen, das zur rationalen Politik gehört.

(4) Die Fülle unterschiedlicher Variablen (Daten über Verhalten, soziale Daten, institutionelle Kriterien) läßt sich in einer Theorie klassifizieren und in *sinnvolle logische Beziehungen* setzen. Die Standardisierung der Terminologie und der Methoden empirischer Analyse macht Fortschritte.

(5) Der äußere Anschein wird durch die *Unterscheidung latenter und manifester Funktionen* nicht mehr vorschnell für die Urteilsfindung entscheidend.

(6) Die *Möglichkeiten sozialer Konfliktschlichtung* und der Steuerung von Systemen zur Vermeidung großer Krisen werden im Zeitalter möglicher atomarer Konflikte wichtiger denn je in der Geschichte. Systematisch geplante Innovation bekommt erstmals eine Möglichkeit, auch die dysfunktionalen Folgen vorauszusehen und so etwa in der Bürokratieforschung die immer neu auftauchenden Köpfe der Hydra „Bürokratie" erfolgreicher zu bekämpfen.

Daneben birgt der funktionalistische Ansatz eine Reihe von Gefahren:

(1) Er ist gekennzeichnet durch die Tendenz, die Fülle unterschiedlicher Variablen *in ein System zu pressen*. In der Abneigung gegen ontologische Aussagen kann der Funktionalismus den Hinweis auf Wesensunterschiede verglichener Erscheinungen nicht gelten lassen.

(2) Die *Voreingenommenheit für die Normen*, die Rolle und Institution genannt werden, drohen die lebendige Einheit des handelnden Menschen aufzulösen, da nicht mehr der Mensch, sondern die Rollenbündel als Einheit der Analyse angesehen werden.

(3) Wertungen werden abgelehnt, jedoch häufig erschlichen durch die *Benutzung nichtfunktionaler Erklärungen*, vor allem wenn es um die Ziele eines Systems geht, dessen Stabilitätsbedingungen untersucht werden sollen. Nur in Systemzielmodellen wird der Wert, der maximiert werden soll, klar angegeben, ohne substantialisiert zu werden.

(4) Der *hohe Abstraktionsgrad* vieler Systeme der Funktionalisten erschwert nicht selten die Verbindung zur Empirie, die gelegentlich nach ziemlich intuitiven und assoziativen Verfahren nur illustrativ zur Exemplifizierung einzelner Hypothesen herangezogen wird, von den Vergleichen des Machtkreislaufs mit dem Bankensystem bei Parsons bis zu der Obristenthese bei Deutsch (vgl. Kap. III.2). Am auffälligsten ist dies bei Luhmann, der auch unter Systemtheoretikern ein überdurchschnittlich hohes Abstraktionsniveau mit einem fast dichterischen Zugriff zur Empirie verbindet und als Illustration für seine Theorie zahlreiche Figuren von Jean-Paulscher Lebendigkeit und Skurrilität mit hoher sprachlicher Kunst geschildert hat – von den Politikern „in der Pinkelpause der Entscheidung" bis zur Putzfrau, die in den Gerichtssaal platzt. Gelegentlich wird dabei der Stolz fragwürdig, mit dem den älteren institutionellen und genetischen Approaches von den Systemtheoretikern der Hang zum Unsystematischen und Empirisch-Anekdotischen vorgeworfen wird.

(5) Dem Funktionalismus wird häufig ein *konservatives Vorurteil* nachgesagt, da er Phänomene des Konflikts und des sozialen Wandels bisher unzureichend berücksichtigt habe. Dieser Vorwurf läßt sich heute kaum noch halten. Parsons neigte noch dazu, Störungen des Systemgleichgewichts auf exogene Ursachen zurückzuführen – ähnlich wie ältere mechanistische Systemtheorien. Neuere Forscher haben jedoch die endogenen Ursachen für Gleichgewichtsstörungen im sozialen Konflikt stärker erforscht. Ein Vermittlungsversuch, etwa bei Lewis Coser (1964: 156), zwischen Konflikt- und Systemtheorien konnte zeigen, daß bestimmte Konflikte sogar wichtige Funktionen bei der Stabilisierung und Entwicklung von Systemen erfüllen, sofern sie institutionalisierbar und funktionale Alternativen für den Konfliktaustrag vorhanden sind. Selbst dabei wurde jedoch lange allzusehr an die Konfliktschlichtungsmuster der angelsächsischen Demokratien gedacht, bis vor allem die europäische Political-Culture-Forschung diese Einseitigkeit korrigierte.

Merton (1957: 38ff.) hat angesichts des Konservatismusvorwurfs überzeugend dargelegt, daß die funktionale Methode sowohl konservativer wie radikaler Ausdeutung fähig ist, ähnlich wie sich das für die Dialektik als Methode zeigen läßt. Durch die Fortentwicklung der strukturell-funktionalen Systemtheorie zu kybernetischen Ansätzen und zu partizipationsfreundlichen demokratietheoretischen Ansätzen bei Etzioni erweisen sich die konservativen Gefahren der Systemtheorie als zunehmend vermeidbar.

(6) Carl Hempel (1959: 289) hat darüber hinaus den *tautologischen Charakter* vieler funktionalistischer Analysen bemängelt, der auch in empirischen Studien zu einer komplizierten und oft geschraubten Terminologie mit beschränktem heuristischen Wert geführt hat. Wie bei allen deduktiven Theorien besteht die Gefahr, daß der äußerlich geschlossene Theorieansatz eine Geschlossenheit des empirischen Kenntnisstandes durch bloß terminologische Zuordnung von sozialen Phänomenen vortäuscht, die von der empirischen Detailforschung in absehbarer Zeit nicht eingeholt werden kann. Vor allem die Steuerungs- und Kommunikationstheorie verliert sich heute gelegentlich im funktionalistischen Terminologismus, der zwar Klassifikationen und Taxonomien, aber keine Kausalanalysen und schon gar keine Voraussagen mehr erlaubt. Daraus ergibt sich ein weiterer Vorwurf, nämlich daß die funktionalistischen Theorien auf der höchsten Abstraktionsstufe falsifikationsfeindlich angelegt sind und für die praxisbezogene Forschung letztlich steril bleiben müssen.
(7) Der Funktionalismus versteht sich als eine Art Antiontologie, die Habermas (Luhmann 1971: 160) in seinen anthropologischen Grundannahmen dem Existentialismus an die Seite stellte: „Die Realität ist nach dem Grundsatz ‚Alles ist möglich' als eine schlechthin *kontingente* Welt konzipiert. Angesichts ihrer Faktizität bleibt dem Handelnden nichts anderes übrig, als den Risiken seiner Existenz durch den Entwurf von Handlungsmöglichkeiten zu begegnen." Dennoch gerät gerade der Funktionalismus bei unkritischen Anhängern wieder in die Nähe ontologischer Denkansätze.

Vielfach wird ein intuitiver Vorgriff auf das Ganze gemacht, das als mehr als die Summe seiner Teile angesehen wird. Luhmanns überraschende Umkehr dieses gängigen Satzes, in der These, daß Systembildung als Reduktion von Komplexität zu dem Postulat führe, daß das Ganze weniger sei als die Summe seiner Teile (Habermas/Luhmann 1971: 340) bleibt für die sonstigen methodischen Äußerungen ein weitgehend folgenloses Bonmot. Habermas (ebd.: 160) griff zum Vorwurf der „Gegenontologie", obwohl er nicht wie positivistische Metatheorien den Vorgriff auf den Sinnzusammenhang, der für den Handelnden ein soziales System konstituiert, an sich schon ablehnte. Die Einführung des Begriffes „Zweck" bei vielen amerikanischen Funktionalisten hat darüber hinaus in den Augen von kritischen Rationalisten das teleologische Denken durch die Hintertür in die Wissenschaft wieder eingeführt.

(8) Soweit der Funktionalismus vor allem Stabilitätsbedingungen von politischen Systemen untersucht, kommt er gelegentlich in politisch-moralischen Fragen zu einer *zynischen Einstellung*, wenn alle politischen Erscheinungen – auch die bedenklichsten (wie z.b. die Korruption) als notwendige Funktion im Systemüberlebensmodell positiv bewertet werden. Ein solcher krasser Fall lag bei Edward Banfield (1964: 257) vor, wenn er formulierte: „Some corruption is inevitable in a city like Chicago. The inevitability of corruption ... is another element in the dynamics of the situation." Als deskriptive Feststellung kann diese Einsicht durchaus formulierenswert sein, wenn sie jedoch zur Beruhigung des Gewissens führt und nicht mehr nach den Bedingungen fragt, unter denen ein politisches Subsystem so umstrukturiert werden kann, daß nicht die Verfahrensweisen einer Verbrechersubkultur die einzigen sind, die das System aufrechterhalten können, schlägt der Funktionalismus in zynische Rechtfertigung inhumaner Herrschaftspraktiken um.

Selbst bei Luhmann führt der funktionalistische Ansatz zu einem Opportunismus, der aus dem potentiell unbegrenzten Wertpluralismus erwächst und zu radikaler Skepsis gegenüber einer engagierten Wissenschaft im Dienste humaner Ziele führt. Luhmann (1970: 265) kam angesichts der Forderung nach Engagement für die Wissenschaftler zu dem zynischen Satz: „Für den Praktiker der Theorie ergibt sich daraus der Rat, angesichts kommender Wellen die Schwellen der Indifferenz höher zu mauern und entweder keine Manifeste zu unterschreiben oder alle." Der Pragmatismus seiner Grundannahme, daß sich Wahrheit nicht auf ontologische Substanz zurückführen läßt, fördert entgegen den Bemühungen dieses Ansatzes um größere Rationalität des Handelns den Dezisionismus. Schon der Wissenschaftler ist angesichts der Fülle der Handlungsalternativen der Äquivalenzmethode überfordert, und nicht alle funktionalen Äquivalente werden von den Handelnden, die im gesellschaftlichen Kontext ideologisches Vorverständnis entwickeln, auch als tatsächliche Äquivalente empfunden werden können. Erst recht ist jedoch der Praktiker überfordert, weil keinerlei Hilfestellung bei der Auswahl der Handlungsalternativen durch wertende Zielsetzung von dieser Art der Systemtheorie angestrebt wird und weil das Abstraktionsniveau der Bezugsprobleme und Äquivalente zu hoch ist, um eine Transformation in Entscheidungsmodelle zu ermöglichen (Schmid 1970: 205).

Der größte Nutzen des Funktionalismus liegt nicht auf seiner höchsten Abstraktionsebene, wo er – ähnlich wie der Marxismus, mit dem er lange als einzige ernstzunehmende allgemeine Theorie der Gesellschaft konkurrierte – eher irreführend wirkt. Dennoch wird heute niemand mehr die Notwendigkeit der Theoriebildung durch *incurable theorists* (wie Parsons sich selbst nannte) leugnen, ohne deren theoretische Bemühungen der empirische wie der eklektische Funktionalismus sehr bald zu einem bloßen System von Neologismen verflachen würde. Für den Funktionalismus gilt das gleiche wie für alle anderen Ansätze: Die Ergebnisse der Forschung sind nicht strikt determiniert von der Methode, und ihre Qualität steht nicht in adäquatem Kausalzusammenhang zu der Metatheorie, die eine Methode involviert.

Der Funktionalismus in der weitesten Form ist heute die einzige allgemeine Theorie, die ähnlich wie der Marxismus auf alle Fragen des sozialen Lebens eine Antwort zu geben versucht. Während der Marxismus jedoch (wie ontologisch fundierte Sozialtheorien häufig) vor allem nach Kausalitäten zwischen relativ allgemein definierten Phänomenen – im weitesten Sinne zwischen Basis und Überbau – forscht, sucht der Funktionalismus nur nach Systemzusammenhängen, funktionalen Äquivalenzen und Korrelationen, um der Komplexität sozialer Erscheinungen gerecht zu werden und die Fehler der alten – häufig monokausalen Faktorentheorien des 19. Jahrhunderts und ihres Evolutionismus zu überwinden.

In der abstraktesten Form der Systemtheorie bei Luhmann ist der im ganzen wenig ausgeführte Funktionalismus eher eine Metatheorie der Gesellschaft als ein methodischer Ansatz, der zu operationalisierbaren Hypothesen führen kann. Es ist daher kein Zufall, daß in der Habermas-Luhmann-Debatte (1971) sich die beiden allgemeinsten Ansätze zu einer Theorie der Gesellschaft zwar nicht einigen, aber doch immerhin sinnvoll auseinandersetzen konnten. Im Gegensatz zum „Positivismus-Streit" zwischen Albert und Habermas kam es zu einer unpolemischen Konfrontation, in der gewisse Begriffe dem Gesprächspartner vergeblich angesonnen wurden. Luhmann etwa versuchte den Diskursgedanken bei Habermas (vgl. Kap. I.2) systemtheoretisch nachzukonstruieren (Habermas/Luhmann 1971: 316). Immerhin ließen sich jedoch bei einigen Grundbegriffen wie Interaktion, Sinn, Evolution, Legitimation wenigstens soweit Übereinstimmungen ausmachen, daß ein Gespräch überhaupt sinnvoll wurde.

Im ganzen ist die Bedeutung der Kontroverse um den Funktionalismus im Lichte der konkreten Forschung relativ gering. Nicht zu Unrecht hat Kingsley Davis (1959: 757ff.) in seiner „presidential address" vor der amerikanischen soziologischen Gesellschaft schon 1959 aufgefordert, den Funktionalismusstreit aufzugeben, da (1) die landläufigen Definitionen des Funktionalismus diesen nahezu identisch mit jeder soziologischen Analyse machten, (2) der Funktionalismus seine Verdienste im Kampf gegen reduktionistische Theorien und einen antitheoretischen Empirismus oder normativ-moralistische Ansätze gehabt, nun aber seine Funktion eingebüßt habe. Davis stellte fest, daß die Funktionalisten und Antifunktionalisten, die sich erbittert bekämpfen, in praxi häufig die gleiche Arbeitsweise wählen.

Die funktionale Analyse wurde jedoch nicht aufgegeben, sondern zu immer abstrakteren Höhen weiterentwickelt, die bei Luhmann (1984: 10) mit fachuniversalem Anspruch auftrat. Die funktionale Analyse wurde als Theorietechnik mit der Mathematik verglichen. Sie benutzt Relationierungen mit dem Ziel, Vorhandenes als kontingent und Verschiedenartiges als vergleichbar zu erfassen (ebd.: 83). Im ersten Paradigmawandel von Parsons zu Luhmann hatte er die Vorstellung über Bord geworfen, daß ein System als Differenz des Ganzen und seiner Teile zu definieren sei. Die Differenz von System und Umwelt stand für Luhmann im Zentrum. Mit dem zweiten Paradigmawandel knüpfte Luhmann (1984: 9) an eine interdisziplinär erfolgreiche Theorieentwicklung an, die Theorie der selbstreferentiellen autopoietischen Systeme, die zuerst in der Biologie entwickelt worden sind. Das Interesse verlagerte sich nun (1984: 27) auf neue Zentralbegriffe der Analyse: von Kontrolle auf Autonomie und Umweltsensibilität, von Planung auf Evolution, von struktureller Stabilität auf eine dynamische Stabilität. Kommunikation wurde die elementare Einheit der Selbstkonstitution von System. Sie trat an die Stelle des Handlungsbegriffs im alten Paradigma. Das Prinzip der Selbstproduktion ließ nun alles, was im System geschieht, als binnenerzeugt und binnengesteuert erscheinen, selbst wenn Elemente der Binnensteuerung von außerhalb des Systems gewonnen wurden.

Die Operationalisierbarkeit für die politische Theorienbildung hat bei dieser neuen Abstraktionsstufe der funktionalen Analyse weiter abgenommen. Die Neigung wuchs, Begriffe umzudefinieren und zu verbeliebigen. Die scharfe Absage an jede Handlungstheorie läßt den Ertrag für die politische Theorie gering erscheinen, weil Politik an die Vorstellung gebunden bleibt, daß die politischen Akteure handeln können, auch wenn die globalen Planungs- und Steuerungstheorien, die in den 70er Jahren noch einmal auflebten, längst verabschiedet worden sind (vgl. v. Beyme 1996: 235ff.).

Literatur

J. C. Alexander (Hrsg.): Neofunctionalism. London, Sage 1985
E. Banfield: Political Influence. Glencoe/Ill., Free Press 1964
P. L. v. d. Berghe: Dialectic and Functionalism. Toward a Theoretical Synthesis. American Sociological Review 1963: 695-705
K. von Beyme: Theorie der Politik im 20. Jahrhundert. Von der Moderne zur Postmoderne. Frankfurt, Suhrkamp ³1996
L. Coser: The Functions of Social Conflict. New York, Free Press 1964
H. Daheim: Die strukturell-funktionale Theorie. In: G. Endruweit (Hrsg.): Moderne Theorien der Soziologie. Stuttgart, Enke 1993: 23-86
K. Davis: The Myth of Functional Analysis as a Special Method in Sociology and Anthropology. American Sociological Review 1959: 757-772
E. Durkheim: Les règles de la méthode sociologique. Paris, PUF ¹¹1950
H. Esser: Soziologie. Allgemeine Grundlagen. Frankfurt, Campus 1993
W. Flanigan/E. Fogelman: Functional Analysis. In: J. C. Charlesworth (Hrsg.): Contemporary Political Analysis. New York, Free Press 1967: 72-85
J. Habermas/N. Luhmann: Theorie der Gesellschaft oder Sozialtechnologie. Frankfurt, Suhrkamp 1971
C. Hempel: The Logic of Functional Analysis. In: L. Gross (Hrsg.): Symposion on Sociological Theory. New York, Harper 1959, wiederabgedruckt in: C. Hempel: Aspects of Scientific Explanation. New York, Free Press 1965: 297-330
G. C. Homans: Funktionalismus, Verhaltenstheorie und sozialer Wandel. In: W. Zapf (Hrsg.): Theorien des sozialen Wandels. Köln, Kiepenheuer & Witsch 1969: 95-107
S. Keller: Beyond the Ruling Class. New York, Random House 1963
M. Lessnoff: Functionalism and Explanation in Social Science. In: Ders.: The Structure of Social Science. London, Allen & Unwin ²1976: 109-130
T. Lowi: Toward Functionalism in Political Science. APSR 1963: 570-583
N. Luhmann: Soziologische Aufklärung. Opladen, Westdeutscher Verlag 1970
N. Luhmann: Soziale Systeme. Grundriß einer allgemeinen Theorie. Frankfurt, Suhrkamp 1984
B. Malinowski: Die Funktionstheorie der Kultur. In: Dynamik des Kulturwandels. Wien, Humboldt Verlag 1951
P. Marwedel: Funktionalismus und Herrschaft. Die Entwicklung eines Theoriekonzepts von Malinowski bis Luhmann. Köln, Pahl-Rugenstein 1976
R. K. Merton: Social Theory and Social Structure. Glencoe/Ill., Free Press ²1957
W. C. Mitchell: The Sociological Analysis of Politics. The Theories of Talcott Parsons. Englewood Cliffs, Prentice Hall 1967
D. C. Phillips: Holistic Thought in Social Science. Stanford UP 1976: 80-112
G. Schmid: Funktionsanalyse und politische Theorie. Funktionalismuskritik, Faktorenanalyse, Systemtheorie. Düsseldorf, Bertelsmann UV 1974
H. G. Schütte: Der empirische Gehalt des Funktionalismus. Meisenheim, Hain 1971
U. Weihe: Diskurs und Komplexität. Eine Auseinandersetzung mit dem Handlungsbezug der Gesellschaftslehren von Habermas und Luhmann. Stuttgart, Hochschulverlag 1979

5. Der Rational Choice-Ansatz

Der Rational Choice-Ansatz ist der jüngste der „approaches", der aus der Politikwissenschaft eine exakte wissenschaftliche Disziplin zu machen versuchte, die methodologisch der Ökonomie das Wasser reichen konnte. Die neue Politische Ökonomie nichtmarxistischer Provenienz hatte seit längerem versucht, die alte Einheit von Ökonomie und Politik wiederherzustellen, die seit dem 18. Jahrhundert schrittweise verloren gegangen war. Die Anfänge der Bewegung lagen in den fünfziger Jahren (Arrow 1951, Downs 1957, Riker 1962, Olson 1965). Der rigoros individualistische Ansatz konnte sich jedoch in der Disziplin erst in den achtziger Jahren voll durchsetzen, als die makrotheoretische Beliebigkeit der Funktionalisten und Systemtheoretiker oder der neomarxistischen Staatsableiter an Boden verlor. Die Bannerträger der Bewegung legten Wert auf die Feststellung, daß Rationalität kein spätgeborenes Konzept der Sozialwissenschaften sei. Der Ansatz wurde zurückverfolgt bie zur griechischen Antike, zur Aufklärung und zu den Gründervätern der amerikanischen Verfassung (Tsebelis 1990: 236).

Die behavioralistische Revolte (Kap. II.3) hatte bereite das traditionelle „intuitive Räsonnement", das historische Beispiele für generalisierte Hypothesen zu suchen pflegte, durch methodisch kontrolliertes Vorgehen ersetzt. Der Rational Choice-Ansatz erklärte Handlungen nicht mehr durch Institutionen. Institutionen werden in diesem Ansatz eher als Hindernisse (constraints) für die Akteure verstanden.

Der Rational Choice-Ansatz ist ein Sproß vom Baum des Utilitarismus, wenn er sich auch zunehmend von den einfachen Annahmen Benthams distanzierte. Es blieb jedoch das Ausgehen vom Individuum und die deduktive Methode als eine Gemeinsamkeit. Der Utilitarismus war in frühen Rational Choice-Ansätzen noch auffallender, etwa als Downs (1957) das utilitaristische Bild des eigennützigen Menschen übernahm. Spätere Fortentwicklungen des Ansatzes betonten die Methode der Nutzenmaximierung, ließen sich aber nicht mehr auf Hypothesen über die Natur des Menschen ein. Die Rationalitätsannahmen der frühen Pionierarbeiten ist in der Postmoderne den „als-ob-Annahmen" gewichen, die sich als bloß heuristisch verstehen. Der Idealtyp des *homo oeconomicus* wurde zunehmend in der Politik wieder kritischer betrachtet. Die beschränkte Rationalität politischer Akteure wurde an die Realität politischer Prozesse stärker angepaßt als in älteren Gleichsetzungen von Markt und politischer Arena. In der Organisationetheorie von Herbert Simon (1954) war schon die Einsicht angelegt, daß Individuen nicht vollständig rational sind. Die Nutzenmaximierung weicht nicht selten einer Bescheidung mit dem minimalistisch verstandenen „zufriedenstellenden Nutzen". Rationalität trat in späteren Ansätzen in Konkurrenz mit anderen Entscheidungskriterien.

Die Sozialwissenschaften im engeren Sinne haben dem Konstrukt des *homo oeconomicus* schon lange den *homo sociologicus* gegenübergestellt. Dieser ist kein Autist ohne Gefühle, sondern reagiert auf andere Menschen nach den internalisierten Normen der Gesellschaft. Der homo oeconomicus *will* nicht anders handeln in einem Modell, in dem andere Menschen als Konkurrenten um knappe Ressourcen aufgefaßt werden. Der homo sociologicus hingegen *kann* nicht anders handeln in einem Modell, in dem Mitmenschen überindividuelle gesellschaftliche Kräfte repräsentieren, die Erwartungszwänge auf den sozial Handelnden ausüben (Esser 1993, Braun 1999: 41). Im soziologischen Modell kommt der Handelnde als Rollenträger und Normenvollzieher nur gelegentlich in Konflikt mit der Gesellschaft. Rational Choice-Modelle hingegen stehen dem ökonomischen Konfliktmodell nahe. Die Interaktion von Akteuren ist konfliktreich und wird mit antagonistischen wie kooperativen Strategien ausgetragen. Rational Choice-Apologeten leugnen aber (Oberschall 1994), daß ihr Ansatz nur angepaßte marktförmige Handlungen modelliert. Er wird auch eingesetzt, um Wahlhandlungen des kollektiven Protestes unter Bedingungen der Ungewißheit nachzuvollziehen.

Schon bei Milton Friedman (1953) und Anthony Downs (1957: 21) wurde der Gedanke entwickelt, daß eine Theorie nicht in erster Linie versucht die soziale Realität abzubilden. Die Exaktheit der Prognosen wird hingegen als Testkriterium für die Leistungsfähigkeit der Theorien anerkannt. Die Überprüfbarkeit der Hypothesen ist daher wie nie zuvor in einem Ansatz angestrebt worden. Das heißt aber nicht, daß nach bewährtem Vorbild vieler Ansätze die Voraussagen nicht mit Hilfe von Zusatzhypothesen zu retten versucht werden. Die Grundannahmen des Modells werden – wie bei anderen Ansätzen auch – niemals in Frage gestellt (Druwe 1993: 243, Braun 1999: 48).

Je erfolgreicher der neue Ansatz sich verbreitete, umso mehr wurde er von der Theorie zur Methode oder gar zu einer Forschungstechnik verengt. Die Statistiker der behavioralistischen Schule waren gleichwohl mit der neuen Konkurrenz nicht zufrieden. Ihr wurde vorgeworfen, nicht mit „realen" Verhaltensdaten zu arbeiten, sondern mit stilisierten Fakten, die aus angenommenen Präferenzen der Akteure abgeleitet wurden. Der Rational Choice-Ansatz erkaufte die Universalität seines methodischen Anspruchs mit einer stark eingeschränkten Anwendbarkeit. Sie liegt vor allem in den Bereichen des Wahlverhaltens, in der Koalitionsbildung und den Spielen der internationalen Akteure.

Zu den Grundannahmen des Rational Choice-Ansatzes gehören:
(1) Soziale Situationen müssen auf Handlungen von *Individuen* zurückgeführt werden. Kollektive Akteure, von denen der naive Institutionalist häufig ausgeht, sind in diesem Ansatz allenfalls Koalitionen von Akteuren und das Resultat der Aggregierung individueller Handlungen.
(2) Handlungen beruhen auf *rationalen Entscheidungen* der Individuen. Rationale Wahlhandlungen gaben diesem Ansatz seinen Namen.
(3) Die Rationalität der Wahlhandlung liegt in der Abwägung der Vor- und Nachteile einer Handlung im Hinblick auf die Präferenz des Individuums. *Präferenzen* sind bei allen Akteuren zu finden. Sie sind stabil über die Zeit. Konstruktivistische Ansätze in der Metatheorie haben vor allem diese dritte Annahme bestritten. Für sie ist Handeln weniger durch eine klare Hierarchie von Präferenzen als durch die Strukturierung von Wahrnehmungen determiniert, die in kulturellen Mustern verankert sind.

Der rationale Akteur wird als „resourceful, restricted, expecting, evaluating, maximizing man" verstanden. Das Begriffsungetüm wird unter der Abkürzung RREEMM gehandelt (Esser 1993). Rational Choice-Theoretiker suchen nach den Mitteln, mit denen Akteure ihren Nutzen im Sinne ihrer Präferenzordnung mehren. Sie sind agnostisch hinsichtlich der jeweils verfolgten Ziele. Im Gegensatz zu den Normativisten werden diese nicht inhaltlich debattiert. Kein Wunder, daß die Normativisten sich zu scharfen Angriffen verstiegen wie „inhuman" und „a-sozial". Eine kontextlose ahistorische Theorie des Rational Choice geriet in den Verdacht, den Neoliberalismus à la Reagan und Thatcher zu fördern und mit seinem Rigorismus mehr Probleme zu schaffen als zu lösen (Hartmann 1995: 112).

Gewichtiger als normative Verdächtigungen sind die metatheoretischen Einwände postmoderner Wissenschaftsauffassung. Das Konzept des stabilen und homogenen Akteurs wurde in Frage gestellt und in das Reich der Mythen verwiesen (Wiesenthal 1987: 446f.).

Dem Rational Choice-Ansatz wird vorgeworfen, nur Kurzzeiterwägungen anzustellen, wie sie beim *homo oeconomicus* und seiner Profitorientierung vorherrschen. Aber auch profitmaximierende Unternehmen verzichten vielfach auf kurzzeitigen Profit um ihre langfristigen Ziele zu sichern. Einseitiges Wählen „heute" kann Wahlmöglichkeiten von „morgen" verbauen.

Der Rational Choice-Ansatz war anfanges eher demokratiekritisch. Er stellte manche demokratische Regel in Frage und versuchte anscheinende Mehrheiten als Chimäre zu entlarven. Arrows Unmöglichkeitstheorem erklärte demokratische Regeln der kollektiven Entscheidung als suspekt. Das nutzenmaximierende Individuum wurde nicht als politisch engagiert wahrgenommen. Es kalkuliert kühl die Kosten eines politischen Einsatzes. Wählen ist vergleichsweise ein geringer Aufwand an Zeit. Wo Gruppen und Parteien jedoch Bürger permanent zu mobilisieren suchen, erscheint es rational, keine große Mühe in die Informationsbeschaffung zu investieren, die für eine rationale Entscheidung nötig ist, oder gar knappe Resourcen, wie die Zeit für eine politische Partizipation zu opfern. Der Rational Choice-Ansatz revolutionierte die Gruppentheorie seit Olson (1965) (vgl. Kap. III.7). Das Individuum begrüßt zwar, daß es Gruppen gibt, die seine Ziele auf ihre Fahnen schreiben. Aber es erscheint als rational, sich eher als Trittbrettfahrer zu verhalten als sich zu engagieren. Organisationen müssen daher zusätzliche Anreize für eine Mitgliedschaft bieten oder gar negative Sanktionen einsetzen. In der Gruppentheorie reichen diese vom „closed shop" bis zur Zwangsmitgliedschaft in Verbänden. Große Gruppen haben es nach diesem Ansatz schwerer, ihre Ziele durchzusetzen als kleine, gut organisierte Gruppen. Fluglotsen sind ein Musterbeispiel für eine kleine Gruppe mit beträchtlichem Erpressungspotential und großer Gruppendisziplin.

Die Kritik an den wenig demokratischen Implikationen des Rational Choice-Ansatzes hat Früchte gezeigt. Einige Rational Choice-Theoretiker sind den Normativisten entgegen gekommen, welche die Bürgertugend betonen. Sie bleiben dabei, daß diese nicht naturwüchsig im Menschen als „zoon politikon" verankert ist. Aber sie kann im Prozeß demokratischer Deliberation erzeugt werden und die Individuen davon abhalten, allzu kurzfristige egoistische Ziele zu verfolgen, und so das Gemeinwohl fördern (Petracca 1991).

Gegen die Übermacht des Strukturalismus haben die Rational Choice-Theoretiker das Verdienst, die Akteure wieder als Gestalter ihrer Umwelt begriffen zu haben. Der Mensch wurde vom Odium befreit, nur passives Resultat von Strukturen zu sein, welche die Funktionalisten konstruierten, oder von bloßen Einstellungen und Attitüden, welche die Behavioralisten ins Zentrum der Analyse rückten. Der ältere Institutionalismus und Normativismus hingegen begriff Handeln vielfach als Resultat von Normen. Alle drei konkurrierenden Ansätze lassen in den Augen der Rational Choice-Theoretiker keine wirkliche Wahlhandlung zu (Esser 1993: 232). Akteure sind charakterisiert durch Fähigkeiten (*capabilities*), durch Perzeptionen und durch Präferenzen. Die Fähigkeiten wurden in einer Synthese von Rational Choice und Policy-Ansatz als die spezifischen Ergebnisse des Politikprozesses (*outcome*) definiert. Probleme werden von Akteuren aufgegriffen. Ihre Orientierungen und Fähigkeiten verdichten sich zu Akteurskonstellationen und Modi der Interaktion. Das Resultat sind schließlich die *policies*. Auf allen Stufen dieses Prozesses stellen Institutionen intervenierende Variablen dar (Scharpf 1997: 43).

Angesichts der begrenzten Voraussagekraft der Koalitionstheorien (von Beyme 1999) haben neuere Arbeiten über die Regierungsbildung die Institutionen und ihre Zwänge wieder einbezogen: „Die Hinzufügung der Institutionen macht unsere Theorien nicht nur reicher und realistischer: es verändert sie völlig" (Strom u.a. 1994: 332).

Der Rational Choice-Ansatz warf den Behavioralisten eine naive Psychologie vor. Der Vorwurf fiel auf die Herausforderer zurück. Die neue Institutionenökonomie, wie sie Douglas North (1990) vertrat – manchmal wurde er als „peripherer Rational Choice-Theoretiker" eingeordnet (Almond 1990: 134) – hat das Bild des rationalen Akteurs mit stabilen Präferenzen von der Wirtschaftspsychologie her angezweifelt. Akteure können nach empirischen Untersuchungen ihre Präferenzen nur selten in eine eindeutige Reihenfolge bringen. Was für einfache wirtschaftliche Entscheidungen gilt, ist in sozialen Entscheidungssituationen noch weit gültiger. Das Wissen der Akteure ist begrenzt. Wissen wird durch orientierende *Leitbilder* kompensiert, die in der neuen Diskussion mißverständlich mit dem altertümlichen Ausdruck „*Ideen*" belegt worden sind. Ideen als Handlungsanleitung für die Individuen sind von den Rational Choice-Theoretikern immer als unwissenschaftlicher Normativismus abgelehnt worden.

Der neue Ansatz sucht wie die Psychologen nach den mikrotheoretischen Grundlagen des Verhaltens. Aber die individualisierende Erklärung der meisten psychologischen Schulen wird verworfen. Rational Choice-Theoretiker gehen davon aus, daß die Psychologie die richtigen Phänomene auf falsche Weise studiert habe. Die Gegner von Rational Choice hingegen machen geltend, daß der neue Ansatz die Präferenzen auf die Zweckrationalität reduziere. Max Webers Unterscheidung von Zweck- und Wertrationalität war in ihren Augen schon wesentlich differenzierter.

Die traditionellen Sozialwissenschaften haben ihre Ausdifferenzierung als Teildisziplinen mit der Annahme gerechtfertigt, daß Handeln von jeweils ganz unterschiedlich strukturierten sozialen Konstellationen determiniert wird. Politisches, ökonomisches oder gesellschaftlich-kommunikatives Handeln folgte unterschiedlichen Handlungslogiken. Rational Choice-Ansätze integrierten die Handlungslehre erneut. Sie beschränkten sich auf strukturelle Merkmale, die sich möglichst quantifizieren lassen, wie Präferenzen, Restriktionen und Ressourcen. Die Spieltheorie als Zweig dieses Ansatzes konzentrierte sich vor allem auf Konstellationen, in denen Spieler und Gegenspieler strategische Wahlhandlungen vornehmen müssen, um ihren Nutzen zu maximieren. Wie beim Schach werden die Gegenhandlungen in geistigen Szenarios im Voraus kalkuliert.

Rationale Handlungen müssen dem Alltagsverständnis nach nicht für jedermann rational einseitig sein. Nach dieser Konzeption gibt es eigentlich keine irrationalen Handlungen. Es gibt nur solche, von denen die Beobachter noch nicht erkannt haben, von welcher Präferenzskala aus eine Handlung als rational erscheint (Coleman 1990: 18). Rational erscheint ein Handeln so lange, als der Handelnde gute Gründe für sein Verhalten anführen kann. Ein solches Vorgehen führt zu „weichen Versionen von Rationalität", weil dies *ex post* rekonstruiert werden muß. Die harte Version der Rationalität hingegen beruht auf *ex ante* einsehbaren festen Präferenzen der Handelnden. Die harte Version findet sich bei der Erklärung von profitorientierten Wirtschaftsakteuren häufiger als in der Politik, in der Ideologien und Idiosynkrasien eine stärkere Rolle spielen. Die Annahme der völligen Einsicht in die Möglichkeiten und Restriktionen sind in der Politik kaum gegeben, vor allem dort, wo unterschiedliche Ideologien und Kulturen das Handeln bestimmen. Man denke etwa an die bipolare Situation des Kalten Krieges. Ex post facto scheint die Rationalität der wohlkalkulierten Rüstungsspiraldrehungen, in einem strategischen Spiel auf Kahns Devise „Thinking the unthinkable" aufgebaut, doppelt absurd. Die harte Version der Rationalität ist reduktionistisch, die weiche hingegen allzu vage. Letztere verstößt gegen das Postulat der sparsamen Theorie. „Wer viele Gründe nennt, hat keinen zureichenden Grund" sagte Kant. Moderner ausgedrückt: die unabhängige Variable verschwimmt durch die Aufzählungen von mehreren Präferenzen, Restriktionen und Resourcen nicht weniger als bei der behavioralistischen Variablensoziologie.

Die Rational Choice-Theoretiker begannen den Behavioralisten an Kritik heimzuzahlen, was diese einst den Institutionalisten angetan haben. Mit der Phasenverschiebung einer Generation vollzog sich noch einmal ein Glaubenskrieg mit manichäischen Zügen der Frontverhärtung. Trotz dieser Gegenkritik kam es in den achtziger Jahren zu einem beispiellosen Aufschwung des Ansatzes, der ganze Political Science Departments zu beherrschen begann. Der Aufstieg von Rational Choice wird nirgends deutlicher als in den Kompendien zum „state of the art of the discipline", welche die American Political Science Association 1983 und 1993 vorlegte. 1983 wurde die politische Theorie in zwei Kapiteln als „empirische" und „normative politische Theorie" abgehandelt (Gunnell 1983). Daneben durfte der Pionier der Rational Choice-Bewegung William Riker (1983) unter einem Spezialtitel sein Steckenpferd „Koalitionsspiele" reiten. Zehn Jahre später wurde „formal rational choice" als siegreiche Bewegung dargestellt (Lalman u.a. 1993: 77). Riker wurde nur noch als früher Pionier in der Politikwissenschaft gewürdigt. Die eigentlichen Helden der Erfolgsstory waren die Theoretiker, wie Arrow, Buchanan oder Olson, die aus der Ökonomie zur Politik gestoßen waren. Zwischen „Rational Choice" und Normativismus war das Nichts getreten. Empirische politische Theorie außerhalb des Rational Choice-Ansatzes schien es nicht mehr zu geben.

Wie ist diese erstaunliche Erfolgsgeschichte eines formalistischen Ansatzes zu erklären? Es gab dafür eine Reihe von Gründen:

- Die *neoklassische Grundstimmung* des Jahrzehnts begünstigte die Bewegung. Nach dem Ende der großen ideologischen Debatten in den achtziger Jahren war Rational Choice der Hoffnungsträger, der die Ideologie ein für alle Male durch Wissenschaft zu ersetzen schien.

- Der Ansatz entsprach der Grundstimmung neopositivistischer Analytiker, daß die Politikwissenschaft zu einer *deduktiven Theorie* vordringen müsse. Bei Überprüfung des Rational Choice-Ansatzes hinsichtlich seiner Ansprüche, anderen Ansätzen in der Wissenschaftlichkeit überlegen zu sein, schnitt der Ansatz nicht gut ab. Er genügte weder dem naiven Falsifikationismus, der in den

Naturwissenschaften vorherrscht, noch den verfeinerten Varianten von Imre Lakatos (vgl. Kap I.1). Immunisierungsstrategien gegen die Falsifikation werden häufig durch die Variation der Nutzentypen eingesetzt, die in Entscheidungssituationen maximiert werden sollen (K. Mensch in: Druwe/Kunz 1998: 56).

- Rational Choice kann auf *jedes Verhalten* angewandt werden, von der egoistischen Profitmaximierung bis zum Altruismus „guter Menschen", die ihre Selbstlosigkeit nicht weniger maximieren als der Egoist seine Selbstsucht. Auch Ökonomen haben längst die nicht-egoistische Ökonomie entdeckt (Collard 1981) wenn sie auch auf wenige Situationen beschränkt erscheint. In Anlehnung an die Biologie und ihre Evolutionsstrategien von Tiergruppen (Maynard Smith 1982) werden auch für Menschen Anteile der altruistisch Handelnden im Verhältnis zur Mehrheit der egoistisch Handelnden gelegentlich exakt berechnet. Die Einordnung des Verhaltens unterliegt dabei häufig nicht den landläufigen Moralkriterien. Etwa, wenn Massenverhalten bei Ehescheidungen studiert wird. Diejenigen, die an der Ehe festhalten, mögen einer oberflächlichen Kirchenmoral gemäß als „gut" bewertet werden. Für den Erforscher der rationalen Gründe für ein Verhalten kommt hingegen vielfach entweder krasser Egoismus (Kalkulation der Kosten von Scheidungen) oder Ignoranz heraus (Unkenntnis der Alternativen auf dem Heiratsmarkt). Im Ganzen zeigen die Anwendungsbereiche des Ansatzes jedoch, daß der Rational Choice-Ansatz sich bei „normalem Verhalten" besser bewährt als bei „abweichendem Verhalten".

- Nach langen Debatten um die Evolution der Systeme auf der Makroebene wurde *Handlungstheorie wieder möglich*. Sie ist in der Politikwissenschaft vornehmlich auf der Meso-Ebene zwischen Makro- und Mikrotheorie angesiedelt. Der Ansatz schien Mikro- und Makrotheorie zu integrieren, ohne sich in den wolkigen Postulaten der autopoietischen Systemtheorie zu verlieren.

- Rational Choice war der Versuch, die *behavioralistischen* Ansätze methodisch zu verbessern. Beide Ansätze gingen vom Individuum aus. Der Behavioralismus aber blieb meist unterhalb der Theoriebildung. Wo er zu ihr vorstieß, gelang dies meist nur um den Preis des Verrats an den individualistischen Prämissen durch eine Synthese mit funktionalistischen Systemtheorien.

- Der aufgeklärte *Neoinstitutionalismus* (vgl. Kap II.2), der als Reaktion auf die behavioralistische Vernachlässigung der Institutionen entstand, ließ sich gut mit Rational Choice-Ansätzen verbinden. Selbst „Rational Choice-Marxisten" wurden entdeckt, wie Jon Elster oder Adam Przeworski. Der methodisch in die Defensive geratene Marxismus konnte so auf ein solides wissenschaftliches Fundament gestellt werden.

- Der neue Ansatz diente der Stabilisierung der Disziplin nach außen und verschaffte ihr den Anschluß an die Ökonomie, die unerreichtes Ideal der Mathematisierung unter den Sozialwissenschaften blieb. Rational Choice schien auch nach innen klare Kriterien für die Bewertung wissenschaftlicher Arbeiten und die Kooptation des Nachwuchses zu bieten und die alten Minderwertigkeitskomplexe der Politikwissenschaft als spät gekommene Disziplin überwinden zu helfen.

- Die *Fragmentierung der Sozialwissenschaften* schien der Ansatz zu *überwinden* durch eine wirklich interdisziplinäre Methode. Kritiker hingegen sahen in diesem Ansatz jedoch eher eine „feindliche Übernahme" durch die Ökonomen, was in Gegenreaktion zur umso schärferen Abgrenzung der Disziplinen bei den Traditionalisten führte.

Es geht in diesem Konflikt vor allem um die Konfrontation von Theoretikern, die auf die Macht der *Logik gegen die Empirie* setzen. Bueno de Mesquita (1985: 187) spitzte Rikers Vorstellung, daß empirische Regularität kein Beweis der Validität der Entdeckungen sei, noch zu: „We must not be lulled by apparent empirical successes into believing that scientific knowledge can be attained without the abstract, rigorous exercise of logical proof." Der Politikwissenschaftler, der sich auf empirische Evidenz verläßt, ist wie der Apotheker, der weiß, daß ein Mittel für bestimmte Krankheiten hilft, ohne erklären zu können warum (Green/Shapiro 1994: 187). Skepsis lehrt: Theoreme können sich bewähren. Ganze Theorien können nicht bestätigt werden. Aber auch die Theoreme der Rational Choice-Theoretiker erscheinen noch wie theoretische Vermutungen, in denen ein gut Teil ad hoc-Räsonnement verborgen ist. Mertons gute alte Theorie mittlerer Reichweite scheint für viele, denen der szientistische Glaube abhanden gekommen ist, das einzige, was handhabbar erscheint.

5. Der Rational Choice-Ansatz

Konflikte unter Menschen, die einander nahestehen, sind im allgemeinen härter als unter Menschen, die einander gleichgültig sind. Die Forderung der Rational Choice-Theoretiker, daß eine Theorie nach ihrer Allgemeinheit und Sparsamkeit beurteilt werden sollte, und nicht nach ihrer Akkuratheit (Przeworski/Teune 1970: 17) ist für einen Teil der Empiriker nicht akzeptabel.

Rational Choice-Ansätze haben sich in Bereichen der Politikwissenschaft am wenigsten bewährt, wo die Behavioralisten mit großen Datenmengen arbeiten. Sie bewähren sich hingegen recht gut in Bereichen, wo Eliten ohne strikte institutionelle Determinanten kooperative oder antagonistische Spiele treiben, wie in den Gesetzgebungsstudien aufgezeigt wird. Sie bewähren sich vor allem in den USA, wo die Autonomie der Congress-Ausschüsse hoch erscheint. Sowie der *„legislative Leviathan"* in Form steuernder Parteien wieder entdeckt wurde, nahm auch die Erklärungskraft der Theoreme ab, die von Rational Choice-Theoretikern wie Cox, McCubbins, Krehbiel, Shepsle und anderen entwickelt worden sind. Der Ansatz war damit freilich nicht erledigt. Es wurden lediglich die Parteien als Akteure als kollektive Einheiten aus Individuen und Koalitionen stärker berücksichtigt.

„Bringing men back" war ein Verdienst des Rational Choice-Ansatzes. Die starke Reduktion der Annahmen machte die Theorie sparsam und leicht überprüfbar. Ein großer Teil der harschen Polemik gegen die Rational Choice-Bewegung erklärt sich aus dem Nachteil eines Vorteils: Kein Ansatz muß so schonungslos die Begrenztheit seiner Aussagen und Prognosen bekennen, wo andere Ansätze sich in das schöpferische Halbdunkel probabilistischer Äußerungen flüchten.

Die begrenzte Erfolgsrate schafft Häme gegenüber der logischen Ästhetik dieses Ansatzes. In Politik und Soziologie ist der Ansatz weniger nützlich als in der Ökonomie, vor allem dort, wo Kollektive handeln und Makrostrukturen die Zurechenbarkeit von Handlungen erschweren. Rational Choice erklärt zufriedenstellend Konstellationen und Strukturen auf der Basis des freiwilligen Austauschs, der freien Märkte, Vertragssysteme und internationalen Regime oder von Systemen, die auf Vertrauen beruhen wie das Finanzwesen. Der Ansatz bewährt sich am besten in Situationen mit einer beschränkten Anzahl von Optionen.

Die Selbstbescheidung des Ansatzes hat trotz der universalen Ansprüche auf Erklärungskraft in theoretischer Hinsicht zu einer Reduzierung der Ansprüche geführt. Robert Mertons *„middle-range theo-*

ries" waren die theoretische Niveausenkung in der Zeit des Behavioralismus und Funktionalismus. Arthur Stinchcombes *„toolkit of analytical instruments"* hat sein Rational Choice-Pendant in Jon Elsters Mechanismen erlangt. Nach Elster (1979: 133ff.) sollten die Sozialwissenschaften vom Anspruch der Theorie herunterkommen, und Mechanismen einführen, kleine medium-sized Deskriptionen der Art und Weise, in der Dinge sich ereignen. Generalisierungen sollten nicht mehr als Theorien auftreten, sondern nur noch als „Mechanismen". Damit schwingt das Pendel zurück zu Weber und Simmel nach einer Zeit der Dominanz der „general-theory-Ansprüche" von Durkheim bis Parsons und Luhmann.

Mit der kulturalistischen Wende in den Sozialwissenschaften kam eine scharfe Opposition gegen den Rational Choice-Ansatz von den Area Spezialisten (vgl. Kap. II.6.b). Der Vorwurf lautete, daß Kulturen und Institutionen der nicht-atlantischen Areas planmäßig vernachlässigt und mit einem amerikanischen Bias versehen würden (Johnson/Keehn 1994). Der Rational Choice-Ansatz lud Kritiken ein, soweit er Analogien zum Sport pflegte und die Institutionen wie „Spielregeln" der Interaktion auffaßte. Ein Fußballfeld hat keine Eigendynamik, solange die Abseitsregeln noch gelten. Aber ein Parlament z.B. hat ein solches Eigenleben trotz einer rigiden Geschäftsordnung.

Die scharfe Kritik am Rational Choice-Ansatz hat Verteidiger auf den Plan gerufen. Zunächst einmal wird mit Recht geltend gemacht, daß Ansätze immer formal und nicht inhaltlich sind. Ferner wird der Ansatz meist nach seinen rigorosesten Verfechtern beurteilt. Wo er bei Fiorina, Ostrom oder McCubbins sich mit guter empirischer Forschung verband, werden die Resultate übersehen. Kein Ansatz würde die rigorosen Tests überleben, die mit Rational Choice vorgenommen werden, wie Cox (1999: 152) an erfolgreichen Büchern zur Erforschung des amerikanischen Kongresses demonstrierte. Ein Theorievergleich kann allenfalls demonstrieren, ob eine Theorie sparsam, stringent und generell ist. Solange kein konkurrierender Ansatz unter diesen Voraussetzungen bessere Resultate erzeugt, ist der Rational Choice-Ansatz günstig zu beurteilen.

Selten konkurriert der Rational Choice-Ansatz mit einer Theorie von ähnlichem Formalisierungsgrad. Daher wächst das Selbstbewußtsein der Rational Choice-Theoretiker, weil ihre Konkurrenz narrativ bleibt und kaum zu theoretischen Generalisierungen vordringt. Formale Theorien sind weiterhin nach der Methode der Theorienbildung und nicht nach dem Inhalt der Theorie zu beurteilen (Lalman u.a. 1993: 78).

Warum wurde die Debatte um den Rational Choice-Ansatz so heftig, hat man gefragt?

Die Erklärung wurde mit Thomas Kuhns Wissenschaftstheorie gegeben. Wenn eine neue – noch dazu arrogant auftretende – Theorie auf den Plan tritt, trifft sie auf die geballte Ablehnung der etablierten Wissenschaftsszene (Monroe 1997: 294). Die frühere Kritik am Behavioralismus (vgl. Kap. II.d) zeigt, daß an dieser Deutung etwas dran ist. Dennoch war der Konflikt zwischen dem behavioralistischen Ansatz und den etablierten Kräften vergleichsweise weniger übelgelaunt. Erklärungen dafür könnten sein:

- Die Traditionalisten waren in der behavioralen Revolution relativ wehrlos, weil auch sie das Gefühl hatten, die Politikwissenschaft bedürfe zu ihrer Etablierung eines weiteren szientifizierenden Innovationsschritts.
- Der Rational Choice-Ansatz tritt heute scharf auch gegen bereits szientifizierte Gruppen auf, die kein kritisches Selbstbewußtsein hatten, weil nach der Setzung des „Epitaphs für eine erfolgreiche Revolution", nämlich die behavioralistische Revolution, eine solche Rigidifizierung überflüssig erschien. Der Behavioralismus ist als gesunkenes Kulturgut bei allen aufgeklärten Politikwissenschaftlern angekommen.

Anders als in Kuhns Annahmen über wissenschaftliche Revolutionen vollzieht sich ein Paradigmenwandel nicht immer in Form des totalen Sieges des Neuen über das Alte. Nach einer Weile übelgelaunter Polemiken werden Vermittlungsversuche angeboten (Dowding 1991, 1994). Behavioralismus und Rational Choice-Ansatz sind keineswegs inkompatibel. Auch Rational Choice-Theoretiker erforschen individuelles oder kollektives Verhalten. Sie haben im Gegensatz zum historisch-genetischen Ansatz ein festes Modell von Entscheidungssituationen, nach dem sie individuelles und kollektives Verhalten erklären. Der behavioralistische Ansatz konzentriert sich mehr auf das kollektive Verhalten. Wenn er nicht schlichte Stimulus-Response-Schemen anwendet, wie der naive Behaviorismus der Anfangsphase, läßt er sich mit dem Rational Choice-Ansatz und seinen Rationalitätsannahmen durchaus kombinieren.

Es gibt keine Falsifikation einer Theorie bis nicht eine neue plausiblere Theorie angeboten werden kann (Lakatos/Musgrave 1970:

100f.). Nach dieser Einsicht eines selbstkritisch gewordenen Kritischen Rationalismus kann auch der Rational Choice-Ansatz eine Fülle von Falsifikationen überleben. Vom Standpunkt des aufgeklärten Falsifikationismus im Sinne von Lakatos kann der naive Falsifikationismus immer wieder in die Schranken gewiesen werden. Viele Theorien koexistieren für lange Zeit und die meisten werden niemals völlig durch Fakten überholt (Green/Shapiro 1994: 180). Es geht bei der Evaluation allenfalls um ein methodologisches Nutzenkalkül: welcher Ansatz bewährt sich an welchem Gegenstand? Kritiker des Rational Choice-Ansatzes haben den Nachteil, daß sie die bessere alternative Theorie nicht anzubieten haben. Sie bleiben daher bei einer deskriptiven common-sense-Wissenschaft, mit der immer nur einzelne Fakten innerhalb der Propositionen einer Theorie kritisiert werden können. Riker hat im Bereich der Parteien und Koalitionen nach einem *Gleichgewicht* gesucht, das nach seiner Ansicht die Behavioralisten nicht finden können. Verhaltens- und soziologisch-strukturelle Gesetze können allenfalls voraussagen, aber nicht wirklich erklären (Riker in: Alt/Shepsle 1990: 176). Ein alter Vorwurf der Behavioralisten gegen die Altinstitutionalisten wird von ihren neuen Gegnern auf sie selbst angewandt. Dabei hatte ursprünglich die prognostische Kraft eines Ansatzes für Rational Choice-Theoretiker einen höheren Rang als die Erklärungskraft gegenüber empirischen Fakten.

Der Rational Choice-Ansatz erlebte seinen Aufstieg nicht zufällig in einer Zeit, da der kollektivistisch gestimmte Sozialstaats- und Steuerungsoptimismus zerfiel. Der ökonomische Neoliberalismus begann nicht nur konservative und christdemokratische Parteien sondern auch Labour Parties und Sozialdemokraten zu durchdringen. Er hat sich durch den übertriebenen Dünkel hinsichtlich seiner Wissenschaftlichkeit um einige Einflußmöglichkeiten gebracht. Europäische Exponenten wie Elster betonten die Begrenzungen des Ansatzes. Amerikanische Wissenschaftler haben aber vielfach alle konkurrierenden Ansätze auf den Status eines inferioren Journalismus herabgedrückt. Gegenreaktionen konnten nicht ausbleiben. Rational Choice-Analytiker wären einflußreicher, wenn sie bescheidener aufträten (McLean 1991: 511).

Literatur

G. Almond: Rational Choice Theory and the Social Sciences. In: Ders.: A Discipline Divided. London, Sage 1990: 117-137

J. Alt/K. A. Shepsle (Hrsg.): Perspectives on Positive Political Economy. Cambridge University Press 1990

K. J. Arrow: Social Choice and Individual Values. New Haven, Yale University Press 1951

K. von Beyme: Koalitionen im Lichte der quantitativen Rational Choice-Forschung. In: Ders.: Die parlamentarische Demokratie. Opladen, Westdeutscher Verlag 1999: 459-480

D. Braun: Theorien rationalen Handelns in der Politikwissenschaft. Opladen, Leske & Budrich 1999

B. Bueno de Mesquita: Toward a Scientific understanding of international conflict. International Studies Quarterly Bd. 29, 1985: 121-136

J. Cohn: Irrational Exuberance. When did political science forget about politics? The New Republic, Oct. 25, 1999: 1-15

J. S. Coleman: Individual Interests and Collective Action. Cambridge University Press 1986

J. S. Coleman: Foundations of Social Theory. Cambridge University Press 1990

E. Collard: Altruism and Economy. A study in Non-Selfish Economics. Oxford, Martin Robertson 1981

C. W. Cox: The Empirical Content of Rational Choice-Theory. Journal of Theoretical Politics Bd. 11, Nr. 2 1999: 147-169

R. Dahrendorf: Homo Sociologicus. Opladen, Westdeutscher Verlag 1964

O. Diermeier: Rational Choice and the Role of Theory in Political Science. Critical Review, Bd.9 1995: 59-70

K. Dowding: Rational Choice and Political Power. Aldershot, Elgar 1991

K. Dowding: The compatibility of behaviouralism, rational choice and ‚new institutionalism'. Journal of Theoretical Politics Bd.6, Nr.1, 1994: 105-117

A Downs: An Economie Theory of Democracy. New York, Harper & Row 1957

U. Druwe: Politische Theorie. München, Beck 1993

U. Druwe/V. Kunz (Hrsg.): Handlungs- und Entscheidungstheorie in der Politikwissenschaft. Opladen, Leske & Budrich 1996

U. Druwe/V. Kunz (Hrsg.): Anomalien in der Handlungs- und Entscheidungstheorie. Opladen, Leske & Budrich 1998

J. Elster u.a. (Hrsg.): Foundations of Social Choice Theory. Cambridge University Press 1986

H. Esser: Homo sociologicus, homo oeconomicus und das RREEMM-Modell. In: Ders.: Soziologie. Allgemeine Grundlagen. Frankfurt, Campus 1993: 231-244

D. Green/I. Shapiro: Pathologies of Rational Choice Theory. New Haven, Yale University Press 1994

J. G. Gunnell: Political Theory. The Evolution of a Sub-Field. In: A. W. Finifter: Political Science. The State of the Discipline. Washington, APSA 1983: 5-46

J. Hartmann: Verteilungskoalitionen und streunende Banditen: Mancur Olsons Tagesreisen in die Komparatistik. Leviathan, Bd. 23 1995: 102-114

C. Hay/D. Marsh: Towards a New (International) Political Economy. Bd.4, Nr. 1, 1999: 5-22

A. O. Hirschman: Exit, Voice and Loyalty. Cambridge/Mass., Harvard University Press 1970

Ch. Johnson/E. B. Keehn: A Disaster in the Making: Rational Choice and Asian Studies. Sommer 1994: 14-22

St. Kelley: The Promise and Limitations of Rational Choice Theory. Critical Review, Bd.9 1995: 95-106

V. Kunz/U. Druwe (Hrsg.): Rational Choice in der Politikwissenschaft. Opladen, Leske & Budrich 1994

I. Lakatos/A.Musgrave (Hrsg.): Kritik und Erkenntnisfortschritt. Braunschweig, Vieweg 1974 (engl.1970).

D. Lalman u.a.: Formal Rational Choice Theory: A Cumulative Science of Politics in: A. W. Finifter (Hrsg.): Political Science. The State of the Discipline II. Washington, APSA 1993: 77-104

Th. J. Lowi: The State in Political Science. How we become what we study. APSR Bd.86 1992: 1-7

J. Maynard Smith: Evolution and Theory of Games. Cambridge, Cambridge University Press 1982

I. McLean: Rational Choice and Politics. In: Political Studies Bd.39 1991: 496-512

K. R. Monroe: Pathologies of rational choice theory. Books in Review. Political Theory, Bd. 25, Nr. 2 1997: 289-319

D. C. Mueller: The Future of Public Choice. Public Choice, Bd.77 1993: 145-150

D. C. North: Institutions, Institutional Change and Economic Performance. Cambridge University Press 1990

A. R. Oberschall: Rational Choice and Collective Protests. Rationality and Society. Bd.6, Nr.1 1994: 79-l00

M. Olson: Die Logik des kollektiven Handelns. Tübingen, Mohr 1968 (englisch 1965)

K.-D. Opp: Contending Conceptions of the Theory of Rational Action. Journal of Theoretical Politics, Bd.11, Nr.2, 1999: 171-202

P. C. Ordeshook: A Political Theory Primer. New York, Routledge 1992

M. Petracca: The Rational Choice Approach to Politics: A Challenge to Democratic Theory. Review of Politics Bd.53, Nr.2 1991: 289-319

A. Przeworski/H. Teune: The Logic of Social Enquiry. New York, John Wiley 1970

W. Riker: The Theory of Political Coalitions. New Haven, Yale UniversityPress 1962

W. Riker: Political Theory and the Art of Heresthetics. In: A. Finifter (Hrsg.): Political Science. The State of the Discipline. Washington, APSA 1983: 47-68

F. W. Scharpf: Games Real Actors Play. Actor-Centered Institutionalism in Policy Research. Boulder, Westview 1997

K. Schubert (Hrsg.): Leistungen und Grenzen politisch-ökonomischer Theorie. Darmstadt, Wissenschaftliche Buchgesellschaft 1992

H. Simon: Models of Man. Social and Rational. Mathematical essays on rational human behavior in a social setting. New York, Wiley ^{4}1957

K. Strom u.a.: Constraints on Cabinet Formation in Parliamentary Democracies. In: American Journal of Political Science 1994, Bd.38, Nr. 2: 303-335

G. Tsebelis: Nested Games. Rational Choice in Comparative Politics. Berkeley, University of California Press 1990

H. Wiesenthal: Rational Choice. Ein Überblick über Grundlinien, Theoriefelder und neuere Themenaquisition eines sozialwissenschaftlichen Paradigmas. Zeitschrift für Soziologie. Bd.16, 1987: 434-449

6. Die vergleichende Methode

a) Der Wandel des Stellenwerts der vergleichenden Methode

Der Vergleich hat in der Politikwissenschaft eine größere Bedeutung erlangt als in anderen Sozialwissenschaften, seit die Staatslehre sich meist auf das nationale System zurückzog, die Soziologie sich weitgehend in Bindestrichsoziologien auflöste, die kaum noch ganze Gesellschaften empirisch anzugehen versuchte, und die Ökonomie den Vergleich durch mathematisierte Modelle ersetzte. Die Gefahr, die aus dieser großen Bedeutung resultiert, war jedoch die Verdinglichung zur Unterdisziplin „vergleichende Regierungslehre", die im Lehrbetrieb vielfach sogar unkomparativ betriebene Auslandsstudien mitumfaßte. Die vergleichende Methode ist daher von dem Gegenstandsbereich zu trennen.

Vergleich als Methode hat nicht den gleichen systematischen Stellenwert wie die bisher beschriebenen fünf Ansätze. Er schließt diese Ansätze keineswegs aus. Ein Teil der *Institutionalisten* von James Bryce, Herman Finer bis zu Carl Joachim Friedrich waren immer vorwiegend am Vergleich interessiert. Die *Behavioralisten* verstanden sich zum Teil auch als vergleichende Sozialwissenschaftler, falls sie nicht die Ansicht bevorzugten, daß der Vergleich nur ein schwacher Ersatz für statistische Methoden ist in Forschungslagen, die durch Knappheit der vergleichbaren Fälle gekennzeichnet sind (Smelser 1973: 53). Die vergleichende und die statistische Methode erscheinen verwandt durch die Isolierung von Variablen und den Versuch, Verbindungen unter ihnen aufzuspüren.

Soweit Behavioralisten jedoch gegen Makrostudien mit Aggregaten skeptisch blieben und sich auf die Mikroebene beschränkten und vom Individuum oder kleinen Gruppen ausgingen (vgl. Eulau 1977: 47), wurde auch der Vergleich nicht betont. Erst die Forschung, die sich auf ganze Politische Kulturen richtete (vgl. Kap. III.4), hat dies geändert. Am stärksten wurde der Vergleich bei *Funktionalisten* von Durkheim bis Luhmann postuliert. Durkheim (1950: 137) verwahrte sich bereits dagegen, die vergleichende Soziologie zu einem Untergebiet der Soziologie zu machen. Der Vergleich war für ihn „die Soziologie selbst". Luhmann (1970: 25, 46) sah den Vergleich ebenfalls nicht als spezielle Erkenntnismethode an. Im Unterschied zu älteren Ansätzen strebte er jedoch an, die ontologisch-normativen Bezugspunkte in Frage zu stellen und die stabilen – meist institutionellen – Vergleichsgesichtspunkte variabel zu machen. Ähnlichkeit galt ihm nicht wie in der Ontologie als Seinsgleichheit. Sein Interesse am Systemvergleich bestand gerade darin, Unähnliches als äquivalent auszuweisen. Seine Vergleiche der funktionalen Äquivalenz von demokratischen Vielparteiensystemen und sozialistischen Einparteiendiktaturen haben jedoch dank der Verpackung in abstrakte Deduktionen nicht den gleichen Protest hervorgerufen wie ähnliche Vergleiche bei den Linken in der Zeit pauschaler „Parlamentarismuskritik".

Die stärksten Vorbehalte gegen eine vergleichende Methode kamen lange von den Politikwissenschaftlern, die der *historischen* Methode verpflichtet blieben. Der Historismus wirkte in seiner Konzentration auf einmalige Vorgänge lange nach. Vergleichende Typologien, wie sie Otto Hintze vorschlug, waren lange in der deutschen Geschichtswissenschaft verpönt. Von Troeltsch bis Wittram (1958) gab es in der Historik jedoch gelegentlich das Kompromißangebot, daß Vergleiche nützlich seien, solange sie ihren „methodischen und heuristischen Charakter" behielten. Vergleiche sind an bestimmte logische Voraussetzungen der Begriffsbildung gebunden. Verglichen werden können nur Erscheinungen, die weder völlig identisch noch total verschieden sind (Sartori 1970: 1035). Die vergleichende Methode kennt kein einheitliches Verfahren. Mill (1959: 253ff.) hatte in seiner Logik die *Konkordanzmethode* und die *Differenzmethode* unterschieden. Beide hatten die Schwäche, daß sie durch den Vergleich jeweils herausfinden wollten, in welchem Punkt zwei Erscheinungen übereinstimmen oder sich unterscheiden. Die Differenzmethode *(method of difference)* erschien Mill als eine Methode des „künstlichen Experiments", während die Konkordanzmethode *(method of agreement)* ihm dort sinnvoll dünkte, wo Experimente nicht möglich sind. Mill blieb skeptisch, daß man die Differenzmethode in den Sozialwissenschaften anwenden könne, weil er sie mit dem Experiment verbunden sah. Mit gutem Recht hat sich die spätere vergleichende Forschung an diese Einschränkungen aus Befangenheit in der Theorie der Naturwissenschaften nicht gehalten.

Erst nachmoderne Ansätze haben dem *Vergleich* einen völlig neuen Stellenwert verliehen. Die Moderne hatte das Verdienst, die Differenzmethode gleichberechtigt neben die Suche nach Ähnlichkeiten in der Konkordanzmethode zu setzen. Sie hat diesen Ansatz vielfach nur halbherzig entwickelt. Die Suche nach substantiellen Ähnlichkeiten überwog, bis Luhmann gerade Unähnliches als äquivalent erkannte. Schon Husserl hatte den Vergleich als die Methode der freien gedanklichen Variation eingeführt, das von einem faktisch Gegebenen ausging und dieses nur als Exempel verstand.

Luhmanns zweiter Paradigmawechsel zur Theorie der Selbstorganisation von Systemen war in dieser Konzeption schon angelegt. Die postmoderne Philosophie entwickelte unabhängig ähnliche Gedanken. Alles, was die Wissenschaft nach dieser Auffassung tun konnte, war, die kulturellen Traditionen zu kontrastieren. Eine *Vorherrschaft der Differenzmethode* bahnte sich an. Konsens- und Konkordanzfindung war kein Ziel mehr. Dissensfindung wurde sogar zum vorherrschenden Interesse in der Kommunikation von Theorieansätzen (Luhmann 1987: 252).

Auch in Foucaults (1986: 228) „Archäologie des Wissens" wurde auf die Methode des Vergleichs Bezug genommen. Die Unterschiedlichkeit der Diskurse zu zeigen, war das Ziel. Dazu mußte zwar auch eine *Operation der begrifflichen Zusammenfassung* eingesetzt werden. Aber der archäologische Vergleich rühmte sich, keine vereinheitlichende, sondern eine vervielfachende Wirkung zu entfalten.

Prima vista war die Radikalisierung des modernen Vergleichsgedankens zu begrüßen. Die Vorstellung, daß die Differenzmethode nicht wirklich vergleiche, ist noch immer weit verbreitet. Aber die Zuspitzung des fragmentierten Denkens in nachmodernen Ansätzen droht den Vergleich letztlich ad absurdum zu führen. In der Theorie der selbststeuernden Systeme entwickelte sich eine Tendenz der Systeme, den Vergleich sinnlos zu machen. Allenfalls ein *Vergleich der Codes,* welche die unterschiedlichen Systeme steuern, konnte sinnvoll erscheinen. Ein Vergleich von Systemen des gleichen Steuerungstyps war mangels gewichtiger Unterschiede eigentlich uninteressant geworden.

Der frühe Luhmann hatte gegen den Vergleich substantiell-ontologisch aufgefaßter Begriffe gekämpft. Nach der autopoietischen Wende seines Denkens wurden die Systeme lebenden Zellen so ähnlich, daß sie erst recht nicht des Vergleichs bedurften, da sie nach analogen Konstruktionsprinzipien aufgebaut sind. Die Zellenmetaphern bei einigen Autopoietikern führten sogar zu neuen Substantialisierungen. Vergleiche werden sinnlos, außer in dem Sinne, wie Pathologie betrieben wird, um das Konstruktionsprinzip kranker Zellen im Vergleich zu gesunden Zellen zu untersuchen. Der Komparatist wurde in die Nähe des Goethe zugeschriebenen Wortes gedrängt: „nur Dummköpfe vergleichen". Was Goethe freilich zum Vergleich lehrte, bezog sich auf die Kunst und nicht auf gesellschaftliche oder politische Phänomene. Goethes Botschaft in der vergleichenden Kunstbetrachtung ist mit der Kurzfassung jedoch nicht richtig wiedergegeben: „Der ausgebildete Kenner soll vergleichen ... der Liebhaber ... fördert sich am besten, wenn er nicht vergleicht, sondern jedes Verdienst einzeln betrachtet; dadurch bildet sich Gefühl und Sinn für das Allgemeinere nach und nach aus. Das Vergleichen der Unkenner ist eigentlich nur eine Bequemlichkeit, die sich gern des Urtheils überheben möchte." (Goethe: Maximen und Reflexionen. Weimar, Verlag der Goethe-Gesellschaft 1907, Bd. 21: 106f.). Also nicht Dummköpfe, sondern Kenner vergleichen, mit der Einschränkung, daß „Unkenner" mit dem Vergleich auch Unheil anrichten können. Wichtig ist zudem der grundsätzliche Gedanke, der häufig auch auf Kenner zutrifft, daß der Komparatist den Vergleich gern als Vorwand benutzt, der Bewertung von Fakten auszuweichen.

Im Licht der Autopoiese könnte ein Komparatist alter Schule als Dummkopf erscheinen, weil er Unmögliches versucht, nämlich das ganz Andersartige zu verstehen, von dessen Code er sich unzureichende Vorstellungen macht, oder gar Systemfremdes zu adaptieren. In der Autopoiese gibt es letztlich kein Verstehen. Was von „Nichtkennern" dafür gehalten wird, ist Produkt der Imagination des Außenbetrachters, mehr nicht. Die Vorstellung, daß Systeme voneinander lernen können, schrumpft auf codegerechte Adaptionen. Nur Systeme, die vom gleichen Code gesteuert werden, könnten solche Adaptionen allenfalls ins Auge fassen.

Der Wandel in der Theorie der Politik ist durch den Zusammenbruch des realen Sozialismus beschleunigt, aber nicht ausgelöst worden. Die Konzeption eines autopoietischen Weltsystems bekam Auftrieb. Konvergenzen scheinen in der Welt zu wachsen. Paradoxerweise folgt daraus eine geistige Uniformisierung in der Sicht der Welt, obwohl die Postmoderne die Vielfalt der Welt preist. Die Theorie der drei Welten hatte ein Minimum an Vielfalt akzeptiert. Sie wird zur Zeit von einer Ein-Welt-Sicht verdrängt, allenfalls eine zweite Welt – einst die dritte genannt – weist noch ihre radikalen Besonderheiten auf. Die autopoietische Theorie scheint die einzige zu sein, welche den Zusammenbruch des Sozialismus vorausgesehen hat, was weder von der Totalitarismus- noch von den Konvergenztheorien gesagt werden kann. Als Anfang der 80er Jahre im Kreis von Maturana die Behauptung aufgestellt wurde, daß kein Land voll sozialistisch werden könne, weil das dominante Weltsystem kapitalistisch sei, hat man das für eine abstrakte Spinnerei angesehen. Inzwischen sind solche globalen Aussagen von der faktischen Entwicklung eingeholt worden. Der reale Sozialismus konnte sich gegen das kapitalistische Weltsystem strukturell nicht durchsetzen, weil er sich als unfähig erwies, die notwendigen marktwirtschaftlichen Steuerungscodes in das System einzubauen. Die Folgen für die vergleichende Methode sind noch nicht voll abzuschätzen. Aber die Uniformisierung der Welt – bei wachsenden Autonomietendenzen der Untereinheiten – scheint zuzunehmen. Insofern haben die nachmodernen Theorieansätze etwas richtig gesehen, das für die Zukunft relevant erscheint. Gerade weil die Welt sich angleicht, kann die *Differenzmethode* für die verbleibenden Unterschiede um so radikaler angewandt werden. Erst postmodernes Denken hat den Primat der Differenzmethode über die Suche nach Ähnlichkeiten gestellt, und ist damit auch in diesem Bereich als Vollender und nicht als Überwinder der Moderne aufgetreten.

Die großen Debatten um die Postmoderne wurden von der Komparatistik weitgehend ignoriert. Man blieb bei „business as usual". Aber die politikwissenschaftliche Komparatistik entwickelte sich weiter, vor allem durch die Befruchtung des Neoinstitutionalismus (Kap. III.2) und des Rational Choice-Ansatzes (Kap. III.5) – in Verbindung mit der Hinwendung zu den Resultaten politischer Entscheidungen, den *policies*.

b) Vom Polity- und Politics- zum Policy-Vergleich

Der vormoderne Vergleich war in der Regel auf die politische Ordnung (*polity*) beschränkt. Auch in wenig komplexen Typologien, nach der Zahl der Herrschaftsberechtigten, waren vielfach normative Elemente enthalten. Entweder die Merkmale waren logisch nicht konsequent durchgehalten, wie in Montesquieus Klassifikation von Monarchien, Republiken und Despotien. Voltaire mokierte sich darüber bereits; die Einteilung schien ihm nicht logischer als die Eintragungen im Geburtsregister, wo die Kategorien „männlich", „weiblich" und „unehelich" auftauchten. Oder die objektiven deskriptiven Merkmale waren mit einer normativen Klassifikation verbunden. So konnte Aristoteles als Vater der Mehrfeldermatrix gewürdigt werden, weil er die Zahl der Herrscher auf der einen Achse mit der Gegenüberstellung von Herrschaften, die dem Gemeinwohl oder dem Eigeninteresse dienen, auf der anderen Achse kombinierte (Berg-

Schlosser/Müller-Rommel 1992: 62). Charakteristika des Entscheidungsprozesses *(politics)* und des Ergebnisses von politischen Entscheidungen *(policy)* wurden davon wie von festgelegten Typen deduziert, aber nur selten untersucht.

Mit der Entwicklung der *vergleichenden Forschung im Bereich der Politikfelder* wandelte sich dies. Durkheims Selbstmordstudie kann als Pionier der vergleichenden Aggregatdatenforschung angesehen werden. Über die Soziologie und vor allem die Ökonomie kam diese Analyseform in die Diskussion der Politikforscher, die der normativen Grundsatzdebatten müde geworden waren. Die Input-Output-Analyse politischer Systeme war deutlich von den Wirtschaftswissenschaften inspiriert. War die prämoderne Komparatistik auf ontologisch gesehene Differenzen in ihren Klassifikationen fixiert, so wurde der Vergleich in der modernen Politikwissenschaft von dem bereits überwundenen Evolutionismus wieder eingeholt. Alle entwickelten Industriegesellschaften schienen sich auf einen *einheitlichen Typ* zuzubewegen. In der Debatte, die unter der englisch formulierten Frage „*Does politics matter*" geführt wurde, minimierte sich dieser Einfluß der Politik, der zunehmend über die Länder hinweg rechnete und politische Entscheidungsvariablen übersah. Von Pryor bis Wilensky wurde von der ökonomisch beeinflußten Komparatistik sogar suggeriert, daß der *Unterschied zwischen Kapitalismus und Sozialismus gering* sei, so groß auch der propagandistische Aufwand des realen Sozialismus war, um zu zeigen, daß „der Sozialismus" nach seinen Grundsätzen die Gesellschaft umgestalten kann.

Inzwischen ist der Versuch falsifiziert, und die Forschung droht, nach dem Zusammenbruch des bürokratischen Sozialismus, in den entgegengesetzten Fehler zu verfallen: Plötzlich war nur die Politik der Kommunisten für alle Übel der Gesellschaft in diesen Ländern verantwortlich. Wenn vermutlich nach dem Übergang vieler Länder zu Demokratie und Pluralismus – ähnlich wie in der Dritten Welt – nicht alle Blütenträume reifen und nach ein paar Jahren sichtbar wird, daß es doch auch politikunabhängige, schwer zu beeinflussende Variablen der Entwicklung gibt, wird sich diese Übertreibung auf ein differenziertes Betrachtungsniveau wieder einpendeln. Der *sozialökonomische Determinismus der Konvergenztheoretiker* hatte nicht wenig mit dem der von ihnen methodisch bekämpften *Marxisten* gemein.

Unter dem Einfluß des Behavioralismus und eines methodologischen Individualismus unterschiedlicher theoretischer Provenienz feite sich die *makro-sozialwissenschaftliche* Forschung gegen die Anfechtung ideologischer Kollektivbegriffe und löste die Komparatistik in der Methodik der *Sonderung von abhängigen und unabhängigen Variablen* auf. Sie war nun endgültig von nichtvergleichender Wissenschaft oder von einer Wissenschaft, die naiv glaubte, nicht vergleichend vorzugehen, kaum noch zu unterscheiden. Eine solche Forschungsentwicklung mußte schwerste Bedenken gegen die Korrelation von kaum operationalisierbaren Polity-Variablen und relativ überschaubaren policy-outcome-Indikatoren entwickeln. Das Ungenügen über die kleine Zahl vergleichbarer Fälle, die auch durch eifrigste Operationalisierung nicht vergrößert werden konnten (vgl. Sharpe/Newton 1984: 218), trieb viele Forscher in die Subsysteme des politischen Systems. Sie kamen in Amerika erst auf der Staatenebene an und verloren sich schließlich auf der lokalen Ebene, wo Krankenhausträger und „school boards" auch den staatlichen Akteur allenfalls zu einer intervenierenden Variable werden ließen. Das Resultat war, was ich die *„Westside Story" des Politikvergleichs* genannt habe. Man beschränkte sich auf ein eng umgrenztes Revier auf der Westside New Yorks oder anderswo. Przeworski/Teunes (1970) einst so sinnvolles Plädoyer für die Analyse der Untereinheiten des politischen Systems zur Verbesserung der Komparatistik begann sich in aller Sterilität totzusiegen.

Das Ergebnis war zwangsläufig heftige Kritik an der völligen *Theorielosigkeit dieser Vergleiche*, die auch durch einige Anleihen beim systemfunktionalistischen Vokabular nicht verdeckt werden konnten. Die Gegenschule der komparativen Policy-Forschung, die gegen die *Quasi-Eastonians der Dye-Hofferbert-Schule* antraten, machten mit ihrem pragmatischen Plädoyer für historisch-institutionelle Studien manche Sterilität wett, hatten aber – etwa bei Heclo und Heidenheimer – die Theorielosigkeit noch bewußter zum Prinzip erhoben.

Immerhin war es das Verdienst dieser zweiten Schule, den Vergleich von Politik im Sinne von Politics wieder ins Auge zu fassen. Politics blieb *black box* in den meisten Korrelationsstudien. Entscheidungsprozesse wurden in einem eher handlungs- als systemtheoretischen Ansatz wieder untersucht. Parteien und Interessengruppen rückten ins Zentrum der black box, aber auch die politische Eigeninitiative der Verwaltung, die mit der terminologischen Analogiebildung des *Input-Output*-Vokabulars „*withinput*" getauft wurde, wurden bei Erleuchtung der black box des Entscheidungsprozesses sichtbar. *Akteursbezogene Ansätze*, die an der Hoffnung der Entdeckung kausaler Beziehungen zwischen politischen Variablen und sozio-ökonomischen Policy-Outcomes festhielten, mußten ihre Erklärungen weitgehend auf Polity-Variablen stützen. Die Bundesbank oder der Korporatismus erklärten dann die Varianz im Ergebnis von Wirtschafts- und sozialpolitischen Maßnahmen. Damit wurde der Erkenntnis Rechnung getragen, daß auch die komparativen Quantitativisten zur Erklärung ihrer Befunde schon immer zu solchen Hilfshypothesen gegriffen hatten. Der Korporatismus Österreichs, die Konkordanzdemokratie der Schweiz, ein paternalistischer Korporatismus ohne Gewerkschaften in Japan wurden als *deus ex machina* in eine Analyse eingeführt, wenn es an die Erklärung ging, ohne daß diese Begriffe im Untersuchungsdesign zuvor als Variable stringent definiert worden waren. Es ist Scharpfs Verdienst, dieses Verfahren als „unaufgeklärten Institutionalismus" entlarvt zu haben. Er weist auf die Bedeutung unterschiedlicher Strategien hin, die von den verschiedenen Institutionen verfolgt werden können, und sprengt damit starre Kausalannahmen zwischen Polity- und Policy-Variablen. Neuerdings wird die Freiheit der Optionen in einzelnen Institutionen von Scharpf (1997) noch spieltheoretisch formalisiert, ohne daß er damit seine theoretische Ausgangsflexibilität verbessert.

Das dumpfe Klappern mit dem Policy-Cycle, das sich in der Politikwissenschaft der 80er Jahre ausbreitete, hat freilich die neue Entdeckung des Entscheidungsprozesses zur Verbreitung neuer Unklarheiten benutzt. Angesichts der Restriktionen für die Akteure, die bei der neuen fallorientierten Entscheidungsanalyse im Halbdunkel blieben, wurden langfristige Systemrestriktionen mit verdunkelt. Kein Wunder, daß der Policy-Vergleich von traditionalen Normativisten als Niedergang des Faches wahrgenommen wurde, dem durch die Flucht in die Kernbereiche der Politikwissenschaft und in die Zitadelle einer Ordnungswissenschaft (Naschold in: Hartwich 1983: 116ff.), einer „*polity science*", geantwortet wurde. Von progressiv-kritischen Normativisten hingegen wurde vor allem die mit dem Politikvergleich verbundene *Ideologie der Machbarkeit* kritisiert (Greven in: Hartwich 1985: 145). Die vernünftige Beschränkung des Erwartungsanspruchs auf „*Handlungskorridore*" zwischen Restriktionsbarrieren (M. G. Schmidt in: Berg-Schlosser/Müller-Rommel 1992) war der gangbare Kompromiß, der sich abzeichnete. Die Autonomie des politischen Systems und seine Handlungsfähigkeit wurden nicht wegeskamotiert, wie bei Staatsableitern und Konvergenztheoretikern. Aber die Bescheidenheit der Untersuchungsmöglichkeit verbreitete Frustrationen, weil zu geringe Anteile der Varianz zu erklären waren.

c) Vorarbeiten für den Vergleich: Klassifikationen, Typenbildung, Modelle

Jede empirische Arbeit bedarf der klassifikatorischen Vorarbeit. Sie muß klären, was sie zu untersuchen gedenkt. Aber die vergleichende Methode muß diese Vorarbeit noch gewissenhafter leisten als Fall- oder Länderstudien. Nicht wenige Typologien geben sich als Theorien aus; zu Unrecht, obwohl taxonomische Arbeit ein Teil der theoretischen Arbeit ist. Politische Theorien sind Systeme von inhaltlichen Aussagen über politische Realität, Taxonomien dagegen beziehen sich überwiegend auf bestimmte formale Kriterien der Fülle politischer Erscheinungen, die geordnet werden müssen, ehe sich brauchbare Hypothesen über den Ausschnitt politischer Wirklichkeit formulieren lassen, den der Politikwissenschaftler erforschen will.

Wie der Bereich der Hypothesenbildung überhaupt, ist auch der der Typenbildung bis heute in einem recht archaischen Zustand geblieben, und bis heute ist die Frage nach dem Nutzen von Typologien nicht entschieden.

Der alte Streit der Historisten und der typologisch arbeitenden Positivisten über *uniqueness versus comparability* wird nicht nur in der deutschen, sondern auch in der angelsächsischen Literatur noch immer sehr ernst genommen. Das Problem ist nicht allein den Sozialwissenschaften eigen. Alle Wissenschaften, die einen historischen Stoff unter allgemeinen strukturellen Gesichtspunkten untersuchen, neigen zur typologischen Methode.

Die Wissenschaftler, die differenzierende Methoden nicht mehr als „vergleichend" anerkennen, werden bei der Typenbildung besondere Bedenken haben, sie zur komparativen Methode zu rechnen. Die Typen, die Weber und Troeltsch in den Sozialwissenschaften bildeten, waren durchaus auf dem Boden des historischen Einmaligkeitserlebnisses gewachsen. Sie waren „individuelle Totalitäten", dem individualisierenden Vergleichen noch eng verwandt. Die als Steigerung gedachten Elemente eines Idealtypus dienten der Herausarbeitung des Besonderen. Die Theorie der politischen Systeme verdient ihren Namen nicht immer; häufig verbirgt sich hinter dieser Bezeichnung nur eine Typologie. Nicht selten werden „Typ" und „System" nahezu synonym gebraucht. Typ und System haben gemeinsam, daß sie als strukturiertes Ganzes aufgefaßt werden. Typen sind begrenzter und Gebilde niederer Abstraktionsstufe als Systeme.

Der engere Typenbegriff hat wesentlich mehr vom traditionellen Gleichheitsdenken und seiner „Art- und Gattungslogik" bewahrt. Er erlaubt es weit weniger als der Systembegriff, Dysfunktionen und mitinstitutionalisierte Gegensätze zu berücksichtigen. Typen sind keineswegs – wie manchmal angenommen wurde – auf strukturelle Probleme allein anwendbar. Allgemein ist heute die Tendenz, über die institutionellen Modelle und Typen hinauszukommen: Nationen, Regierungen und Märkte werden ergänzt durch Modelle von politischen Situationen und sozialen Bewegungen. Die dynamische Auffassung von Comparative Politics hat sich auch hier durchgesetzt. Typenbildung im Bereich dynamischer Vorgänge ist dem Historiker jedoch stets verdächtig. Verlaufstypen wie sie etwa Brinton in seiner ‚Anatomie der Revolution' aufstellte, waren den Historikern noch weit suspekter als Typen statischer und struktureller Natur. Diese Abneigung teilen alle Wissenschaftler, die ihre Aufgabe vornehmlich darin sehen, individuelle Kausalketten aufzustellen.

Die deutschen Sozialwissenschaften haben mit der Diskussion um den „Idealtypus" eine den meisten anderen Völkern nahezu unverständliche Problematik hochgespielt, die hier nicht noch einmal repetiert werden soll. Es ist jedoch bemerkenswert, daß Weber (Ges. Aufsätze zur Wissenschaftslehre. Tübingen, Mohr ²1951: 194) selbst beim Idealtypus, der ein individuelles Sein kennzeichnen sollte, nur die Bedeutung eines „rein idealen Grenzbegriffes" mit seinem „empirischen Gehalt" betonte. Dennoch ist der Idealtypus in der praktischen Forschung zu mehr geworden im Rahmen der vergleichenden Methode, allerdings unter Aufgabe wesentlicher Eigenschaften, die er bei Weber hatte. Otto Hintze bezeichnete selbst die Untertypen ständischer Verfassungen – das Zweikammer- oder das Dreikuriensystem – als „Idealtypen". Ein Zweikammersystem ist im Vergleich zu den wesentlich abstrakteren und vielschichtigeren Gebilden wie der „Stadt" oder dem „Kapitalismus", die Weber „Idealtypen" nannte, ein eindeutig aus der Empirie herzuleitendes Phänomen. Ein Vergleich des rein idealen Grenzbegriffes mit seinem empirischen Gehalt ist hier ziemlich überflüssig. Das Zweikammersystem dürfte auch schwerlich als „Steigerung" gedachte Merkmale enthalten. Solche Typen könnte man ebensogut Real- oder Durchschnittstypen nennen. „Idealtypen" untereinander sind schwer vergleichbar; Typen der niederen Abstraktionsstufe – wie sie Hintze anwandte – gehören zum täglichen Handwerkszeug des vergleichenden Wissenschaftlers. Nur der Hintzesche Oberbegriff der repräsentativen Verfassung hatte etwas mit Webers Idealtypus gemeinsam, da die abendländische Singularität der Repräsentativverfassung in dem Begriff herausgestellt werden sollte. Im Gegensatz zur Systemforschung ist die Typenbildung stärker an der Verschiedenheit der Erscheinungen orientiert. Ein Typus ist fast immer an einem Gegentypus orientiert.

Eine Klassifizierung aller möglichen Typen in der Politikwissenschaft ist nicht durchzuführen. Nicht einmal in dem ältesten Zweig der politologischen Typenlehre, der es mit relativ grobmaschigen Begriffen zu tun hatte, wie der Herrschaftsformenlehre, hat sich eine Totalklassifikation aller Typen – wie in der Biologie oder Chemie – als sinnvoll erwiesen. Carl J. Friedrich (Politik als Prozeß der Gemeinschaftsbildung. Köln/Opladen, Westdeutscher Verlag 1970: 57) ist einer der letzten, der dies in seinen 13 Typen von der Anarchie bis zur totalitären Diktatur versuchte, aber auch seine Klassifikation hat den Nachteil, daß die einzelnen Teile der Typologie nicht nach einem einheitlichen logischen Merkmal ausgewählt wurden. Typen, die durch das Ausmaß sozialer Kontrolle definiert werden (wie die totalitäre Diktatur), standen neben bloß institutionellen Varianten repräsentativer Regierung, wie des präsidentiellen Systems.

Eine Art Linnéscher Klassifikationswut, wie sie ein Teil der formalen Soziologie – etwa bei Leopold von Wiese oder Georges Gurvitch – durchlaufen hatte, war in der Politikwissenschaft seltener. Die meisten Typologien waren partieller. Den umfassendsten Versuch einer Klassifikation sämtlicher Herrschaftsformen unternahm Erich Küchenhoff (Möglichkeiten und Grenzen begrifflicher Klarheit in der Staatsformenlehre. Berlin, Duncker & Humblot 1967), dessen Klassifikation der Staatsformen jedoch so komplizierte Neologismen enthielt, daß keine Hoffnung bestand, daß sie von der Wissenschaft oder gar vom täglichen Sprachgebrauch rezipiert werden konnten. Eine Hauptschwierigkeit der politikwissenschaftlichen Typenbildung ist es, daß sich in der Umgangssprache eine Fülle unscharfer Begriffe festgesetzt haben, die auch durch präzise Fassung nicht einmal aus der Wissenschaft ohne allzu puristische Anstrengungen wieder ausgetrieben werden können. Ein Beispiel ist die unscharfe Verwendung des Wortes Präsidialregierung für ein präsidentiell-dualistisches System wie die USA und ebenso für semipräsidentielle Systeme mit volksgewählter Exekutive nach Art der Weimarer Republik oder der französischen Fünften Republik.

Gegenüber den unscharfen und überscharfen Typologien wird der primär an Sachfragen interessierte Empiriker eine nominalistische Haltung einnehmen müssen, um nicht allzuviel Zeit mit dem Kampf gegen terminologische Windmühlenflügel zu verlieren. Es gibt aber

Tabelle II.1: Typologien in den Sozialwissenschaften

Historische Typen			
Comte	Theologisches Stadium	Metaphysisches Stadium	Positives Stadium
Spencer		Kriegergesellschaft	Industriegesellschaft
Morgan	Wildheit	Barbarei	Zivilisation
Engels	Urgesellschaft	Ausbeutergesellschaft (Sklavenhaltergesellschaft, Feudalismus, Kapitalismus)	Sozialistische Gesellschaft
Maine		Status	Contract
Tönnies	Bund (Schmalenbach)	Gemeinschaft	Gesellschaft
Durkheim		Mechanische Solidarität	Organische Solidarität
Ahistorische Typen			
Weber	Charismatische Herrschaft	Traditionale Herrschaft	Rationale Herrschaft
Scheler	Erlösungswissen	Bildungswissen	Leistungswissen
Analogien in der Politik			
Montesquieu	Despotie	Monarchie	Republik
Moderne Lehre von den politischen Systemen	Totalitäre Diktatur	Entwicklungsländersysteme	Repräsentative Demokratie
Bagehot (Elemente der Verfassung)		Dignified parts	Efficient parts
Weber (Parteitypen)	Politische Sekte	Weltanschauungspartei	Patronagepartei
Ostrogorski (Pateitypen)		Freie Ligen	Disziplinierte Parteimaschinen
S. Neumann	Integrationspartei	Parteien der individuellen Repräsentation	
Duverger (Kleinste Parteieinheit)	Zelle, Miliz	Komitee	Sektion
Apter (Typen von Entwicklungsländerregimen)	Mobilization system	Consocional model	Modernizing autocracy
Almond (Stile der Interessenaggregation)	Absolute-value oriented	Traditionalistic styles	Pragmatic bargaining style
Almond/Verba (Politische Kulturen)	Subject political culture	Parochial political culture	Participant political culture

bei der Typenbildung eine weitere Gefahr, daß die Laxheit der Begriffsbildung sich in der bloßen Variation einiger altetablierter Typenreihen erschöpft. Während die Systemtheorie – wie noch zu zeigen sein wird – häufig in geometrische Ordnungszwänge verfällt, droht die Typenbildung arithmetischen Ordnungszwängen zu erliegen. Die zwingende Kraft von Trinitätsvorstellungen ist bereits mehrfach untersucht worden. Kaum eine Typenreihe geht über drei Elemente hinaus. Vier oder fünf Glieder tauchen zwar auf, häufig lassen sich jedoch einzelne von ihnen auf die Grundzahl drei zurückführen, wie etwa die drei Formen der Ausbeutergesellschaft im historischen Materialismus.

Die Typen werden in der Praxis fungibel. Die Neuschaffung von Typen ist zuweilen nicht mehr als ein Anlegen von Steinen wie im Dominospiel, wie ein Blick in Tabelle II.1 beweist. Dabei werden Typen, die als historische Abfolge konzipiert waren, zu analytischen Typen umgeformt und umgekehrt. Je nach politischer Einstellung wird bei historischen Typologien das erste oder das zweite Glied für den wünschenswerten Zustand einer „guten Gesellschaft" gehalten. Das dritte Glied ist häufig nur eine Reprise eines versunkenen „guten Zustandes", der im ersten Gesellschaftstyp einmal bestanden haben und durch eine Politik der Tat wiederhergestellt werden soll.

Nicht alle diese Analogien zu bekannten Typenreihen sind deshalb sinnlos, weil sie abhängig sind. Max Weber beispielsweise hatte selbst bereits institutionelle Organisationstypen gesucht, die den Typen legaler Herrschaft entsprechen. Duvergers Einteilung der kleinsten Einheit von Parteien ist stark von Weber abhängig, ist aber dennoch brauchbar. Es gibt jedoch auch Fälle, die äußerst künstliche Ergebnisse zeigten, etwa als Schmalenbach versuchte, das Gegensatzpaar Gemeinschaft und Gesellschaft, das Tönnies aufgestellt hatte, im Sinne der Weberschen Einteilung der Typen legitimer Herrschaft zu vervollständigen, und die Kategorie des Bundes hinzufügte. Ein großer Teil dieser Typenreihen hat keinen eigenständigen heuristischen Wert.

Dennoch ist die Typenbildung von nicht zu unterschätzender Bedeutung, und die meisten Typenreihen, die nicht an Zweier- oder Dreier-Gegenüberstellungen orientiert sind, laufen eine andere Gefahr, die der Forschung noch abträglicher ist, nämlich bloße Enumerationen oder „Checklists" zu werden (Sartori 1970: 1036ff.).

Diese Gefahr läßt sich am besten umgehen, wenn die Typenbildung in einer Vierfeldermatrix versucht wird. Zwei verschiedene

Merkmalsgruppen werden miteinander in Beziehung gesetzt und zwingen zu stringenter Begriffsbildung. Quantitative Forschung, die ähnlich vorgeht und Merkmalsverteilungen auf einer X- und einer Y-Achse miteinander in Beziehung setzt, kann die Brauchbarkeit der Untertypen in den vier Quadranten einer Vierfeldermatrix überprüfen. Gelegentlich ist die Vierfeldermatrix, wie sie aus Parsons' Agil-Schema (vgl. Kap III.3) von Systemtheoretikern gefiltert wurde, in ihren Bezügen zwischen den vier Quadranten mit zahlreichen Querverbindungen versehen worden. Was an didaktischer Übersichtlichkeit verloren geht, kann an heuristischer Inspiration gewonnen werden, wenn das Verfahren nicht allzu steril-schematisch angewandt wird.

Trotz der Verachtung mancher Empiriker, die auf quantifizierbare Erkenntnisse aus sind, für die taxonomischen Bemühungen der Theoriebildung, bleibt die Typenbildung neben der Begriffsbildung eine der wichtigsten Vorstufen zur quantifizierenden Forschung, da Quantifikation ohne operationalisierte Begriffe und Typen Konfusion und nicht Vermehrung des Kenntnisstandes schafft.

In der frühen Moderne wurden vor allem ganze politische Ordnungen verglichen (*polities*). In der klassischen Moderne dynamisierte sich die Sichtweise. Originalitätssucht in der Konzeptbildung führt zur Suche nach immer neuen Hybriden. Sartori (1990: 247) sah überall „dog-cats" entstehen. In Wellen brechen alte Diskussionen unter neuen Eliten aus, z.B. ob das semipräsidentielle System ein Untertyp des parlamentarischen Regimes ist oder eine eigenständige Form darstellt.

d) Das geographische Substrat der typologischen Vorarbeit

Das geographische Substrat der vergleichenden Analyse schien lange unumstritten zu sein. Der Nationalstaat war die nicht hinterfragte Analyseeinheit. Aber es zeigte sich, daß die typologische und begriffliche Vorarbeit auch den geographischen Einheiten gewidmet werden muß. Neben den Nationalstaaten haben sich einerseits kleinere Regionen und andererseits geographische *Areas* und „*families of nations"* als Analyseeinheiten geschoben. An der Seite der konzeptuellen Arbeit an der räumlichen Typologie tritt zunehmend die Arbeit an den *Zeiteinheiten*, die für die verglichenen räumlichen Einheiten verwandt werden (Bartolini 1993). Die „Gleichzeitigkeit des Ungleichzeitigen"

(R. Koselleck) wurde auch von theoretisch orientierten Historikern zunehmend endeckt. Die Gleichzeitigkeit beim Vergleich von entwickelten OECD-Staaten scheint unproblematisch. Beim Vergleich sehr verschieden entwickelter Gebiete hingegen kann es sinnvoll sein, diachron statt synchron zu vergleichen.

Im Alltagsgeschäft der vergleichenden Systemlehre ist die Mehrheit der Studien keineswegs vergleichend. Eine Studie über den amerikanischen Präsidenten kann so wenig vergleichend sein, wie eine als Innenpolitik gewertete Studie über den deutschen Bundespräsidenten. Zunehmend wurden jedoch Einzelländerstudien von der Methodik der Komparatistik erfaßt. Mit Recht hat Sidney Verba (1967: 114) als Mittelweg zwischen rein singularisierender Deskription und einem allzu schematischen Vergleich, der nur noch einige formale Ähnlichkeiten zwischen politischen Systemen herauspräpariert, die *disziplinierte konfigurative Analyse* empfohlen. Nach diesem Approach sind die Erklärungen zwar auf spezielle Fälle zugeschnitten, müssen aber für alle Vergleichsobjekte denselben Schnittmustern folgen.

Die ersten Förderer des vergleichenden Studiums von Herrschaftssystemen waren reisende politische Schriftsteller mit wissenschaftlichen Fragestellungen. Meist gingen sie mit einer bestimmten Absicht an das Studium des fremden Landes heran. Bücher, die das nicht taten, lebten lediglich vom Informationsgefälle zwischen Sprach- und Landesgrenzen. Die methodische Absicht war meistens von dem Motiv „Anklage" oder „Rechtfertigung" geleitet. Ein fremdes Land sollte als Vorbild hingestellt werden. Kein Wunder, daß viele Russen die Äußerungen des reisenden westfälischen Barons von Haxthausen über ihr soziales und politisches System jahrzehntelang dogmatisierten oder daß die Forschungen von Gierke und Gneist von vielen englischen Verfassungshistorikern teilweise auch mit ihren Irrtümern übernommen wurden, so wie Generationen britischer Gelehrter vorher einige Ansichten reisender Franzosen leichtgläubig rezipiert hatten.

Die Anklage als Stimulus für vergleichende Studien hatte zwei Formen. Einmal wurde ein fremdes Land als Ausgangspunkt eines Übelstandes bloßgestellt, der sich über alle Länder auszubreiten drohte. Hierher gehörte Tocquevilles Warnung vor dem amerikanischen Demokratisierungsprozeß oder Ostrogorskis Kampfansage an die angelsächsischen Parteimaschinen. Dieser Art waren auch die zahlreichen Vergleiche Deutschlands mit England, die die Vorzüge des „deutschen konstitutionellen Systems" herausstreichen wollten.

Das 19. Jahrhundert klassifizierte nicht nur die Entwicklungsstufen als Voraussetzung für sinnvolle Vergleiche, sondern faßte auch größere geographische Einheiten zu einem Forschungsprojekt zusammen. Die moderne Form dieser Bemühungen, die inzwischen die Schlacken älterer Kulturraum-Ideologien abgeschüttelt haben, sind die *Area Studies*. In Deutschland stecken sie noch in bescheidenen Anfängen. Man begann die räumliche Spezialisierung in Osteuropa-Instituten und wandte sich erst zögernd anderen Räumen zu. In Amerika entstand unter dem Eindruck des Zweiten Weltkrieges und durch die weltweiten politischen Verpflichtungen, die dieser Krieg den Amerikanern auferlegte, eine wahre Begeisterung für Area Studies. Nicht wenige Universitätspolitiker hätten am liebsten die traditionelle Department-Einteilung der Universitäten aufgelöst und eine Reihe von ganzheitlich forschenden Area-Departments an ihre Stelle treten lassen. Die räumlich-kulturelle Grundlage drohte eine Zeitlang Hauptausgangspunkt für Comparative Politics zu werden.

Allein bereits das Abstecken von politisch-sozial-geographischen Einheiten bereitete Schwierigkeiten. Bildete der Ostblock wirklich eine erforschbare Einheit auf allen Gebieten? Es ist sicher kein Zufall, daß der außerrussische Raum in Osteuropa-Instituten ständig vernachlässigt wurde. Ein Südasien-Institut läßt sich nur aus Gründen der Wissenschaftsorganisation rechtfertigen. Methodisch gesehen bildet Südasien keine „area". Eine soziale und politische Einheit von Pakistan bis Burma, die den südasiatischen Raum von anderen klar abgrenzte, gibt es nicht, es sei denn, man isoliert die gemeinsame Vergangenheit eines vorwiegend britischen Einflusses als das Kriterium, das noch heute die Politik dieser Länder determiniert.

Lassen sich geographische, historische, ökonomische und kulturelle Einheiten zusammenfassen, wie gelegentlich empfohlen? Am Begriff „Deutschland" vor 1989 ließ sich die Schwierigkeit demonstrieren. Literaturwissenschaftler konnten noch immer von einer Einheit des deutschsprachigen Kulturraums ausgehen, Wirtschaftswissenschaftler konnten dies kaum noch. In manchen Punkten standen sich die Bundesrepublik und Österreich näher als die beiden deutschen Staaten. In politischer Hinsicht gehörten diese sogar ganz verschiedenen „Areas" an. Es blieb also das Dilemma, entweder widersprüchliche Begriffe von „Area" zu dulden, oder aber die faktische Unmöglichkeit, den ganzheitlichen Ansatz der vergleichenden Area-Methode in allen Bereichen durchzuführen. Lateinamerika kann vielleicht noch als eine „Area" mit relativer Homogenität behandelt werden; in Afrika, Asien und Europa müssen die Areas ständig neu definiert werden, wenn die Forschung nicht von einer verknöcherten Institutsorganisation mit Betriebsblindheit geschlagen werden soll. Es ist daher kein Zufall, daß einige der größten Spezialisten der Sowjetstudien – der einst entwickeltsten Area-Forschung in Amerika –, Forscher wie C. A. Black, Fainsod, Inkeles oder Brzezinski, aus dem Getto ihrer „Area" herausdrängten und weltweite Entwicklungsländerstudien betrieben. Von einem übertriebenen Eifer für die Area Studies drohte die Gefahr eines neuen Parochialismus. Der Diffusionismus vergangener Jahrzehnte, der das britische Modell stillschweigend für alle politikwissenschaftliche Forschung zugrunde legte, droht heute ins Gegenteil umzuschlagen. Die Forschung gräbt sich in den Stützpunkten geographisch-sozialer Einheiten ein und übertreibt nicht selten die Unvergleichbarkeit der Politik der verschiedenen Areas.

Es soll natürlich nicht geleugnet werden, daß jede „Area" andersartige Methoden erfordert. Das gilt besonders für das Studium der Entwicklungsländer. Almond (1960: 1) sah die Besonderheit des Entwicklungsländerstudiums in einem Überwiegen der sogenannten *input functions* (politische Rekrutierung, Interessenartikulation, Interessenaggregation und politische Kommunikation) im Gegensatz zu den *output functions* (rule making, rule application, rule adjudication als Neubenennung für die drei Gewalten), die das Studium westlicher Repräsentativverfassungen beherrschen. Trotz dieser Unterschiede darf die politische Theorie sich nicht allzu eng spezialisieren und ihre Begriffe nur noch an den Gegebenheiten einzelner Areas ausrichten. Es zeigt sich, daß Forscher, die in mehreren Areas zu Hause sind, am fruchtbarsten für die Methodendiskussion in der vergleichenden Regierungslehre gewesen sind.

Die kulturalistische Wende in den Sozialwissenzchaften ist auch an der Unterdisziplin „Comparative Politics" nicht spurlos vorübergegangen. Die vergleichenden Statistiker mit ihren Korrelationsanalysen hatten über alle OECD-Staaten hinweggerechnet. Varianzen wurden aber schon immer mit historischen Besonderheiten der einzelnen Länder erklärt, wenn die Daten keine Erklärung boten. Japanischer Paternalismus oder österreichischer Korporatismus wurden gern als „deus ex machina"-Variablen eingeführt. Es zeigte sich jedoch, daß gewisse families of nations (angelsächsische, skandinavische oder deutschsprachige Länder) erstaunliche Ähnlichkeiten aufwiesen. Kulturspezifische Variablen wurden anhand nicht quantifizierbarer Traditionen wieder entdeckt, etwa bei Francis Castles und Manfred Schmidt (Mair 1996: 329; van Deth 1995: 457).

Mit der Entdeckung neuer Areas demokratischer Politik außerhalb des OECD-Bereichs kamen bei den Area-Studies zunehmend Bedenken gegen die rationalistischen Einheitsmethoden auf. Albert Hirschman (1970: 9) hatte schon vor Jahrzehnten vor der Selbstkolonialisierung der Sozialwissenschaften gewarnt, wie sie vor allem von ökonomischen Modellen und Rational Choice-Ansätzen ausgingen. Asien- und Osteuropawissenschaftler befürchteten, daß die Kulturen, die die Politikwissenschaft untersucht, systematisch falsch interpretiert würden, wenn der Rational Choice-Ansatz seine Rationalitätskriterien aus der amerikanischen Gesellschaft in fremde Kulturen übertrüge (Johnson/Keehn 1994). Area-Spezialisten befürchteten eine doppelte Einseitigkeit der neuen Ansätze: die Vernachlässigung des kulturellen Hintergrunds und der spezifischen Institutionen, die für den Rational Choice-Ansatz kein Eigenleben hatten, sondern nur wie Spielregeln aufgefaßt wurden. Die üblichen Parallelen zum Sport wurden schlicht als abwegig angesehen (vgl.Kap. II.5).

e) Vergleichende Analyse von Aggregatdaten

Jede Einführung in die vergleichende Erforschung politischer Systeme wählt ihre eigene Unterteilung der Gebiete der vergleichenden Politikwissenschaft. Am ausführlichsten wird die Unterteilung, wenn alle Bereiche und Gegenstände auf ihre vergleichende Dimension behandelt werden (vgl. Berg-Schlosser/Müller-Rommel 1997). Eine Behandlung der vergleichenden Methode wird möglichst weit von den Unterdisziplinen und Bindestrichpolitologien abrücken, weil der methodische Unterschied vom Studium der Parteien oder Parlamente kaum relevant ist. Die Darstellung verliert sich leicht in Übersichten über die Forschungstechniken und Materialsammlungen des jeweiligen Bereichs. Selbst die vergleichende Policy-Forschung ist nur bedingt ein methodisch abgesonderter Zweig der Forschung. Er kann mit allen Daten der vergleichenden Analyse arbeiten: denen der klassischen Aggregatdaten, wie sie internationale und transnationale Organisationen über Nationalstaaten produzieren, aggregierte Umfragedaten, oder Daten über Ereignisse (Widmaier ebd.: 105ff.). Vergleiche sind kein Selbstzweck, sondern dienen der besseren Erklärung der Phänomene (Przeworski 1987: 35). Aber die Behauptung, man habe sich der Komparatistik verschrieben, feit nicht gegen ganz konventionelle Vorgehensweisen. Wie bei Einzelländerstudien, vor allem historisch-genetischer Prägung, wird im Vergleich häufig nur eine breitere Illustration für bestimmte Hypothesen erreicht.

Der vergleichende Ansatz konkurriert mit der Fallstudie – nicht aber, wie häufig in Überblicken zu lesen ist, mit der *statistischen Analyse*. Der vergleichende Ansatz bedient sich vielmehr zunehmend der statistischen Analyse mit dem Vorteil, daß die Auswahl der Variablen für eine Kausalanalyse sparsamer ausfällt als bei sonstigen Vergleichen (Ragin 1989: 56, Collier 1993: 116). Ein Dilemma des vergleichenden Ansatzes ist die kleine N-Zahl vergleichbarer Fälle, während die Zahl der möglicherweise erklärenden Variablen steigt. Die statistische Methode gilt dem herkömmlichen Vergleich als überlegen, weil die Auswahl der Variablen bewußter vorgenommen wird. Das hindert jedoch einige Wissenschaftler nicht – dank ihrer Finanzmittel und der Rechenkraft ihrer Computer – auch recht unwahrscheinliche Abhängigkeitsverhältnisse durchzurechnen. Der Drang nach Vollständigkeit ist beim Einsatz statistischer Verfahren nicht seltener als bei deskriptiv-typologisch arbeitenden Komparatisten. Daher wird immer wieder versucht, die Komplexität des zu Vergleichenden durch die Findung von Supervariablen zu reduzieren. Ihre Zahl ist gelegentlich bis auf sieben heruntergerechnet worden (Berg-Schlosser/De Meur 1997: 152ff.). Die zahlreichen Untervariablen und Indikatoren in den sieben Gruppen erleichtern freilich die konkrete Arbeit nicht wesentlich, wenn sie alle berücksichtigt werden. Supervariablen haben zudem die Neigung zur „Überdehnung von Konzepten", die Sartori (1991: 249) immer wieder beklagte.

Die konzeptuelle und typologische Arbeit haben statistische Verfahren in den Augen vieler Komparatisten erleichtert. Die Variablen und die *Indikatoren* für ein wenig definiertes *Indicandum* werden als gegeben hingenommen. Vorteil dieser Variablen-Politikwissenschaft ist jedoch, daß keine essentialistischen Annahmen über Grundfaktoren und „Triebkräfte" mehr unterstellt werden, welche die prämoderne Sozialwissenschaft im 19.Jahrhundert noch prägte, als Faktoren wie „Produktivkräfte" (Marxisten), „Bevölkerungsentwicklung" (Malthusianer) oder Ideen-Kräfte (Comteaner) als Movens der Entwicklung unterstellt wurden. Ein letzter Überrest dieser geheimnisvollen Triebkräfte ist die Differenzierung, die in der autopoietischen Systemtheorie wie ein evolutionistisches Naturgesetz behandelt wird, das nicht weiter erklärt werden kann. Es gibt keine unabhängige Variable per se. Jede Variable kann abhängig oder unabhängig sein, je nach Fragestellung des Forschers, der mit statistischen Methoden arbeitet.

Die Suche nach kausalen Beziehungen war in der klassischen Moderne das Ziel aller Sozialwissenschaft. Erst die Postmoderne hat mit ihrer Vermutung der zirkulären Verursachung (vgl. Kap. I.1) diese Suche in Frage gestellt. Die Komparatisten, die mit Aggregatdaten arbeiten, haben schon auf dem Boden der Annahmen der klassischen Moderne in ihren Korrelationen nur schwache Vermutungen für Kausalbeziehungen geliefert.

Die Suche nach kausalen Zusammenhängen erscheint gleichwohl vielen Forschern noch heute als Inbegriff von Wissenschaft. Die Suche nach kausalen Zuordnungen hat in der Politikwissenschaft häufig dazu geführt, daß selbst die größten Kenner fremder Länder kaum wirklich verglichen, sondern an Hand eines fremden Landes einen politischen Prozeß als Konstante herausgriffen und seine Variablen aufzuzeigen versuchten. Dieser politische Prozeß wurde dann nicht selten rein diffusionistisch aufgefaßt. Von einem bestimmten Lande aus sah man eine Erscheinung – die „Konstante" – sich über die ganze zivilisierte Welt ausbreiten. Ein berühmtes Beispiel für solches Vorgehen ist Tocquevilles klassisches Werk über Amerika. Die straffe Ausrichtung seines Werkes auf eine Konstante, von der alle anderen Faktoren der Politik als abhängig angesehen wurden, hat schon damals den Widerspruch methodenbewußter Sozialwissenschaftler herausgefordert. John Stuart Mill (Dissertations and Discussions. London 1859, Bd. 2: 62), einer der größten Pioniere auf dem Gebiet der sozialwissenschaftlichen Methodologie, kam daher in einer Besprechung des Tocquevilleschen Werkes 1840 in der ‚Edinburgh Review' zu dem Schluß: „Tocqueville then, has, at least apparently, confounded the effects of Democracy with the effects of Civilization. He has bound up in one abstract idea the whole of tendencies of modern commercial society, and given them one name – Democracy." Bei allem Respekt, den Mill vor dem Werk im einzelnen hatte, lehnte er diese Heraussonderung einer falschen Konstante ab. Ein exemplarischer Vorgang in der Geschichte der Buchbesprechungen!

Alle Faktorentheorien des 19. Jahrhunderts haben den Vergleich von Politischen Systemen auf diese Weise betrieben. Produktionsverhältnisse, Rassen, Räume, Bevölkerungsbewegungen, intellektuelle Entwicklung und andere Faktoren wurden als unabhängige Variablen zugrundegelegt und in einem als Einbahnstraße verstandenen Einflußprozeß beleuchtet. Es wurden sogar soziale Gesetze aufgestellt, um den äußersten Anforderungen des kausalistischen Denkens zu genügen. Das Studium anderer Länder war dabei nicht selten reiner Vorwand, um Konstante und Variable herausarbeiten zu können.

Die Herauslösung einzelner Faktoren und ihre Klassifikation als abhängige oder unabhängige Variable ist noch heute der gebräuchlichste Weg in der politikwissenschaftlichen Forschung. Der alte Universitätsbrauch, Dissertationen und Habilitationsarbeiten (die mehr als die Hälfte aller Spezialuntersuchungen von Regierungssystemen anderer Länder ausmachen) als „These" zu gestalten, begünstigt dieses Verfahren. Die Begrenzung auf überschaubare Forschungsfelder fördert diese Methode gleichfalls. Es gibt kaum ein Gutachten, das auf dieses Vorgehen verzichten kann. Um die Ergebnisse einer Untersuchung anwendbar erscheinen zu lassen, muß der Gutachter fast immer eine Wirkung von A auf B als C oder C-N unterstellen. Die simplifizierten Ergebnisse sind in der gutdotierten Fragestellung häufig schon vorgezeichnet. Es braucht kaum betont zu werden, daß die *self-fulfilling prophecy* auf diesem methodologischen Boden besonders gut gedeiht. Grundsätzlich ist dieses Vorgehen jedoch sinnvoll, solange nicht ein Faktor dazu ausersehen wird, ein ganzes kompliziertes Regierungssystem zu determinieren. Die kausale Methode kann sich nicht um eindeutige Aussagen mit dem Hinweis auf einen komplizierten Systemzusammenhang drücken. Zu ihrer Ehre muß jedoch gesagt werden, daß auch sie in den letzten Jahren sehr verfeinert worden ist. Anstelle eindeutiger Kausalbeziehung tritt immer mehr das Aufzeigen von alternativen Möglichkeiten, und darin berührt sich diese Methode bereits mit der funktionalen Methode im Ansatz und Ergebnis (vgl. Kap. II.4).

Die systematische vergleichende Politikwissenschaft hat anfangs überwiegend mit den Survey-Methoden des Behavioralismus (vgl. Kap. II.3) gearbeitet. Eines der bekanntesten Beispiele, die Analyse der politischen Kulturen von fünf Ländern auf zwei Kontinenten durch Almond und Verba (Civic Culture 1963), zeigte das Dilemma dieses Ansatzes: Er verlangte ungewöhnlich hohen Einsatz an Mitteln und qualifizierten Interviewern, und mangels hinreichender Sprachkenntnisse ist vor allem Entwicklungsländerforschern, wie Lerner aufgrund seines Buchs über ‚The passing of Traditional Society' (1958), immer wieder vorgeworfen worden, daß selbst die Interviews, die der Arbeit zugrunde liegen, keineswegs amerikanischen Standards entsprächen.

Die vergleichende Methode hat sich daher häufig mit sogenannten *unobtrusive measures* beholfen (Merritt 1970: 16f.), die sich auf das Studium von Verhalten politischer Akteure beschränken, die nicht wissen, daß sie beobachtet werden. Die drei wichtigsten Typen von Daten auf diesem Gebiet sind:
1. aggregierte Daten (Statistiken über demographische, wirtschaftliche, soziale und politische Ereignisse);
2. Daten quantitativer Inhaltsanalysen;
3. soziale Background-Daten von Politikern.

Während Inhaltsanalysen überwiegend im Bereich der internationalen Politik zur Interpretation von Drohungen angewandt wurden und soziale Background-Daten nur sehr vereinzelt in einer vergleichenden Elitenforschung, hat die Benutzung aggregierter Daten einen Zweig komparatistischer Forschung hervorgerufen, der zu den weitreichendsten Verallgemeinerungen kam, aufgrund seiner Fähigkeit, Korrelationen zwischen sehr unterschiedlichen Faktoren im sozialen System aufzuspüren.

Die einfachste Form der Arbeit mit aggregierten Daten ist die bivariate Analyse, die das Verhältnis von nur zwei Variablen untersucht. Diese Form hat jedoch den Nachteil, daß ihre Ergebnisse durch den Einfluß intervenierender Variablen stark verzerrt werden. Wenn beispielsweise der Einfluß der ökonomischen Entwicklung auf die Zunahme von politischer Violenz untersucht wird, so tauchen dabei zwei Probleme auf:
a) Ist die Variable ökonomische Entwicklung korrekt mit dem Pro-Kopf-Einkommen umschrieben?
b) Welches ist der Einfluß intervenierender Variablen, die nicht direkt von der ökonomischen Entwicklung abhängen?

Die meisten komparativen Studien ziehen daher die multivariate Analyse vor. Seymour M. Lipset in „Political Man" (1959) war einer der ersten, der versuchte, den Demokratisierungsgrad von politischen Systemen mit ökonomischen, sozialen und Kommunikationsdaten zu vergleichen. Er stellte dabei fest (ebd.: 58), daß vier Aspekte der ökonomischen Entwicklung (Industrialisierung, Urbanisierung, Reichtum und Erziehung) so eng miteinander verbunden sind, daß sie einen Hauptfaktor bilden, der dem politischen Korrelat „Demokratie" gegenübersteht. Aber schon bei einer relativ kleinen Anzahl von Ländern, die verglichen wurden, gab es immer wieder peinliche Abweichungen, etwa bei Lerners Untersuchung ‚The Passing of Traditional Society' (1958), die vor allem den Urbanisierungsgrad stark unterstrich, weil andere Faktoren – wie die Alphabetenrate – davon abhängig erschienen. Dennoch erwies sich Ägypten als weniger modernisiert, obwohl es weit urbanisierter war als z.B. die Türkei. Lipset hingegen hat vor allem die Kommunikationsvariablen stark betont, ohne hinreichend zu beachten, daß die Zahl der Zeitungen, Rundfunkempfänger und Fernsehgeräte in einem Mobilisierungsregime, das diesen Sektor aus Propagandagründen stark fördert, nicht mit anderen Systemen verglichen werden kann, ohne daß man zu Fehlschlüssen über die Bedeutung solcher Kommunikationsfaktoren für die Demokratisierung des Landes gelangt. Obwohl seit der Zeit von Lipset die Zahl und das Verhältnis der berücksichtigten Variablen stark verfeinert wurden, haben vergleichende Untersuchungen, die anders als Lipset den Ehrgeiz besaßen, von der inneren Struktur her ziemlich unvergleichbare Systeme wie lateinamerikanische Diktaturen, westeuropäische Demokratien und sozialistische Systeme in ein Schema zu pressen, immer wieder zu schweren Fehlkalkulationen geführt.

Während die genetische Methode mit einer Darstellungsweise, die durch die Abfolge von Zitat-Illustration-Konklusion (J. Galtung) gekennzeichnet ist, dazu neigt, jeden abweichenden Fall zur Falsifizierung generalisierender Hypothesen zu benutzen, ist ein *deviant case*, der bei Vergleichen aggregierter Daten auftaucht, kein Grund, die gesamte Hypothese in Frage zu stellen. Abweichende Fälle schaffen nur die Notwendigkeit, nach einer intervenierenden Variablen zu suchen, die solche Abweichungen von der allgemeinen Regel erklärt, und die Gültigkeit der Theorie einzuschränken (vgl. Lijphart 1971: 685). Die vergleichende Methode bewahrt daher die Politikwissenschaft davor, daß der Falsifikationismus als Ethos neopositivistischer Wissenschaftler von individualisierenden Betrachtungsweisen mißbraucht wird, um alle Theoriebildung durch den Nachweis abweichender Fälle im Keim zu ersticken (vgl. Kap. I.1).

Die wichtigsten Gefahren des Umgangs mit aggregierten Daten sind:
a) die Verführung zu rein *makropolitologischen Erwägungen* und Vernachlässigung kleinerer Einheiten (Scheuch in: Merritt/Rokkan 1966: 133);
b) die Verführung zum *nationalen Bias bei der Benutzung der Statistiken*, welche immer davon ausgehen, daß die Nation die geeignetste Einheit des Vergleichs ist. Dies ist für Entwicklungsländer häufig unzutreffend und selbst in Europa problematisch, z.B. wird Süd-

italien besser mit anderen europäischen Randzonen verglichen als in der nationalen Einheit mit Spanien konfrontiert;
c) die *Vernachlässigung genuin politischer Variablen*, da Zensusdaten und ökonomische Daten, kurzum relativ unpolitische Daten auch in Ländern erhältlich sind, die nicht gern Einblicke in ihre politischen Daten zulassen.
d) Selbst wenn die Daten über Strukturen und ihre manifesten Funktionen in politischen Systemen verläßlich ermittelt werden können, stößt die *Interpretation der latenten Funktionen* (besonders in Diktaturen) auf Schwierigkeiten, da Statusunterschiede, Verhaltensinterdependenzen, Anomie, soziale Klassen sehr anders als in pluralistischen Demokratien bewertet werden müssen. Selbst in den offen zu Tage liegenden Daten lauern ständig Fehlerquellen, etwa wenn man die Extraktionskapazität vergleichen will und die Steuern ermitteln muß, die in sozialistischen Systemen zum Teil in den Preisen verborgen liegen, oder den Anteil von Militärausgaben in nationalen Budgets sucht, die sich unter Umständen in den Forschungs- und Ausbildungsetats verbergen.
e) Eine weitere Gefahr stellt die *mathematisierende Pseudoexaktheit* dar, die manchen politikwissenschaftlichen Korrelationsanalysen eigen ist, solange die Begriffs- und Typenbildung noch vernachlässigt erscheint und die Quantifizierung zu einem „Potpourri von disparaten, nicht kumulativen und im ganzen irreführenden Morast von Information" führt (Sartori 1970: 1039). Jede Quantifizierung geht aus von einem qualitativen Räsonnement über die Größen, die der Messung zugrunde gelegt werden, und ein Mißbrauch der Mathematik ist möglich, wenn man durch mathematische Formulierungen eine Präzision vortäuscht, ohne durch eine operationale Definition der betreffenden Begriffe die Aussagen in der Realität verankert zu haben. Als Beispiel für solche Fehler nennt H. Albert in der Ökonomie etwa die kardinalistische Nutzentheorie (Handbuch der empirischen Sozialforschung 1967: 42).

Die Warnung vor diesen fünf Gefahren darf jedoch nicht dem grundsätzlichen Antimathematismus der Normativisten Vorschub leisten, die den Unterschied von Quantität und Qualität zu einem ontologischen aufbauschen. Die Quantifizierbarkeit mit der Frage nach dem „mehr oder weniger" kann jedoch qualitative Vorklärungen, die mit den minder exakten Mitteln sprachlicher Kommunikation in der Frage „Was ist?" vorlieb nehmen müssen, nicht völlig überflüssig machen. Andererseits ist die Chance, sehr komplexe Sachverhalte relativ übersichtlich und einfach auszudrücken, auch auf qualitative Probleme anwendbar. Daher hat der Vergleich auf der Grundlage aggregierter Daten in der Politikwissenschaft eine vielversprechende Zukunft und wird mit dem Ausbau eines weltweiten *social bookkeeping* und der wachsenden Kumulierbarkeit der Daten, welche die Datenarchive, die Publikationen der internationalen Organisationen und nationalen statistischen Ämter liefern, das Stadium mathematisierender Pseudoexaktheit wieder verlassen, in dem sich dieser Zweig der vergleichenden Regierungslehre heute zum Teil noch befindet. Kein Gebiet der Politikwissenschaft erscheint jedoch so abhängig von einer internationalen Forschungsorganisation freier Staaten, die ihre Anstrengungen nicht auf Verschleierung, sondern auf Offenlegung ihrer Daten konzentrieren. Dieser Forschungszweig wird gleichwohl nie der einzige im Rahmen der Politikwissenschaft werden, da Korrelationen Erscheinungen nicht erklären, sondern selbst der Erklärung bedürfen und weder die Verläßlichkeit noch die prädiktive Kraft besitzen, die Grundlage der Theoriebildung in den Sozialwissenschaften sein muß.

Die vergleichende Methode bleibt weniger als der behavioralistische und mehr als der funktionale Ansatz überwiegend an gewisse Annahmen der analytischen Wissenschaftstheorie gebunden. Aber den meisten Komparatisten kann ein positivistisches Bias nachgesagt werden, da sie ihre Sollenssätze weit häufiger nach dem Vergleich dessen bilden, was in unterschiedlichen Systemen schon *ist,* als spekulativ aus einem metatheoretischen Vorgriff auf das, was *sein soll,* wie die meisten Normativisten und Dialektiker. Bis heute ist jedoch trotz einer überwiegend positivistischen Einstellung der Komparatisten, die allein zu einer liebenden Versenkung in die Details ausländischer Regierungssysteme führen kann – die dem auf totale Veränderung hinstrebenden Dialektiker fremd und sogar nutzlos vorkommt –, immer wieder ein normatives Element in den Vergleichen verborgen. Dies zeigt sich, obwohl die Verherrlichung eines normativ betrachteten Systems, das man gelegentlich in ein fernes Land projizierte, seltener geworden ist als in den politischen Theorien des 18. und 19. Jahrhunderts. Dieses normative Element überwiegt vor allem in der Konfrontation mit der Zweiten und Dritten Welt, in den Konvergenz- und Modernisierungstheorien. Dennoch ist es der wichtigste Fortschritt des vergleichenden Ansatzes, daß nicht mehr nur westlich-demokratische Systeme, sondern auch ganz andere gesellschaftliche Alternativentwürfe der nicht anglo-europäischen Welt zunehmend in die Betrachtung miteinbezogen werden.

Die vergleichende Methode hat bei allen ihren Vorteilen für die Politikwissenschaft einige nicht zu übersehende Nachteile:

(1) Vergleiche treten oft *an die Stelle exakter Hypothesenbildung,* da die Fülle der Daten dazu verleitet, aus dem Material Hypothesen herauszudestillieren, statt Hypothesen an dieses Material heranzutragen und an ihm zu testen.

(2) Auch die *Theoriebildung* – so sehr sie immer von Vergleichen angeregt worden ist – kann bei detaillierter komparativer Forschung leiden, da der Drang groß ist, Typologien und Skalen statt den Nachweis von Kausalität anzubieten.

(3) Vergleiche *erschweren die Wertung* des praxisbezogenen Forschers. Nicht selten werden Verhältnisse in einem Lande mit dem Nachweis gerechtfertigt, daß sie in anderen Systemen „noch schlimmer" seien. Vor allem die Konvergenztheorie als neue Form der Komparatistik arbeitet in großem Maßstabe mit solchen Argumentationsfiguren. Der Pluralismus, zu dem eingefleischte Komparatisten nach der Versenkung in die Unterschiedlichkeit von Systemen neigen, kann sogar zu Wertindifferentismus führen und unter neuem Vorzeichen die Vorstellung fördern, daß jedes System „gleich nah zu Gott" sei.

Literatur

G. Almond: A Functional Approach to Comparative Politics. In: G. Almond/J. S. Coleman (Hrsg.): The Politics of the Developing Areas. Princeton UP 1960: 3-54

G. Almond/G. B. Powell: Comparative Politics. A Developmental Approach. Boston, Little Brown 1966

St. Bartolini: On Time and Comparative Research. Journal of Theoretical Politics, Bd.5, 1993: 131-167

D. Berg-Schlosser/G. de Meur: Reduction of complexity for a small-n-analysis: a stepwise multi-methodological approach. Comparative Social Research, Bd.16, 1997: 133-162

D. Berg-Schlosser/F. Müller-Rommel (Hrsg.): Vergleichende Politikwissenschaft. Opladen, Leske & Budrich ³1997

K. von Beyme: Methodenprobleme der vergleichenden Analyse sozialistischer Systeme. PVS 1973: 343-375

K. von Beyme: Der Vergleich in der Politikwissenschaft. München, Piper 1988

K. von Beyme: Die vergleichende Politikwissenschaft und der Paradigmenwechsel in der politischen Theorie. PVS 1990: 457-474

R. H. Chilcote: Theories of Comparative Politics. Boulder, Westview 1981

D. Collier: The Comparative Method: Two Decades of Change. In: D. Rustow/K. P. Erikson (Hrsg.): Comparative Political Dynamics. New York, Harper Collins 1991: 7-31

D. Collier: The Comparative Method. In: A. W. Finifter (Hrsg.): Political Science: The State of the Discipline II. Washington, APSA 1993: 105-119

H. Daalder (Hrsg.): Comparative European Politics. The Story of a Profession. London, Pinter 1997

J. W. van Deth: Comparative Politics and the Decline of the Nation-State in Western Europe. European Journal of Political Research, Bd. 27, 1995: 443-462

M. Dogan/A. Kazancigil (Hrsg.): Comparing Nations. Concepts, Strategies, Substance. Oxford, Blackwell 1994

M. Dogan/D. Pelassy: How to Compare Nations. Chatham, N.J., Chatham House 1984

E. Durkheim: Les règles de la méthode sociologique. Paris, PUF 1950

H. Eulau: Multilevel Methods in Comparative Politics. American Behavioral Scientist 1977/78: 39-62

J. Flax: Thinking Fragments. Berkeley, University of California Press 1990

M. Foucault: Archäologie des Wissens. Frankfurt, Suhrkamp ²1986

H. H. Hartwich (Hrsg.): Gesellschaftliche Probleme als Anstoß und Folge der Politik. Opladen, Westdeutscher Verlag 1983

H. H. Hartwich (Hrsg.): Policy-Forschung in der Bundesrepublik Deutschland. Opladen, Westdeutscher Verlag 1985

G. Heckscher: The Study of Comparative Government and Politics. London, Allen & Unwin 1957

A. O. Hirschman: Exit, Voice and Loyalty. Cambridge/Mass., Harvard University Press 1970

R. T. Holt/J. E. Turner (Hrsg.): The Methodology of Comparative Research. New York, Free Press 1970

E. L. Imbeau/R. D. McKinley (Hrsg): Comparing Government Activity. New York, St. Martin's 1996

W. Ismayr (Hrsg.): Die politischen Systeme Westeuropas. Opladen, Leske & Budrich 1997

Ch. Johnson/E. B. Keehn: A Disaster in the Making: Rational Choice and Asian Studies. Sommer 1994: 14-22

P. Katzenstein u. a. (Hrsg.): Comparative Theory and Political Experience. Ithaca, Cornell University Press 1990

H. Keman (Hrsg.): Comparative Politics: New Directions in Theory and Method. Amsterdam, VU University Press 1993

J.-E. Lane/S. Ersson: Politics and Society in Western Europe. London, Sage ⁴1999

F. Lehner: Vergleichende Regierungslehre. Opladen, Leske & Budrich 1989, ²1992

S. Lieberson: More on the uneasy case of using Mill-type methods in small comparative studies. Social Forcee, 72, 1994: 1225-1237

A. Lijphart: Comparative Politics and the Comparative Method. APSR 1971: 682-693

A. Lijphart: The Comparable-Cases Strategy in Comparative Research. Comparative Political Studies 1975: 158-177

N. Luhmann: Soziologische Aufklärung. Köln/Opladen, Westdeutscher Verlag 1970

N. Luhmann: Soziologische Aufklärung. Opladen, Westdeutscher Verlag Bd. 4 1987

P. Mair: Comparative Politics. An Overview. In: R. E. Goodin/H.-D. Klingemann (Hrsg.): A New Handbook of Political Science. Oxford, Oxford University Press 1996: 309-335

L. C. Mayer: Redefining Comparative Politics: Promise versus Performance. Newbury Park, Sage 1989

Th. W. Meckstroth: ‚Most Different Systems' and ‚Most Similiar Systems'. A Study in the Logic of Comparative Inquiry. Comparative Political Studies 1975: 132-157

R. L. Merritt: Systemic Approaches to Comparative Politics. Chicago, Rand McNally 1970

R. L. Merrit/St. Rokkan (Hrsg.): Comparing Nations. The Use of Quantitative Data in Cross-National Research. New Haven, Yale UP 1966

J. St. Mill: A System of Logic. London, Longmann, Neudruck 1959, Buch III, Kap. 8

H. Nassmacher: Vergleichende Politikforschung. Eine Einführung in Probleme und Methoden. Opladen, Westdeutscher Verlag 1991

S. Nissen: The Case of Case Studies: On the Methodological Discussion in Comparative Political Science. Quality and Quantity, .Bd.32, 1998: 399-418

E. Page: British Political Science and Comparative Politics. Political Studies, Bd.38, 1990: 438-452

J. La Palombara: Politics within Nations. Englewood Cliffs, Prentice Hall 1974

J. G. Pierce/R. A. Pride: Cross-National Micro-Analysis. Procedures and Problems. Beverly Hills, Sage 1972

A. Przeworski/H. Teune: The Logic of Comparative Social Inquiry. New York, Wiley 1970

A. Przeworski: Methods of cross-national research. In: M. Dierkes u.a. (Hrsg.): Comparative Policy Research. Aldershot, Gower 1987: 31-49

Ch. C. Ragin: The Comparative Method. Moving beyond qualitative and quantitative strategies. Berkeley, University of California Press 1987, 1989

G. K. Roberts: What is Comparative Politics? London, Macmillan 1972

St. Rokkan: Vergleichende Sozialwissenschaft. Berlin, Ullstein 1972

D. Rustow/K. P. Erickson (Hrsg.): Comparative Political Dynamics. New York, Harper Collins 1991

G. Sartori: Concept Misformation in Comparative Politics. APSR 1970: 1033-1053

G. Sartori: Comparing and Miscomparing. Journal of Theoretical Politics, Bd.3, 1991: 243-257

H. A. Scarrow: Comparative Analysis. An Introduction. New York, Harper & Row 1969

L. Sigelman/G. H. Gadbois: Contemporary comparative politics. Comparative Political Studies, Bd.16, 1983: 275-305

N. J. Smelser: The Methodology of Comparative Analysis. In: D. P. Warwick/S. Osherson (Hrsg.): Comparative Research Methods. Englewood Cliffs, Prentice Hall 1973: 42-86

S. Verba: Some Dilemmas of Comparative Research. World Politics 1967/68: 111-127

R. Wittram: Vergleich, Analogie, Typus. In: Ders.: Das Interesse an der Geschichte. Göttingen, Vandenhoeck & Ruprecht 1958: 45-58

III. Grundbegriffe der politischen Theorie

Nach den Metatheorien (Theorien über Theorien) und den methodischen Ansätzen könnte man den Stellenwert der Grundbegriffe der politischen Theorie mit den „Objekttheorien" in der Soziologie vergleichen, die in der Regel Grundbegriffe der Bindestrichsoziologien (wie Herrschaft, Familie, Recht) umfassen.

Angesichts der metatheoretischen Kontroversen (Kap. I) und des Stimmengewirrs auf der Ebene methodischer Ansätze (Kap. II) ist kaum zu erwarten, daß in der Politikwissenschaft Einigkeit über die Grundbegriffe der politischen Theorie herrscht. Der ahistorisch orientierte Positivismus und speziell der Behavioralismus haben dazu geführt, daß der moderne Sprachgebrauch mehr und mehr von den historisch überlieferten Bedeutungsfeldern abgekoppelt wurde. Paradigma-Kriege führten zur Neuerungssucht auf vielen Seiten. G. Sartori (u.a.: Power of Babel: On the Definition and Analysis of Concepts in the Social Sciences. International Studies Association 1975: 9) sprach von „*the frenzy of novitism*" oder der „Hyperthrophie der Innovation" in den modernen Sozialwissenschaften im Gegensatz zur traditionellen Wissenschaft, die in erster Linie Wissen vermitteln wollte. Gegen Sprachverwirrung und Krieg um Begriffe gab es zwei Reaktionen in der Politikwissenschaft. Einmal den Versuch der Normativisten und der Dialektiker, eine *Rekonstruktion* einer existierenden Theorie zu unternehmen. Bei den Normativisten war es die aristotelische Politik (Kap. I.1). Bei den Dialektikern bedeutete Rekonstruktion weniger ahistorisch, „daß man eine Theorie auseinandernimmt und in neuer Form wieder zusammensetzt", und zwar eine Theorie, „die in mancher Hinsicht der Revision bedarf, deren Anregungspotential aber noch (immer) nicht ausgeschöpft ist" (J. Habermas: Zur Rekonstruktion des Historischen Materialismus. Frankfurt, Suhrkamp 1976: 9).

Positivisten verschiedener Schattierungen haben solche Versuche immer für aussichtslos gehalten. Im Rahmen der „International Political Science Association" entstand daher seit 1970 eine Forschungsgruppe unter dem Namen „Committee on Conceptual and Terminological Analysis" (COCTA) unter der Leitung von Giovanni Sartori.

In Anknüpfung an Wittgensteins Gegenüberstellung von der Offenheit der natürlichen Sprache im Vergleich zur Geschlossenheit der mathematischen Sprache wurden sozialwissenschaftliche Konzepte auf ihre Mehrdeutigkeit und Unbestimmtheit untersucht. Die Standardisierungsversuche der Gruppe blieben kaum weniger isoliert als die Rekonstruktionsversuche. Eine Auswahl von Grundbegriffen wird kaum auf Konsens unter allen Politologen warten können. Die Auswahl der Grundbegriffe in diesem Kapitel ist dennoch nicht reine Willkür. Es wurden vor allem solche gewählt, die vielfach dazu benutzt worden sind, um die Bewegungsgesetze in ganzen politischen Systemen zu analysieren. Wichtige Konzepte wurden dabei ausgeklammert, auf die dieses Kriterium zutrifft, wie die Theorie der Gerechtigkeit von John Rawls, die den Vertragsgedanken zeitgemäß neu interpretiert. Als weiteres Abgrenzungskriterium muß daher – rein pragmatisch – eingeführt werden, daß vor allem solche Konzepte behandelt werden müssen, die im Zentrum der empirischen Untersuchung von politischen Systemen stehen.

Unterhalb der wissenschaftstheoretischen Grundlagen und Metatheorien und der sechs Approaches wird die Forschung davon beeinflußt, welchen Begriff sie zur zentralen Kategorie erhebt. Dies ist jedoch abhängig davon, welchem der beiden Grundtypen theoretischer Modelle ein Ansatz zuzurechnen ist, den Ordnungs- oder Systemmodellen oder den Konfliktmodellen. Ordnungs- und Systemtheorien betonen in der Regel die Existenz eines gemeinsamen Interesses und deduzieren nicht selten von einem Begriff des Gemeinwohls (oder in der Außenpolitik des nationalen Interesses). Konflikttheoretiker hingegen betonen die Divergenz der Interessen in der Gesellschaft und halten die Konsensvorstellungen nur für Verschleierungen faktischer Machtverhältnisse. Systemmodelle sehen soziale Ungleichheit nicht selten als funktional notwendig zur Erhaltung der Gesellschaft an. Konflikttheoretiker (mit Ausnahme von einigen Elitentheorien) stellen sich häufig bewußt in den Dienst des Kampfes gegen soziale Ungleichheit.

Für die ältere Staatslehre und den institutionalistischen Ansatz war der *Staat* der meist nicht weiter befragte Grundbegriff. Für die stärker soziologisch und verhaltenswissenschaftlich orientierte Theorie war der Grundbegriff die *Macht* – etwa bei Max Weber. Beide Begriffe waren an einem Ordnungsmodell orientiert, und dieses erwies sich als zu simpel, um die wachsende Komplexität des gesellschaftlichen und politischen Lebens einfangen zu können, weshalb der Begriff des *politischen Systems* zum wichtigsten Ordnungsbegriff wurde.

In der zweiten Hälfte des 19. Jahrhunderts wurde eine wechselnde Zahl politischer Theorien entwickelt, welche das harmonistische Bild eines Ordnungsmodells ablehnten und von Widersprüchen und Konflikten in der Gesellschaft ausgingen. Die Ordnungstheorien waren selten so starr, daß sie nicht ebenfalls Konfliktaspekte in sich aufnahmen: Staatstheorien in Form der Gewaltenteilung, Machttheorien in Form eines Gruppenkampfes um eine mehr oder weniger substantialisiert verstandene Macht und Systemtheorien wenigstens in Form von „Systemspannungen" und „Gleichgewichtsstörungen". Nicht wenige maßen sogar den wichtigsten Konfliktbegriffen eine zentrale Bedeutung an, am häufigsten den Gruppen und Eliten, am seltensten den Klassen, aber dennoch blieb die Grundtendenz die Suche nach Gleichgewichtsmodellen. Im Gegensatz zu den Konfliktmodellen, die von partiellen Aggregaten der Gesellschaft ausgingen, konnten viele Ordnungsmodelle nur durch zusätzliche Ordnungsbegriffe operationalisiert werden: der Staatsbegriff durch konstitutionelle Gleichgewichtsmechanismen, die politische Kultur durch „Stile" oder „Attitüden", die Demokratie durch subsidiäre Begriffe wie „Konsensus" und „Gleichheit".

Integrations- und Ordnungsmodelle

1. Der Staat

Das Wort „Staat" wurde von der älteren Begriffsgeschichte – wie bei Ernst H. Kantorowicz (The King's Two Bodies. Princeton UP 1957: 271) – meist auf den Begriff status publicus und auf Vorstellungen von Öffentlichkeit zurückgeführt. Neuere Forschungen – vor allem die von Wolfgang Mager (1968) – haben gezeigt, daß der Staatsbegriff sich aus mehreren Wurzeln entwickelte und vor allem die Erfahrungen der italienischen Kommunen und Signorien sowie der westeuropäischen Monarchien prägend wirkten. Zuerst tauchte der Begriff im Italienischen als *lo stato* auf. Aufgrund der aristotelisch-thomistischen Verfassungsklassifikation, in der „status" soviel wie *forma, species politiae* war oder der Status des Fürsten (*status principis, status regalis*) umrissen wurde, entwickelte sich der Staatsbegriff in dem Augenblick, als der Herrscher und die in seinem Status zusammengeschlossene öffentliche Gewalt voneinander getrennt wurden und das politische System sich aus dem sozialen System ausdifferenzierte sowie die verschiedenen Rollen der Herrscherpersönlichkeit erstmals getrennt wurden. Diese Differenzierung führte zu einer terminologischen Gleichsetzung von *status, communitas* und *res publica,* ohne daß diese älteren Begriffe deswegen mit dem modernen Staatsbegriff identifiziert werden könnten.

Staat und societas civilis begannen sich auseinanderzuentwickeln – die alte Einheit des mittelalterlichen Begriffes *civitas sive societas civilis* ging verloren und endete im 19. Jahrhundert mit der strikten Trennung von Staat und Gesellschaft, mit *government* und *civil society*. Beim späten Hegel war der Staat dazu ausersehen, als Klammer für die zentrifugalen Tendenzen der Gesellschaft zu dienen. Bei Marx wurde gerade diese überhöhte Rolle in der „Kritik des Hegelschen Staatsrechts" angegriffen.

Der Staat als Konzept eigenen Rechts ist eng mit jener Tradition des holistischen politischen Denkens verbunden, das Galtung als „teutonisch" eingestuft hat. Die exaltierte Staatsvergottung hat schon Hobhouse (1951) dazu geführt, diesen „geistigen Sündenfall" mit Deutschland gedanklich zu assoziieren. In der angelsächsischen Tradition wurde das Minimum an Staat, das auch dort nicht überflüssig war, gern unter dem Konzept *„government"* zusammengefaßt. Universale Gestaltungsansprüche – in Ausdrücken wie *„Ordnungspolitik"* – waren dem britischen Denken eher unheimlich. Die Staatsmetaphysik der Hegelianer wie Bosanquet und Green wurde von Liberalen in Großbritannien wie Spencer und Hobhouse immer scharf angegriffen und konnte nie Dominanz erlangen. In der englischen Sprachanalyse zählte man den Begriff des Staates zu den Konzepten, die „Verwirrung stiften, ohne definierbar zu sein" (Weldon). Während die Behavioralisten das Staatskonzept in seine Funktionen aufsplitterten, um es definierbar zu machen, versuchten Systemtheoretiker eine neue theoretische Ganzheit zu denken, die des politischen Systems. Sie sahen den Staatsbegriff als analytisch unbestimmt und überflüssig an. Regierung oder „government" hatte die gegenteilige Schwäche: Diese Begriffe schienen zu sehr festgelegt auf bestimmte Institutionen. Der Begriff „politisches System" wurde jedoch rasch ebenso vage wie der alte Staatsbegriff oder die Klassifikation von Überbaufunktionen durch marxistische Staatstheoretiker.

Aus den wechselseitigen Annäherungen der Systemtheoretiker und der marxistischen Staatstheoretiker ging Anfang der 70er Jahre das Wortungetüm „politisch-administratives System" in einen großen

Teil der Planungs- und Policy-Literatur ein. In den meisten Werken zur Politikfeldanalyse ist das Stichwort „Staat" nicht einmal im Index zu finden. Es führt jedoch ein Bindestrich-Leben weiter in Begriffen wie „Wohlfahrts"- oder Polizeistaat. Die Mehrheit der Vertreter der Policy Analysis gab die globale Staatskritik auf. Sie hielt Marktgesellschaft und parlamentarische Demokratie nicht für unvereinbar wie viele Marxisten. Friktionen zwischen den beiden Prinzipien wurden als temporäre, nicht als fundamentale begriffen. „Der Staat" als Mittler zwischen den beiden Arenen spielte daher eine geringe Rolle. Man begnügte sich damit, Akteure, Arenen und Institutionen zu benennen, welche die Widersprüche zwischen den beiden Regulativen westlicher Demokratie verarbeiten.

Nur zwei Schulen der politischen Theorie hatten noch Bedarf für den Staatsbegriff – Marxisten und Neokorporatisten –, wenn auch aus unterschiedlichen Gründen. In den 70er Jahren wurde der Staat mehr als realer denn als ideeller Gesamtkapitalist, wie ihn Engels beschrieben hatte, behandelt. Die Staatsfunktionen wurden in Typologien gegossen, die wie eine marxistische Paraphrase der Weberschen Kategorien oder der der Systemtheoretiker, die auf Weber aufbauten, klangen. Die Staatstheorie drohte damit zum Annex der empirischen Forschung zu werden: „Die Staatsfunktionen kommen nur als allgemeine Erfahrungstatsachen, nicht als logische Bestimmung in die Analyse hinein" (Esser 1975: 148). Eine solche Option überhörte geflissentlich frühere Warnungen aus der Frankfurter Schule, daß empirisch zu beantwortende Fragen nicht auf analytischer Ebene vorentschieden werden dürften (Habermas). Selbst unter den Marxisten war die Neigung zu abstrakt-teutonischer Begriffsbildung in Deutschland größer als in anderen Ländern. Typisch dafür war ein Bonmot von Poulantzas, der für seine deskriptiv-analytische Begriffsbildung in einer Diskussion in Berlin angegriffen wurde und nur lakonisch antwortete: „I don't care for your German Staatsableitung."

Die Neokorporatisten waren die zweite Gruppe, welche an einem etwas weniger abstrakten Staatsbegriff noch festhielten. Sie wären jedoch auch mit dem Begriff „government" ausgekommen, wenn die korporativen Systeme nicht vorwiegend auf dem Kontinent in nichtangelsächsischen Sprachtraditionen zu Hause gewesen wären. Wo immer es Bemühungen von *„bringing the state back in"* gibt, herrscht gleichwohl Einigkeit, daß keine *„grand theory"* des Staates mehr benötigt wird (Evans u.a. 1985: 28). Staatszielbestimmungen wurden wieder üblich in Debatten um *„national goals".* Sie waren durch die Vorherrschaft liberalen Denkens mit der kameralistischen Tradition untergegangen. Der Liberalismus akzeptierte allenfalls zwei Ziele des Staates wie die Garantie innerer und äußerer Sicherheit. In der deutschen Staatsmetaphysik von Hegel und Schelling einerseits bis zu Carl Schmitt andererseits schien es nicht nötig, Staatsziele zu formulieren. Der Staat selbst war eine Art letztes Ziel. Staatsfunktionenkataloge entwickelten jedoch bald die Tendenz, mit den Typologien von Politikprogrammen oder Policy-Arenen identisch zu werden. Der Staat wird dennoch häufig als Sammelbegriff für mittelfristige Trendaussagen gebraucht. Richard Rose verglich diesen Wortgebrauch mit dem eines Blinden, der einen Elefanten beschreiben soll und dessen Beschreibung immer nur auf den kleinen Teil des Elefanten zutrifft, den er ertasten kann (Rose 1984: 4). Das Wachstum des Staates wird in seinem Ausmaß heute häufig als galoppierende Elefantiasis wahrgenommen. Die These von der Krise durch ein zu rasches Wachstum des Staates kann aber nur überprüft werden, wenn „der Staat" zunächst wieder in einige wichtige Elemente zerlegt wird, die als Indikatoren dienen können. Wo dies von der empirischen Forschung, versucht wurde, ließ sich die These vom Staatswachstum, das in zunehmender Unregierbarkeit endet, nicht halten (Rose 1984; v. Beyme 1988). Zur Anklage eines Staatsversagens (Jänicke 1986) kam es vor allem dann, wenn noch übertriebene Erwartungen an die Steuerungsfähigkeit des Staates gestellt wurden.

Traditionellerweise wurde der Staat durch drei Elemente definiert: Staatsgebiet, Staatsvolk und Staatsgewalt. Um der DDR den Staatscharakter absprechen zu können, hat man im Westen versucht, auch noch die Legitimation als viertes Kriterium hinzuzufügen, was sich aber kaum halten ließ, denn in den meisten Staaten der Geschichte hat ein größerer oder kleinerer Teil der Bürger das bestehende System nicht als „legitim" betrachtet.

Können nun die drei Kriterien den Staat von anderen Assoziationen eindeutig unterscheiden? Um dies zuverlässig tun zu können, hat man eine Reihe von Unterscheidungen herausgestellt:
(1) Die *Mitgliedschaft* im Staat ist *obligatorisch*. Man kann nicht einfach austreten wie aus der Kirche oder einem Verein. Schon Hobbes eröffnete aber die Möglichkeit der Emigration – und in unseren Tagen ist es häufiger zum Massenexodus gekommen -, und Weldon (1953: 48) fügt noch die Möglichkeit des Selbstmords hinzu; beides kann aber wohl schwerlich als echte Alternative bewertet werden.

(2) In der Regel kann man nur *Mitglied in einem Staat sein*. – Einzelne Länder sind hier weniger kleinlich, und bei der Integration von Föderationen wird zunehmend Doppelmitgliedschaft möglich sein, schließlich wird sogar die Staatsbürgerschaft im engeren Sinne angesichts weitreichender Grundrechte der Freizügigkeit und der Partizipation aufhören müssen.
(3) Der Staat ist auf ein *bestimmtes Territorium* beschränkt. – Eine Reihe von Staaten beherrschen aber nicht mehr ihr ganzes Territorium, sind von anderen Mächten penetriert. Supermächte dagegen üben indirekte Kontrollen aus und beschränken sich nirgends auf ihr Territorium.
(4) Staaten *vermitteln* zwischen einer *Vielzahl von Interessen* und widmen sich der Förderung allgemeiner und nicht spezieller Interessen. – Auch das ist umstritten, selbst wenn man bürgerliche Regierungen nicht einfach als Marionetten des Großkapitals ansieht, dienen Staaten jedoch wechselnden Allianzen und dominierenden Interessen, die häufig sehr speziell sein können. (In der Schweiz verpflichtet sich der Staat sogar in der Verfassung, das Müllereigewerbe zu fördern und ähnliche höchst spezielle Interessen.)
(5) Der Staat ist im Gegensatz zu anderen Assoziationen eine *dauerhafte Einrichtung*. – Von dieser Regel gibt es Ausnahmen. In Deutschland und Frankreich sind etwa die Arbeitgeberverbände und die Gewerkschaften kontinuierlichere Existenzen als das politische System gewesen, darüber kann nur eine willkürliche Kontinuitäts- und Rechtsnachfolgedoktrin der Staaten hinwegtäuschen.
(6) Der Staat ist eine *notwendige Assoziation*, Menschen können nicht außerhalb des Staates leben, während sie leben können, ohne in anderen Assoziationen zu sein. – Es gab zu allen Zeiten Menschen, die gern außerhalb des Staates gelebt hätten, die Gemeinschaften und Kommunen ohne Beziehung zum Staat aufbauten und gegen ihren Willen immer wieder staatlicher Oberhoheit unterworfen wurden. An die Möglichkeit eines nichtstaatlichen Zustandes glauben noch heute weite Kreise, und selbst wer Herrschaft für nicht aufhebbar hält, könnte sich Herrschaft in nicht-staatlichen Formen, z.B. als funktionale Zuordnung zu unterschiedlichen Machtquellen, vorstellen.
(7) Der Staat hat nach der berühmten Definition von Max Weber das *Monopol legitimen physischen Zwanges* für die Durchführung der Ordnungen. – Diese Definition wird mehr und mehr obsolet angesichts der Rechtfertigung von Gewaltanwendung durch unterdrückte und bisher nicht konfliktfähige Interessen und die fließenden Übergänge

zwischen struktureller Gewalt und Gegengewalt, die sich zum Teil nur in den Bahnen der Nötigung vollzieht.

(8) Der Staat hat die Kontrolle über alle anderen Assoziationen und ist souverän. – Der Staat wurde seit Bodin geradezu mit der Souveränität identifiziert. Angesichts der Aushöhlung der Souveränität von innen, durch dissentierende, sich zurückziehende oder gewaltsam rebellierende Minderheiten in allen Staaten, und angesichts der Aushöhlung von außen durch die Macht der Supermächte und die Souveränitätsverzichte zum Zwecke übernationaler Integration ist auch das Souveränitätskriterium immer weniger brauchbar, um Staaten von anderen Assoziationen abzugrenzen.

Systemtheoretiker wie Luhmann hielten daher mit Recht den Staat für eine unbestimmte, analytisch wenig brauchbare Kategorie. In das theoretische Vakuum, das der Staatsbegriff hinterlassen hat, drang der Begriff des politischen Systems ein. Die Versuche, den Staatsbegriff durch Umdeutung mit Begriffen der Kybernetik für die Sozialwissenschaften zu modernisieren (Lang 1970), kamen bisher über Sprachspiele nicht hinaus.

Erst nach dem zweiten Paradigmawechsel hat Luhmann (1987: 79) den Staatsbegriff wieder milder in seiner Nützlichkeit beurteilt: Er diente in den 80er Jahren für ihn als Chiffre für die „Selbstbeschreibung des politischen Systems". Den Staat als „Akteur" auftreten zu lassen, hielt er noch immer für sinnlos, Politik wird nach Luhmanns Ansicht nicht durch den Staat, sondern in bezug auf den Staat bestimmt. Der Staatsbegriff wurde nur als Bezugspunkt für selbstreferentielle Prozesse benötigt, welche auf die Vorstellung eines operational geschlossenen Systems angewiesen sind.

Der Staatsbegriff ist im 20. Jahrhundert zum Schlüsselbegriff der konservativen politischen Theorien geworden. In der Schule Carl Schmitts, vor allem bei Ernst Forsthoff und Werner Weber, herrschte die Neigung vor, die Vergesellschaftungstendenz zu bekämpfen, die den Staat zum Juniorpartner mächtiger gesellschaftlicher Interessen degradiert und ihn unfähig werden läßt, notfalls durch autoritäre Setzung des Gemeinwohls und Regelung der Konflikte, die verschiedenen gesellschaftlichen Interessen in ihre Schranken zu weisen. Unüberhörbar klang eine Sehnsucht nach dem starken „Voll-Staat" mit, der mit der parlamentarisch-demokratischen Entwicklung der republikanischen Phase verlorengegangen zu sein scheint.

Forsthoff (1971: 159) schien sogar zu bedauern, daß die wirtschaftlich-sozialpolitische Legitimation des modernen Daseinsvorsorgestaates die älteren Garanten der Stabilität durch physische Repression zunehmend überflüssig gemacht habe: „Nachdem mit dem Ende des Staates auch das geistige Profil der Polizei dahin ist, fällt es ihr schwer, im politischen Alltag eine gute Figur zu machen, und man nimmt das hin." Forsthoff verschwieg, wie die Polizei „gute Figur machen" kann, aber man überinterpretiert seine Worte wohl schwerlich, wenn er härteres Eingreifen in den Konflikten, die nicht trotz, sondern zum Teil gerade wegen steigender Erfolge des Staates in der Daseinsvorsorge aufbrechen, als „bessere Figur" gewertet hätte.

In einem Punkt berührten sich die linke und die rechte Kritik des demokratischen Pluralismus kapitalistischer Staaten: Beide bedauerten die Unfähigkeit kapitalistischer politischer Systeme, das *konkret Allgemeine* zu artikulieren und zu repräsentieren. Die Konservativen neigten jedoch im Gegensatz zur Neuen Linken dazu, dem Staat die Repräsentation des Konkret-Allgemeinen zuzubilligen. Sie knüpften nicht selten – bei Forsthoff (1971: 21) expressis verbis – bewußt oder unbewußt an Hegels Definition in der Rechtsphilosophie (§ 258) an: „Der Staat ist die Wirklichkeit des substantiellen Willens, die er in dem zu seiner Allgemeinheit erhobenen besonderen Selbstbewußtsein hat, das an und für sich Vernünftige."

In der Konzeption des Daseinsvorsorgestaates fand die alte Überhöhung des Staates in technokratischer Form mühelos ihren Anschluß an populäre Forderungen, wie sie von der Linken artikuliert wurden, von der psychischen Daseinsvorsorge bis zum Umweltschutz. Das Gegenmodell, das die Fähigkeit zur Artikulierung der allgemeinsten Interessen, die bisher vernachlässigt wurden, vornehmlich bei einer Avantgarde der künftigen Gesellschaft, der revolutionären Intelligenz oder den Gewerkschaften liegen sieht, erscheint nicht minder elitär. Eine auf herrschaftsfreier Kommunikation und möglichst umfassender Partizipation aller organisierten Interessen und Subsysteme aufgebaute planmäßige Entwicklung hin zum Verantwortungsbewußtsein für das Konkret-Allgemeine ist jedoch ein Mittelweg, der die Alternative „Staat oder Gesellschaft" obsolet werden läßt.

Ein Neuansatz der Staatsdiskussion begann mit der Diffusion der Theorie des Staatsmonopolistischen Kapitalismus (vielfach als „Stamokap" abgekürzt) der Marxisten, die sich an Moskau orientierten, und den zahlreichen Antworten, die von „nichtrevisionistischen Linken" und Staatsinterventionismustheoretikern in der traditionellen Politikwissenschaft gegeben wurden. Es wurde beklagt, daß die bürgerliche Sozialwissenschaft den Staat zur „Naturform" erklärt habe, die nicht weiter diskutiert werden müsse. Staat erscheine ihr als „kontingenter organisatorischer Apparat, als ein leeres Gehäuse, so daß es nur darauf ankomme, seine technische Funktionsweise und die wechselnde politische Einflußnahme auf ihn zu beschreiben" (Hirsch in: Braunmühl u.a. 1973: 199). Der Stamokap-Ansatz ging davon aus, daß im Spätkapitalismus die Krisen und die Zuspitzung wachsender Widersprüche nur dadurch gemeistert werden können, daß der Staatsapparat selbst als zentrale gesellschaftliche Organisation aus der Abstraktion des bloß „ideellen Gesamtkapitalisten", von dem Engels gesprochen hatte, heraustritt und direkt Aufgaben im Prozeß der Kapitalverwertung übernimmt. Dabei wird nicht mehr unterstellt, daß der Staat grundsätzlich im Interesse der stärksten Monopole tätig wird. Einzelne Entscheidungen könnten sogar gegen deren erklärten Willen ausfallen. Der Staat muß gelegentlich sogar einzelne Profitinteressen beschneiden, um das Prinzip einer profitorientierten Wirtschaft erhalten zu können. Einige neomarxistische Kritiker bemängeln an diesem Ansatz, daß der Staat – ähnlich wie in bürgerlichen Theorien – instrumentalisiert werde. Der Klassenkampf als Grundprinzip des orthodoxen Marxismus-Leninismus verlor im Stamokap-Modell seine zentrale Bedeutung – durch Bündnisstrategien, die tendenziell alle „Werktätigen" umfassen und die den Klassenkampf auf die Sowjetunion hin relativierten. Das sozialistische Lager unter Führung der Sowjetunion übernahm gleichsam die Rolle des Proletariats bei Marx.

Gegen diese Position wurden Staatstheorien entwickelt, die zum Teil ebenfalls von der Prämisse einer relativen Autonomie des Staates im spätkapitalistischen System ausgingen. Bei Offe (1972) wurde diese relative Autonomie gleichsam systemtheoretisch postuliert, und die spezifischen Selektionsleistungen des Staatsapparates, die notwendig waren, um als kapitalistischer Staat zu fungieren, wurden klassifiziert. Bei einigen antirevisionistischen „Staatsableitern" resultierte die relative Selbständigkeit des Staates aus dem Kapitalverhältnis selbst als notwendige Bedingung kapitalistischer Warenproduktion. Das gilt im Gegensatz zum Stamokap-Ansatz und zu den Spätkapitalismuskritikern der Frankfurter Schule auch schon für den Frühkapitalismus. Im Gegensatz zu den genannten Ansätzen waren antirevisionistische Kritiker jedoch noch kritischer gegenüber der begrenzten Steuerungsfähigkeit des Staates und hielten es daher für eine gefährliche Illusion, den Staat zum Adressaten von Druck zur Umverteilung

1. Der Staat

zugunsten der Arbeiterklasse zu machen (sogenannte „Sozialstaatsillusion" (Müller/Neusüss 1970).

Allen Ansätzen gemein war die Skepsis, daß der Staat als Krisenmanager erfolgreich sein kann. Sie gingen davon aus, daß der Staatsapparat als Krisenmanager selbst gegenüber der Ökonomie in Widersprüche verstrickt wird. Unterschiedlich sind jedoch die zugrunde gelegten Krisenbegriffe: *Ökonomische Krisen* dominierten in der orthodoxen Theorie. *Politische Krisen* erscheinen anderen Staatstheorien wahrscheinlicher, da der Staat beim Ausgleich der Schwächen einer sich selbst blockierenden kapitalistischen Ökonomie durch die Logik seiner Steuerungsmittel gezwungen wird, immer mehr systemfremde Elemente zuzulassen (Offe 1972: 27ff.).

Legitimations-, Rationalitäts- und Motivationskrisen hingegen schienen für andere Staatstheoretiker bestandsgefährdender als jene nicht geleugneten Krisen, mit denen der spätkapitalistische Staat bisher noch überwiegend fertig wurde. Eine Motivationskrise entsteht dann, wenn das sozio-kulturelle System sich so verändert, daß sein Output für den Staat und für das System der gesellschaftlichen Arbeit dysfunktional wird. Entpolitisierung, Privatismus, Verschleiß traditioneller Überlieferungen und Ideologien, Erosion des vorbürgerlichen und bürgerlichen Normenbestandes, seiner Ethik, seiner Kunstauffassung und die psychologischen Regressionen, welche diese Prozesse bewirken, waren für einige kritische Theoretiker die eigentlich systembestandsgefährdenden Symptome (Habermas 1973: 106ff.).

Die meisten neomarxistischen Staatsableitungsversuche setzten voraus, was sie abzuleiten vorgaben. Die Begriffe blieben wenig operationalisiert. Soweit es zu einer Klassifikation der Staatsfunktionen kam (vgl. Altvater 1972), waren sie wie bei den Positivisten weitgehend deskriptiv und lehnten sich zum Teil an die herkömmliche Einteilung der In- und Outputfunktionen im Gewande einer marxistischen Terminologie an. Die Steuerungsunfähigkeit des Staates wurde allzu einseitig unterstellt, da funktionale Äquivalente staatlicher Steuerung kaum miteinbezogen werden. Steuerungsschwierigkeiten sozialistischer Staaten, die nicht an den Mängeln des Spätkapitalismus zu leiden hatten, wurden nicht vergleichend eingebracht, da – mit Ausnahme des Stamokap-Ansatzes dem „realen Sozialismus" der Charakter eines mustergültigen Gegenmodells abgesprochen und normativ auf ein noch in Zukunft zu schaffendes System verwiesen wurde. Dieses Verfahren hat den Vorteil, daß es frei von Apologie für bestimmte Systeme ist, aber den Nachteil, daß es Steuerungsschwierigkeiten, die in kapitalistischen wie in sozialistischen Systemen auftauchen können, nicht empirisch angeht. Die Kritische Theorie mit ihren Ansätzen zu einer negativen Konvergenztheorie war hier vergleichsweise am klarsichtigsten. Die Frustration der abstrakten Staatsableitung – die weitgehend auf Deutschland konzentriert war, da in der angelsächsischen Welt elitentheoretische Ansätze (Miliband 1973) oder empirisch gesättigte Theorien wie die der Fiskalkrise (O'Connor 1974) dominierten – hat inzwischen zu einer Wiederzuwendung zu Untersuchungen bestimmter materieller Politiken geführt.

Eine neue, schon stark vom französischen Poststrukturalismus beeinflußte Variante der Staatstheorie stellte die Theorie der Regulation dar. Aglietta (1976) machte dabei starke Anleihen bei amerikanischen politikwissenschaftlichen Theorien. Der Regulationsbegriff der Politikfeldforschung, wie ihn Theodore Lowi entwickelt hatte, schien diesem spätmarxistischen Ansatz zu eng. Akkumulationsregimes, Produktionsweisen und Regulationsweisen wurden als autonome Sphären begriffen, die nicht mehr wie in der älteren Staatsableitungsliteratur voneinander deduziert werden konnten. Die Vorstellung eines einheitlichen Mechanismus im kapitalistischen Staat wurde aufgegeben. Die Vielfalt der nationalen Besonderheiten beim Krisenmanagement kapitalistischer Staaten wurde nicht mehr durch Abstraktionen verdeckt.

In der Rezeption durch deutsche Neomarxisten wurde jedoch gerade die Vernachlässigung eines zentralen Koordinationszentrums „Staat" an diesem Ansatz kritisiert. Die Staatstheorie schien sich in eine deskriptive Institutionenkunde aufzulösen (Boyer 1987: 91ff.). Der Spätmarxismus ging schrittweise in einen Postmarxismus über, noch ehe der reale Sozialismus zusammengebrochen war. Gleichwohl ist es zu früh, das Ende jeder Staatstheorie von rechts oder links zu proklamieren. Mit neuen Steuerungskrisen wird neuer Bedarf nach Steuerungstheorien aufkommen, die erfahrungsgemäß auf den Staatsbegriff wenigstens als fiktive Einheit eines Handlungszentrums rekurrieren. In der ersten Hälfte des 20. Jahrhunderts war die Staatsidee von links und von rechts (Hans Freyer, Karl Mannheim) mit der Idee einer umfassenden Planung verbunden. In der Theorie des liberalen Korporatismus trat der Staat noch als zentraler Akteur auf, aber er war auf die gesellschaftlichen Gruppen und ihre Kooperation angewiesen (vgl. Kap. III.6). Im Zeitalter der skeptischen Nachmoderne, die den Glauben an die großen Lenkungsversuche des Rationalismus verloren hatte und eine fragmentierte Gesellschaft akzeptierte, in

1. Der Staat

der Einheit nur noch mit ideologischer Gewalt gestiftet werden konnte, wurden die Ansprüche der Staatstheorie noch bescheidener: Steuerung wurde zum zentralen Konzept (v. Beyme 1996: 127ff.). Für viele der autopoietischen Systemtheoretiker (vgl. Kap. III.3) war staatliche Steuerung allenfalls Hilfe zur Selbststeuerung der Gesellschaft.

Die neue Staatskritik richtete sich gegen alle Systeme. *Westliche Gesellschaften* erschienen als übertrainierte Kraftprotze, die fassungslos feststellen, daß Muskeln allein noch keine Handlungsfähigkeit in schwierigen Situationen verbürgen. *Sozialistische Staaten* hingegen wurden mit ihren Steuerungs- und Kontrolltechniken mit einem asketischen und intoleranten Guru verglichen, der nicht verstehen kann, daß der Körper die Befehle des Kopfes ignoriert, weil er zu schwach ist, um handlungsfähig zu sein (Willke 1983: 14). Innerhalb der westlichen Systeme wurde das Steuerungsproblem in unterschiedlicher Weise gelöst:

- in den kontinentaleuropäischen Ländern durch eine Dominanz des Staates,
- in den angelsächsischen Ländern durch die Dominanz der Ökonomie.

Die Typen „postmoderner Gesellschaften" folgen weitgehend denen von Etzioni (1968). Theorie und Wissenschaft der Steuerung aller Systeme wurde als inadäquat eingestuft. Nur die „*Praxis des Durchwurstelns*" hat die Systeme vor dem Kollaps bewahrt. Inzwischen muß man hinzufügen: mit Ausnahme der sozialistischen.

Der theoretische wie praktische Optimismus, den diese Variante der Selbststeuerungstheorie ausstrahlte, wurde durch die Entwicklung einer *retikalen* (netzförmigen) *Steuerungsform* gerechtfertigt. Westliche Gesellschaften sind durch minimale Koordination ihrer wachsenden Interdependenzen gekennzeichnet. Sie tun dies durch unterschiedliche Verfahren: durch *dezentrale Makrosteuerung* des Staates. Verbindliche Regelung von Bereichen durch den Staat wird immer seltener. Der Steuerungsprimat des Rechts geht verloren. Historisch verläuft die Entwicklung parallel zu vier Typen von Staatsfunktionen (Willke 1983: 56). Sie wurde später (Willke 1992: 180) auf fünf Ordnungen erweitert. Die letzte Ordnung, die ursprünglich „*postmoderner Staat*" genannt worden war, wurde zum *Supervisionsstaat*, der den Wohlfahrtsstaat ablöst (vgl. Schema).

Schema: Zuordnung von politischen Ordnungsfunktionen, Staatsformen und Formen des Gesetzes

FUNKTIONEN	STAATSFORM	FORM DES GESETZES
1. Ordnung	absoluter Staat	Konditionalprogramm (repressiv)
2. Ordnung	liberaler Staat	Konditionalprogramm (repressiv + restitutiv)
3. Ordnung	Interventionsstaat	Zweckprogramm (globale Parameter)
4. Ordnung	Wohlfahrtsstaat	Zweckprogramm (globale + Mikro-Parameter)
5. Ordnung	Supervisionsstaat	Relationierungsprogramm (dezentrale Kontextparameter)

Die Steuerungsmittel, welche die Bielefelder Schule in eine Typologie brachte, sind nicht neu, und wurden in der Politikwissenschaft schon immer behandelt:
- Etatismus,
- Subsidiarität,
- Delegation,
- Neokorporatismus.

Die *Rationalität der Teilsysteme* wird gesteigert, aber die *Irrationalität des Ganzen* wächst. Diese Grunderfahrung der klassischen Moderne führte jedoch nicht mehr zur Suche nach einer integrierenden Klammer, sondern nur noch zur Suche nach Mechanismen, wie Handeln in den auseinanderdriftenden Teilsystemen noch koordiniert werden könnte. Ungelöst blieb bei solchen Vermittlungen zwischen empirischen Befunden und theoretischen Ansätzen, welches Ausmaß der Selbststeuerung realistisch ist. Willke hat der anarchistischen Idee ausschließlicher Selbststeuerung, die von der autopoietischen Theorie eigentlich nahegelegt wird, widerstanden. Wir werden mit dem Paradoxon entlassen, daß die List der Gesellschaft zwar zur Entzauberung des Staates geführt habe. Der Staat aber entwickelte Gegenlisten in Form von Verhandlungssystemen. Politik wurde damit der Ökonomie immer ähnlicher. Die Theorie der Macht (Kap. III.2) als oberstes Steuerungsmittel der Politik wurde abgelöst durch die *Theorie des politischen Tauschs* (vgl. Kap. III.2).

1. Der Staat

Literatur

M. Aglietta: Régulation et crises du capitalisme. Paris, Economia 1976
R. R. Alford/R. Friedland: Powers of Theory. Capitalism, the State and Democracy. Cambridge UP 1985
E. Altvater: Zu einigen Problemen des Staatsinterventionismus. Probleme des Klassenkampfes 1972, Nr. 3: 1ff.
C. E. Barsch: Der Staatsbegriff in der neueren deutschen Staatslehre und seine theoretischen Implikationen. Berlin, Duncker & Humblot 1974
M. Beyerle: Staatstheorie und Autopoiesis. Frankfurt, Lang 1994
K. von Beyme: Theorie der Politik im 20. Jahrhundert. Von der Moderne zur Postmoderne. Frankfurt, Suhrkamp ³1996, Kap. I.3
K. von Beyme: Die Rolle des Staates und das Wachstum der Regierungstätigkeit. In: Ders.: Der Vergleich in der Politikwissenschaft. München, Piper 1988: 109-128
R. Boyer: La théorie de la régulation. Une analyse critique. Paris, Edition La Découverte 1987
C. V. Braunmühl u.a.: Probleme einer materialistischen Staatstheorie. Frankfurt, Suhrkamp 1973
K. Dyson: The State Tradition in Western Europe. Oxford, Martin Robertson 1980
J. Esser: Einführung in die materialistische Staatsanalyse. Frankfurt, Campus 1975
A. Etzioni: The Active Society. New York, Free Press 1968
P. B. Evans u.a. (Hrsg.): Bringing the State Back In. Cambridge UP 1985
E. Forsthoff: Der Staat der Industriegesellschaft. München, Beck 1971
M. Glagow (Hrsg.): Gesellschaftssteuerung zwischen Korporatismus und Subsidiarität. Bielefeld, AJZ 1984
A. Görlitz/R. Voigt: Rechtspolitologie. Opladen, Westdeutscher Verlag 1985
J. Habermas: Legitimationsprobleme im Spätkapitalismus. Frankfurt, Suhrkamp 1973
J. Hirsch: Kapitalismus ohne Alternative? Hamburg, VSA 1990
J. Hirsch/R. Roth: Das neue Gesicht des Kapitalismus. Vom Fordismus zum Postfordismus. Hamburg, VSA 1986
L. T. Hobhouse: The Metaphysical Theory of the State. London, Allen & Unwin (1918), 1951
M. Jänicke: Staatsversagen. München, Piper 1986
E. Lang: Zu einer kybernetischen Staatslehre. München, Pustet 1970
W. Mager: Zur Entstehung des modernen Staatsbegriffs. Mainz, Verlag der Akademie der Wissenschaften und der Literatur 1968
R. Miliband: Der Staat in der kapitalistischen Gesellschaft. Frankfurt, Suhrkamp 1972
W. Müller/Ch. Neusüss: Die Staatsillusion und der Widerspruch von Lohnarbeit und Kapital. Sozialistische Politik 1970, Nr. 6/7: 4-67
C. Offe: Strukturprobleme des kapitalistischen Staates. Frankfurt, Suhrkamp 1972
N. Poulantzas: Staatstheorie. Politischer Überbau, Ideologie, sozialistische Demokratie. Hamburg, VSA 1978
R. Rose: Understanding Big Government. London, Sage 1984
G. Rudel: Die Entwicklung der marxistischen Staatstheorie in der Bundesrepublik. Frankfurt, Campus 1981
D. Sauer: Staat und Staatsapparat. Ein theoretischer Ansatz. Frankfurt, Campus 1978
W. Schluchter: Ansätze zur Bestimmung der Staatsfunktionen und ihre Folgen für die Konzeption des Verwaltungshandelns. In: M. R. Lepsius (Hrsg.): Zwischenbilanz der Soziologie. Stuttgart, Enke 1976: 347-360
T. D. Weldon: The Vocabulary of Politics. Harmondsworth, Penguin 1953

H. Willke: Entzauberung des Staates. Überlegungen zu einer sozietalen Steuerungstheorie. Königstein, Athenäum 1983
H. Willke: Systemtheorie entwickelter Gesellschaften. Weinheim, Juventa 1989
H. Willke: Ironie des Staates. Frankfurt, Suhrkamp 1992

2. Die Macht

„Macht" ist einer der zentralen Begriffe der Politikwissenschaft. Sie bedeutet nach der vielzitierten Definition von M. Weber (1956: 28) „jede Chance innerhalb einer sozialen Beziehung, den eigenen Willen auch gegen Widerstreben durchzusetzen, gleichviel, worauf diese Chance beruht". Macht kann auf Beeinflussung beruhen, auf Überredung, auf Manipulation und im krassesten Fall auf nackter Gewalt. Als legitim empfunden, wird Macht häufig als Autorität bezeichnet. Wenn die Chance besteht, daß eine Person oder eine Personengruppe „für einen bestimmten Inhalt bei angebbaren Personen Gehorsam" findet, so spricht man von Herrschaft.
(1) *Psychologische Theorien*. Das Machtstreben wird häufig als einer der menschlichen Grundantriebe verstanden. Auch Th. Hobbes ging in seinem ‚Leviathan' (Kap. 11) davon aus: „So halte ich an erster Stelle ein fortwährendes und rastloses Verlangen nach immer neuer Macht für einen allgemeinen Trieb der gesamten Menschheit, der nur mit dem Tode endet." Den Grund dafür sah er weniger in der Mittlerfunktion der Macht für die Genußmaximierung als in dem Umstand, daß man „die gegenwärtige Macht und die Mittel zu einem angenehmen Leben ohne den Erwerb von zusätzlicher Macht nicht sicherstellen kann" (ebd.). Neben dem Machttrieb der Herrschenden sah er bei allen anderen Gruppen einen Drang, der „allgemeinen Gewalt" zu gehorchen, sowohl bei den Menschen, denen das „angenehme Leben und sinnliche Vergnügen" oberstes Ziel ist, als auch selbst bei denen, die das „Verlangen nach Wissen und friedlichen Künsten" beseelt, „denn ein solcher Wunsch enthält das Verlangen nach Muße und folglich nach Schutz durch eine andere Macht als die eigene" (ebd.).
Wenn von einem starken Machtwillen ausgegangen wird, wie bei Hobbes, wird meistens auch die Notwendigkeit starker Herrschaft besonders betont, um den Krieg der Individuen untereinander und die ständig latente Bürgerkriegsgefahr zu bannen. F. Nietzsche (Sämtliche Werke Bd. 13, 1988: 300) hat gegen die „psychologische Falschmünzerei der nächsten Dinge" polemisiert und weder den

2. Die Macht

Willlen allgemein, den A. Schopenhauer für das Wesen aller Dinge hielt, noch den Lusttrieb als wichtigste Antriebskraft gesehen, da „alle Kraft Wille zur Macht ist", und jedes Lebende „strebt nach Macht, nach Mehr in der Macht". Unter dem Einfluß Nietzsches modifizierte A. Adler die Lehre von S. Freud, indem er den Machttrieb in seiner Bedeutung über die Libido stellte. Hinter jeder Neurose stand für ihn — im Gegensatz zu Freud — nicht ein pervertiertes oder frustriertes sexuelles Verlangen, sondern ein Minderwertigkeitskomplex, der im Machtstreben kompensiert wird und alle Vorgänge innerhalb der Persönlichkeit auf das Ziel hin bezieht, die Stabilität des Selbstgefühls zu sichern und die Unterlegenheit zu überwinden.

Mit einer solchen psychologischen Machttheorie konnte die Politikwissenschaft im allgemeinen nicht arbeiten. Überhaupt akzeptiert man nur vereinzelt die Annahme eines starken Machttriebes im Menschen, so etwa gemäß dem Ansatz der „Politics of Ambition" in der Elitenforschung. In ihr wird der Drang nach Ämtern und Macht als die Grundtatsache der Politik angesehen (Schlesinger 1966: 1). Dagegen wurde im Bereich irrationalen politischen Philosophierens häufig mit einer psychologisch orientierten Machttheorie gearbeitet, und zwar nicht nur in der Ideologie des Sozialdarwinismus und des Faschismus, sondern auch in der Lebensphilosophie von H. Bergson; und vom Dezisionismus — wie er sich aus den verschiedensten Philosophien, vor allem aus dem Existentialismus ergeben hat — bis hin zum Pragmatismus ist man nicht anders orientiert. Gerade letzterer wurde von B. Russell wegen der Neigung vieler Pragmatisten, das als „wahr" anzusehen, was angenehme Folgen hat und sich durchsetzt, unter die Machtphilosophien gerechnet (1962: 174).

(2) *Substantielle Machttheorie.* Man hat schon Hobbes einen allzu substantialisierten Machtbegriff vorgeworfen, durch den Macht geradezu als dinglich angesehen werde. Am häufigsten tauchte dieser reifizierte Machtbegriff in der früheren Organisationstheorie und in der Lehre der internationalen Beziehungen auf. Macht wurde dort nicht selten auf die Politischen Machtmittel und Ressourcen bezogen, die vor allem der Staat in Ausübung seines „Monopols legitimer Gewaltanwendung" einsetzen kann, um im Inneren den Bürgern, nach außen den außenpolitischen *decision makers* fremder Staaten gegenüber den eigenen Willen durchzusetzen. Inis L. Claude (1962: 6) bekannte sich expressis verbis zu einem so restriktiv definierten Machtbegriff für die internationalen Beziehungen und verengte ihn sogar noch auf die

military capability, auf „die Elemente, die direkt oder indirekt zur Fähigkeit beitragen, zu zwingen, zu töten und zu zerstören". In der Theorie der internationalen Beziehungen tauchte in den 50er Jahren die Machttheorie häufig als deskriptive Beschreibung der Machtpotentiale auf, vor allem in der Theorie des nationalen Interesses, wie sie durch den Theologen R. Niebuhr, den Diplomaten G. F. Kennan und den Politikwissenschaftler H. Morgenthau entwickelt wurde. Morgenthau bestimmte Politik als „Handeln nach Interessen, definiert in Begriffen der Macht". Macht hatte für ihn die gleiche Grundbedeutung wie der Begriff „Nutzen" in der Volkswirtschaft oder „Norm" in der Jurisprudenz, und er polemisierte gegen eine Untersuchung politischer Prozesse mittels sachfremder Begriffe, wie sie seiner Meinung nach von den Vertretern der legalistischen und der moralistischen Schule in der internationalen Politik vorgenommen wurde. Seinen eigenen Standpunkt bezeichnete er als Realismus. Im Gegensatz zu dem älteren Ansatz bei Hobbes gab Morgenthau jedoch zu (1953: 52ff.), daß nicht alle Staaten im gleichen Umfang Macht erstreben, wie man es der Theorie des Imperialismus gemäß annehmen sollte, sondern daß sie sich je nach den Umständen – geographischer Lage, bestimmten Herrschaftsformen, Einschätzungen der realen Chancen – mit der Wahrung des Prestiges oder mit der Aufrechterhaltung des Status quo zufriedengeben.

In einer deskriptiven Bestimmung von Macht führte Morgenthau neun Merkmale auf: geographische Lage, natürliche Ressourcen (Ernährung, Rohstoffe), industrielle Kapazität, militärischer Rüstungsstand, Bevölkerungsgröße, Nationalcharakter, die nationale Moral (Qualitäten der Gesellschaft), die Qualität der Diplomatie und die Qualität der Regierung (ihre Legitimation und ihre Unterstützung durch das Volk). Schon Hobbes (Leviathan, Kap. 10) hat die Grundlage von Macht keineswegs allein in den materiellen Faktoren und Hilfskräften gesehen, sondern auch soziale und psychische Faktoren miteinbezogen: Eigenschaften, die einem Menschen Liebe oder Furcht einbringen, tragen für Hobbes zur Mehrung des Machtpotentials bei. Lediglich im Ruf von Macht zu stehen bedeutete für ihn reale Macht, weil es die Durchsetzbarkeit der eigenen Wünsche erhöht. Die Perzeption des Machtpotentials durch die möglichen Gegenspieler galt ihm als genauso wichtig wie das Machtpotential selbst; und mit dieser Auffassung verbindet sich die, welche in modernen, relationalen Machtbegriffen zum Ausdruck kommt. Gegenüber der Vielfaktorenanalyse, wie sie von Hobbes bis Morgenthau angeregt wurde, war die von W. Fucks (1965: 128) vorgeschlagene „Formel der Macht" als simple Kombination lediglich zweier Variablen (Produktion von Energie und Stahl mal Kubikwurzel der Bevölkerungszahl) eine theoretische Verflachung.

(3) *Operationale Machtbegriffe und Typologien der Machtbeziehungen.* Die Theorie des Machtkampfes wurde in den 60er Jahren weitgehend von einer Theorie des Einflusses verdrängt. R. A. Dahl (1957: 202f.) ging noch von dem Satz aus: „A hat Macht über B in dem Ausmaß, als er B veranlassen kann, etwas zu tun, das er sonst nicht tun würde." Dieser Ansatz wurde vom *decision-making approach* her entwickelt, durch den man einzelne Handlungen – vor allem auf dem begrenzten Feld der *Community-Power*-Forschung – relativ gut isolieren und rekonstruieren kann. Für internationale Beziehungen eignet sich der Ansatz nicht so gut. J. D. Singer (1963) kritisiert an Dahls Aussage, es bleibe in ihr unberücksichtigt, daß B, auch wenn er der Schwächere ist, gewisse Einflüsse auf A ausübt. Ihm schien es deshalb wichtig, die *behavioral* relationship herauszustellen. Von E. C. Banfield (1961: 4) wurde die Analyse der Einflußfaktoren in der Community-Power-Forschung weiterentwickelt, und er klassifizierte: Einfluß, der auf einem Gefühl der Verpflichtung (Autorität) beruht, Einfluß aufgrund von Freundschaft und Wohlwollen, Einfluß aufgrund rationaler Überzeugung, Einfluß aufgrund von Täuschung und Irreführung, Einfluß aufgrund von Zwang.

Auch P. Bachrach und M. S. Baratz (1962) faßten Macht als relationale Größe auf und nicht mehr als substantielle. Die funktionalistische Schule, der sie angehörten, sieht als Voraussetzung von Machtbeziehungen an: 1) einen Interessenkonflikt der beteiligten Akteure; 2) den *Zwang zum Nachgeben* auf seiten einer Partei (die Spieltheoretiker haben eine Fülle von Spielstrategien für eine verschiedene Zahl von Akteuren entwickelt, müssen dabei aber voraussetzen, daß sich alle Beteiligten die Spielregeln in gleicher Weise angeeignet haben und daß das Rationalitätsprinzip für alle gilt. Gerade das aber trifft für die internationalen Beziehungen zwischen politischen Systemen mit unterschiedlicher Herrschaftsideologie nur bedingt zu); 3) die Möglichkeit wenigstens einer Partei, *Sanktionen* androhen zu können; 4) das *Verstehen* der Drohungen auf seiten des Gegners sowie eine rationale Beantwortung.

Ein Schlüsselbegriff für das Verständnis von Machtbeziehungen ist der Begriff „Sanktionen". Er läßt eine Unterscheidung verschiedener Machtbeziehungen als zweckmäßig erscheinen: 1) Machtbeziehungen im engeren Sinn, die durch Drohungen gekennzeichnet sind; 2) Zwangsbeziehungen, die durch Ausführung der Drohungen charakterisiert werden; 3) Einflußbeziehungen, die Einfluß ohne Drohungen bezeichnen; 4) Autoritätsbeziehungen; 5) *manipulative Beziehungen*.

Der Begriff „Manipulation" (durch die Verbindung neomarxistischer und Freudscher Gedankengänge zu einem vielverwendeten Schlagwort geworden) bezeichnet im sozialen Bereich die Beeinflussung von Menschen in Richtung auf fremde wirtschaftliche oder politische Zwecke. Die Manipulation kann auf verschiedene Weise vorgenommen werden, so z.B. durch Einsetzung suggestiv wirkender Mittel, die an verborgene Wünsche appellieren (Werbung mit erotischen Implikaten), bis hin zu den Methoden der im Bereich des Kriminellen liegenden Anwendung chemischer Mittel. In Diktaturen sind solche Mittel – z.B. in der sog. „Gehirnwäsche" – gegenüber politischen Gefangenen immer wieder angewandt worden. Manipulation durch Weckung unbewußter Wünsche im politischen Bereich ist dem verwandt, was der Begriff *persuasive power*, der Begriff einer normativ-sozialen Macht zu fassen sucht, den A. Etzioni benutzte, um die Verwendung von Symbolen (Abzeichen, Fahnen usw.) für Kontrollzwecke zu kennzeichnen. Daneben unterscheidet er zwei weitere Machtbeziehungen: die brachiale Macht, *coercive power*, die in der Typologie von Bachrach/Baratz den Gewaltbeziehungen entspricht, und die *utilitarian power*, die Belohnungen mit Gütern und Diensten einsetzt. Mit dieser Dreiertypologie hält er die Machtbeziehungen für erschöpfend klassifiziert. Er war sich jedoch darüber im klaren, daß in jedem Fall konkreter Anwendung von Macht diese drei Elemente verschieden stark dosiert miteinander verbunden sein können (Etzioni 1968: 357).

(4) *Macht als Währung im Kommunikationsmodell.* Moderne Kommunikationstheoretiker sahen in vielen Typologien eine noch zu starke Neigung zur Substantialisierung des Machtbegriffs. K. W. Deutsch (1963: 124) akzeptierte Macht weder als Zentrum noch als Essenz der Politik, sondern betrachtete Macht nur als eine der möglichen Währungen in der Politik und einen der Mechanismen zur sozialen Kontrolle, der dort eingesetzt wird, wo Einfluß, Gewohnheit oder freiwillige Koordination versagen, Gewalt jedoch noch nicht angewandt werden soll. Macht wurde nicht mehr in „rohen" Faktoren gesucht, sondern in dem Informationsfluß des Sozialsystems und in der Möglichkeit des Lernens in einem kybernetisch verstehbaren sozialen

2. Die Macht

Modell. Die Chance, Gehorsam für Befehle zu finden, die dem zugrunde liegt, was Max Weber als „Herrschaft" definierte, steigt mit der Fähigkeit der Herrschenden, Informationen zu verarbeiten und Lernprozesse durchzumachen, denn jede Regierung verspricht zunächst, mehr Gesetze durchzusetzen und Objekte und Personen zu schützen, als sie Polizisten, Soldaten und Mittel einzusetzen hat. Macht braucht im Kommunikationsmodell im Idealfall gar nicht eingesetzt zu werden. Die Anweisungen der Steuerungszentrale werden befolgt, und bei wirkungsvoller Kommunikationsstruktur ist Widerstand der Einheiten und Subsysteme nicht zu erwarten, oder sie werden nicht befolgt, dann wird die Anweisung durch die Steuerungszentrale als unangemessen revidiert. Unberücksichtigt blieb in Deutschs Modell, daß es richtige Anweisungen gibt, die ohne Macht nicht durchsetzbar sind, weil die egoistischen Sonderinteressen der Subsysteme Obstruktion leisten und auch bei vorzüglicher Kommunikation mangels Machteinsatz vernünftige Vorschläge der Zentrale nicht akzeptieren oder Befehle nicht ausführen. Wenn in der Innenpolitik aber der dann notwendig werdende Lern- und Informationsverarbeitungsprozeß nicht mehr funktioniert, droht eine Revolution, denn die herkömmliche Macht hat damit ihren Kredit verloren.

Die meisten der skizzierten Machttheorien sind noch kaum operationalisiert. Durch Aufstellung eines Schemas der Einfluß- und Machttechniken hat man versucht, Macht zu messen. Man unterschied zunächst die zwei Grundsituationen Überzeugung und Abschreckung und setzte mehrere Meßzahlen für Variable: bevorzugtes künftiges Verhalten, vorausgesagtes künftiges Verhalten, Perzeption des gegenwärtigen Verhaltens und Korrelation von *persuasion* und *dissuasion* aufgrund der Frage, wodurch – Strafe, Belohnung, Drohung, Versprechung – das Verhalten modifiziert wurde. Im Bereich der internationalen Beziehungen stößt jedoch die Anwendung solcher Meßschemen auf Schwierigkeiten, weil die Akteure kaum die nötigen Interviews geben. In der Community-Power-Forschung konnte man schon eher mit solchen Mitteln arbeiten. In der Elitenforschung hat man die positionelle Methode, die einfach die Inhaber hoher politischer Positionen mit Machtträgern identifiziert durch reputationelle Umfragen ergänzt. Auch dabei muß man allerdings hypothetisch einige wichtige Akteure herausgreifen und ihnen Macht unterstellen. Nach einer Reihe von Interviews kann man jedoch den Kreis derer, die an wichtigen Entscheidungen mitgewirkt haben, wenigstens hinsichtlich der bedeutendsten Mitwirkenden ermitteln, ohne daß die Erfassung der Beteiligten ganz mit der wirklichen Machtverteilung übereinstimmen muß. Dabei brauchen die wichtigsten Entscheidungsträger keineswegs mit jenen identisch zu sein, die nach der Verfassung und nach den formalen Spielregeln eines politischen Systems tatsächlich das Recht haben, wichtige politische Entscheidungen zu beeinflussen. Nach dem kybernetischen Modell sind häufig keineswegs die höchsten Posten mit jenen Männern besetzt, denen die größte Macht nachgesagt werden kann. Manchmal verschafft ein strategisch gutes mittleres Niveau im politischen Kommunikationsprozeß mehr Macht als eine formale Position. Deutsch versuchte das an den Obersten zu zeigen, die in Krisenzeiten häufiger putschen als militärische Führungsspitzen, da sie sowohl nach oben als auch nach unten bessere Informationsmöglichkeiten haben als die Positionsinhaber auf anderen Ebenen der Machtpyramide.

Beim Ambitions-Ansatz der Elitenforschung ging man von der begrenzten Anzahl von Machtpositionen im Staat aus, der eine weitaus größere Zahl ambitiöser Politiker gegenübersteht, und versucht, das Machtstreben zu quantifizieren sowie jene Variablen zu ermitteln, die es hemmen oder fördern (Regierungsstruktur, z.B. Selbstverwaltungsorgane oder der Föderalismus als Möglichkeit politischer Starts; regionaler Wettbewerb von Gruppen, sektorale Austauschbarkeit von Eliten, vor allem zwischen Wirtschaft und Politik). Bei diesem Ansatz wird das Machtstreben als allzu unabhängige Variable gesehen, wenn auch versucht wird, die Dosierung des Machtstrebens aufgrund der Chancenstruktur in die Analyse einzubeziehen. Bei diesem Ansatz wird jedoch weniger danach gefragt, *wie* man zu Ämtern kommt, als *wer* nach Ämtern strebt und *wer* sie erreicht (Schlesinger 1966: 15).

Über die einzelnen Elitenstudien hinaus hat man versucht, die Konzentration von Macht in einem System zu messen. St. J. Brams (1968: 461ff.) kam dabei jedoch lediglich zu einer neuen Typologie von Machtkonzentration in Systemen, wobei er diese jeweils als *hierarchical system*, als *mutual adjustment system* oder als *mixed system* klassifizierte. Trotz Entwicklung eines umfangreichen Formelapparates kam Brams nur zu recht schlichten Ergebnissen: 1) Die Machtkonzentration in einem Fragenbereich tendiert dazu, die Machtkonzentration auch in anderen Fragenbereichen zu vermehren; 2) hohe Konzentration von Macht erhöht die Verwundbarkeit des Systems; 3) die Machtverteilung korreliert mit dem Kommunikationsnetzwerk, durch das Macht ausgeübt wird. Er kommt dabei sogar zu der für sozialistische Systeme fragwürdigen Hypothese, daß bei hoher Machtkonzentration eine Tendenz zu individueller statt zu kollektiver Führung bestehe (ebd.: 475).

Angesichts des geringen Operationalisierungsgrades der Machtmodelle bezweifeln einzelne Forscher, wie etwa W. Riker (1964), daß Machtmodelle die empirische Forschung überhaupt befruchten können.

Von Parsons bis zu Karl Deutsch wurde in der Systemtheorie die Macht mit dem ökonomischen Steuerungsmedium Geld verglichen, und es verlor damit mehr und mehr seine dämonischen Qualitäten. Niklas Luhmann (1975: 11) definierte Macht als Kommunikationsmedium, das in erster Linie zur Beschränkung des Selektionsspielraums des Partners diente. War in älteren Machttheorien der Machtbegriff stark staatlich zentriert und an das Monopol legitimer Gewaltausübung gebunden gedacht, so wurde Macht noch weiter entdämonisiert. Macht hatte für Luhmann gerade den Sinn, Sanktionen und Gewalteinsatz zu vermeiden. Der Machthaber in der komplexen Gesellschaft muß sich zu seiner Macht selektiv verhalten. Er muß sich ständig überlegen, ob er sie einsetzen will und muß sich selbst disziplinieren. Der Machtprozeß wurde damit reflexiv, weil die Möglichkeit der Anwendung auf sich selbst gegeben war.

Mit der Entzauberung des Staates durch die weiterentwickelte Systemtheorie der 70er und 80er Jahre lösten sich Machtanalysen in Netzwerkanalysen auf. Der französische Poststrukturalismus hat theoretisch eine weitere Verflüssigung der Macht vorgenommen. In der französischen Tradition war die Macht vor allem negativ gesehen worden. Es ging darum, sie rechtlich zu begrenzen. Foucault (1978: 37) ging einen Schritt weiter und versuchte, auch die technisch-positive Seite der Macht zu entlarven. Die Machtkritik der französischen Linken war auf das politische System als ganzes gerichtet. Für Foucault (1978: 39) mußte eine zeitgemäße Machtkritik über die marxistische und antiautoritäre Machtkritik hinausgehen. Der Staat wurde nicht als Verkörperung der Macht angesehen. Der Staat konnte für Foucault nur auf der Grundlage vorher bestehender Machtverhältnisse funktionieren. Er war noch immer eine Art Überbau, aber nicht über der Ökonomie, sondern Überbau über einer ganzen Reihe von Machtnetzen, die ihrerseits von einer Art Übermacht konditioniert wurden, die um Verbotfunktionen herum strukturiert gedacht wurde. Das zirkuläre Denken der Nachmoderne hatte damit auch die Machttheorie erreicht. Macht wurde nicht mehr in irgendeiner Institution entrückt gedacht, sondern in einer Kette netzförmiger Organisationen. Widerstand gegen Machtverhältnisse konnte nicht von einer großen Bewegung erwartet werden, die revolutionäre Gegenmacht einsetzt. Die relationale Machtkonzeption wurde konsequent durchgehalten: In jedem Machtverhältnis ist Widerstand schon immer mit eingebaut.

Diese Theorie der Macht ist für die Politikwissenschaft bisher nicht operationalisierbar geworden. Dennoch ist sie ein wichtiger Beitrag zum Selbstverständnis vieler neuer sozialer Bewegungen, vor allem des Feminismus (vgl. v. Beyme 1996: 316ff.).

Literatur

P. Bachrach/M. S. Baratz: Two Faces of Power. APSR 1962: 947-952

J. Baechler: Le pouvoir pure. Paris, Fayard 1978

F. C. Banfield: Political Influence. Glencoe/Ill., The Free Press 1961

B. Barry (Hrsg.): Power and Political Theory. Some European Perspectives. New York, Wiley 1976

R. Bell u.a. (Hrsg.): Political Power. A Reader in Theory and Research. New York, Free Press 1969

K. von Beyme: Theorie der Politik im 20. Jahrhundert. Von der Moderne zur Postmoderne. Frankfurt, Suhrkamp ³1996: Kap. II.1.c

St. J. Brams: Measuring the Concentration of Power in Political Systems. APSR 1968: 461-475

A. L. Burns: On Powers and Their Politics. A Critique of Theoretical Approaches. Englewood Cliffs, Prentice Hall 1969

D. Claessens: Rolle und Macht. München, Juventa 1968

I. L. Claude: Power and International Relations. New York, Random House 1962

R. A. Dahl: The Concept of Power. Behavioral Science 1957: 202-215

G. Debnam: The Analysis of Power: Core Elements and Structure. New York, St. Martins 1984

K. W. Deutsch: The Nerves of Government. New York, Free Press 1963

A. Etzioni: The Active Society. New York, Free Press 1968

M. Foucault: Dispositive der Macht. Berlin, Minerva 1978

W. Fucks: Formeln zur Macht. Prognosen über Völker, Wirtschaft, Potentiale. Stuttgart, DVA 1965

M. Th. Greven (Hrsg.): Macht in der Demokratie. Baden-Baden, Nomos 1991

M. Holler/M. Widgrén: Why Power Indices for assessing European Union Decision-Making? In: Journal of Theoretical Politics, Bd.ll, Nr.3, 1999: 32 -33

B. de Jouvenel: Du pouvoir. Genf, Les Editions du Cheval Ailé, Constant Bourquin 1945

J. Langer: Grenzen der Herrschaft. Die Endzeit der Machthierarchien. Opladen, Westdeutscher Verlag 1988

H. D. Lasswell/A. Kaplan: Power and Society. New Haven, Yale UP 1950

G. E. Lenski: Power and Privilege. New York, MacGraw Hill 1966

N. Luhmann: Macht. Stuttgart, Enke 1975

J. G. March: The Power of Power. In: D. Easton (Hrsg.): Varieties of Political Theory. Englewood Cliffs, Prentice Hall 1966: 39-70
Ch. E. Merriam: Political Power. In: A Study of Power. Glencoe/Ill., Free Press 1950
B. Moore: Political Power and Social Theory. Cambridge/Mass., Harvard UP 1958
R. Münch: Legitimität und Macht. Zu einer allgemeinen Theorie sozialer Macht. Opladen, Westdeutscher Verlag 1976
H. Popitz: Phänomene der Macht, Autorität, Herrschaft, Gewalt, Technik. Tübingen, Mohr 1986
H. Popitz: Prozesse der Machtbildung. Tübingen, Mohr 1968
W. H. Riker: Some Ambiguities on the Notion of Power. APSR 1964: 341-349
B. Russell: Power. A New Social Analysis. London, George Allen & Unwin (1938), 1962
J. A. Schlesinger: Ambition and Politics. Political Careers in the United States. Chicago, Rand McNally 1966
M. Weber: Wirtschaft und Gesellschaft. Tübingen, Mohr ^{4}1956
D. G. Winter: The Power Motive. New York, Free Press 1973

3. Das politische System

Die allgemeine Systemtheorie entstand auf einem Abstraktionsniveau zwischen den Konstruktionen der reinen Mathematik und spezifischen Theorien der spezialisierten Disziplinen. Sie war zunächst nur das Skelett, das die Einzeldisziplinen mit dem „Fleisch und Blut der Spezialdisziplinen" füllen mußte (Boulding in: Buckley 1968: 10). Die Politikwissenschaft hat die Systemtheorie mit dem für sie charakteristischen *time lag* der 50er und 60er Jahre entdeckt und konnte dadurch einige Sackgassen der doktrinären Frühformen systemtheoretischer Erwägungen vermeiden, in die etwa die ethnologischen Theorien geraten waren, indem sie Funktionalismus und Systemtheorie in eine untrennbare Einheit gossen.

Der Begriff des politischen Systems, wie er vor allem von den funktionalen Theorieansätzen herausgearbeitet wurde, ist in der Lage, die älteren Grundbegriffe Staat und Macht ihres ontologischen Substanzcharakters zu entkleiden und in einem neuen Denkzusammenhang mitzuumfassen. Wie Luhmann (1970: 154) nicht ohne Stolz verkündete: „Die Zeit, in der die praktische Philosophie mit Ethik und Naturrecht als selbstevidenten Ausgangspunkten Fragen und Antworten konturierte, ist vorbei. ‚Macht' wird als Grundbegriff nur noch zögernd genannt und dann nur für einen partiellen Aspekt des Ganzen. ‚Staat' ist eine sehr unbestimmte, analytisch wenig brauchbare Kategorie geblieben, mit der Gefahr, daß, ergänzend und verdichtend, Tradition und Vorurteil einfließen. ‚Government' leidet an der entgegengesetzten Schwäche, ins Institutionelle und Organisatorische präzisiert und so nicht mehr aus sich selbst heraus verständlich zu sein. In dieses theoretische Vakuum scheint seit einigen Jahren der Begriff des politischen Systems vorzudringen und sich mangels konkurrierender Konzepte rasch auszubreiten."

Die Rezeption des Systembegriffs setzte zunächst in der Soziologie ein. T. Parsons entwickelte in seiner Lehre vom sozialen System das sogenannte AGIL-Schema, das in zahlreiche sozialwissenschaftliche Werke übernommen und variiert wurde. AGIL bezeichnet die Anfangsbuchstaben der vier Untergliederungen eines sozialen Systems: *adaptation* (wirtschaftliches Subsystem), *goal-attainment* (politisches Subsystem), *integration* (Gesetzesnormen und soziale Kontrolle) und *latent pattern maintenance* (kulturelle und motivationale Bindungen). Walter Bühl (Evolution und Revolution. München, Goldmann 1970: 350) hat mit Recht hervorgehoben, daß die Originalität des AGIL-Schemas überschätzt worden ist. Es ist in Anlehnung an die Kapiteleinteilung von Max Webers ‚Wirtschaft und Gesellschaft' entstanden und umschreibt vier der traditionellen Bindestrichsoziologien (Wirtschaftssoziologie, Herrschaftssoziologie, Rechtssoziologie und Religions- und Ethnosoziologie).

Das politische System wurde in diesem Schema mit der Funktion der Zielbefriedigung berücksichtigt. Die statische Denkweise Parsons' zeigt sich darin, daß er von vorgegebenen Zielen ausging und zu wenig berücksichtigte, daß die Ziele eines politischen Systems sich laufend ändern (z.B. geben einzelne Systeme Großmachtansprüche auf, die sie einst stellten, wie Schweden, andere melden solche an, wie China, Japan u.a.). Karl Deutsch (1970: 138) schlug daher vor, die Funktion des Politischen und sozialen Wandels hinzuzufügen, ein relativ mechanischer Versuch, der nicht befriedigt, weil das statische Bias der anderen Funktionen, wie Adaption und Integration, dadurch nur partiell überwunden wird.

Der Begriff des sozialen Systems in der Parsonsschen Form verliert auch durch solche Ergänzungen kaum etwas von seinem ahistorischen Charakter. Von historischen Gesellschaftstheorien wie dem historischen Materialismus wird geleugnet, daß die Menschen in der Gesellschaft auf jeder Entwicklungsstufe eine historisch bestimmte Gesamtheit von Verhältnissen untereinander eingehen. Erst in neuerer Zeit wurde der Systembegriff auch vom Marxismus rezipiert. Die historische Periodisierungslehre des Marxismus konnte jedoch keine zeitlosen sozialen Systeme akzeptieren, in denen unabhängig von der historischen Stufe bestimmte Strukturen und Funktionen äquivalente Verhältnisse zueinander aufweisen, sondern neigte dazu, den Systembegriff mit dem der ökonomischen Gesellschaftsformation des historischen Materialismus identisch werden zu lassen (Tjaden 1971: 441).

Selbst wenn man versucht, die ahistorischen Implikationen des Parsonsschen Systembegriffs zu vermeiden, ist es schwer, sein Verhältnis zum politischen System zu bestimmen. Das soziale System gilt als Oberbegriff, aber bei Parsons war der politische Bereich seltsam verschwommen und parzelliert in den recht allgemeinen Begriffen der Zielbefriedigung und Integration untergegangen. Das politische System ist jedoch nicht immer als Subsystem des sozialen Systems anzusehen. Gelegentlich ist es breiter im Geltungsbereich als soziale Systeme, und vor allem bei supranationalen Zusammenschlüssen und Föderationen umfaßt ein politisches System mehrere soziale Systeme.

Der Begriff „System" ist durch zwei sehr formale Merkmale gekennzeichnet: die *Interdependenz* der Teile des Systems und die *Grenze* des Systems, die es von einer kontingenten und sehr viel komplexeren Umwelt scheidet. Diese beiden Merkmale geben jedoch wenig Anleitung zur inhaltlich sinnvollen Abgrenzung von Systemen. Schon Karl Deutsch (1966: 49) sah die Gefahr, daß wir im Ozean möglicher Kombinationen von Strukturen und „purposes" ertrinken, und Morton A. Kaplan (1964: 4) formulierte spöttisch: „Napoleon, der Columbia River und ein Dinosaurier können als System betrachtet werden. Aber es wäre schon schwierig, zwischen den Variablen eine Beziehung zu finden, und eine solche Beziehung wäre uninteressant und nutzlos." Kaum ein Forscher ist allerdings mit so wenig Common sense an die Arbeit gegangen, daß er gänzlich sinnlose Strukturen wie einen Dinosaurier zum Teil eines politischen Systems erklärte. Dennoch läßt sich nicht leugnen, daß sehr viele Analysen – deren anscheinender Zusammenhang nur noch durch Korrelationsanalysen der vergleichenden Methode (vgl. Kap. II.5) demonstriert werden konnte – mit relativ intuitiv herausgegriffenen Variablen an die Arbeit gegangen sind, vor allem im Bereich der internationalen Politik, wo über die wirksamsten Faktoren im Konfliktverhalten noch weniger Einigkeit zu erzielen ist. Die Gefahr beim Systemansatz ist immer wieder, daß Erscheinungen in einen Zusammenhang gepreßt werden und der Ordnungsdrang der Systemtheoretiker sich schwer damit abfinden kann, daß es in der sozialen Wirklichkeit auch viele unverbundene, gegensätzliche und widersprüchliche Phänomene gibt, zwischen denen sich ein Systemzusammenhang nur mit großer Willkürlichkeit konstruieren läßt.

Geringere Schwierigkeiten als die Teile, die in einen Systemzusammenhang gebracht werden sollen, scheint das Problem der Systemgrenze beim politischen System zu bieten – in der Regel jedoch nur, weil das politische System meist als identisch mit den Grenzen des traditionellen Staatsbegriffes angesehen wurde. Das ist aber dann problematisch, wenn ein Staat mit starken irredentistischen Ansprüchen ganz andere räumliche Identitätsvorstellungen, als seine Staatsgrenzen vermuten lassen, verfolgt (z.B. Italien im 19. Jahrhundert, die Bundesrepublik in der Adenauer-Ära), oder wenn ein System nur als penetriertes System existiert und starke Einflüsse von außen wirksam werden (z.B. die geteilten Staaten).

Seit David Eastons Buch ‚The Political System' (1953) wurde immer wieder versucht, den spezifischen Interdependenzcharakter eines politischen Systems im Gegensatz zu anderen Systemen herauszuarbeiten. Das Politische ließ sich nach Easton vor allem durch zwei Charakteristika abgrenzen:

(1) Das politische System ist ein Entscheidungssystem, dessen Entscheidungen besondere *Relevanz* haben, da sie die Verteilung von Gütern (authoritative allocation of values) betreffen. Diese Verteilung geschieht autoritativ, da sie in der Regel respektiert werden muß und das System Sanktionen für abweichendes Verhalten bereithält.

(2) Die Sanktionen besitzen Geltung für die *gesamte Gesellschaft*. Es ist von Almond, Finer und anderen bestritten worden (Finer 1969/70: 9) daß das Eastonsche Kriterium das politische System hinreichend abgrenzt, da die *authoritative allocation of values in society* auch für Subsysteme des politischen Systems wie Kirchen oder Großbetriebe zutreffen kann. Selbst wenn die Möglichkeit von Sanktionen für die gesamte Gesellschaft in die Definition mit einbezogen würde, erscheint die Eastonsche Definition noch zu stark am alten staatlichen Souveränitätsdenken orientiert. Gerade in der heutigen Zeit, da Protestbewegungen und Subsysteme sich absondern und in Gebieten mit latentem oder offenem Bürgerkrieg das Sanktionssystem des Staates nicht in alle Subsysteme gleichmäßig hineinreicht, wird dieses zweite Merkmal des politischen Systems fragwürdig. Spiro (in: Charlesworth 1967: 169) nennt daher Systemtheoretiker mit Recht „horizontale Monopolisten".

Auch der Versuch von Karl W. Deutsch (1970: 116ff.), die Merkmale eines politischen Systems zu definieren, befriedigt nicht. Er nennt die Merkmale *Kohäsion* und *Kovarianz* (wenn eine Einheit sich wandelt, tun es auch die anderen). Deutsch übersieht dabei nicht, daß die Kovarianz oft negativer Natur ist, und stellt daher den *Solidaritätssystemen* die *Konfliktsysteme* gegenüber; er räumte sogar ein, daß in den meisten Fällen eine gemischte, teils positive, teils negative Kovarianz anzutreffen ist. Ein Merkmal, das durch Untertypologien so stark in seiner Bedeutung eingeschränkt werden muß wie der Begriff „Kovarianz", erscheint zur Definition des politischen Systems wenig geeignet. Die Entscheidung, auch negative Kovarianzen als Merkmal eines Systems anzuerkennen, macht es schwer, ein politisches System von weniger engen Interdependenzverhältnissen zu unterscheiden, und droht den Begriff zu einer Leerformel zu degradieren.

Nicht nur von einigen mächtigen Subsystemen wird das politische System mit zunehmender Fragmentierung und Pluralisierung kaum noch abgrenzbar. Deutsch (1970: 127) u.a. halfen sich hier mit einer Zehnstufenskala des politischen Systems, das von den Individuen bis zur UNO reichte. Einige der Zwischenstufen (kleine-mittlere Staaten oder Towns oder Cities) sind ebenfalls willkürlich gewählt und müßten für verschiedene Areas sehr unterschiedlich definiert werden. Das leuchtet unmittelbar ein angesichts der unterschiedlichen Bedeutungen von Städten in verschiedenen Gebieten, könnte aber selbst für die Größe der Nationen relevant werden. Argentinien etwa ist nach dieser Einteilung ein mittlerer Staat, im Kontext des Staatensystems Lateinamerikas könnte es jedoch für Systemanalysen durchaus als großer Staat definiert werden. Die Größe wird sich ohnehin nicht bloß an der Bevölkerung ablesen lassen, sondern müßte Ausdehnung und Ressourcen miteinbeziehen.

Der Begriff des Weltsystems, den die ältere Systemtheorie noch institutionell verengt auf die UNO zugeschnitten hatte, ist in den 80er und 90er Jahren in Mode gekommen. Die autopoietische Systemtheorie, die in den 80er Jahren entwickelt worden ist, hat den Systembegriff nicht mehr mit nationalen Gesellschaften identifiziert. Luhmann (1984: 585) konstatierte lapidar: „Gesellschaft ist heute eindeutig Weltgesellschaft; eindeutig jedenfalls dann, wenn man den hier vorgeschlagenen Begriff des Gesellschaftssystems zu Grunde legt." Das Verhältnis des Weltsystems zu den nationalen und subnationalen Systemen blieb gleichwohl ungeklärt. Im Kreis der Naturwissenschaftler um Maturana (1985: 178) wurde der Begriff des Weltsystems bereits so zwingend für die nachgeordneten Systeme angesehen, daß in einem „internationalen autopoietischen System des Kapitalismus" eigentlich ein sozialistisches Subsystem als nicht denkbar galt. Was Anfang der 80er Jahre noch als Marotte abstrakter Systemtheoretiker erscheinen konnte, hat Ende der 80er Jahre mit dem Zusammenbruch des Sozialismus einige Plausibilität erlangt. Wieweit der Einfluß des dominanten Weltsystems auf die nationalen Systeme reicht, wurde analytisch von den Autopoietikern bisher nicht schlüssig angegeben. Das Wirtschaftssystem des Sozialismus hat sich gegen das kapitalistische Weltsystem nicht behaupten können. Sind auch die Diktaturen der Erosion durch ein sich abzeichnendes demokratisches Weltsystem dem Untergang geweiht? Es gibt ein paar Hoffnungsschimmer für diese Vermutung. Die Durchsetzung der Menschenrechte hat auch der UNO-Ebene einen Zuwachs an Einfluß gebracht. Aber die homogenisierende Kraft des Weltsystems ist bisher von den Systemtheoretikern eher überschätzt worden. Einige Kritiker des neuen Paradigmas in den internationalen Beziehungen haben die Weltgesellschaft inzwischen zum „Unbegriff und Phantom" erklärt, weil er einen Grad der Integration der Staatenwelt suggeriert, der irreführend ist(Tudyka 1989). Realitätsbezogene Analysen gehen daher davon aus, daß die alte Staatensystemwelt zwar überholt ist, die *Gesellschaftswelt* – mit Zunahme von nichtstaatlichen Akteuren – schiebt sich in dem neuen Bild des internationalen Systems zwischen die *Staatenwelt* und die *Weltgesellschaft*, die vorerst noch eine normative Utopie ist.

Der partielle Vorteil, den ein solches Zehnstufenschema zur Abgrenzung des politischen Systems gewährte, wurde dadurch abgewertet, daß mit zunehmender Untergliederung eines sehr weiten Konzepts „politisches System" dieses noch schwieriger von den außerpolitischen Subsystemen des sozialen Gesamtsystems abgrenzbar wird, da etwa das ökonomische Subsystem nicht auf ein analoges Stufenschema reduzierbar ist. Einige Analytiker wie Herbert Spiro (1962: 577) haben das ökonomische System in einen Quadranten zur Veranschaulichung des politischen Systems aufgenommen:

Stabilität	Flexibilität
(konstitutionelles Problem)	(ökonomisches Problem)
Efficiency	Effectiveness
(Machtproblem)	(kulturelles Problem)

Diese schematische Darstellung kann jedoch wiederum nur für relativ entwickelte Verfassungsstaaten gelten, nicht für die Entwicklungsländer.

In sogenannten *intermittent political systems* sind die politischen, religiösen, kulturellen und wirtschaftlichen Funktionen nicht voneinander zu unterscheiden (Almond/Powell 1966: 43). Immerhin war diese Einteilung Spiros eine Verbesserung insofern, als das spezifisch Politische in dem Schema stärker gegliedert und nicht auf eine Funktion, etwa im Sinne traditioneller Machttheorie auf Macht oder nach dem juristischen Ansatz auf prozedurale und Verfassungsprobleme beschränkt wurde. Zugleich werden das kulturelle System und das ökonomische Problem nicht völlig ausgeklammert, sondern als Teile des politischen Prozesses begriffen. Die Politökonomie hatte in ihrer Kritik gegen ältere Ansätze nur zu Recht mit dem Vorwurf, daß das Ökonomische wiederum aus der politischen Betrachtung ausgeklammert worden ist. Aber auch in diesem Schema sind nur grundlegende Funktionen des politischen Systems klassifiziert, nicht jedoch ihr Verhältnis zueinander eindeutig angegeben. Dieses Verhältnis läßt sich auch nicht ohne weiteres für alle Systeme in gleicher Weise klassifizieren, sondern je nach dem Schwergewicht, das eine Funktion hat, kann man politische Systeme klassifizieren, wodurch neue Typologien der Herrschaftsformenlehre gewonnen werden. Einige moderne Systeme – wie die totalitären – lassen sich zudem nicht klar vom sozialen System abgrenzen, da die Gesellschaft von der Politik völlig kontrolliert ist.

Gerade an der Herrschaftsformenlehre zeigte sich jedoch, daß der Systembegriff in die Politikwissenschaft nicht mit den organizistischen Implikationen der Biologie übernommen werden kann. Was Luhmann (1970: 18) für das soziale System feststellte, gilt in erhöhtem Maße vom politischen System: „Ein soziales System ist nicht, wie ein Organismus, typenfest fixiert. Aus einem Esel kann keine Schlange werden, selbst wenn eine solche Entwicklung zum Überleben notwendig wäre. Eine Sozialordnung kann dagegen tiefgreifende strukturelle Änderungen erfahren, ohne ihre Identität und ihren kontinuierlichen Bestand aufzugeben. Sie kann sich aus einer Agrargesellschaft in eine Industriegesellschaft verwandeln, aus einer Großfamilie kann ein Stamm mit überfamiliärer politischer Ordnung werden, ohne daß entscheidbar wäre, wann ein neues System vorliegt." Während die Entwicklung von Gesellschaftsformationen mit der biologischen Evolution insofern noch vergleichbar erscheint, als die Abfolge sozio-ökonomischer Formationen kaum umkehrbar ist und ein feudalistisches System sich schwerlich wieder aus einem kapitalistischen entwickeln kann (ob sich ein kapitalistisches wieder aus einem sozialistischen ergeben kann, war bis zum Zusammenbruch des „realen Sozialismus" umstritten), gilt gleiches nicht für die Herrschaftsformen, und zwar nicht nur im institutionellen Teil (Parlamentarismus oder nicht – Monarchie oder Republik), sondern auch in den Methoden und im Ausmaß der sozialen Kontrolle. Autoritäre Diktaturen entwickeln sich aus parlamentarischen Demokratien. Trotz der Involutions- und Faschismustheorien gibt es zunehmend gegenläufige Prozesse.

Die innere Komplexität des politischen Systems wurde vergleichsweise konventionell in der Politikwissenschaft analysiert, etwa in der Klassifikation der Input- und Output-Funktionen bei Almond und Coleman (1960). Sie fanden dabei vier *Input-Funktionen:*
(1) Politische Sozialisation und Rekrutierung,
(2) Interessenartikulation (vor allem durch Interessengruppen),
(3) Interessenaggregation (vor allem durch Parteien),
(4) Politische Kommunikation;
und drei Output-Funktionen:
(1) Rule Making,
(2) Rule Application,
(3) Rule Adjudication.
Letztere sind praktisch nur Neologismen für die traditionellen drei Gewalten.

Eine wichtige Erkenntnis war die Multifunktionalität von Institutionen, die vom institutionellen Ansatz meist übersehen wurde. Früher wurden Phänomene mit gleicher Bezeichnung (Staatsoberhaupt, Parteien) verglichen, auch wenn sie unterschiedliche Funktionen in ihrem System erfüllten und funktional gesehen nicht äquivalent waren, während der moderne Funktionalismus einerseits zeigen konnte, daß Parteien, die zum Beispiel die Interessenaggregation in einem System unzureichend erfüllen, gleichwohl eine Funktion für das System haben können (z.B. die Sozialisations-, Rekrutierungs- und Kommunikationsfunktion), und andererseits ein ganz anderes Aggregat (z.B. die politische Elite, bestimmte Organisationen) die Aggregationsfunktionen von Parteien übernommen haben kann.

Almonds Versuch, allgemeine Funktionen aller politischen Systeme zu finden, stieß letztlich noch nicht zu einer konsistenten Theorie vor, sondern blieb in einer Typologie stecken, da die Funktionen nebeneinandergestellt blieben, ohne daß klar wurde, in welchem Verhältnis sie zueinander stehen und wie sie aufeinander einwirken. Ferner erwies sich die Trennung der Input- und Output-Funktionen oft als zu schematisch. Wenn die Kommunikation im System zentral gesteuert und manipuliert wird oder die Rekrutierungsfunktion ganz auf Kooptationsmechanismen der Herrschenden beruht, kann man fragen, ob es sich hier nicht um Output- statt um Input-Funktionen handelt, und in den meisten Systemen ist jede dieser Funktionen schon wieder ein kompliziertes Geflecht von Prozessen, die Handeln sowohl von seiten der Bürger als auch von seiten staatlicher Organe involvieren.

Das Neue des Systembegriffs im Vergleich zu älteren Staatstheorien mit ihren Staatszwecklehren ist, daß das politische System einer differenzierten Gesellschaft nicht mehr als Mittel zum Zweck begriffen und nicht durch starre Außenlenkung gesteuert werden kann. Stabilität gründet sich nicht auf feste Grundlagen, Bestände oder Werte, sondern wird bestimmt durch die Möglichkeiten der Änderung. Luhmann (1970: 167) wies daher auf die Notwendigkeit hin, der Tendenz zur Vernichtung hoher Komplexität durch Fixierung emotional gestützter Identifikationen durch personale Bekanntschaft und auf Loyalität angewiesene Herrschaftsapparate sowie durch den Aufbau einer geschichtlichen Tradition generalisierter Erfahrungen entgegenzuwirken. Da Luhmann und andere Systemtheoretiker das substantielle und handlungsethische Denken ablehnen, weigern sie sich, eine fixierte Rangpriorität für die Werte, die in einem System vertreten werden, anzugeben, wie die ontologischen Staatszwecklehren. Eine Gefahr ist dabei einmal die Unmöglichkeit, auf rationaler Basis Prioritäten zu setzen, wenn man wie Luhmann (1970: 168) verlangt, daß die Werte „Geltung und Vordringlichkeit aus einem Vergleich mit dem relativen Erfüllungsstand anderer Werte von Situation zu Situation neu gewinnen" und „Opportunismus bestandswesentlich" sei. Zum anderen droht die Gefahr einer leichtfertigen Unterstellung eines Pluralismusmodells, wenn man für diese Strategie verlangt, daß „hinreichend viele Werte im System Sprecher finden und wenn die relativen Präferenzen hinreichend rasch wechseln".

Selbst bei weitgehendem Pluralismus betrifft dieser nicht alle Stufen des politischen Prozesses in gleicher Weise. In Spiros (in: Charlesworth 1967: 172) Klassifikation von existentiellen Funktionen jedes Systems als Phasen des politischen Prozesses: 1) Formulierung, 2) Beratung, 3) Entscheidung und 4) Problemlösung, besteht Pluralismus auf den beiden ersten Stufen auch in der repräsentativen Demokratie in weit größerem Umfang als auf den beiden anderen. Nicht alle artikulierten und aggregierten Interessen garantieren darüber hinaus Pluralismus, weil nicht alle Interessen in gleicher Weise konfliktfähig sind. Interessen und Veränderungswünsche, die gewisse Grundlagen des Status quo betreffen, sind zudem bei Luhmann expressis verbis disqualifiziert: „Für den Status quo spricht die *Vermutung des Konsensus*. Wer Änderungen wünscht, hat die Last und das Risiko der Initiative" (1970: 168). Der Konservatismus Luhmannscher Systemtheorie scheut auch nicht vor Konsequenzen zurück wie in dem Satz: „... und für den Normalfall muß ein fragloses, ja fast motivloses Akzeptieren bindender Entscheidungen sichergestellt werden" (1970: 170). Luhmann geht davon aus, daß das politische System zu selektivem Verhalten in der Gesellschaft gezwungen wird und daß das politische System seine geringere Komplexität durch Macht kompensiert. Gegenüber unterprivilegierten Interessen wächst daher gerade heute der Einsatz von Macht in zunehmend repressiven Bedeutungsnuancen des Wortes.

Die konservative Versuchung eines pluralistisch verbrämten Opportunismus ist jedoch nicht die notwendige Konsequenz der Systemtheorie. Es gibt auch die progressive Versuchung, etwa wenn Naschold (1971: 5) und andere Befürworter einer dynamisch-progressiven Systemtheorie den bisher überwiegenden konservativen *Systemüberlebensmodellen* die *Systemzielmodelle* gegenüberstellten, die als Maximierungsmodelle verstanden werden, bei denen eine Variable des Systems ungeachtet der Nebenwirkungen auf andere Faktoren zu maximieren versucht wird. Die Antithese ist logisch nicht ganz einwandfrei konstruiert, da auch das Überlebensmodell ein Zielmodell ist, das einseitig einen Wert – das Überleben – zu maximieren trachtet.

Bei der Demokratisierungsdebatte (vgl. Kap. III.5) zeigte sich, daß schon in der politischen Theorie, erst recht jedoch in der politischen Praxis, kaum Einigkeit über den Faktor zu erzielen ist, der in so privilegierter Weise auf Kosten anderer maximiert werden soll. Die Wertungen des Systemziels werden gerade in der progressiven Variante der Systemtheorie, die sich lange mit marxistischen Konzepten verband, in nicht weniger selbstherrlicher Weise von intellektuellen Eliten als Systemrationalität ausgegeben als in älteren essentialistischen normativen Theorien.

Abgesehen von der unterschiedlichen Verwendung des Systembegriffs je nach den Systemzielen, haben die Systembegriffe als nichtnormative Konzepte einen sehr unterschiedlichen Fokus (vgl. Young 1964: 239ff.):

(1) Der Systembegriff wird für *deskriptive* Aussagen über Systeme und die sie charakterisierenden Prozesse verwandt.

(2) Es werden *erklärende* Konzeptionen zusammengefaßt, die auf Steuerung, Kontrolle und Stabilisierung gerichtet sind.

(3) Es wird der *Wandel* von Systemen untersucht. Lernen, Wachstum, Ziel und Dynamik sind dabei die Grundbegriffe.

(4) Neuerdings werden auch *Niedergang* und *Zusammenbruch* von Systemen analysiert. Grundbegriffe dabei sind: Spannung, Unruhe, Überladung und positive Entropie als Maß an Unordnung. Dieser Systembegriff wird vor allem in der Revolutionsforschung angewandt (Ch. Johnson).

Darüber hinaus finden sich die Begriffe aus der Systemtheorie als gesunkenes Kulturgut in vielen Deskriptionen als Neologismen. Nicht selten wird das systemtheoretische Vokabular wie „Girlanden" am Eingang der Untersuchung aufgehängt, ohne daß es mehr als Schmuckfunktionen entwickelt.

Das statische Bias wurde in den Systemtheorien vor allem auf zwei Wegen zu überwinden versucht: durch die kybernetische Variante der Systemtheorien und die Theorie der aktiven Gesellschaft.

(1) Die *kybernetische Variante* ist näher an der Analogie zur Biologie als die Systemtheorie von Parsons bis Luhmann. Das Problem des Todes wird in ihnen verdrängt, da in der Regel von ultrastabilen Systemen ausgegangen wird, in denen stets systemstabilisierende Antworten durch planmäßige Verarbeitung von Informationen und Steuerungen erzeugt werden können. Für die politische Theorie schien diese Variante der Systemtheorie akzeptabler, da die Kybernetik unterstellt, daß es eine zentrale Steuerungsinstanz gibt. Es ist kein Zufall, daß versucht wurde, selbst alte substantielle Begriffe wie Macht und Staat mit Hilfe der Kybernetik mit neuem Sinn zu füllen (vgl. Kap. III.2). Politik wird – im Gegensatz zu den Theorien des sozialen Systems, in dem das Politische als Subsystem eine vergleichsweise marginale Rolle spielt – die wichtigste Ebene der Entscheidung: „Politics may be considered as a decisive sphere of social learning, or as a major sphere of social decision, precisely because it is characterized by this power to override other kinds of preferences" (Deutsch 1966: 242). Die Machtausübung zur Regulie-

rung der gesellschaftlichen Prozesse wird jedoch nicht im Sinne älterer Machtansätze verstanden. Anwendung von Zwang ist nur ein Marginalfall der Machtbeziehungen. Entscheidender sind die Regulierung und Steuerung der Gruppenkonflikte und die Kommunikation im System, das als „lernfähig vermaschtes Regelsystem" konzipiert ist. Die dynamische Komponente wird durch den planmäßigen Ausbau der Fähigkeit des Systems zu Innovationen und zum Zielwandel betont.

Die bloße Übernahme kybernetischen Vokabulars schützt jedoch keineswegs vor konservativen Versuchungen. Nicht selten wird über der Begeisterung für kybernetische Neologismen die Ausgangsposition aufgegeben, nach der diese Konzepte nur Mittel der Analyse waren, und sie werden gleichsam verdinglicht als Sache selbst angesehen. Steuerungsprozesse, die einseitig auf Effizienzsteigerung des Systems angelegt sind, werden gelegentlich überbetont, die Selbststeuerungsfähigkeit und Autonomie der Subsysteme nicht selten unterschätzt, weil die Subsysteme oft nur als Befehlsempfänger mit Rückkoppelungsfunktionen gedacht werden. Wirtschaftliches Wachstum ist bei Entwicklungsländern wie bei den Systemen der Ersten Welt meist der nicht befragte Zielwert, hinter dem Bildung, humane Lebensbedingungen, Förderung der physischen und psychischen Gesundheit des Volkes in den Hintergrund treten. Dies ist nicht notwendigerweise Kennzeichen aller kybernetischen Modelle. Die Technik der Nachrichtenübermittlung und Verarbeitung dominiert jedoch in den meisten Modellen vor der Frage nach dem Inhalt der übermittelten Informationen.

(2) Die *Theorie der aktiven Gesellschaft* bei Etzioni ist insofern eine noch dynamischere Variante der Systemtheorie, als die aktive Rolle der Systemteile stärker betont wird als in den kybernetischen Modellen. Der kybernetische Ansatz kann dazu verführen, einen lückenlosen Informationsfluß und eine wachsende Steuerungskapazität zu verabsolutieren, ohne den Input aus der Gesellschaft zu vergrößern. Etzioni (1968: 13) skizzierte ein System, in dem Effizienz und Partizipation miteinander wachsen. Alle bisherigen makrotheoretischen Ansätze ordnete Etzioni nach zwei Typen: den *kollektivistischen* Theorien, die vor allem ungeplanten Wandel sehen und die Gesellschaft überwiegend als passive Handlungseinheit verstehen, und den *voluntaristischen* Theorien, welche gesteuerten Wandel sehen und Gesellschaft als hyperaktiv begreifen. Sein Ansatz versteht sich als Vermittlung zwischen diesen Theorietypen.

Die Theorie der aktiven Gesellschaft faßt einerseits den Machtbegriff wesentlich substantieller auf als die Kommunikationstheorie und die Kybernetik, andererseits betont sie die Aktivität der Einheiten im System, die die Fähigkeit zur Selbstveränderung besitzen. Auch kontrollierte Gesellschaftseinheiten verfügen über solche Kontrollfähigkeiten. Sie setzen Informationen ein, treffen Entscheidungen, verfolgen Ziele und üben Macht aus. Die aktive Konzeption der Untereinheiten wirft das Problem des Konsenses weit stärker auf als in kybernetischen Modellen. Kollektivistische Theorien unterstellen Konsens nicht selten als gegebenes Resultat ungeplanten Wandels, voluntaristische Theorien als Ergebnis der Manipulation durch die Führung mit Hilfe von Massenkommunikationsmitteln. Für Etzioni hingegen ist Konsens das Ergebnis eines Prozesses, in dem gegebene Präferenzen und gesteuerte Änderungsversuche einander beeinflussen. Konsens muß ständig neu erzeugt werden, institutionalisierter Konsens erweist sich als weniger effektiv und allenfalls kurzfristig wirksam im System. Die Partizipation der Subsysteme und ihrer Führungen müssen real sein und dürfen nicht durch Kooptation selektiert werden. Etzionis Theorie der aktiven Gesellschaft orientiert sich also an zwei Faktoren: *Kontrolle* (Macht, Informationskapazität des Systems) und *Konsens*. Aktive Gesellschaften sind auf beiden Skalen hoch einzustufen. Wo Kontrolle dominiert und Konsens kaum vorhanden ist, liegt eine übersteuerte Gesellschaft vor; wo Kontrolle niedrig, aber Konsens hoch ist, ist die Gesellschaft ungesteuert *(drifting)*. Kapitalistische Demokratien sind in der Regel zum Typ der wenig gesteuerten Gesellschaften zu rechnen, die sozialistischen Systeme einer Epoche sah Etzioni als übersteuert an. Etzioni vertrat eine Art Konvergenztheorie, welche die untersteuerte kapitalistische und die übersteuerte sozialistische Gesellschaft sich auf einer höheren Ebene der aktiven Gesellschaft wiederfinden läßt. Wie in allen Konvergenztheorien fand sich ein utopisches Element in einer unkonditioniert gegebenen Prognose. Etzioni bezeichnete sein Bild der aktiven Gesellschaft als eine „mögliche Utopie". Wie andere westliche Konvergenztheoretiker neigte auch Etzioni dazu, die Gesellschaft der Zukunft ganz an den Werten westlicher Gesellschaften auszurichten. Die Partizipationsvorstellungen, die er für die Subsysteme entwickelte, waren überwiegend an den angelsächsischen Demokratien orientiert. Vor allem die Grundbedürfnisse *(basic needs)*, die er für alle Menschen unterstellte – wie *need for affection* (Bedürfnis nach Solidarität, Liebe und Kohäsion), Bedürfnis nach Anerkennung, Leistung und Billigung,

Bedürfnis nach Konsistenz, Synthese und Ganzheit, Bedürfnis nach wiederholter Gratifikation (welche lange Zwischenräume zwischen den Gratifikationen als frustrierend empfinden lassen) -, waren zwar nicht ausschließlich an amerikanischen Wertvorstellungen orientiert (z.B. das Solidaritätsbedürfnis), wie manchmal behauptet worden ist, aber sie sind in ihrer universalen Geltung umstritten.

Die Theorie der aktiven Gesellschaft besaß einen weiteren Vorteil darin, daß sie die schematische Gegenüberstellung von gewaltsamer Revolution und friedlicher Evolution fragwürdig machte. Tatsächlicher Wandel wird durch diese Theorie an Kriterien wie Kontrolle, Leistung, Partizipation und Konsens meßbar, ohne daß man sich bei dogmatischen Streitigkeiten im prozeduralen Bereich der Veränderung aufzuhalten braucht, welche die Debatten – trotz ähnlicher Versuche von André Gorz und Ernest Mandel in der marxistischen Theorie – in der linken Publizistik bis heute so unfruchtbar machten.

Beide Modelle dynamischer Systemtheorie waren für die empirische Forschung anregend. Die Forschung im Bereich der Informationssysteme, der Sektoren der staatlichen Meinungsbildung (Presse- und Informationsämter, Pressepolitik), der Informationssysteme der Regierung (vom wissenschaftlichen Dienst der Parlamente bis zu den Spionageorganisationen) und der Massenkommunikationsmittel in ihrer internen Struktur, hat durch die Kybernetik erstmals ein theoretisches Rüstzeug an die Hand bekommen. Das Modell der aktiven Gesellschaft hingegen hat die Partizipations- und Demokratieforschung zu ganz neuen Fragestellungen gebracht.

Hauptproblem der Systemforschung ist heute die Steuerung von Systemen und ihr geplanter Wandel. Konservative Planungsskeptiker – obwohl auch sie die Gesellschaft als Handlungssystem definieren, das einen Zukunftsplan impliziert, und rational geplantes Handeln wenigstens in Form des systemkongruenten Handelns für möglich halten – sehen es als nahezu aussichtslos an, die dysfunktionalen Folgen von Planungen im voraus zu überblicken; die Fülle der erreichenswerten Zwecke eines Systems in ein Präferenzsystem zu ordnen; zu verhindern, daß sich ein spezifischer Zweck durch die Planung unversehens verdinglicht und alle anderen Erwägungen und Datenkenntnisse verdrängt; die Bedürfnisstruktur des Menschen verläßlich zu erkennen; die latenten Funktionen ebenso eindeutig auszumachen wie die manifesten, und schließlich die Fülle der planenden Instanzen vom Betrieb bis zum Staat in ihren Bemühungen so zu koordinieren, daß wirklich ein allgemeiner Nutzenzuwachs zu verzeichnen ist.

Da die Bedürfnisstruktur und die Zielvorstellungen der Individuen und planenden Subsysteme ihrerseits sozial vorgeformt sind und durch Aufklärungs- und Propagandaarbeit der zentralen Steuerungsinstanzen ständig beeinflußt – und nicht selten manipuliert – werden, dürften die durch Planung zu enttäuschenden Erwartungen und Bedürfnisse für das Gros der Menschen geringer sein, als konservative Individualisten befürchten. Außerdem müßten jene enttäuschten Erwartungen, die sich trotz rationaler Planung häufig nicht vermeiden lassen, verglichen werden mit der sicheren Enttäuschung der Mehrheit im Falle von Nichtplanung, die in vielen Fällen zu empfindlichen Störungen des Systemgleichgewichts führen würde. Das Hauptproblem in einem politischen System, das nicht an Führungsschwäche, mangelndem Innovationswillen, Kommunikationsarmut und Ideenmangel leidet, ist, wie die zentrale Steuerung noch hinreichend mit den Autonomietendenzen und eigenen Planungs- und Steuerungskapazitäten der Subsysteme verbunden werden kann.

Hier sind wir mit einer Fülle von Enttäuschungen mancher Planungsspezialisten konfrontiert: Beim Verlassen von einfachen negativen Rückkoppelungsschleifen, die nur eine wichtige Zustandsvariable enthalten – wie dies in der überwiegenden Zahl wenig komplexer Planungssituationen der Fall ist –, und beim Versuch, den Wandel komplexer Systeme zu planen, wird es immer schwieriger, die Zusammenhänge zu überblicken. Ursache und Wirkungen sind in komplexen Systemen nicht mehr unmittelbar einsichtig miteinander verknüpft, die dysfunktionalen Folgen von Planungen lassen sich oft erst mit starker zeitlicher und örtlicher Verschiebung erkennen. Die üblichen Korrelationsanalysen haben die vergleichende Systemforschung häufig in die Irre geführt. Noch schwieriger erscheint die Ermittlung der entscheidenden Systemparameter, auf deren Veränderung das System reagiert, da sich immer wieder zeigt, daß komplexe politische Systeme selbst auf Änderung mehrerer Parameter kaum reagieren. Die Zentren der innovationshemmenden Beharrungskräfte müssen in jedem System zuverlässig geortet werden. Nur für orthodoxe Marxisten ist es ausgemacht, daß diese in kapitalistischen Demokratien a priori in den profitorientierten Zentren des privaten Produktionsmittelbesitzes zu suchen sind.

Planungstheorie und Systemsteuerungsforschung haben bisher weitgehend unabhängig von der Erforschung der Autonomie, der

Steuerungskapazitäten und Partizipationsmöglichkeiten der Subsysteme gearbeitet. Es ist das Verdienst der neueren Formen dynamisierter Systemtheorie, die Bemühungen um Effizienz- und Partizipationssteigerung im System in einem theoretischen Modell zusammenzusehen.

Die dynamischen Varianten der Systemtheorie wurden vor allem Ende der 60er und Anfang der 70er Jahre entwickelt, als in vielen Ländern Reformen auf dem Programm standen und Planung unter freiheitlichen Bedingungen in der Systemkonkurrenz mit dem Sozialismus ein Gebot der Stunde schien. Viele der Reforminitiativen blieben stecken oder wurden spätestens seit der Ölkrise 1973 unbezahlbar. Krisenpolitik konzentrierte sich seither auf kurzfristig Machbares. Die Planungseuphorie verflog, längst ehe die planwirtschaftlichen Systeme des Sozialismus gescheitert waren. Der Begriff Planung wurde zunehmend durch den bescheideneren Terminus „Steuerung" ersetzt, und selbst der Steuerungsoptimismus geriet in eine Krise.

Ein Paradigmawandel der Systemtheorie erfaßte weite Teile vor allem der deutschen Theorie. Die Anregungen zur Weiterentwicklung kamen vor allem aus den Naturwissenschaften. Die Theorie der Selbstorganisation (Autopoiesis) machte starke Anleihen bei der Biologie – mit durchaus umstrittenen Übertragungen aus einer anderen Begriffswelt (vgl. v. Beyme, 1996: 222ff.). Niklas Luhmann (1984: 27) hat nach seinem zweiten Paradigmawandel seine Zentralbegriffe gründlich ausgewechselt: von Design und Kontrolle war nicht mehr die Rede. Autonomie und Umweltsensibilität traten an ihre Stelle. Planung wurde durch das Interesse an Evolution ersetzt. Die strukturelle Stabilität, die noch ein Relikt der Parsons-Schule war, wurde durch die Suche nach einer dynamischen Stabilität abgelöst.

Die Theorie der Selbstorganisation hat – wie das Denken der Postmoderne, das ihr verwandt ist – die politische Theoriebildung vereinzelt erreicht. Noch ist der Erkenntnisgewinn bescheiden. Es überwiegt der metaphorische Sprachgebrauch. In der Bielefelder Schule wurde die neue Wende der Systemtheorie selbstreflexiv im unkreativen Sinne. Sie schloß sich in selbstgenügsamen Zirkeldiskussionen ab, die für die empirische Forschung kaum noch fruchtbar zu machen waren. Am nächsten an einem Beitrag zur politischen Theorie war die Autopoiesis-Diskussion in Helmut Willkes ‚Entzauberung des Staates'. Der Begriff der Selbstreferenz wurde eingesetzt, um das Denken in hierarchischen Ordnungen zu entzaubern (Willke 1989: 44). Die neuere Systemtheorie hatte das Verdienst, Staat und Recht wieder stärker in die Gesellschaftstheorie einzubeziehen, die sie völlig vernachlässigt hatte. Der Preis dafür war, daß die Rolle von Staat und Politik als zentrale Steuerungsinstanz zunehmend in Frage gestellt wurde. Die Marxisten hatten lange dem ökonomischen Teilsystem determinierende Funktionen zugeschrieben. In immer neuen Wellen wurde eine Lanze für die reine Politik gebrochen, die sich aus der Überfremdung von Denkfiguren und Prozessen der Gesellschaft und der Ökonomie zu befreien trachtete. Die Konsequenzen aus der Ausdifferenzierung der Subsysteme in einer Vierfeldermatrix seit Parsons – in Anlehnung an Weber – wurden radikal gezogen. Kein System konnte mehr das Ganze repräsentieren und seine Probleme zu lösen versuchen. Imperialistische Neigungen der Theorie wurden damit schwächer. Die Suche nach einer integrierenden Klammer in einer fragmentierten Gesellschaft wurde aufgegeben. Die neue autopoietische Systemtheorie suchte nach Koordinationsmechanismen und Selbststeuerungspotentialen (Görlitz/Voigt 1985: 185). Zwischen Etatismus und Anarchismus einer ausschließlichen gesellschaftlichen Selbststeuerung wurde nach Mittelwegen gesucht.

Unter dem Einfluß der Theorie selbststeuernder Systeme entwickelte sich eine weitere Stufe der theoretischen Zurücknahme von staatlichen Steuerungsansprüchen. Der Korporatismus war in die Krise gekommen. Neokonservative Strategien vor allem in den angelsächsischen Ländern hatten wenig Ansatzpunkte für korporative Steuerung übriggelassen. Die Angst vor der *Japanisierung* der Verhältnisse ging um: ein *Korporatismus ohne Arbeiterbewegung* – auf der Basis einer Kooperation von Staat und Industrie – wurde als Schreckensvision ausgemalt, obwohl allenfalls in Großbritannien der Thatcherismus dieses Modell ansatzweise verwirklichte.

Grundbegriff wurde in dieser Analyse der Begriff gesellschaftliche oder sozietale Steuerung. Die Evolution als Mechanismus für Strukturänderungen, welche aus Anlaß von Zufällen neue Systemelemente in neuen Systemkontexten organisiert, scheint in drei Phasen der Ordnungsbildung zu verlaufen, von

- der Selbstorganisation,
- über die Selbstreferenz,
- zur Selbstproduktion.

Das politische Teilsystem in der Gesellschaft hat keinen Primat für die Integration der Gesellschaft, wie viele Staatstheorien bis in die 70er Jahre immer wieder unterstellten. Das politische System, das immer stärker analog zum wirtschaftlichen System organisiert gedacht wird, und mehr und mehr als politischer Markt widerstreitender Akteure verstanden wird, kann ebensowenig wie die Ökonomie emotionale Begeisterung erwecken. Insofern sind die beiden wichtigsten Subsysteme Wirtschaft und Politik in einer schwierigeren Lage als andere Teilsysteme der Gesellschaft. Technologie scheint unmittelbar seine Nützlichkeit für jeden einsichtig zu machen, Moral kann sich auf das Gute berufen, Recht wenigstens auf das Angemessene (*suum cuique*). Wissenschaft tritt mit einem Wahrheitsanspruch auf. Die Politik hingegen versucht ihre Nützlichkeit auf vielen Gebieten zu erweisen. Wo Ideologie im Spiel ist, wird Wahrheit beansprucht, Nützlichkeit wird dem Wähler versprochen, und das Angemessene erscheint als das Minimalresultat von Politik. Bei soviel Selbstüberforderung ist es kein Zufall, daß das politische Subsystem mit ständig überhöhten Erwartungen konfrontiert wird. Wenn es sich selbst nicht überforderte, durch die mobilisierenden Slogans der Wahlkämpfe, würde es vermutlich dennoch durch den Bürger überstrapaziert, der in der Demokratie wenigstens „*responsiveness*" von den Politikern verlangt.

Das politische System wird vor der altmodernen Neigung gewarnt, sich zu überfordern. Dafür wird ihm aber auch Trost zugesprochen: es geht darum, die Politik unabhängiger und den anderen gesellschaftlichen Teilsystemen gegenüber ebenbürtig zu machen (Willke 1989: 132).

Literatur

G. Almond: Comparative Political Systems. Journal of Politics 1956: 391-409
H. P. Bang: David Easton's Postmodern Images. Political Theory, Bd.26, Nr.3 1998: 281-316
K. von Beyme: Theorie der Politik im 20. Jahrhundert. Von der Moderne zur Postmoderne. Frankfurt, Suhrkamp ³1996, Kap. II
H. Busshoff: Systemtheorie als Theorie der Politik. Pullach, Verlag Dokumentation 1975
K. W. Deutsch: Politics and Government. Boston, Little Brown 1970
K. W. Deutsch: The Nerves of Government. New York, Free Press ²1966
D. Easton: Varieties of Political Theory. Englewood Cliffs, Prentice Hall 1966
D. Easton: A Systems Analysis of Political Life. New York, Wiley 1965
S. E. Finer: Almond's Concept of the ‚Political System': A Textual Critique. Government and Opposition 1969/70: 3-21
J. Friedrich/E. Sens: Systemtheorie und Gesellschaft. Zur gegenwärtigen Kybernetik-Rezeption in den Sozialwissenschaften. KZfSS 1976: 27-47

M. Glagow (Hrsg.): Gesellschaftssteuerung zwischen Korporatismus und Subsidiarität. Bielefeld, AJZ 1984
A. Görlitz/R. Voigt: Rechtspolitologie. Opladen, Westdeutscher Verlag 1985
B. A. Görlitz/H.-P. Burth: Politische Steuerung. Opladen, Leske & Budrich ²1998
M. Th. Greven: Systemtheorie und Gesellschaftsanalyse. Neuwied, Luchterhand 1974
W. J. Gulijew u.a.: Bürgerliches politisches System und Systemtheorie Berlin (O), Akademieverlag 1978
J. Habermas/N. Luhmann: Theorie der Gesellschaft oder Sozialtechnologie. Was leistet die Systemforschung? Frankfurt, Suhrkamp 1971
K. O. Hondrich/J. Matthes (Hrsg.): Theorienvergleich in den Sozialwissenschaften. Darmstadt, Luchterhand 1978
St. Jensen: Systemtheorie. Stuttgart, Kohlhammer 1983
M. A. Kaplan: System Theory. In: J.C. Charlesworth (Hrsg.): Contemporary Political Analysis. New York, Free Press 1967: 150-163
M. A. Kaplan: System and Process in International Politics. New York, Wiley 1964
N. Luhmann: Soziale Systeme. Frankfurt, Suhrkamp 1984
N. Luhmann: Gesellschaftsstruktur und Semantik. Frankfurt, Suhrkamp, 2 Bde. 1980, 1981
N. Luhmann: Soziologische Aufklärung. Köln/Opladen, Westdeutscher Verlag 1970
H. R. Maturana: Erkennen: Die Organisation und Verkörperung von Wirklichkeit. Braunschweig, Vieweg ²1985
R. Mayntz u.a. (Hrsg.): Differenzierung und Verselbständigung. Zur Entwicklung gesellschaftlicher Teilsysteme. Frankfurt, Campus 1988
W.-D. Narr: Theoriebegriffe und Systemtheorie. Stuttgart, Kohlhammer 1969
F. Naschold: Die systemtheoretische Analyse demokratischer Systeme. In: Probleme der Demokratie heute. Köln/Opladen, Westdeutscher Verlag 1971: 3-39
F. Naschold: Systemsteuerung. Stuttgart, Kohlhammer 1969
D. Oberndörfer (Hrsg.): Systemtheorie, Systemanalyse und Entwicklungsländerforschung. Einführung und Kritik. Berlin, Duncker & Humblot 1971
U. Schimank: Theorien gesellschaftlicher Differenzierung. Opladen, Leske & Budrich 1996
G. Schmid: Funktionsanalyse und politische Theorie. Funktionalismuskritik, Faktorenanalyse, Systemtheorie. Düsseldorf, Bertelsmann Universitätsverlag 1974
H. J. Spiro: An Evaluation of Systems Theory. In: J.C. Charlesworth (Hrsg): Contemporary Political Analysis. New York, Free Press 1967: 164-174
T. B. Strong: David Easton. Reflections on an American Scholar. Political Theory, Bd. 26, Nr. 3, 1998: 267-280
W.-H. Tjaden (Hrsg.): Soziale Systeme. Neuwied, Luchterhand 1971
K. Tudyka: ‚Weltgesellschaft' – Unbegriff und Phantom. PVS 1989: 503-508
S. Verba: Some Dilemmas of Comparative Research. World Politics 1967/68: 111-127
A. Waschkuhn: Politische Systemtheorie. Opladen, Westdeutscher Verlag 1987
H. Willke: Systemtheorie entwickelter Gesellschaften. Weinheim, Juventa 1989
O. R. Young: The Impact of General Systems Theory on Political Science. General Systems 1964, Bd. 9: 239-253

4. Politische Kultur

Der Kulturbegriff wurde durch die „behavioralistische Revolte" aus der Anthropologie in die politische Theorie eingeführt. Der Begriff der politischen Kultur wurde durch Gabriel Almond (1956) in die allgemeine Diskussion gebracht. Die umfangreiche begriffsanalytische Untersuchung von A. L. Kroeber und Clyde Kluckhohn (1952) registrierte die Wortverbindung „politische Kultur" noch nicht unter den Hunderten von Kulturbegriffen, die nachgewiesen wurden. Der Kulturbegriff wurde seit etwa 1750 vor allem in der deutschen Sprache gebraucht, während die romanischen Sprachen und das Englische überwiegend von „Civilisation" sprachen. Der erste angelsächsische Anthropologe, Taylor, der den Kulturbegriff in dem Werk ‚Primitive Culture' zu einem Zentralbegriff seiner Wissenschaft erhob, übernahm ihn von deutschen Autoren, vor allem von Klemm, aber noch lange behielten die Engländer (mehr als die Amerikaner) Skrupel, den deutschen Ausdruck zu adaptieren. Gleichwohl gab es in der Literatur der politischen Klassiker funktionale Äquivalente des Begriffs „politische Kultur", seit Aristoteles sich den sozialen Grundlagen der Polis zugewandt hatte und vor allem französische Theoretiker von Bodin über Montesquieu bis Tocqueville die „moeurs" untersuchten, auf denen ein Gemeinwesen beruht. Ein deutscher Liberaler wie Mohl, der sich um die Zusammenarbeit von Staats- und Gesellschaftswissenschaften verdient machte, sprach von „Gesittigung" und meinte damit etwas ziemlich Ähnliches wie „politische Kultur". Der Versuch, nicht an der formellen Verfassung hängenzubleiben, der auch von Institutionalisten bis hin zu Dolf Sternberger mit dem Begriff „Lebende Verfassung" gemacht wurde, war ebenfalls ein funktionales Äquivalent des politischen Kulturbegriffs.

Der Kulturbegriff wurde zu keiner Zeit einheitlich gebraucht. Eine Untersuchung von Kroeber und Kluckhohn (1952: 301) wies nach, daß der Kulturbegriff vor 1940 überwiegend mit der auf Gruppen und soziale Einheit bezogenen Bedeutung als historisches Produkt (Erbe, Tradition), Totalität und Verhalten gebraucht wurde. Nach 1940 führten – vermutlich unter dem Einfluß des Behavioralismus (vgl. Kap. II.3) – die soziale Gruppenbedeutung und der Verhaltensbegriff von Kultur.

Diese Vielfalt ließ sich einmal dadurch erklären, daß der Kulturbegriff niemals auf eine Spezialdisziplin – häufig als Kulturanthropologie bezeichnet – beschränkt blieb, sondern in geschichtsphilosophischen und sozialwissenschaftlichen Werken sehr verschiedener theoretischer Provenienz gebraucht wurde. Zum anderen ist die relativ wenig entwickelte Theorie des Faches Ethnologie und Anthropologie in der Frühzeit für die fließenden Grenzen des Kulturbegriffs verantwortlich zu machen.

Gabriel Almond und Sidney Verba (1963: 14), die den Begriff „Politische Kultur" populär machten, waren sich der Gefahr bewußt, daß sie mit seinen Vorteilen – Übernahme der Errungenschaften der Kulturanthropologie – auch seine Zweideutigkeiten und Gefahren mit übernahmen. Die beiden Autoren nahmen eine Variante des Kulturbegriffs und spitzten sie auf die Bedürfnisse der Politikwissenschaft zu. Unter politischer Kultur wollten sie in erster Linie psychologische Orientierung gegenüber sozialen Objekten verstehen. Der Ausdruck „psychologische Orientierung" (war psychische gemeint?) darf jedoch nicht zu der Annahme verleiten, daß die Political-Culture-Lehre eine der reduktionistischen Lehren aus dem Bereich der Psychologie ist. Bewußt setzt man sich von der älteren psychologischen Nationalcharakterforschung ab und studierte die sozialvermittelten Prozesse und vor allem die politische Sozialisation. Während die ältere Nationalcharakterforschung häufig von ererbten Eigenschaften ausging, stellt dieser neue Ansatz unmißverständlich fest: „Political cultures are learned" (Pye/Verba 1969: 556).

Die Kritik des Ansatzes hat sich zum Teil nicht mit dieser Übernahme des Kulturbegriffs abfinden können. Benjamin Walter (in: Journal of Politics 1965: 206-209) verwarf ihn als allzu „amphibisch", da er ein heterogenes Sammelsurium von Dingen (Artefakten, Technologie, soziale Beziehungen, Musik und Spiel ... „like the Lord High Executioner's list, the catalogue can be indefinitely extended") bezeichnete. In Verbindung mit dem Systembegriff wurde Kultur als ein System der internalisierten Kognitionen, Gefühle und Wertungen der Bevölkerung verstanden, als „System jener expliziten und impliziten Leitvorstellungen, die sich auf die politischen Handlungszusammenhänge beziehen" (Lehmbruch 1967: 13). Im Gegensatz zu älteren Kompilationen von Statistiken wurde hier eine neue Methode der Datensammlung und ihrer theoretischen Verarbeitung angeboten.

Der Begriff „politische Kultur" enthält – wie bei der Verwendung in den Ursprungswissenschaften – eine stark normativ-integrative Komponente, die sich überwiegend an das Verhalten von Eliten richtet. Beim Kulturbegriff kam dies in der älteren funktionalen Theorie am krassesten zum Ausdruck, etwa bei Bronislaw Malinowski (1951:

94), dem sich Kultur darstellte „als ein gewaltiger Apparat der Anpassung, der durch Übung, durch das Vermitteln von Fertigkeiten, das Lehren von Normen und die Ausbildung des Geschmacks Anerzogenes und Naturgegebenes miteinander verschmilzt und so Wesen schafft, deren Verhalten nicht durch das Studium der Anatomie und Physiologie allein bestimmt werden kann". Auch bei Almond/Verba (1963: 15) war ein normatives Element (evaluative Orientationen) Teil der Haltungen, die eine politische Kultur konstituieren.

Die normative Komponente wurde auch bei der Typologie von politischen Kulturen deutlich. Almonds erste Klassifikation von vier politischen Kulturen fiel reichlich schematisch aus: die präindustrielle, totalitäre, anglo-amerikanische und kontinentaleuropäische politische Kultur. Der kontinentaleuropäische Typ war für ihn durch die Fortdauer präindustrieller und katholisch-religiös determinierter Subsysteme gekennzeichnet. Seltsamerweise wurden dabei die Niederlande mit ihren stark religiös und sozial fragmentierten Gruppen dem angelsächsischen Typ zugeordnet. Abgesehen von der Zuordnung einzelner politischer Systeme war diese Klassifikation jedoch auch deshalb schlecht, weil die einzelnen Typen sich nach ganz unterschiedlichen Merkmalen konstituierten und nicht ein einheitliches logisches Merkmal zugrunde legten – etwa den Umfang der sozialen Kontrolle von oben bei totalitären oder der nicht mechanisch geschaffenen Homogenität angelsächsischer Länder. Eine so allgemeine Klassifikation brachte gegenüber der traditionellen Herrschaftsformenlehre kaum einen Fortschritt, sondern hielt sich an die Dreiteilung von westlichen repräsentativen Demokratien, totalitären Diktaturen und Entwicklungsländersystemen, wobei der kontinentaleuropäische Typ eine Variante des ersten mit kleinen Beimischungen des dritten Typs darstellte.

Um zu brauchbaren Klassifikationen zu gelangen, mußte der Begriff „political culture" in seine Bestandteile zerlegt werden. In Verbindung mit der Input-Output-Analyse, die ein Zweig der Systemtheorie seit Easton aus der Ökonomie übernommen hatte, wurden vornehmlich die Input-Funktionen vom Political-Culture-Ansatz studiert, deren es nach Almond/Coleman vier gibt: politische Sozialisation und Rekrutierung, Interessenartikulation (vor allem von den Interessengruppen wahrgenommen), Interessenaggregation (vornehmlich durch die Parteien), politische Kommunikation. Die zweite und dritte Funktion waren die wichtigsten zur Konfliktschlichtung. Politische Sozialisation ist die Umschlagstelle von mikropolitologischen zu makropolitologischen Analysen, die bis dahin ziemlich unverbunden nebeneinanderstanden. (Man muß überhaupt sagen, daß im Gegensatz zu anderen Sozialwissenschaften, vor allem der Soziologie und Ökonomie, die Mikropolitikwissenschaft bis heute weitgehend vernachlässigt oder ganz den Psychologen überlassen wurde.) Die beiden Funktionenbündel wurden zur wichtigsten Grundlage der Einteilung von politischen Kulturen.

Mit der Hinwendung der politikwissenschaftlichen Forschungsinteressen zum Ergebnis des politischen Prozesses in bestimmten politischen Feldern wurden auch andere Dreiteilungen üblich. Die Erforschung der politischen Kultur mußte die Haltungen zur politischen Ordnung (polity), zu den Entscheidungsprozessen (politics) und den Politikresultaten (policies) erforschen. Bei Grundkonsens über die politische Ordnung wurde häufig starke Ablehnung der Mechanismen des politischen Entscheidungsprozesses gemessen. Die Anhänger von Regierungsparteien haben höhere Erwartungen an „ihre" Regierung und sind daher leichter zu enttäuschen als die Wähler von Oppositionsparteien. Selbst bei positiver Einstellung der Mehrheit zum Entscheidungssystem kann vielfach Unzufriedenheit mit den policies festgestellt werden (z.B. der Arbeitsmarkt oder Wohnungsbaupolitik). Bürger urteilen also relativ differenziert. Auch die Legitimationsforschung ist davon abgekommen, nur pauschale Fragen nach der Akzeptanz des Systems zu stellen. Die Zustimmung zur politischen Ordnung pflegt wesentlich höher zu liegen als die Zustimmung zu einer Regierung (Gabriel 1986: 304f.).

Wo die Realität eines politischen Systems zu weit von den akzeptierten Sollwerten abweicht, ist die Folge nicht notwendigerweise die Ablehnung des Systems durch die Bürger, wie vor allem Kritiker von Links immer wieder unterstellten. Es wird von den Bürgern eher verlangt, das System wieder seinem idealen Modell anzunähern (Westle 1989: 319).

Politische Kultur kann angesichts der Komplexität der Ebenen und der Differenzen von diffuser Zustimmung und expliziter Bejahung immer nur als Konstrukt benutzt werden. Umstritten ist auch, ob es nur die *Einstellungen* mißt, oder auch *tatsächliches politisches Handeln* umfaßt. Obwohl das Konzept der politischen Kultur in der behavioralistischen Schule entwickelt worden ist, waren viele Erforscher politischen Verhaltens skeptisch, ob der Begriff für die empirische Forschung zu brauchen sei. Kognitionen, Gefühle und Bewertungen gegenüber dem politischen System im allgemeinen, den Input- und

Output-Strukturen im besonderen, führten zu einer so komplizierten Vielfeldermatrix, daß deren Felder niemals von einer empirischen Studie empirisch ausgefüllt werden konnten. Max Kaase (1983) sprach daher auch vom „Versuch, einen Pudding an die Wand zu nageln". Wo Einstellungen zu politischem Handeln im Zentrum der Forschung standen, wie in der „Political Action"-Studie von Barnes und Kaase (1979), die einer der wichtigsten Beiträge zur Forschung nach der Almond/Verba-Studie von 1963 war, kam der Ausdruck „politische Kultur" folgerichtig nicht vor. Ein weiterer Pionierbeitrag, Ronald Ingleharts (1977) Entdeckung eines Wertewandels vom Materialismus zum Postmaterialismus, hat sich ebenfalls kaum mit dem Konzept der politischen Kultur auseinandergesetzt. Dies geschah bei Inglehart erst in dem Buch ‚Culture shifts' (1990). Bei aller Kritik am statischen pro-amerikanischen Bias des Begriffs bei Almond und Verba wurde das Konzept nun doch als wichtigste Alternative zum *rational choice*-Modell bei der Erklärung politischen Verhaltens gewürdigt (1990: 19).

Der Ansatz der politischen Kulturforschung, wie ihn Almond und Verba entwickelten, breitete sich nicht zufällig vor allem in der Entwicklungsländerforschung aus. Der Modernisierungsoptimismus konnte in der Dritten Welt kaum stabile Institutionen zum Ansatzpunkt nehmen. Daher wurden die Einstellungen der Menschen zum Gradmesser ihrer Aufgeschlossenheit gegenüber der Modernisierung.

Die politischen Kulturen von Entwicklungsländern haben sich aber kaum in einer erschöpfenden Typologie klassifizieren lassen. Meist wird hier nur nach einzelnen wichtigen Kriterien, z.B. dem Grad, in dem die Rollen in einem Entwicklungsland funktional diffus und damit substituierbar sind, oder nach dem Grad der Säkularisation, der das Ausmaß angibt, in dem das politische Handeln rational und empirisch wird, eine Skala zur Messung des Modernisierungsgrades aufgestellt. In der Theorie des Nation-Building wurde ein drittes Kriterium zur Abgrenzung politischer Kulturen herausgestellt, das mit der Sozialisationsfunktion zusammenhängt: der Grad, in dem eine Nation ihre Selbstidentität erringt. Hierbei werden Begriffe der Psychologie – etwa von Erik H. Erikson – direkt in die Politik hineingetragen: „Die Frage der nationalen Identität ist die Political-Culture-Version des personellen Grundproblems der Selbstidentität" (Pye/Verba 1969: 529). Die Nation-Building-Forschung untersucht das Identifikationsproblem in zwei Richtungen: in der vertikalen Richtung die nationale Identifikation, in der horizontalen Richtung die Identifikation mit den Mitbürgern eines politischen Systems.

Etwas leichter schienen die politischen Kulturen industrialisierter Demokratien typologisierbar zu sein, auch wenn Almonds Einteilung von 1955 stark irreführend gewirkt hatte. Harry Eckstein (1966: 193ff.) setzte sich bei der Forschung über Norwegen expressis verbis von der Klassifikation Almonds ab und kam zu der Dreiertypologie: Konsensus-Systeme (z.B. Großbritannien), mechanisch integrierte Systeme (z.B. die USA), in denen die Kohäsion weitgehend von politischen *divisions* herrührt, da diese nach der weitverbreiteten Erklärung der Gruppentheorie in der Bentley-Truman-Schule durch die *overlapping memberships* charakterisiert werden, und die sogenannten *Community Systems* (die für Eckstein durch Norwegen repräsentiert werden), in denen die Kohäsion durch eine umgreifende Solidarität trotz oder gerade wegen der Gruppenfragmentierung existiert.

Weitere Detailforschungen über einzelne kleinere politische Systeme zwangen zu neuen Abwandlungen der Klassifikation politischer Kulturen. Am bekanntesten wurden die Versuche von Lehmbruch am Beispiel Österreichs und der Schweiz oder Lijpharts am Beispiel der Niederlande. Lehmbruch (1967: 13) nahm eine gewisse Einengung des Begriffes „politische Kultur" vor. Statt auf die Materie politischer Konflikte, spezialisierte er seine Einteilung politischer Kulturen auf die Modalitäten der politischen Regelung gesellschaftlicher Konflikte. Er kam dabei ebenfalls zu einer Dreiertypologie: (1) das Konkurrenzmodell, das Konflikte mit Hilfe der Mehrheitsentscheidung regelt und das lange in der Parlamentarismustheorie nach britischem Vorbild als der Normalfall eines parlamentarischen Systems galt; (2) das Proporzmodell, das trotz majoritärer Konfliktregelungsmuster im Bereich der Normen und des Verhältnisses von Regierung und Parlament de facto mit *amicabilis compositio* und proportionalistischer Konfliktschlichtung arbeitet, und (3) das hierarchisch-bürokratische Modell mit autoritärer Konfliktregelung. Lehmbruch übersah keineswegs, daß diese drei Typen selten rein vorkommen und in praxi in verschiedenen Mischungsverhältnissen angetroffen werden.

Bei der Erforschung des amerikanischen Systems ist dieser Gedanke unabhängig von europäischen Ansätzen bereits früher entwickelt worden, etwa von James M. Burns, der drei Modelle amerikanischer Führung gegenüberstellte: das Madisonsche Modell der *countervailing powers*, das Jeffersonsche Modell – als revolutionäres Modell auf der Basis der Mehrheitsherrschaft und eines kompetitiven Parteiensystems – und das Hamiltonsche Modell, das mit einer starken Neigung zu präsidentieller Führerschaft und machtvoller Exekutive verbunden gedacht wurde. Das Madisonsche Modell war dem proportionalistischen Modell, das Hamiltonsche dem bürokratischen Modell am nächsten. Bei der Präsidentenwahl überwiegt ein Konkurrenzmodell à la Lehmbruch, bei der Politik der Parteien im Kongreß tendiert das gleiche System stärker zu proportionalistischen Mitteln der Konfliktregelung.

Am holländischen Beispiel entwickelte Arendt Lijphart (1968: 206f.) einen weiteren Typ von politischer Kultur, der nicht nur die Art des Pluralismus und die Konfliktmechanismen zwischen den Gruppen und versäulten Blöcken in die Betrachtung einbezog, sondern auch das Verhältnis von Eliten und Massen näher beleuchtete, das ein weiteres Kriterium zur Klassifikation von politischen Kulturen geworden ist, seit William Kornhauser das Verhältnis von Kultur und Persönlichkeit zu einer Typologie moderner Regime verwandt hatte, wobei er vom älteren anthropologischen Kulturbegriff ausging und sich nicht direkt an die Almondsche Lehre von der Political Culture anlehnte, die damals erst in einigen Aufsätzen skizziert worden war. Lijphart nannte die Niederlande ein *Akkommodationssystem,* das dadurch gekennzeichnet ist, daß die Gruppen stark fragmentiert sind und die Individuen einen hohen Organisationsgrad aufweisen. Der oligarchische Charakter der Gesellschaft förderte jedoch nach diesem Modell eine Ausgleichspolitik zwischen den Eliten und machte stabile Demokratie – entgegen einem alten Vorurteil – trotz starker Fragmentierung der Gesellschaft möglich. Wie Lehmbruch später den Begriff *Proporzdemokratie* als unscharf zugunsten der Bezeichnung *Konkordanzdemokratie* aufgab, so erhob Lijphart (1968) das Akkommodationsmodell zu einem allgemeineren Typ unter der Bezeichnung *Consociational Democracy.* Diesem Typ stellte er die *Zentrifugale Demokratie* (mit fragmentierter politischer Kultur und Immobilismus und Instabilität, wie sie in Frankreich in der Dritten und Vierten Republik, in Italien oder in der Weimarer Republik vorherrschten) und den Begriff der *zentripetalen Demokratie* mit homogener politischer Kultur und starker Stabilität gegenüber.

Fruchtbringender als die allgemeinen Typologien, die sich für jeden neuen Typ als revisionsbedürftig erwiesen, war die Zuwendung zu den kleinen Demokratien, die vom Schema des angelsächsischen Modells abwichen, ein neues Forschungsinteresse, das in dem Projekt

„Smaller European Democracies" gipfelte, dem sich amerikanische Forscher wie Robert Dahl und eine Reihe von europäischen Gelehrten wie Hans Daalder, Stein Rokkan und andere widmeten. Zum erstenmal verschafften sie der Politikwissenschaft der kleinen Länder – vor allem der skandinavischen – weltweite Beachtung und ließen diese methodisch einen Vorsprung vor den größeren Ländern mit einer institutionell umfangreicheren Politikwissenschaft – wie England, Frankreich und der Bundesrepublik – gewinnen.

Neuere Forschungen zeigten, daß selbst Länder, die bis dahin als überwiegend majoritär in ihrer Konfliktschlichtungsgesinnung angesehen wurden, wie Schweden (wenigstens nach dem Zweiten Weltkrieg und seit die Sozialdemokraten eine hegemoniale Position im Parteiensystem hatten), ebenfalls eine stark pragmatische Elitenkultur mit Abneigung gegen offene und harte Konflikte und einer Neigung zu Konsultation und Kooperation hatten (Anton 1969).

Neben der empirisch-komparatistischen Typologie politischer Kulturen gab es seit Almond und Verbas Buch über ‚Civic Culture' auch eine wertende Teilnahme für eine bestimmte politische Kultur, wie sie allen anderen Typologien weit weniger zugrunde lag, die eher defensive normative Elemente enthielten, das heißt eine bestimmte, bis dahin unter der Vorherrschaft des britischen Modells stark diskriminierte politische Kultur – wie Österreich, die Schweiz oder die Niederlande – zu rehabilitieren trachteten, ohne sie jedoch als die beste der denkbaren hinzustellen. Bei Almond und Verba (1963: 487) tauchte jedoch von Anfang an ein Vorurteil zugunsten der Civic Culture auf, die als Mittelweg zwischen partizipatorischen und apathischen politischen Kulturen gepriesen wurde: „Within the civic culture, then, the individual is not necessarily the rational, active citizen. His pattern of activity is more mixed and tempered. In this way he can combine some measure of competence, involvement, and activity with passivity and noninvolvement." Der Political-Culture-Approach hat die These einer gewissen heilsamen Apathie aus der Wahlforschung übernommen, wo sie von Bernard Berelson und anderen entwickelt worden ist. Civic Culture war für Almond nahezu identisch mit der angelsächsischen politischen Kultur, in der politische Kultur und politische Struktur kongruent sind.

Der Political-Culture-Ansatz birgt eine Reihe von Gefahren in sich:
(1) die *Umsetzung von Mikro- in Makroanalysen,* die angestrebt wird, gelingt nicht immer in überzeugender Weise. Almonds Gruppe hat

überwiegend durch Interviews geforscht und daher geäußerte Meinungen überbewertet, hingegen das *non-verbal behavior* völlig vernachlässigt, und die Frage, wie Überzeugungen und Werthaltungen, die festgestellt wurden, das politische Verhalten der Systeme beeinflussen, wurde nicht einmal angefaßt (Czudnowski 1968: 984). Die Abgrenzung der politischen von anderen Orientierungen blieb ebenfalls meist recht vage.

(2) Das Modell einer Civic Culture ging von einem *angelsächsischen Ideal* aus, an dem sämtliche politische Kulturen der Welt gemessen werden. Erst in der Fortentwicklung dieses Ansatzes – vor allem am Beispiel kleinerer europäischer Demokratien – konnte diese einseitige Wertung etwas abgebaut werden.

(3) Wie allen behavioralistischen Ansätzen wird auch dem Political-Culture-Ansatz vorgeworfen, er habe ein *statisches Bias*. Die Survey-Techniken werden jedoch heute mehr und mehr dazu eingesetzt, Wandel der politischen Kulturen zu erforschen, und die Attitüdenforschung kann dazu beitragen, festzustellen, ob eine politische Kultur stabil und universal oder labil, transitorisch oder einmalig in einer bestimmten historischen Epoche oder lokalen Variante ist. Ähnlich wie bei anderen behavioralistischen Forschungsobjekten sind solche Untersuchungen jedoch bisher nicht kontinuierlich angestellt worden. Es fehlt an einheitlichen Fragestellungen für verschiedene politische Systeme, und der hohe Aufwand an Material und Forschungskraft stand bisher in keinem Verhältnis zum Ergebnis. Verdienstvoll aber bleiben die Betonung der Notwendigkeit systematischer Datensammlung und Datenauswertung und der Beitrag der Political-Culture-Forschung zur Überwindung des Vorurteils, politische Fakten seien bekannt und durch Beobachtung und systematisches Lesen zu verarbeiten.

(4) Ein weiterer Vorwurf ist die *Voreingenommenheit* der meisten Political-Culture-Forscher für *Elitenverhalten*. Almond half sich noch mit der zugegebenermaßen durch das Material nicht gestützten Behauptung, daß die Eliten die politische Kultur der Nichteliten teilten, da beide Aggregate dem gleichen Sozialisationsprozeß ausgesetzt seien. Lijphart und andere Erforscher von pluralistischen, aber oligarchischen politischen Systemen haben diese Fiktion widerlegt, und auch die Erforschung von Parteiaktivisten hat Modifikationen an diesen Annahmen notwendig gemacht.

(5) Der Political-Culture-Ansatz hat große Verdienste im *Kampf gegen eine rein institutionelle Auffassung von Politik*. Durch die Überbetonung

der prozeduralen Aspekte der Konfliktschlichtung – etwa bei Lehmbruch – droht jedoch der Institutionalismus wiederaufzuleben. Linke Kritiker hingegen, die auf dem Boden einer dialektisch-kritischen Wissenschaftstheorie stehen, neigen dazu, den prozeduralen Aspekt von Konfliktregelung aufgrund einer schematischen Anwendung des Basis-Überbau-Schemas ihrerseits zu gering einzuschätzen. Von der Systemtheorie ist neuerdings mit Recht auf die legitimierende Wirkung von Verfahren hingewiesen worden, die man von gerichtlichen oder parlamentarischen Prozeduren zweifellos auch auf die Konfliktschlichtungsmuster außerhalb institutionell abgrenzbarer Rahmen anwenden könnte (Luhmann).

(6) Der schwerste Vorwurf gegen die Political-Culture-Lehre bezieht sich auf ihre *Skepsis gegenüber allzu starker politischer Partizipation*. Was in der politischen Soziologie als „Political Man" und in der Almond-Schule als gemäßigtes mittleres Verfahren in der Civic Culture gepriesen wird, erschien den Wortführern der antibehavioristischen Revolte vielfach als „Pseudopolitik" (Ch. Bay). Fortentwickelte Ansätze der Systemtheorie bei Etzionis Theorie der „Active Society" waren geneigt, ein höheres Maß an Partizipation mit Effizienz und Stabilität von Demokratien für vereinbar zu halten. Alle diese Vorwürfe haben jedoch zu einer Weiterentwicklung der Political-Culture-Forschung und der schrittweisen Überwindung des elitären antipartizipatorischen, statischen und anglo-amerikano-zentrischen Bias der Almondschen Lehre geführt. Mit der Einbeziehung der Erkenntnisse der politischen Psychologie hat der Begriff der politischen Kultur Aussichten, auch von dialektisch-kritischen Ansätzen in der politischen Theorie als politisches Konzept beibehalten zu werden, soweit solche Theorien nicht nur von Sollenssätzen mit Appellen an die totale Partizipation ausgehen.

In den 80er Jahren entwickelte sich die Erforschung politischer Kulturen in ganz neue Richtungen, die nicht mehr auf Amerika zentriert waren und die alles andere als eine statische Perspektive vermittelten. Viele der Ansätze haben zunächst keinen Gebrauch von dem Begriff „politische Kultur" gemacht. Sie wurden jedoch gleichwohl in die politische Kulturforschung eingeordnet und haben sich zum Teil – wie Inglehart nach einigem Widerstreben – mit dem Terminus auseinandergesetzt. Neue Partizipationsformen in den *neuen sozialen Bewegungen* ließen ganz andere Einstellungsmuster zum politischen System erkennen. Konfliktorientiertes Verhalten wurde nicht mehr nur als systemgefährdend eingestuft. Was einst als *„abweichendes politisches Ver-*

halten" galt, war so normal geworden, daß man es zum „*nichtkonventionellen Verhalten"* aufwertete (Barnes/Kaase 1979). Die Entdeckung postmaterieller Einstellungen führte rasch zu einem ähnlich optimistischen Bild wie bei der alten Political Culture-Forschung. Ein eschatologischer Zug kam in die Diskussion, als Inglehart (1977) ein stetiges Wachstum postmaterieller Einstellungen feststellte und dem Postmaterialismus für die Jahrtausendwende eine Mehrheit in der Bevölkerung entwickelter Staaten voraussagte. In seinem zweiten Buch hat Inglehart (1990: 103) trotz harscher Kritik an seinem geheimen Evolutionismus seine Grundthese nicht zurückgenommen. Lediglich hinsichtlich des Tempos der Entwicklung war er weniger optimistisch geworden.

Gegenpositionen verwiesen darauf, daß die Wertrealisierung sich eher in Zyklen als in linearer Entwicklung vollziehe (Bürklin 1988). Detailforschungen führten zu einem komplexeren Bild fragmentierter politischer Kulturen als es die simple Dichotomie zwischen Materialismus und Postmaterialismus suggerierte. Auf der Verhaltensebene zeigte sich zudem, daß unterschiedliche Werthaltungen nicht nur in den Gesellschaften nebeneinander existierten, sondern auch in den Individuen zur Koexistenz gebracht werden konnten. Das geschlossene Ich war im Zeitalter der Postmoderne von vielen Seiten angegriffen worden – von der Psychologie bis zur Kunsttheorie. Auch beim politischen Verhalten ließen sich erstaunliche Widersprüche in demselben Akteur aufzeigen. Konventionelles und nichtkonventionelles Verhalten ließ sich miteinander vereinbaren. Das nichtkonventionelle Verhalten hatte nach dem Abflauen der Kulturrevolution Ende der 60er und Anfang der 70er Jahre aufgehört, sich als geschlossenes revolutionäres Subjekt zu begreifen. An die Stelle von Partizipation an den Entscheidungen des politischen Zentrums war vielfach die Forderung nach Autonomie für einzelne Segmente der Gesellschaft getreten.

Kaum ein Zentralbegriff der politischen Theorie wurde von der kulturalistischen Wende in den Sozialwissenschaften so stark erfaßt wie der der politischen Kultur. Die Befunde der behavioralistischen Umfrageforschung erwiesen sich als begrenzt verwendbar, weil sie die Ordnungsvorstellungen, die hinter den Einstellungen und Meinungen liegen, nicht erfassen. Bei der Frage nach dem Nationalgefühl ist es wichtig, vorab zu klären, ob das befragte Individuum noch in nationalen Kategorien denkt. Durch Vortests sind etwa postnational Denkende den traditionalen Patrioten und den rationalen Verfassungspatrioten gegenüber gestellt worden. Die Umfrageforschung hat somit die Kritik verarbeitet (Westle 1999). Umfragen müssen aber auch künftig durch Verhaltensanalysen ergänzt werden. Politische Kultur hat einen Doppelcharakter. Sie ist ein Ideensystem und zugleich ein Zeichen- und Symbolsystem (Rohe 1996: 7). Letzteres ist von den Behavioralisten kaum erfaßt worden. Der *Soziokultur* gehören die mehr oder wenig bewußten Denk-, Rede- und Handlungsgewohnheiten an. Sie stehen einer *Deutungskultur* gegenüber, die Definitionsmacht gewinnen kann. Symbolische Politik und Politiksymbolik sind seit Edelman (1976) zunehmend zum Teilaspekt der politischen Kulturforschung geworden. Effiziente Politik und Symbolpolitik haben sich aber bei harten Gesetzgebungsstudien nicht immer säuberlich trennen lassen.

Literatur

G. A. Almond: Comparative Political Systems. Journal of Politics 1956: 391-409
G. A. Almond/S. Verba: The Civic Culture. Princeton UP 1963
G. A. Almond/S. Verba (Hrsg.): The Civic Culture Revisited. Boston, Little Brown 1980
Th. J. Anton: Policy-Making and Political Culture in Sweden. Scandinavian Political Studies 1969: 88-102
S. H. Barnes/M. Kaase: Political Action. Mass Participation in Five Western Democracies. London, Sage 1979
D. Berg-Schlosser: Politische Kultur. München, Vögel 1972
K. von Beyme: Politische Theorie im 20. Jahrhundert. Von der Moderne zur Postmoderne. Frankfurt, Suhrkamp ^{3}1996, Kap. II.3.d
A. Brown/J. Gray (Hrsg.): Political Culture and Political Change in Communist States. London, Macmillan 1977
W. Bürklin: Wertewandel oder zyklische Wertaktualisierung? In: H.-O. Luthe/H. Meulemann (Hrsg.): Wertewandel – Fakten oder Fiktion? Frankfurt, Campus 1988: 193-216
M. Czudnowski: A Salient Dimension of Politicals for the Study of Political Culture. APSR 1968: 878-888
P. V. Dias: Der Begriff ‚Politische Kultur' in der Politikwissenschaft. In: D. Oberndörfer (Hrsg.): Systemtheorie, Systemanalyse und Entwicklungsländerforschung. Berlin, Duncker & Humblot 1971: 409-448
H. Eckstein: Division and Cohesion in Democracy. Princeton UP 1966
M. Edelman: Politik als Ritual. Frankfurt, Campus 1976
M. Edelman: Constructing the Political Spectacle. Chicago, Chicago University Press 1988
I. Faltin: Norm – Milieu – Politische Kultur. Opladen, Leske & Budrich 1990
S. C. Flanagan: Value Change in Industrial Societies. APSR 1987: 1289-1309
O. W. Gabriel: Politische Kultur. Postmaterialismus und Materialismus in der Bundesrepublik Deutschland. Opladen, Westdeutscher Verlag 1986

J. R. Gibbins (Hrsg.): Contemporary Political Culture. London, Sage 1989

M. u. S. Greiffenhagen: Ein schwieriges Vaterland. Zur Politischen Kultur Deutschlands. München, List 1979

R. Inglehart: Culture Shift in Advanced Industrial Society. Princeton UP 1990

R. Inglehart: The Silent Revolution. Changing Values and Political Styles Among Western Publics. Princeton UP 1977

W. M. Iwand: Paradigma Politische Kultur. Opladen, Leske 1985

M. Kaase: Sinn oder Unsinn des Konzepts ‚Politische Kultur' für die Vergleichende Politikforschung, oder auch: Der Versuch, einen Pudding an die Wand zu nageln. In: M. Kaase/H.-D. Klingemann (Hrsg.): Wahlen und politisches System. Opladen, Westdeutscher Verlag 1983: 144-171

D. Kavanagh: Political Culture. London, Macmillan 1972

W. Kornhauser: The Politics of Mass Society. New York, Free Press of Glencoe 1959

A. L. Kroeber/C. Kluckhohn: Culture. A Critical Review of Concepts and Definitions. New York, Vintage Books 1952

G. Lehmbruch: Proporzdemokratie. Tübingen, Mohr 1967

A. Lijphart: Typologies of Democratic Systems. Comparative Political Studies, April 1968: 3-44

A. Lijphart: The Politics of Accomodation. Berkeley, University of California Press 1968

B. Malinowski: Die Dynamik des Kulturwandels. Wien, Humboldt Verlag 1951

K. D. McRae (Hrsg.): Consociational Democracy. Toronto, McClelland & Stewart 1974

F. U. Pappi: Wahlverhalten und politische Kultur. Meisenheim, Hain 1970

L. W. Pye/S. Verba (Hrsg.): Political Culture and Political Development. Princeton UP 1969

P. Reichel: Politische Kultur der Bundesrepublik. Opladen, Leske 1981

K. Rohe: Politische Kultur und ihre Analyse. Probleme und Perspektiven der politischen Kulturforschung. HistorischeZeitschrift, Bd.250, 1990: 321-346

K. Rohe: Politische Kultur: Zum Verständnis eines theoretischen Konzepts. In: O. Niedermayer/K. von Beyme (Hrsg.): Politische Kultur in Ost- und Westdeutschland. Opladen, Leske & Budrich ²1996: 1-21

L. Schneider/Ch. Bonjean: The Idea of Culture in the Social Sciences. Cambridge UP 1973

K. Sontheimer: Deutschlands Politische Kultur. München, Piper 1990

B. Westle: Politische Legitimität. Theorien, Konzepte, empirische Befunde. Baden-Baden, Nomos 1989

B. Westle: Kollektive Identität im vereinten Deutschland. Opladen, Leske & Budrich 1999

5. Demokratie

Der Demokratiebegriff entwickelte mehr und mehr die Tendenz, synonym mit allem Guten, Schönen und Wahren in der Gesellschaft zu werden. Jedes der anderen Ordnungs- oder Konfliktmodelle wird von bestimmten Parteien und wissenschaftlichen Schulen vorgezogen und von anderen verketzert. Nur der Demokratiebegriff wird heute von allen beansprucht, selbst von faschistoiden Gruppen, die sich als „Nationaldemokraten" bezeichnen. Noch in der amerikanischen Revolution gab es keine Gruppe, die sich selbst als „demokratisch" bezeichnete, und in der Französischen Revolution erklärte Robespierre Demokratie und Republik zu Synonymen, wobei er mehr republikanisch-antiaristokratische als demokratisch-egalitäre Postulate mit diesem Begriff verband, was Babeuf und andere Radikale bereits mit Kritik vermerkten. Alle Systeme – unabhängig von der Gesellschaftsformation und dem Entwicklungsstand – gehören nach einer Untersuchung der UNESCO (McKeon 1951: 527) zu den Befürwortern der Demokratie und damit zu jener Mehrheit, von der Plato (Res publica 557 c) einst abschätzig sagte, daß sie „mit einem Kinder- und Weiberverstand nur an dem Bunten ihr Auge ergötzt" und daher die demokratische Verfassung mit ihrer „Zügellosigkeit und Buntscheckigkeit" als die „schönste Verfassung" anerkenne.

Von allen Integrations- und Ordnungsmodellen ist der Demokratiebegriff der wertgeladenste, der auch Gegner normativer Ansätze immer wieder zum Ruf nach einer normativen Demokratietheorie geführt hat (Scharpf 1970: 93; Naschold in: Probleme 1971: 7). Wolf-Dieter Narr kritisierte einerseits die untheoretische und primär ideengeschichtliche normative Demokratietheorie und sah mit Recht die Gefahr, daß Demokratietheorie zur moralischen Abstraktion über die Amoralität des Alltags wird, andererseits geißelte er die Perspektivlosigkeit der empirischen Demokratietheorie, die Demokratie zur abhängigen Variablen von Stabilität werden läßt, und öffnete mit der Forderung nach Reflexionen über die Natur des Menschen (Narr 1971: 43f.) ontologischen Ansätzen erneut die Tür. Er improvisierte einen Normativismus, der sich weiter von den mittelfristigen Entwicklungsmöglichkeiten der bestehenden Systeme entfernt, als ratsam erscheint: „Wenn Demokratie als Gesellschaftsform ... einen werthaften Vorrang zu haben scheint, dann deshalb, weil es ihr – wenigstens ihrem Anspruch entsprechend – gelingen muß, ihre Normalität und Legalität nicht dem einzelnen aufzuzwingen oder ihn entsprechend zu sozialisieren. Anstelle des oben angedeuteten Abdrängens allen anomischen Verhaltens in Gerichte und Krankenanstalten, anstelle der fortlaufenden Verstärkung des Normalität aufrechterhaltenden repressiven Gewaltapparates, käme es ihr darauf an, das gesellschaftlich-politische System so zu gestalten, daß eine „culture of civility" das Anomische in den Nomos miteinbezieht und/oder den Nomos so gestaltet, daß Verdrängungen, Verkrampfungen, Gewalttaten nicht mehr notwendig sind." Die Lösung aller Probleme der Sozialpädagogik muß nicht als notwendige Voraussetzung der Demokratisierung im allgemeinen angesehen werden.

Die Erbitterung, mit der seit der Protestbewegung Ende der 60er Jahre über Demokratiekonzepte gestritten wurde, ist partiell aus den Subsumtionen unter den Demokratiebegriff zu erklären, die ursprünglich wenig mit ihm zu tun hatten. Die radikale Demokratieauffassung ist dabei ideengeschichtlich insofern im Vorteil, als sie darauf hinweisen kann, daß es die bürgerlichen Liberalen waren, die den Demokratiebegriff um die Forderungen erweitert haben, die heute in westlichen Systemen gemeinhin mit dem Begriff „Demokratie" verbunden werden. Der Liberalismus hat neben den Prinzipien der Gleichheit und der Volkssouveränität als den zentralen Begriffen, die im Demokratiebegriff enthalten sind, den Konstitutionalismus (mit den Prinzipien der Rechtsstaatlichkeit, des Repräsentationssystems, Garantie der Grundrechte, Minderheitenschutz und gelegentlich auch Gewaltenteilung) in den bürgerlich-liberalen Demokratiebegriff mitaufgenommen.

Mehr noch als die anderen Ordnungsbegriffe, welche nur durch präzisere Aufzählung von Merkmalen unterhalb der allgemeinen Definition mit konkretem Inhalt zu füllen waren, blieb der Demokratiebegriff an eine Reihe anderer Begriffen gebunden wie (1) Gleichheit und (2) Volkssouveränität. Der Begriff der *Gleichheit* wird von Konservativen und liberalen Kritikern immer wieder in Frage gestellt und allenfalls von denen, die Demokratie und Sozialismus nicht nur für vereinbar, sondern eigentlich für komplementär halten, ins Zentrum der Betrachtung gerückt. Der Begriff der *Volkssouveränität* ließ sich nur in der reduzierten Form der Mehrheitsherrschaft operationalisieren (Kielmansegg 1977: 255). Trotz dieser Einschränkungen sind beide Konzepte nicht nur auf der ideologischen Ebene der Demokratiepropagandistik angesiedelt. In der Forschung entsprechen ihnen noch immer zwei Hauptforschungsrichtungen:

(1) die Suche nach den *sozialen* Voraussetzungen des demokratischen Konsenses,
(2) die organisationstheoretische Analyse der Möglichkeiten zur *institutionellen* Realisierung des Volkswillens und der Partizipation aller Bürger.

5. Demokratie

a) Grundlagen der Demokratie

Die beiden Aspekte der Demokratieforschung, die Ausbreitung und Konsolidierung von Demokratien auf nationalstaatlicher Ebene und die Fundierung der Demokratie in der Partizipation der Bürger, waren in den klassischen Demokratietheorien schon immer aufeinander bezogen, soweit nicht Klimatheorien und andere außerpolitische Faktoren schlicht als Determinanten der Entstehung von Regierungssystemen angesehen wurden. Die in Kapitel II beschriebenen Ansätze konkurrierten vielfach in fruchtbarer Weise um die Entwicklung einer Theorie der Demokratie.

a) Der *historisch-genetische* Ansatz verfolgte die Entwicklung des Demokratiebegriffs, seltener seine Realisierung in unterschiedlichen Verfassungssystemen.

b) Der *institutionelle* Ansatz widmete sich vor allem den institutionellen Hilfsmitteln, die das Prinzip der Volkssouveränität und ihre Emanation, den Volkswillen, erst realisieren konnten. Von Aristoteles bis Rousseau war dies keineswegs der vorherrschende Ansatz. Er überwog eigentlich erst in der Zeit der akademisierten Staatslehre, in der durch die lange Vorherrschaft von Monarchien und Aristokratien im Mittelalter und in der frühen Neuzeit der Demokratiebegriff zu einem akademischen Schultyp herabgesunken war. Im Zeitalter des liberalen Konstitutionalismus bei Vorherrschaft der konstitutionellen Monarchie war Demokratie ebenfalls kein Ideal der vorherrschenden Staatsformenlehre, und man versuchte – nach dem Vorbild älterer Modelle der gemischten Verfassung -, das „demokratische Element" (in der Volkskammer) durch das monarchische (das Staatsoberhaupt) oder das aristokratische (in der Pairskammer) zu moderieren und einzudämmen. Selbst das demokratische Element entsprach dabei in der Regel nicht einem Minimalpostulat der Demokratie: Die Volkskammer war in den meisten Staaten des 19. Jahrhunderts noch nicht durch allgemeines Wahlrecht bestellt. Die Vorherrschaft liberal-konstitutionellen Denkens hat die Demokratie bis ins 20. Jahrhundert stark auf prozedurale Fragen beschränkt, wie:

1) die Möglichkeiten, den Volkswillen zu artikulieren *(pouvoir constituant, Wahlen* und Wahlrecht, Volksgesetzgebung und Referenden);
2) die Hilfsmittel der Artikulation des Volkswillens und seiner Teilinteressen: das *Repräsentationssystem;*
3) das Hilfsmittel zur Willensbildung, das notwendig wurde, wenn die Konsensvorstellung, die der Demokratie zugrunde lag, sich nicht in

Einstimmigkeit niederschlug: das *Mehrheitsprinzip* und seine Folgen für den Minderheitenschutz.

Da der Volkswille und seine Äußerungen mit institutionellen Mitteln – vom Wahlrecht und der Wahlkreiseinteilung bis zu den Repräsentationsschemen und den Regeln der Mehrheitsbildung – stark manipulierbar sind, behalten diese institutionellen Fragen in der Politikwissenschaft ihre bleibende Bedeutung – trotz allem, was die Behavioralisten gegen institutionelle Studien vorgebracht haben. Grundsätzlicher ist die Kritik, die Ende der 60er Jahre meist unter dem Stichwort *Parlamentarismuskritik* vorgebracht wurde und die sich gegen die institutionellen Hilfsmittel zur Realisierung des Prinzips der Volkssouveränität in toto wendet, vor allem gegen das Repräsentationsprinzip. Die linke Parlamentarismuskritik nahm dabei gemeinhin zwei Standpunkte ein:

1) Der gemäßigte forderte die Wiederbelebung von Formen *direkter Demokratie* und Vergrößerung der Basisgruppenautonomie (mit Urabstimmungen, Referenden, Rotationsprinzip, Öffentlichkeit und Kontrolle).

2) Die radikale Position forderte die Einführung des *Rätesystems* auf der Basis einer sozialistischen Eigentumsform mit imperativem Mandat, Abberufungsrecht, Rotationsprinzip, Öffentlichkeit, aber bei Fraktionsverbot, Kritik und Selbstkritik, Kontrolle. In der leninistischen Variante enthielt sie noch den demokratischen Zentralismus, der sich durch die Trennung von Diskussions- und Entscheidungsbefugnis auszeichnete.

Beide Formen der Kritik sind durch einen negativen Institutionalismus ausgezeichnet, der die Hilfsmittel der Artikulation des Volkswillens genauso überschätzt wie die liberal-repräsentative Theorie. Sie beziehen die sozioökonomischen Grundlagen nur dadurch mit ein, daß recht pauschal die sozialistische Gesellschaft mit vergesellschafteten Produktionsmitteln als Voraussetzung für das Funktionieren solcher Demokratiekonzepte hingestellt wird. Ein reflektierter institutioneller Ansatz versuchte demgegenüber zu zeigen, welche organisationssoziologischen Prinzipien auch unter den Bedingungen sozialistischer Gesellschaft neue Gefahren für eine demokratische Willensbildung hervorzurufen drohen (z.B. Bermbach in: Probleme 1971: 110ff.) und welche Möglichkeiten der Demokratisierung auch unter den Bedingungen kapitalistischer Gesellschaft in Angriff genommen werden konnten (z.B. Naschold 1969; Scharpf 1970).

3) Der *behavioralistische Ansatz* hat sich demgegenüber als ganz neue Form der Demokratietheorie verstanden, diese jedoch zumeist ebenfalls durch die einseitige Ausrichtung auf Wählerverhalten verkürzt dargestellt. In Verbindung mit dem Political-Culture-Ansatz (vgl. Kap. III.4) und den Studien über politische Sozialisation wurde die Demokratieforschung von den Behavioralisten um neue Dimensionen angereichert. Zu den normativen Implikationen des behavioralistischen Ansatzes gehört jedoch die These von der „stabilisierenden Apathie", welche die Demokratietheorie der Elitentheorie im demokratischen Elitismus eines Schumpeter oder eines Downs annäherte.

Diese Hypothese der stabilisierenden Apathie speiste sich aus drei sehr unterschiedlichen Quellen:
1) von einer *psychoanalytischen Richtung* her, die im aktiven Politiker einen neurotischen Typ witterte, der die Politik als Feld pathologischer Abreaktion benutzt – eine These, wie sie etwa Erich Fromm (Escape from Freedom. New York 1941) wohl allzusehr unter dem Eindruck der Politik in Diktaturen entwickelte;
2) aus einer *Theorie des modernen Massenmenschen,* wie sie David Riesman in ‚Die einsame Masse' (engl.: The Lonely Crowd. New Haven 1950) entwickelte, wo er die Gefahren manipulierter Pseudoaktivität des außengeleiteten Massenmenschen schilderte;
3) aus einer *Stabilitätstheorie,* wie sie Berelson, Lipset und andere Wahlforscher anhand gescheiterter Demokratien (wie der Weimarer Republik) entwickelten. Für den Zusammenbruch wurde unter anderem die Überpartizipation doktrinärer Gruppen verantwortlich gemacht. Das ließ ein Gemisch an Partizipation und Apathie, öffentlichem und privatem Interesse als wahre „Bürgerkultur" entstehen, das einen mittelständischen, am Juste-milieu orientierten Politikbegriff verrät, in dem Politik zwar ein wichtiges, aber für den Durchschnittsmenschen überwiegend marginales Aktivitätsfeld ist. Bisher fehlt es nicht an scharfen Kritiken von seiten der engagierten Demokratieliteratur, es fehlt jedoch weitgehend an Studien über Mobilisierungsregime, die politische Partizipation zur Vorbedingung jeder sozialen Mobilität erheben. Es zeigte sich auch in solchen Regimen, daß die ökonomischen, kulturellen und Prestigehierarchien die Tendenz entwickeln, sich von der politisch-ideologisch geprägten Machthierarchie wieder fortzuentwickeln, und die Bürger nach Abklingen der revolutionären Mobilisierung außerordentlich findig im Aufspüren getarnter Formen politischer Apathie (von der Gesellschaft für Sport und Technik bis zu wissenschaftlichen Organisationen) waren.

Wichtige Forschungsgebiete der empirischen Demokratietheorie mit behavioralistischen Survey-Methoden sind heute – in Zusammenarbeit mit Psychologie und Erziehungswissenschaften – die Untersuchung des Einflusses von Variablen wie ideologischer Dogmatismus, Formen der Sozialisation und Erziehungsstile, Ausmaß der Freizeit in verschiedenen Berufen, Ortsgrößen, Informationsgrad und Vorbildung sowie des Grades der Zufriedenheit der Bürger mit dem materiellen Output des Systems auf ihre Bereitschaft zur Partizipation auf verschiedenen Ebenen vom Betrieb bis zur Politik. Marxisten waren nicht selten geneigt, diese Detailstudien als unkritisch und affirmativ abzutun, und verkannten dabei, daß gerade ihre eigenen Mobilisierungs- und Organisationstheorien ohne eine empirische Erforschung der Möglichkeiten und Grenzen der politischen Mobilisierbarkeit der verschiedenen Bevölkerungskreise immer wieder an sozialen Realitäten gescheitert sind.

4) Der *funktionale Ansatz* hat sich vor allem den Vorbedingungen von Demokratie gewidmet und die „Prärequisitenforschung" mit Hilfe aggregierter Daten in den 60er Jahren einen starken Aufschwung nehmen lassen. An funktionalen Voraussetzungen für Demokratie wurden vor allem untersucht:

a) soziale Differenzierung der Bürger (das klassische Gleichheitsproblem),

b) Konsens der Bürger,

c) soziale und ökonomische Voraussetzungen,

d) Übereinstimmung der Organisations- und Konfliktschlichtungsmuster in der Gesellschaft.

a) *Soziale Gleichheit*. In der griechischen Polis wurde die Gleichheit (unter den Vollbürgern) wörtlicher genommen als in jeder späteren Demokratie. Zahlreiche Ämter, soweit sie keine speziellen Kenntnisse erforderten, wurden durch das Los besetzt. Solche *random rules* und *numerical rules* sind nur dann die am wenigsten diskriminierenden, wenn man davon ausgeht, daß auch die sozial Starken keine Einflußmöglichkeiten außerhalb ihrer direkten politischen Partizipationsrechte hatten, was bereits in der griechischen Polis eine Fiktion war. *Government by lottery* wurde daher auch nirgends ernsthaft vorgeschlagen (Berg 1965: 130), und die numerische Gleichheit beschränkt sich auf die Ebene des Rechts.

Alle Demokratietheorien seit der Antike waren sich darin einig, daß die Gleichheit eine Voraussetzung der Demokratie ist. Sie unterschieden sich – vor allem in sozialistischen und westlichen Demokratien – durch das Ausmaß, in dem die Herrschenden die Gleichheit politisch zu fördern versuchten, und in den Mitteln, die sie bereit waren, zur Förderung der sozialen Gleichheit in der Demokratie einzusetzen. Ältere Demokratievorstellungen von Rousseau und Jefferson bis zu den Populisten und Anarchisten vieler Schattierungen befürworteten einen regressiven Weg, den Weg der Verhinderung weiterer sozialer Differenzierung, wie sie durch Urbanisierung, Industrialisierung und Ausbreitung des Kapitalismus unaufhaltsam entstand. Radikalsozialistische Demokratietheorien hingegen sahen keinen anderen Weg als den der Revolution und der egalisierenden Mittel einer Diktatur des Proletariats. Zwischen diesen beiden Wegen entstand unter der Herausforderung des Sozialismus der revisionistische Weg einer planmäßigen staatlichen Egalisierungspolitik.

Die wichtigsten Bereiche staatlicher Aktivität auf diesem Gebiet sind:

- nivellierende Sozialpolitik auf der Basis von Mittelstandsidealen, von der ‚New Society' bis zur ‚Formierten Gesellschaft';
- Angleichung der Bildungschancen;
- staatliche Förderung und Finanzierung der Parteien, um ein Minimum an organisatorischer und finanzieller Gleichheit herzustellen, allerdings mit dem negativen Effekt, daß die gesellschaftliche Sphäre gelegentlich zu stark in die staatliche integriert wird;
- Schutz der Informationsfreiheit (der Kampf gegen die Meinungsmonopole kommt allerdings nur zögernd in Gang). Alle drei Konfliktmodelle, die zu betrachten sein werden (vgl. Kap. III.6-8), widersprechen jedoch bisher der Behauptung, daß auch nur statische Chancengleichheit in den Demokratien hergestellt worden sei.

b) *Konsens der Bürger.* Als Erbteil der christlichen Konkordia-Lehre war die Demokratie seit jeher mit einem stark konfliktfeindlichen Image verbunden. In den bürgerlichen Revolutionen entsprach das meist schwach entwickelte Prinzip der *fraternité*, in den sozialistischen Bewegungen die Forderung nach *Solidarität* diesem Konkordiabedürfnis. Mit der Anerkennung eines Parteienpluralismus und einer loyalen Opposition wurde jedoch in den angelsächsischen Systemen erstmals entdeckt, daß die *concordia discors*, der partielle Konflikt bei Einigkeit über einige fundamentale Spielregeln, systemstabilisierende Wirkungen entfaltete, und immer wieder wurde das Wort des englischen Staatsmannes Balfour zitiert: „And it is evident that our whole political machinery presupposes a people so fundamentally at one that they can safely afford to bicker." Forschungen auf Interviewbasis (z.B. Protho/Grigg, 1960 in: Cnudde/Neubauer 1969: 236ff.) haben gezeigt, daß dieses *agreement on fundamentals* sich selbst bei den meisten amerikanischen Bürgern nur auf sehr abstrakte Prinzipien wie Mehrheitsprinzip und Minderheitenschutz bezog. Dieses Bekenntnis wurde jedoch meist nicht zur konkreten Anwendung auf Fälle benutzt (z.B. wenn ein Schwarzer oder ein Kommunist legal zum Bürgermeister gewählt wurde). *Verbales* und *nichtverbales Verhalten* klaffen zum Teil noch weiter auseinander als die verbalisierten Ansichten auf den verschiedenen Abstraktionsstufen.

Die Erforschung der politischen Kulturen, die sich kleineren Demokratien zuwandte (Eckstein über Norwegen, Lehmbruch über die Schweiz und Österreich, Lijphart über die Niederlande, vgl. Kap. III.4), förderte starke Abweichungen von dem zutage, was Almond als die ideale Civic Culture hinstellte, die er überwiegend an angelsächsischen Erfahrungen gemessen hatte. Viele politische Kulturen schienen zusammenzuhalten, nicht, obwohl es kaum Konsens gab, sondern gerade weil kaum Konsens existierte, hatten aber dennoch – vor allem auf der Ebene der Eliten – Mittel der Konfliktschlichtung und Institutionen zur Vorklärung der Interessen entwickelt, die einen friedlichen Austrag der Konflikte ermöglichten.

Ein bestimmtes Ausmaß an Konsens hat sich nicht als allgemeine Vorbedingung für Stabilität finden lassen. Dies war schon deshalb kaum möglich, weil vor allem in kontinentalen Systemen der partielle Konsens immer nur die Mehrheit, nie aber alle wichtigen Gruppen umfaßte, und manchmal waren ziemlich starke Gruppen an einer Änderung der Spielregeln interessiert (z.B. der politische Katholizismus im 19. Jahrhundert in Deutschland und Italien, die Orangisten und Republikaner zu Beginn des Staates Belgien, die Monarchisten in den verschiedenen französischen Republiken, die Gaullisten in der Vierten Republik usw.), so daß die recht abstrakte Konsensforschung sich am konkreten Stoff sehr bald auf die Details der Parteien-, Klassen- und Interessengruppenforschung einlassen mußte und vielleicht am wenigsten von den vier Ansätzen zur Erforschung der Voraussetzungen von Demokratie beitrug.

c) *Soziale und ökonomische Voraussetzungen der Demokratie* wurden vor allem mit Hilfe aggregierter Daten zu berechnen versucht. Die Untersuchung funktionaler Prärequisiten der Demokratie ist so alt wie die Demokratietheorie selbst und war meist ihr interessantester Zweig.

Aristoteles hatte sich bereits Gedanken über Größe des Gemeinwesens, die Erwerbsstruktur und die sozialen Eigenschaften der Vollbürger gemacht, und Rousseau hat im ‚Contrat social' (III.4) wenigstens vier Voraussetzungen für die Demokratie gefordert: α) einen kleinen Staat, in dem sich die Staatsbürger kennen und leicht versammeln können, β) einfache Lebensweise (frugalité), δ) weitgehende Gleichheit der Stände und Vermögen, γ) geringe oder gar keinen Luxus.

Während sich in den Rückzugsgebieten demokratischer Formen der Gemeinplatz festsetzte, daß die *frugalité* eine Voraussetzung der Demokratie sei, hat die moderne Entwicklungsländerforschung eher das Gegenteil behauptet. Der Forschungszweig der Demokratietheorie, der nach den sozio-ökonomischen Grundlagen der Demokratie suchte, wurde vor allem von der Entwicklungsländerforschung inspiriert, die versuchte, den abstrakten Streit, ob Formen westlicher Demokratie für Entwicklungsländer geeignet seien, durch empirische Daten auf eine weniger spekulative Basis zu stellen. Lipset (1959 in: Cnudde/Neubauer 1969: 151ff.) fand Korrelationen zwischen sozio-ökonomischen Faktoren und demokratischer Entwicklung, wie Wohlstand (Pro-Kopf-Einkommen, Personen pro Arzt, Personen pro Auto), Kommunikationsvariablen (Telefon-, Radio- oder Zeitungsverbreitung pro 1000), Industrialisierung und Urbanisierung, wobei er eine methodisch nicht unbedenkliche Pauschalbehandlung verschiedener Systeme von Lateinamerika bis zur Sowjetunion vornahm. Cutright (1963; ebd.: 193ff.) fand noch andere entscheidende Faktoren, wie Erziehung und Landwirtschaft. Schwäche dieses Ansatzes war, daß selten die unabhängige Variable deutlich wurde und die Methode, die einiges hergab, um politische Stabilität zu messen, auf die Demokratieforschung angewandt wurde, und dabei nicht selten der Stabilitätsgesichtspunkt den Demokratiegesichtspunkt überlagerte. Die Folge war, daß meist sehr passive Formen der Partizipation am besten wegkamen, da meist schlicht unterstellt wurde, daß die Formen westlicher Demokratie das Ziel der Politik von Entwicklungsländern oder gar zwangsläufig das Telos des politischen Entwicklungsprozesses seien.

d) *Die Übereinstimmung der Autoritäts-, Organisations- und Konfliktschlichtungsmuster in der Gesellschaft* wurde erst im 19. Jahrhundert zum Problem, als die Demokratie zum Ideal für Flächenstaaten wurde. Die einfachste Übereinstimmung der Organisationsmuster, die man suchte, war die der lokalen Demokratie, in der Vorstellung, daß die Demokratie als Flächenstaat sich aus lauter kleinen *grass root democracies* zusammensetzen müsse, die zum Teil noch stark an Rousseaus kleinbürgerlichem Frugalitätsideal orientiert waren. Tocqueville hat neben der Herausarbeitung des Egalisierungsprozesses, der zu den sozialen Grundlagen der amerikanischen Demokratie gehörte, das Verdienst, auch dem Zusammenhang von Organisationsmustern auf staatlicher Ebene und in den gesellschaftlichen Organisationen in einem Volk von „joiners" die nötige Aufmerksamkeit zu schenken. Mit Harry Ecksteins ‚Theory of Stable Democracy' (1961 in: ders.: 1966: 225ff.) wurden erstmals die Organisations- und Konfliktschlichtungsmuster klassifiziert, die als Voraussetzung stabiler Demokratie gelten konnten.

Auch dieser Forschungszweig war stark durch die Erfahrung des Zusammenbruchs der Demokratien zwischen den Weltkriegen geprägt, den Eckstein für die Weimarer Republik damit erklärt, daß die ultrademokratischen Formen der Weimarer Verfassung keine Entsprechung in der deutschen Gesellschaft mit ihren paramilitärischen Organisationen und „bitterernsten Gesang- und Turnvereinen" hatten (ebd.: 250), während die Stabilität des englischen Systems mit der annähernden Identität der Autoritätsmuster erklärt wurde. Die Political-Culture-Forschung hat auch hier später Modifikationen angebracht. Es zeigen sich in Ländern – wie in den Konkordanzdemokratien – starke Abweichungen der Muster von Autorität, Organisation und Konfliktschlichtung, und die Klassenforschung – selbst wenn sie nicht von einer strikten Dichotomie ausging wie das marxistische Modell – hat berechtigte Zweifel an solchen Kongruenzhypothesen angemeldet.

Die funktionalistische Erforschung von Requisiten der Demokratie war stark von Modernisierungstheorien in der Entwicklungsländerforschung geprägt. Neue Demokratisierungswellen haben die früheren Annahmen in Frage gestellt. In den siebziger Jahren ging eine Reihe von südeuropäischen Ländern zur Demokratie über. In Lateinamerika kam es zunehmend zur Erosion der Diktaturen. Unter dem Stichwort „Transition to Democracy" wurden die Gründe für den Zusammenbruch der Diktaturen gesucht. Legitimitätsverluste, Elitenkonflikte, ausländische Einflüsse wurden für die Zusammenbrüche verantwortlich gemacht (Przeworski in: O'Donnell/Schmitter 1986: 50). Die Ergebnisse ließen sich nicht auf die vierte Welle der Übergänge zur Demokratie anwenden, die mit dem Zusammenbruch des

Sozialismus in Osteuropa einsetzte. Hauptunterschied war, daß die südeuropäischen Länder längst marktwirtschaftlich organisiert waren, als die Demokratie eingeführt wurde. Die osteuropäischen Länder hingegen trugen an der Hypothek, daß die marktwirtschaftliche Ordnung durch das demokratische System erst geschaffen werden mußte. Alte Annahmen, daß zur stabilen Demokratie funktionale Requisiten eines funktionierenden marktwirtschaftlichen Systems gehörten, wurden eher umgekehrt. Die demokratische Verfaßtheit wurde in Süd- wie in Osteuropa zur Voraussetzung der Aufnahme in die europäische Gemeinschaft. Die „demokratischen Requisiten" wurden somit zum Motor der Wirtschaftsentwicklung und nicht umgekehrt. Die neuere Forschung zum Systemwechsel war von der Entstehung eines aufgeklärten Neoinstitutionalismus geprägt (vgl. Kap. II.2). Der Bildung von Institutionen in den neuen Demokratien wurde größere Aufmerksamkeit geschenkt als in den älteren Modernisierungsansätzen, die auf der Suche nach Korrelationen zwischen wirtschaftlichen und politischen Faktoren großzügig über die Länder hinwegrechneten.

b) Die Konsolidierung der neuen Demokratien

Das 20. Jahrhundert entwickelte sich seit 1917 zum Jahrhundert der Diktaturen. Es endete mit der Universalisierung der Demokratie als Herrschaftsform. Nie zuvor waren so viele Systeme auf einmal zur Demokratie übergegangen. Die „dritte Welle der Demokratisierung" begann für Huntington (1991) und andere 1974 mit den Transformationsprozessen in Südeuropa und Südamerika. Kein Wunder, daß Forscher, die sich mit dem iberischen und iberoamerikanischen Raum befaßt hatten, wie Juan Linz oder Philippe Schmitter, Guillermo O'Donnell, Dieter Nohlen und andere, die neue Transformationsforschung konzeptuell befruchteten. Gelegentlich wurde Spanien als das Urmodell eines Transformationssystems angesehen, und manchmal wurden spanische Erfahrungen unkritisch auf Polen, Ungarn oder Rumänien übertragen. Mangels Daten über konsolidierte Strukturen bot sich der behavioralistische Ansatz an. Forscher, die sich früher niemals für Politik östlich des Checkpoint Charlie interessiert hatten, wie Klingemann, Kitschelt oder Rose beherrschten die Debatte. Rational Choice-Theoretiker entdeckten das institution-building in Osteuropa wie Elster, Przeworski oder Offe. Adam Przeworski (1991) war eine seltene Ausnahme eines Forschers mit alten Interessen in den neuen Demokratien.

Die Creme der sozialwissenschaftlich orientierten Osteuropaforscher hat inzwischen ihre Bedenken gegen die area-fremden Transitologen angemeldet. Der Vergleich von Demokratisierungsprozessen in Süd- und Osteuropa ist nicht schon deshalb möglich, weil es einige definitorisch gewonnene Übereinstimmungen gibt. Schmitter wurde vorgeworfen, Äpfel mit Orangen zu vergleichen. Zudem wird ein neues normatives bias bei den Komparatisten gewittert: In ihrer „*Designer-Sozialwissenschaft*" suchen sie nach einer „Designer-Demokratie", die als überwiegend von Eliten-Akteuren geschaffen konzipiert wird. Valerie Bunce (1995), die der Schmitter-Schule am pointiertesten entgegengetreten ist, wollte die großflächigen Vergleiche nicht als gänzlich sinnlos abtun. Mit Recht aber betonte sie, daß die Differenzen die Übereinstimmungen der Prozesse überwiegen.

In der Osteuropapolitikforschung war die bedeutendste Innovation, daß die Konzepte der Demokratieforschung nun auf die neuen Demokratien übertragbar schienen. Die Interessengruppen-, Korporatismus- und Netzwerk- und Policy-Gruppen-Analysen hatte es schon in der sowjetischen Zeit gegeben, aber sie blieben auf den administrativ-politischen Teil des Geschehens beschränkt. Nun wurde vor allem der partizipatorisch-demokratische Teil des politischen Geschehens mit den im Westen entwickelten Konzepten angegangen. Am meisten Kontinuität hatten die Elitenstudien. Hier ließ sich eine beträchtliche Kontinuität des Personals feststellen – außer in Ostdeutschland. Die Spitzenpolitiker verschwanden, aber es war überwiegend nicht die Gegenelite, die an die Macht kam, sondern die mittleren Kader des alten Regimes.

Schmitters Stadien „Liberalisierung, Demokratisierung, Konsolidierung" trafen eigentlich nur auf die paktierten Transitionen wie Polen und Ungarn zu. Nicht überall gab es eine Phase der Liberalisierung. Immerhin blieb die Demokratisierung ein wichtiges Stadium und es war durch die Suche nach neuen Institutionen gekennzeichnet.

Mit der Krise des Behavioralismus kam „Grandpa´s" Institutionenlehre wieder zu Ehren. Man durfte wieder über die Vorzüge von Parlamentarismus und Präsidentialismus streiten. Die neuen Demokratien – aber auch einige alte Demokratien, die von der „Demokratie zur Demokratie" übergingen, wie Italien 1994 – entdeckten auch im Westen die Vorzüge der semipräsidentiellen Systeme, die Sartori, der Wiedererwecker der Idee des Constitutional Engineering, für sein Land befürwortete. Der Neo-Institutionalismus machte die Wende möglich, vor allem in Verbindung mit Rational-Choice-Ansätzen. Die Suche nach dem geeigneten Institutionenmix für neue Demokratien – etwa Proporzwahlrecht in Kombination mit einem semipräsidentiellen System – beherrschte die Diskussion. In diesen Ansätzen fanden sich die Konservativen wie Lijphart, Linz oder Sartori – ohne quantitative Präferenzrechnungen – mit jenen Ex-Linken, die manchmal als „Rational-Choice-Marxisten" bezeichnet worden sind, wie Przeworski, Jon Elster oder Claus Offe. Wo die Traditionalisten die Machtstabilisierungskalküle charismatischer Führer zur Erklärung der Option für ein semipräsidentielles System statt eines rein parlamentarischen Systems annahmen, haben die Szientisten eher mit kollektiven Interessen argumentiert: bei ungesicherten Parteiensystemen und wenig artikulierter Interessenvertretung sei ein System mit herausragender Stellung des Präsidenten eine notwendige rationale Wahl der Institutionen gewesen.

Während die Rational-Choice-Neoinstitutionalisten wie Jon Elster, inspiriert von kommunitaristischen Gerechtigkeitsvorstellungen, vor allem nach der Chancenverteilung und Gerechtigkeitsvorstellung der neuen Verfassungen fragten, haben die Altinstitutionalisten, wie Sartori, nur nach den Konsequenzen von bestimmten Institutionen gesucht. Die Förderung von Gerechtigkeit hielten sie sogar für gefährlich. Sie standen in der Tradition der Konstitutionalisten, die sich nicht auf Rousseaus *gute Menschen* verlassen wollten, sondern lieber *gute Institutionen* suchten, die sich – wie Kant einmal sagte – auch für „ein Volk von Teufeln" bewähren würden. Die Gerechtigkeitsapologeten argumentierten hingegen, daß man über die Wirkung der Verfassungsinstitutionen keine verläßlichen Prognosen anstellen könne. Damit behielten sie für Osteuropa leider vielfach recht. Dies führte zu einem vierten neuen Schwerpunkt der sozialwissenschaftlichen Osteuropaforschung: den nichtkonsolidierten Demokratien.

„*Constitutional engineering*" und die Schaffung neuer demokratischer Institutionen entsprachen einer Phase der Demokratisierung. Sie überwog bis ca. 1993. Danach wurde Schmitters dritte Phase der Konsolidierung zum Zentrum der vergleichenden Osteuropaforschung. Je langwieriger dieser Prozeß wurde, um so mehr Phasenunterteilungen tauchten auf. In der Regel waren es vier (Merkel 1999):
(1) Die *konstitutionelle Konsolidierung* auf der Ebene der *Polity* (Verfassungsordnung). Sie erfolgte in der dritten und vierten Welle der De-

mokratisierung relativ zügig, wenn auch gelegentlich Nachbesserungen der Verfassung nötig wurden, wie in Polen (1997) und in Ungarn (ein noch nicht abgeschlossener Prozeß). Constitutional engineering war zu sehr auf die Rolle der Verfassungsinstitutionen fixiert und vernachlässigte anfangs die sekundären Institutionen in den Subsystemen. Auf der Ebene der *Interessengruppen* war die Konsolidierung in Osteuropa bisher wenig erfolgreich. Es bildeten sich neue Gewerkschaften heraus, oder die alten kommunistischen Gewerkschaften übernahmen die Führung wieder. Dennoch blieb ihr Einfluß – vor allem in Rußland – begrenzt, da sich die Institutionen der großflächigen Tarifverhandlungen nicht entwickelt hatten. Im Spätsozialismus wurde das *Korporatismus-Modell* auf die Steuerung des Systems angewandt. Im Postkommunismus aber zeigte sich, daß die sektorale „Governance-Funktion" von Verbänden zur Steuerung einzelner Bereiche in eine chaotische Marktwirtschaft nicht hinüber gerettet werden konnte. Wo dies gelang, lag eher eine symbiotische Elitenkooperation alter Nomenklatur-Fragmente vor, als ein „liberaler Korporatismus". Die Zügelung einzelner Interessen durch Großverbände wurde ebenfalls noch nicht geleistet, so daß ein eher *anomischer Pluralismus* entstand. Die gesellschaftlichen Organisationen wurden vielfach als Gradmesser für die Zivilgesellschaftlichkeit der Systeme angesehen, soweit diese nicht als bloß antipolitische organisationsscheue „*neue soziale Bewegung*" perzipiert wurde. Aber die Organisationen waren weder herrschaftskritische Gegenmacht mit neuen Organisationsformen noch konsolidierte Mitgliederorganisationen, welche die Interessenartikulation und Interessenaggregation zufriedenstellend leisteten.

Besser strukturiert waren die *Parteiensysteme*. Je präsidentieller das System war, um so geringer wurde jedoch die Bedeutung der Parteien. Vor allem die Befürworter eines semipräsidentiellen Systems in Osteuropa haben daher gelegentlich aus der Not eine Tugend gemacht: Ein konsolidiertes Parteiensystem wurde nicht als Minimalkriterium für eine konsolidierte Demokratie angesehen, da fragmentierte Parteien mit hoher Volatilität auch im Westen vorgekommen seien.

(3) Die *Verhaltenskonsolidierung* bei den „informellen" politischen Akteuren wie Militär, Unternehmer oder radikale Gruppen. Diese Konsolidierung war bis Anfang der 80er Jahre in Spanien nicht gesichert und ist in Osteuropa bis Ende der 90er Jahre kaum verläßlich, mit

Ausnahme von Tschechien, Ungarn, Slowenien und Polen, den ersten Kandidaten für eine Osterweiterung der Europäischen Union.
(4) Die Ebene der *Konsolidierung der Bürgergesellschaft* dauert in der Regel eine Generation, wie die zweite Demokratisierungswelle des 20. Jahrhunderts auch in Italien, Deutschland, Österreich und Japan gezeigt hat. Meinungsumfragen und das Auftauchen extremistischer Parteien zeigen, daß dieser Prozeß in Südeuropa, nicht aber in Osteuropa abgeschlossen ist.

Das parlamentarische System ist vor allem auf der zweiten Ebene der repräsentativen Konsolidierung involviert. Häufig wurden in der Literatur recht oberflächliche Indikatoren genannt:
- *Zwei Wahlen* ohne Gewalt von oben oder von unten,
- eine Akzeptierung von *Machtwechsel* der politischen Lager, (nach diesem Kriterium hätte Deutschland nicht vor 1969, die fünfte französische Republik nicht vor 1981 und Italien nicht vor 1994 als konsolidiert zu gelten),
- *keine zu hohe Fluktuation* der Wählerstimmen,
- *keine großen systemfeindlichen Parteien,*
- und schließlich die *Internalisierung der Spielregeln* des parlamentarischen Systems bei der Mehrheit der Bevölkerung als „the only game in town" (Juan Linz).

Die Geschichte des parlamentarischen Systems zeigt jedoch, daß noch detailliertere Indikatoren für die Akzeptanz der Spielregeln gefunden werden können (von Beyme 1999):
- Durchsetzung der Solidarität der Minister und klarer Verantwortungsstrukturen.
- Akzeptierung der politischen Verantwortung statt der Ministeranklage und der Verlagerung politischer Konflikte in die Justiz. (In diesem Bereich kommt durch die Verfassungsgerichtsbarkeit bereits gelegentlich wieder eine neo-konstitutionelle Gesinnung in der parlamentarischen Demokratie auf, die ihre Schattenseiten hat).
- Reduzierung der Befugnisse des Staatsoberhaupts in der Gesetzgebung (Veto), der Regierungsbildung, bei der Entlassung der Regierung und bei der Parlamentsauflösung.
- Reduzierung der Funktionen von zweiten Kammern und Demokratisierung des Wahlmodus, soweit noch eine annähernde Symmetrie zwischen den beiden Kammern besteht.

- Akzeptanz der Parteien als Klammer zwischen Regierung und Parlamentsmehrheit.
- Akzeptanz, daß Parlamentarier Berufspolitiker sind, die durch ausreichende Diäten gegen finanzielle Versuchungen von außerhalb des Parlaments geschützt werden müssen.

Nach einem weiteren Katalog der Kriterien für die Konsolidierung läßt sich unschwer erkennen, daß in Osteuropa unter Walesa oder Jelzin die Systeme noch nicht konsolidiert waren. Die subjektiven Indikatoren der Akzeptanz von Gewaltfreiheit im Konfliktaustrag dürfen aber selbst in konsolidierten parlamentarischen Demokratien nicht allzu schematisch angewandt werden. Vielfach gibt es eine Kluft zwischen dem Funktionieren des Systems und den normativen Postulaten, welche die Bürger an das System richten. Zur Konsolidierung der Systeme gehört eine gewisse Spannung zwischen Ideal und Wirklichkeit, solange das Ideal nicht allzu unrealistisch und utopisch angesetzt wird.

Philippe Schmitter, mit seinem Sinn für griffige Neologismen, hat die Phase der Konsolidierung rasch mit einem neuen Wissenszweig, der „*consolidology*", in Verbindung gebracht. Das peinliche daran war jedoch eine einmalige Entwicklung: Konsolidierungswissenschaft blieb in fast der Hälfte der Fälle mit Regimen konfrontiert, in denen es nicht zur Konsolidierung kam. Man konnte aber nicht gut eine Wissenschaft für die Nicht-Konsolidierung erfinden. Es bleibt jedoch bei einem wachsenden Forschungszweig über nichtkonsolidierte Demokratie.

Nach Samuel Huntington (1991: 16) begann die dritte Welle der Demokratisierung 1974. Im Gegensatz zu den beiden ersten Wellen (1818-1926, 1943-1962 in durchaus fragwürdigen Zeitabgrenzungen!), war noch keine Welle des Gegenschlags vorgesehen, wie bei den ersten Demokratisierungswellen (1922-1942, 1958-1975). Fragwürdige Zeitabgrenzungen reizten spätere Forscher zum begrifflichen „Anstricken" und Ausbessern der Wellenannahmen. Wird eine fünfte Welle der Demokratisierung nötig, weil 1997/98 noch 40% der Menschheit in autoritären Regimen lebten? Im früheren sozialistischen Lager wurden immerhin 69% als „elektorale Demokratien" eingestuft, mehr als in Asien und Afrika und weniger als in Amerika. Der erste zivilgesellschaftliche Enthusiasmus der Demokratisierungsphase war verflogen. Es wurde die Frage nach der dritten Entkonsolidierungswelle der Demokratie aufgeworfen. Das besondere an der

Entwicklung der 1990er Jahre war jedoch nicht die offene Rückkehr zur Autokratie, sondern die schleichende Aushöhlung der Demokratie. Die Mischformen formaler Demokratie und inhaltlicher Illiberalität der Demokratien wurden zum Untersuchungsgegenstand der neueren Osteuropaforschung.

Der Triumph über den Sieg der Demokratie in Osteuropa währte nicht lange. Es gab kein attraktives Feindbild für Demokraten mehr: Faschistische Diktaturen waren 1945 und kommunistische Diktaturen 1989-1991 untergegangen. Schon im Kommunismus beriefen sich alle auf die Demokratie, haben diese aber sehr unterschiedlich ausgedeutet. Diese Differenzen entfielen, seit Träume vom Dritten Weg im ersten zivilgesellschaftlichen Überschwang der Kerzenrevolutionäre sich nicht realisieren ließen. Die Demokratie hatte kein attraktives Gegenbild mehr. In den alten Demokratien waren viele Mängel komparativ von den Bürgern verarbeitet worden: Die Defizite der repräsentativen Demokratie wurden entschuldigt, da die Systeme immer noch besser seien als ihre autoritären Gegenbilder. In der Transitologie entbrannte nur noch ein Streit darum, ob es ein „bestes Modell" der Demokratie gäbe, das man Osteuropa empfehlen könne (Novak 1997). Dabei wurde vor allem gegen die Verherrlichung der Konkordanzdemokratie gekämpft, die Lijphart den neuen Demokratien empfohlen hatte, wegen ihrer ethnischen und ideologischen Fragmentierung. Das „constitutional engineering" wurde auf eine Kombination von Repräsentativität und Effizienz der neuen Systeme verwiesen, die weitere Fragmentierung verhindert und effiziente Führung fördert.

Während die osteuropäischen Transitologen begreiflicherweise nach den bewährtesten institutionellen Designs für ihre Länder suchten, schlichen sich bei westlichen Transitologen Bedenken ein, daß ein vollkommenes Demokratiemodell in Osteuropa möglich sei. Von der Modernisierungsforschung – die auch auf den realen Sozialismus angewandt wurde – ist nach den funktionellen Requisiten für erfolgreiche Demokratisierung gesucht worden. Nach dem Systemwechsel spielten erneut willkürliche Festsetzungen wie 6000 $ Pro-Kopf-Einkommen eine Rolle. Der Nordbalkan der Visegrád-Staaten hatte sich an solche nicht gehalten und ist davon ausgegangen, daß die Synchronisierung von Marktwirtschaft und Demokratie gelingen könne, auch wenn nicht alle wirtschaftlichen Requisiten gegeben seien. Griechenland, Spanien und Portugal haben bei ihrer Abkehr von der Diktatur schließlich auch nicht an die Requisitenlehre geglaubt.

Westliche Forscher haben aber schon früh *hybride Formen der Demokratie* entdeckt. Die sprachlichen Neubildungen der Regierungsformenlehre schossen ins Kraut. Ted Gurr (in: Inkeles 1991: 69ff.) – einer der bekanntesten vergleichenden Revolutions- und Systemwechselforscher vor 1989 – nannte das, was entstand, „*Anokratie*", ein Gemisch aus Anarchie und Autokratie. Angesichts der starken Elitenkontinuität wurde von einer bloß „*prozeduralen Demokratie*" gesprochen, die ein Elitenphänomen sei, ohne wirklichen Kontakt zu den Bedürfnissen der Massen. In der Substanz hingegen diversifizierten sich die neuen Demokratien in *liberale, nationale* und *egalitäre* Formen. Die Neo-Demokraten bringen aufgrund von Enttäuschungen der Massen immer neue Formen autoritärer Politikthemen auf. Prozedurale Mindestkriterien wie Wahlen und Bürgerrechte werden respektiert, aber *ad hoc* und *ad hominem* immer wieder durchbrochen (Schmitter 1997).

Je stärker die *Wirtschaftspolitik* in die vergleichenden Forschungen einbezogen wird, um so pessimistischer fällt die Bilanz aus, angesichts von verzögertem *take off*, Inflation, Kapitalflucht und ruinierter Fiskalpolitik. Der Fortschrittsoptimismus der frühen Modernisierungsforschung kannte nur die positive Entwicklung. Walt Rostows fünf Stadien der wirtschaftlichen Entwicklung klangen wie die liberale Variante von Engels fünf Stadien im historischen Materialismus. Transitologie kann angesichts der Realitäten nicht nur „*Progressologie*" sein und begann sich zunehmend mit den Prozessen der *Regression* zu befassen.

Einst hatten adjektivische Zusätze zu Grundbegriffen wie „Rechtsstaat" der positiven zusätzlichen inhaltlichen Füllung gedient: so z.B. der „soziale" Rechtsstaat, den die Bundesrepublik als Formel der Selbstdefinition des Systems an spätere neue Demokratien vielfach weitergab. In der osteuropäischen Welle der Demokratisierung wurden die Zusätze zum Begriff Demokratie eher negativ verstanden – und vor allem bezeichneten sie einen Sachverhalt, der auf Kosten der Rechtsstaatlichkeit ging, selbst wenn er mit plebiszitären Bestätigungsmethoden die Minimalkriterien der Demokratie wahrte. „*Delegative Demokratie*" war ein weit verbreiteter Begriff, den Guillermo O'Donnell (1994) anbot, vor allem für Lateinamerika entwickelt.

Anhand der Prüffragen an eine konsolidierte Demokratie in der Tradition von Robert Dahls „*Polyarchy*" wurden Formen der „*defekten Demokratie*" klassifiziert – vermutlich kein glücklicher Ausdruck, weil er suggeriert, daß es „perfekte Demokratien" gibt. Delegative Demokratie bedeutet, daß die Entscheidungsbefugnis an einen mehr oder weniger charismatischen Führer, meist den Präsidenten im semipräsidentiellen oder gar dreiviertel-präsidentiellen System (wie in einigen GUS-Staaten) delegiert wird. Andere Vorschläge lauten „*illiberale Demokratie*" (Zakaria 1997).

Wie immer sie genannt werden: nach den Statistiken von Freedom House sind 56 Länder in der Grauzone zwischen konsolidierter Demokratie und offener Autokratie zu verorten, viele davon sind postkommunistische Systeme. In ihnen werden meistens nicht so sehr die politischen Partizipationsrechte als die Freiheits- und Menschenrechte verletzt, was ganz in der Tradition des formalen Verfassungssystems der kommunistischen Systeme war. Neben diesen illiberalen Demokratien wurden „*exklusive Demokratien*" gesichtet, die vor allem ethnische Minderheiten benachteiligen, von Estland und Lettland bis Rumänien. Ein dritter Typ wurde *Domänendemokratie* genannt. Hier gibt es neben dem formal demokratischen Prozeß noch Vetomächte, wie das Militär – wenn auch gelegentlich nur in einzelnen Bereichen. Im Gegensatz zu den ex-autoritären Systemen der Dritten Welt sind diese Vetomächte im Postkommunismus kaum offen organisiert. Es ist sogar erstaunlich, wie die kommunistische Tradition, daß das Militär sich der politischen Führung unterordnet, überwiegend auch im Postkommunismus bewahrt wurde. Dennoch genügen viele Systeme nicht dem Kriterium, daß die demokratischen Spielregeln „*the only game in town*" (Juan Linz) sein müssen, weil vielfach korrigierende Mechanismen einwirken, und seien es nur die von traditionellen Eliten der früheren Kader in Wirtschaftspositionen oder in mafiosen Gruppierungen. Gerade weil die Beharrungskräfte im Postkommunismus die plebiszitär-demokratischen Mechanismen hochhalten, hat die Demokratieforschung der vergleichenden Osteuropaforschung heute eher auf eine harmonische Verbindung von Rechtsstaat und Demokratie abzuheben. Die Institutionen der *horizontalen Kontrolle* wurden daher besonders betont, wie Verfassungsgerichtsbarkeit oder wenigstens Autonomie der Gerichte, Rechnungshöfe, Oppositionsrechte und Gegengewichte in sozialen Organisationen (O'Donnell 1998).

c) Von der Partizipationsromantik zur zivilgesellschaftlichen reflexiven Demokratie

Die vier oben skizzierten Approaches könnten ein statisches Vorurteil der Demokratieforschung vermuten lassen. Dennoch ist das Demokratiemodell wie keines der vier anderen behandelten Integrationsmodelle immer wieder dynamisch aufgefaßt und den Konfliktmodellen angenähert worden. Aber auch die dynamische Ausdeutung ist wie die statische nicht ohne operationalisierende Konzepte möglich. Anstelle von Begriffen wie „Repräsentation" tritt jedoch meist „Identität", anstelle des „Mehrheitsprinzips" die Idee der solidarischen, mobilisierten Gesellschaft, anstelle konstitutionellen Beschränkungs- und Gleichgewichtsdenkens tritt die Idee der umfassenden Partizipation und der direkten Umsetzung eines einig gedachten Volkswillens in staatliches Handeln.

In dieser Form war die Radikalisierung seit den totalitären Demokratien im Sinne Talmons (1961) immer wieder in Wellenbewegungen in der Diskussion präsent. Ein Novum der 60er Jahre war es jedoch, daß die Partizipationsidee unterhalb der staatlichen Ebene sich erstmals nicht mehr in anarchistischen Kleinproduzenten- und Kommuneidealen abkapselte, sondern radikal-demokratische Konzepte an der Demokratisierung der bestehenden Strukturen kapitalistischer wie sozialistischer Systeme ansetzte: in den Betrieben (wo die Forderung nach Betriebsdemokratie anstelle einer manipulierten „konstitutionellen Fabrik" schon seit der Jahrhundertwende artikuliert wurde), in den Kirchen, den Verbänden und Parteien, den Universitäten und Schulen. Diese neuen Formen einer aktiven dynamischen Demokratiekonzeption blieben jedoch im Stadium der Modelldiskussion. Es wurde vornehmlich an zwei Fronten gearbeitet:

1) Diskussion von Modellen für eine Demokratisierung der Subsysteme des politischen Systems. An Nascholds ‚Organisation und Demokratie' (1969) wird deutlich, daß diese Forschungsrichtung den Varianten liberaler Pluralismusmodelle verbunden bleibt, wenn er von den Konzepten der innerorganisatorischen Demokratie – wie direkte und repräsentative Demokratie, Rätedemokratie und demokratischer Zentralismus – das Modell der innerorganisatorischen Fraktionsbildung, des „innerorganisatorischen Parteienwettbewerbs" für am aussichtsreichsten hielt;

2) Schaffung der organisationstheoretischen und kommunikationstheoretischen Voraussetzungen zur symmetrischen Steigerung von Partizipation der Bürger und Effizienz des Systems.

Konservative Theoretiker konterten diese Bemühungen mit harten Einwänden:

- Die *technokratische Ideologie des Sachverstands* wurde aufgeboten, etwa in der Form: „am Krankenbett hört die Mitbestimmung auf", als ob die Stärkung von Mitwirkung und Tranzparenz in der Krankenhausverwaltung bedeutete, daß die Krankenschwestern im OP einen Mehrheitsbeschluß anstrebten, wenn der Patient blutend auf dem Tisch liegt. Die Anhänger der Subsystemdemokratisierung bauten mit dem Angebot von Negativkatalogen solchen Mißverständnissen vor.
- Modelle radikal-demokratischer Partizipation arbeiten vielfach mit einem *eindimensionalen Bild der Gesellschaft* nach dem Vorbild des Klassenkampfmodells. Professoren oder Kleriker aber waren nicht Besitzer von Produktionsmitteln. Studenten und Laien konnten durch Streik – oder richtiger: Boykott – den Oberen keine lebenswichtige Leistung verweigern, wie Arbeiter am Fließband. Beamtenapparate, Militär oder Verbände hatten unterschiedliches Demokratisierungspotential, das nicht nach einem Modell gestaltet werden konnte. Die Pluralität von Statushierarchien ließ ein manichäisches Zweifrontendenken in die Irre laufen.

Skepsis gegen eine unreflektierte Emphase der Demokratietheorie regte sich auf breiter Front. Am schwächsten war sicher der Einwand, daß schon die alten Griechen *polis* und *oikos* säuberlich trennten, d.h. daß die gesellschaftlichen Bereiche nicht nach dem Modell politischer Partizipation organisiert werden konnten (Hennis 1970). Gewichtiger war die Einsicht, daß Politik für die meisten Menschen ein „exzentrisches Handlungsfeld" bleibt (Eckert 1970: 35, Scharpf 1970: 62f.).

Je stärker ein Konzept sich zur normativen Ausdeutung eignet, umso heftiger sind die Pendelausschläge immer neuer Theorieansätze. Die Binnendemokratisierung in ihrem rätetheoretischen und partizipatorischen Überschwang war schon Ende der 1970er Jahre gescheitert. Erst mit den friedlichen Kerzenrevolutionen in Osteuropa erhielt die normative Demokratietheorie einen neuen Impetus. Die Grundidee der halbrevolutionären Doppelstrategien hatte sich auf friedlichere Formen der Dynamisierung der Demokratie verlagert. In der postmodernen Grundstimmung der neuen sozialen Bewegungen war schon vor 1989/90 *statt Partizipation Autonomie* verlangt worden.

Das normative Konzept der *deliberativen Demokratie* hatte Konjunktur in den neunziger Jahren. Es verstand sich als Kritik des liberalen Modells, insbesondere des ökonomischen Modells mit seiner instrumentellen Vernunft (vgl. Kap II.5). Die schwache Version ist normativ zurückhaltend und konzentriert sich auf Verbesserungen des Entscheidungsprozesses in prozeduraler Hinsicht. Die starke Version wurde vielfach auf Habermas' Diskurstheorie gegründet. In ihr wird aufgrund von Öffentlichkeit der Deliberation eine moralische Verbesserung erwartet (Buchstein 1996).

In Theorien der deliberativen Demokratie wird das *Forum* dem *Markt* gegenübergestellt. Der politische Prozeß wird nicht mehr instrumental verstanden. Politische Entscheidungen werden nicht wie in Rational Choice-Ansätzen als private sondern als öffentliche Entscheidung angesehen. Die Selbstsucht erscheint im Rahmen dieses Ansatzes nicht möglich, da die Deliberation auf das Gemeinwohl gerichtet ist. Reflektierte Rational Choice-Theoretiker, wie Jon Elster (in Bohman/Rehg 1997: 14), hingegen vermuteten, daß selbst bei unbegrenzter Diskussionszeit kein Gemeinwohl herauskommen könnte, schlicht weil man eine Vielzahl von „letzten Werten" annehmen müsse. Machtstrukturen, Zeitrestriktionen, Gruppenegoismus, Konformismus und *wishful thinking* verzerren die Sicht auf das Gemeinwohl. Eine realistische Theorie der deliberativen Demokratie konzentriert sich daher pragmatisch auf die der konstitutionellen und rechtlichen Bedingungen demokratischer Entscheidung, da Zeitknappheit die idealen Bedingungen eines philosophischen Diskurses in der Politik unwahrscheinlich machen.

Nach der Erosion der Ideologien sind linke und rechte normative Vorschläge zur Revitalisierung der Demokratie vielfach nicht weit voneinander entfernt. Von *rechts* wurde nach einer Weile der Klage über die *Unregierbarkeit* ein *institutioneller Dezisionismus* angeboten: *„institutional engineering"* ist zum Glück kaum ins deutsche übersetzbar – versuchte man es, so würde die technokratische Grundlage krass zu Tage treten.

Das normative Bild einer erneuerten starken Demokratie hielt sich auch in Deutschland vielfach an Benjamin Barbers (1994: 234f.) Katalog von Forderungen. Er bot ebenfalls homöopathische Dosen der Erneuerung an. Die Theorie sollte zwar kohärent sein, aber zugleich realistisch. Sie sollte die liberalen Ängste vor Vereinheitlichungstendenzen der partizipatorischen Demokratie nicht mit republikanischem Überschwang überspielen. Die primären repräsentativen Institutionen sollten durch eine neue Praxis nur ergänzt werden. Regierung von Bürgern sollte aber inkonsequenter Weise an die Stelle von Berufspolitikern treten.

Ein solcher Reformpragmatismus ist rundum vernünftig. Aber die versteinerten Verhältnisse des Istzustandes kann er nicht mehr durch normative Gegenbilder eines Soll-Zustandes grundsätzlich aufbrechen. Die Hintergrundfolie der normativen Idee wurde zur Blaupause der positiveren Aspekte des bereits Bestehenden.

Die kritische Anwendung der Selbstbezüglichkeit schützt vor „scheinradikalen Gesten". Eine alternativlos gewordene liberale Demokratie muß partizipatorisch aktiviert werden. „*Participatorio ma non troppo*" wird die Melodie gespielt, voller Negativkataloge für die Referendumsdemokratie, von Steuergesetzen bis zu Fragen der physischen Integrität von Personen (Todesstrafe, out of area-Einsatz von Truppen). Zum aufgeklärten Volkswillen gehörte für Offe (1992: 141), „sich selbst unter ‚*autopaternalistischen*' Vorbehalt zu stellen und demgemäß auf die Möglichkeit zu verzichten, sich im Gesetzgebungsprozeß zu allen Themen und zu jedem Zeitpunkt Gehör zu verschaffen."

Der Ausbau einer partizipatorischen Demokratie stieß im Mainstream schon immer auf grundsätzliche Bedenken. Die Gewißheit, daß die „Teilnahme am politischen Leben ... dem Individuum ein „*outside interest*" biete, das die Enge der rein privaten Lebensweise übersteigt und damit die Sinnhaftigkeit des Lebens steigert", die einst auch von halblinken Anhängern einer partizipatorischen Demokratie geäußert wurde (Naschold 1969: 51), ist nicht mehr selbstverständlich. Die Hingabe an die Freude zur Bildung von Gruppenidentität und die Sehnsucht nach „Schutz vor narzisstischer Selbstisolierung" ist in einer postmodernen Gesellschaft nicht größer geworden. Luhmann hatte das bereits 1969 gegen Naschold geäußert. Die Bedenken lassen sich in drei Punkten zusammenfassen: Als Bestandsbedingung für partizipatorische Demokratie fehlte es an einer dauerhaften *Motivation* der Individuen, an den *Ressourcen* für ein fundamentaldemokratisches Chancensystem und an einem ausreichend hohen *Gewinn* in den Augen der Bürger, die ihre Kosten-Nutzen-Rechnung gegenüber der rein repräsentativen Demokratie anstellen (Lindner 1990: 154).

Nutzenrechnungen besudeln heute nicht mehr die hehren Prinzipien partizipatorischer Demokratie. Effizienzgesichtspunkte sind auch in der normativen Theorie zugelassen worden. Es geht nicht mehr um *Maximierung* sondern um *Optimierung* der Partizipation (Schmalz-Bruns 1995: 17) (vgl. Kap. I.1).

Die Fundamentalkritik des Systems der repräsentativen Demokratie ist in den 1990er Jahren weitgehend verstummt. Die normativen Theorien (vgl. Kap I.1) übernahmen weitgehend die Begriffe der empirischen Forschung von der Verhandlungsdemokratie bis zur Netzwerkkooperation. Normative Theorie der reflexiven Demokratie versucht nicht mehr – wie die ältere radikalpartizipatorische Demokratiekonzeption – sich gegen empirische Befunde zu immunisieren (Schmalz-Bruns 1995: 153).

Becks (1993: 209) „Erfindung des Politischen" hoffte über die bloß regelanwendende Politik hinaus zu einer reflexiven regelverändernden Politik vorzustoßen. Die Bedingungen der Politisierung gehen über Streik, parlamentarische Mehrheit und staatliche Steuerung hinaus und realisieren mit Stau, Blockade als einer Variante des Ringens um Konsens eine neue Politik. Die Gegengifte gegen eine halbierte Moderne erweisen sich so als von homöopathischer Natur. Es geht keine große normbildende Kraft von ihnen aus, da sie nur Varianten herkömmlicher Interessenpolitik, in eine neue Matrix gefüllt, darstellen.

Das *Netzwerkkonzept* – vielfach von einem methodischen Hilfsmittel zu einer politischen Theorie aufgebauscht – erlebte eine starke Proliferation quer durch die politischen und wissenschaftlichen Positionen hindurch (vgl. Kap. III.6). Linke und konservative Theoretiker haben das Konzept adaptiert. Die Ausweitung der Mitentscheider im politischen Prozeß wird zunächst als positives Ergebnis einer reflexiven Politik angesehen, um dann doch sogleich wieder zu realistisch-empirischen Einschränkungen vorzustoßen: Es kann durchaus zu einer Überbevölkerung einzelner Politikarenen kommen (Schmalz-Bruns 1995: 250). Die Folgen sind selbst für die Repräsentanten der Subpolitisierung unübersehbar: „Mit der Subpolitisierung entsteht allgemeine Ohnmacht" (Beck 1993: 233).

Der Gesellschaft werden keine mythischen Kräfte mehr zugeschrieben, die Strukturen für authentische Partizipation jeweils naturwüchsig hervorzubringen. Es ist eher eine Pattsituation, da auch die Partizipationsangebote, die der Staat bereit stellt, unvollkommen sind. Es herrscht ein Komplementärverhätnis vor (Held 1989: 182).

Der alte räteromantische Begriff der *„Doppelstrategie"* hat sich auf ein harmloses instabiles Gleichgewicht zwischen Status quo-Institutionen und neuen kreativen gesellschaftlichen Partizipationsformen reduziert.

Angesichts der unübersehbaren Verselbständigungstendenzen einer politischen Klasse, deren Selbstbezüglichkeit im Gegensatz zu anderen Kontexten gar nicht positiv bewertet wird, hat die Debatte sich auf die Möglichkeiten konzentriert, die *Responsivität* der Berufspolitiker zu verbessern. Die kritische Politikfeldanalyse mit ihrer erneuten Betonung von normativen Fragen hat wenig Vertrauen in ganz neue Partizipationsformen der Bürger entwickelt. Das Demokratiedefizit soll durch Responsivität der Regierenden ausgeglichen werden. Die *Konsumenten* der Politik wurden wieder entdeckt. *„The ordinary people"* – man wagt nicht die problematische Bezeichnung ins Deutsche zu übersetzen – traten ins Blickfeld (Rose 1989). Wie aber wollte man nach der Gettysburg-Formel das Volk auch institutionell einbeziehen, wenn man Demokratie nicht *„für das Volk"* sondern auch *„durch das Volk"* zu einem erlebbaren Ereignis werden lassen wollte?

Partizipation und Effizienz müssen nicht im Verdrängungswettbewerb zueinander stehen. In immer neuen organisationstheoretischen Varianten wird die assoziative Demokratie ausdifferenziert. *Planungszellen* unter Einbeziehung von Laienplanern wurden eine Weile im Wohnungs- und Städtebau zu einer Realutopie (Dienel). Aber die ökonomischen und die politischen Entscheidungskosten der Laienplanung waren zu hoch. Die Implementatoren und die Verbände, welche die Idee gesponsert hatten, wandten sich wieder von ihr ab. *Advokatenpolitik*, die das Organisationsdefizit der nichtorganisierten betroffenen Bürger ausglich, wurde in Amerika zu einem relativ erfolgreichen Modell. Von vornherein wurde auf ein Gegenmodell der Planung und Entscheidung verzichtet. Man konzentrierte sich auf eine gezielte Repräsentationspolitik im herkömmlichen Netzwerk der Entscheidungsträger.

Die Demokratisierung in Osteuropa hatte als wichtigste Rückwirkung auf die Theorien des Westens die Wiederentdeckung der *Zivilgesellschaft*.

Normative Theorien der Gegenwart, welche die Zivilgesellschaft ins Zentrum der Betrachtung rückten, blieben liberal, da sie die Trennung von Staat und Gesellschaft nicht in radikaler Manier einzuebnen versuchten. Zivilgesellschaft ist ein *poststaatlicher* Zusammenhang, nicht ein *anti-* oder *vorstaatlicher* (zu der Dreiteilung Bobbio 1989: 23; Schmalz-Bruns 1995: 131). Die *Trennung von Staat und Gesellschaft* muß eine Zivilgesellschaft zur Grundlage haben, in der die Assoziationsverhältnisse und die politische Kultur von Klassenstrukturen und Machtverhältnissen abgekoppelt ist. Die Staatsgewalt als *pouvoir neutre* über den gesellschaftlichen Kräften (Schule Carl Schmitts) war immer Ideologie. Aber die Fähigkeit der Zivilgesellschaft als neutralisierende Kraft zwischen Staat und Gesellschaft zu wirken, wurde unterstellt (Habermas 1992: 215f.).

Zivilgesellschaft und *bürgerliche Gesellschaft* haben als Termini seit der französischen Revolution eine ähnliche Entwicklung wie viele andere Grundbegriffe des politischen Lebens genommen. Sie begannen als deskriptiv-typologische Begriffe zur *Analyse sozialer Realität*. Sie wurden in Umbruchszeiten ideologisiert und als *Erwartungsbegriffe* normativ radikalisiert. Schließlich wurden *Bewegungsbegriffe* entweder so abgeschliffen, daß sie normativ wieder belebt werden mußten, wie der Terminus „civil society" in der angelsächsischen Welt; oder die bürgerliche Gesellschaft in Deutschland schien so stark von bourgeoisen Konnotationen imprägniert, daß der Ausdruck „Zivilgesellschaft" sich für ein Revival besser zu eignen schien. In der angelsächsischen Welt war es ein *survival*, allerdings mit neuen Bedeutungsgehalten. Im deutschen Sprachbereich und in Osteuropa kam es zu einem *revival*, gelegentlich sogar in Gesellschaften, die wenig Tradition einer Zivilgesellschaft in Theorie und Praxis hatten, wie in Rußland.

Zivilgesellschaft wurde in der empirischen Theoriegeschichte den jeweiligen nationalen Traditionen angepaßt. Nur in Deutschland erhielt die Dichotomie Staat und bürgerliche Gesellschaft, verbunden durch ständische intermediäre Organisationen in der Hegel-Schule, ihren Ausdruck als resignative Akzeptierung einer Präponderanz des Staatlichen. Erst in einer postmodernen Gesellschaft mit starker Individualisierung löste sich auch in Deutschland der Begriff aus der staatlichen Umklammerung und wurde zu einer Reflexionsform der modernen Ordnung, die ihre Stabilität und Legitimität aus sich selbst, das heißt aus den Interaktionsbeziehungen der individuellen Subjekte hervorbringt, und nicht mehr auf transzendente Tugendlehren zurückgreifen konnte (Schmalz-Bruns 1995: 125). Diese Interaktionsbeziehungen haben in modernen diskursiven Tugendlehren die bloß *passive Toleranz* gegenüber den Mitmenschen zu verlassen versucht, wie sie in der Lockeschen Konzeption noch überwog und den *aktiven partizipatorischen Einsatz* für das Wohl der anderen postuliert.

Die Erneuerung der *Bürgertugend* sollte als Gegenmittel gegen die Fragmentierung der Politik eingesetzt werden. Bezeichnender Weise haben jedoch nur Immigranten in den USA, wie Hannah Arendt oder MacIntyre, so direkt an antike Konzeptionen angeknüpft, daß sie in der Betätigung der Menschen als „bourgeois", als Wirtschaftsbürger, eine Gefahr für die Tugend der Bürger sahen. Vor allem in der deutschsprachigen Welt wurde gern hegelianisierend das Reich der *Freiheit* gegen das der *Notwendigkeit* ausgespielt.

Die osteuropäische Theorie der Zivilgesellschaft stand – wie ihr marxistisches Gegenbild – stark unter dem Einfluß dieser weltfremden intellektualistischen Weltauffassung. In Osteuropa mag dies eine läßliche Sünde gewesen sein. Der Anti-Realsozialismus der Freiheitsbewegung war hinreichend vom Fortschritts- und Periodisierungsschema des bekämpften Marxismus-Leninismus infiziert. Er wurde zur Verbesserung des Feinderlebnisses häufig als Stalinismus stilisiert, obwohl es sich längst um einen autoritären aber sklerotischen Poststalinismus handelte. Eine bloße Rückkehr zum „Kapitalismus" war unerwünscht. Träume vom „Dritten Weg" zwischen den Gesellschaftsformationen breiteten sich aus. Die politische Realität hingegen war von einer beispiellosen Reethnisierung der Gesellschaft geprägt.

Auch die westlichen Diskursethiker, wie Habermas, hatten noch teil an der antiökonomischen Tendenz des zivilgesellschaftlichen Denkens. Das starre Basis-Überbau-Schema der Marxisten war längst dem flexiblen Lebenswelt-System-Antagonismus gewichen. Aber die Primärgruppen-Kommunikation der Lebenswelt blieb antiwirtschaftlich. Denn Wirtschaft drängt nach Globalisierung und befördert die Prozesse der Kolonialisierung von Lebenswelt durch Kommerzialisierung und indirekt auch durch Bürokratisierung und Verrechtlichung der Lebensbeziehungen. Wenn in Anlehnung an Cohen und Arato ein Substrat der Zivilgesellschaft gesucht wurde, kamen allenfalls die Organisationen in Frage, die nicht der Wirtschaft dienten und ihre zivilgesellschaftliche Basis in der Lebenswelt hatten. Pluralität, Privatheit und Legalität waren die gewünschten Merkmale (Habermas 1992: 435). Luhmann (1997: 845) meinte zwar, daß die Betonung von Zivilgesellschaft und Citizenship nicht so sehr gegen wirtschaftliche Interessen ausgespielt werde, sondern in breiter Front *gegen Organisationen* gerichtet sei, weil Organisationen der Interdependenzunterbrechung in Funktionssystemen dienten. Aber gerade nach der Entdeckung der Institutionen des bürgerlichen Rechtsstaates durch Habermas kann ihm eine generelle Organisationsfeindschaft nicht mehr unterstellt werden. Lediglich einige frühe neue soziale Bewegungen haben sich noch so vernehmen lassen, als ob sie die Gesellschaft – oder die alternative Gesellschaft – gegen den Staat mobilisieren müßten. Parteien als intermediäre Organisationen zwischen Zivilgesellschaft und Politik hatten bei Habermas eine wichtige Mittlerfunktion. Aber den Kern der Zivilgesellschaft können nur jene nicht-staatlichen und nicht-ökonomischen Zusammenschlüsse und Assoziationen auf freiwilliger Basis „bilden, die die Kommunikationsstrukturen der Öffentlichkeit in der Gesellschaftskomponente Lebenswelt verankern". Advokatorisch-humanitäre Organisationen haben nach dieser Konzeption die größeren Aussichten, zivilgesellschaftlich zu bleiben. Habermas setzte sich bewußt von Marx ab, der noch die privatrechtlich konstituierte Ökonomie in die bürgerliche Gesellschaft einschloß. Keine Organisation ist freilich ein für alle Mal zivilgesellschaftlich. Je mehr in privaten Lebensbereichen die vergesellschaftende Kraft kommunikativen Handelns erlahmte, desto leichter lassen sich die „isolierten und entfremdeten Akteure in der beschlagnahmten Öffentlichkeit massenhaft formieren". Hier schimmerte der Jargon der Hegelschule noch einmal durch. Zivilgesellschaft ist hochgradig gefährdet durch (ebd.: 446, 449):

- *populistische Bewegungen*, die verhärtete Traditionsbestände einer von kapitalistischer Modernisierung gefährdeten Lebenswelt blind verteidigen;
- die „kommunikativ verflüssigte Souveränität des Volkes" muß auf *Einfluß* beschränkt bleiben und sollte *nicht Macht* erwerben;
- durch Vorstellungen einer *sozialen Revolution* mit einem geschichtsphilosophisch ausgezeichneten Großsubjekt.

Die Zivilgesellschaft wird gleichsam autopoietisch : sie kann sich nur selbst transformieren – nicht die ganze Gesellschaft verändern.

Eine weitere Gefahr zeichnet sich bereits ab: Neoliberale nehmen die Zivilgesellschaft als Konzept gegen einen angeblichen sozialdemokratischen Etatismus in Anspruch.

Eine Konzeption der Zivilgesellschaft auf der Basis der Diskurstheorie, über die sich Habermas, Cohen und Arato zirkulär jeweils „reenforcement" in Zitaten gaben, entwickelte unterschiedliche Feindbilder. Sie reichten von der elitären Demokratie bis zum paternalistischen Wohlfahrtsstaat und griffen auch die liberale Vorstellung an, das Recht habe Vorrang vor der demokratischen Partizipation.

Zivilgesellschaft im linken Mainstream grenzt sich somit gegen Staat und Markt, aber auch gegen die intermediäre Welt der Parteien und bürokratischen Großgruppen ab, die in der repräsentativen Demokratie das Feld beherrschen. Die Bürger nehmen in dem Konzept der Zivilgesellschaft ihr Schicksal in die eigene Hand. Der „*Runde Tisch*" war gleichsam das organisatorische Substrat dieses normativen Konzepts in den friedlichen Kerzenrevolutionen.

Die Postmodernisierung der Reflexion über Zivilgesellschaft hat durch die Selbstbezüglichkeit diskursbereiter Individuen nur noch Evolution, aber keine teleologisch gedachte notwendige Entwicklung mehr zugelassen. Der Gesellschaft wurden in der Theorie der Zivilgesellschaft keine mythischen Kräfte mehr zugeschrieben, die Strukturen für eine authentische zivilgesellschaftliche Partizipation jeweils naturwüchsig hervorzubringen. Es entstand eher eine Pattsituation zwischen Zivilgesellschaft und System, da auch die Partizipationsangebote, die der demokratische Staat bereitstellt, unvollkommen sind. Es herrscht eine Art Komplementärverhältnis zwischen beiden Bereichen (Held 1989: 182). Die Räteromantik der letzten großen sozialen Bewegung der klassischen Moderne hatte in der „*Doppelstrategie*" letztlich die Überwindung der Systemwelt angepeilt. In der Mobilisierung der neuen sozialen Bewegungen für die Zivilgesellschaft kam es eher zu einem risikolosen instabilen Gleichgewicht zwischen dem Status quo der Institutionen des Systems und den kreativen gesellschaftlichen Partizipationsformen der Zivilgesellschaft auf der Basis von Lebenswelt.

Zivilgesellschaft gilt nur als relevant, solange sie sich nicht selbst einkapselt und sich auf den politischen Prozeß der Demokratie fokussiert. Auch bei Ulrich Beck (1993: 209) sind die „Gegengifte" gegen die technokratische Risikogesellschaft nur noch homöopathisch dosiert, auch wenn von einer reflexiven, regelverändernden Politik die Rede ist. Auch Habermas (1992: 211) stellte fest, daß die politische Kommunikation der Staatsbürger schließlich in „Beschlüsse legislativer Körperschaften einmünden" müßte.

Bleibt die Zivilgesellschaft also letztlich ein kastriertes normatives Konzept für neue soziale Bewegungen? Gegen Habermas' Diskursmodell der Zivilgesellschaft ist eingewandt worden, daß es eine bestimmte Art von Öffentlichkeit unkritisch zur Zivilgesellschaft stilisierte, weil in ihr kommuniziert wird. Damit verbunden ist die Abwertung einer bloß durch Meinungsbefragung extrapolierten Meinung, die nicht öffentlich diskutiert worden ist (Reese-Schäfer 1997:

163). Da auch Habermas nach parlamentarischen Mehrheiten für seine Konzeptionen sucht, wird die politische Elite jedoch die bloße abgefragte öffentliche Meinung ernster nehmen müssen als die Intellektuellen. Die empirischen Befunde zeigen zudem, daß selbst in der politischen Arena, in der öffentlich diskutiert wird, die am intensivsten diskutierte Meinung nicht notwendiger Weise die einflußreichste ist. Die Idee blamiert sich immer vor dem Interesse, hatte schon Marx erkannt. Der Aushandlungsprozeß der organisierten Interessen zeigt, daß die traditionellen Großorganisationen von Gewerkschaften und Statusgruppen bis zu den Kirchen, die oft von den Bannerträgern der neuen sozialen Bewegungen totgesagt worden sind, noch immer in der Vorhand sind.

Dennoch bleibt die Zivilgesellschaft ein wichtiges normatives Konzept. Sie wird dies vor allem durch den Rekurs auf die Individuen, welche die Zivilgesellschaft konstituieren. Das Korrelat der Zivilgesellschaft als Abstraktum ist der *konkrete Bürger*. Diesen zu substantivieren gelingt der sonst so Substantiv-freundlichen deutschen Sprache nicht, weil „Bürgertum" gleichsam auf das Äquivalent von „Bourgeoisie" festgelegt erscheint. Daher wird der englische Ausdruck „*citizenship*" oder der französiche „*citoyenneté*" in der Debatte benutzt.

Die vorangegangene Analyse hat bereits gezeigt, daß im demokratischen Verfassungsstaat die Regeln nicht einfach durch neue soziale Bewegungen, mit noch soviel Berufung auf zivilgesellschaftlichen Goodwill, geändert werden können. Wieder mag Amerika als Beispiel dienen. Hier wurde seit langem ein IvI-gap entdeckt, eine Kluft zwischen Idealen und Institutionen. Die Ideale, häufig nicht um den Begriff Zivilgesellschaft, sondern den des *Republicanism* geschart, wurden nicht dazu benutzt, die Institutionen auszuhebeln. Im Gegenteil: Der rechtsstaatliche Rahmen mußte wieder in Einklang mit den hehren zivilgesellschaftlichen Prinzipien des Commonwealth gebracht werden. Der Amerikanismus wurde gelegentlich sogar als Zivltheologie interpretiert. Den Europäern ist in der Debatte um die Zivilgesellschaft vielfach der amerikanische Multikulturalismus und Verfassungspatriotismus ohne ethnische Begründung der Nation empfohlen worden. Aber nur idealerweise gilt für die zivile Gesellschaft: „alle sind aufgenommen, keiner bevorzugt" (Walzer 1992: 79). In der Realität der alten Nationalstaaten Europas wurden unterschiedliche Prinzipien der Exklusion und Inklusion nacheinander entwickelt: zuerst der *Rechtsstaat*, der alle Bürger und weitgehend auch *Nicht*-Bürger einschloß. Sodann wurde auch bei liberalem Gedankengut die Gleichheit der Bürger durch den *Nationalstaat,* meist gestützt auf Sprache und Kultur, hinzugefügt, um dem rechtstaatlich geschützten Bürger die Motivation zu geben, aktiv an dem Leben der Nation teilzunehmen und notfalls für sie das Leben zu lassen. Der nationale Gedanke drängte somit auf Partizipation aller Bürger im *demokratischen Staat.* Als diese wenigstens im allgemeinen Wahlrecht verwirklicht schien, mußte im *Wohlfahrtsstaat* jenes Minimum an sozialer Gleichheit hinzugefügt werden, das für eine erfolgreiche politische Teilnahme unerläßlich war.

Zivilgesellschaftlicher Überschwang kann unterstellen, daß alle Bürger und Nichtbürger, die am Diskurs teilnehmen – auch die, die nicht einmal die Sprache des Gastlandes verstehen – auf allen Ebenen gleich sind. Die Realität der Staaten – die USA nicht ausgeschlossen – zeigt jedoch handfeste Ungleichheiten des Citizenship. Der britische Soziologe Marshall (1976) hat als erster eine umfassende Typologie der citizens versucht und unterschied politische, rechtliche und soziale Bürger. Die kulturelle Bürgerschaft wurde in der Postmoderne hinzugefügt und ist partiell im nationalen Subsystem aufgehoben, soweit sie nicht als legaler und demokratisch-partizipatorischer Verfassungspatriotismus abgedeckt erscheint. Gleichheit erscheint als gradualistisches Konzept, das in einer Vierfeldermatrix (siehe Matrix) als annähernd vollkommen (*Rechtsgleichheit*) oder ziemlich unvollkommen (*Gleichheit der Rechte im Wohlfahrtsstaat*) ausgewiesen werden kann. Strukturell ungleich sind hingegen die *Nationalbürgerschaft* und auch noch die Gleichheit der Partizipationsrechte im *demokratisch-politischen System.*

Matrix III.1: Gleichheit und Ungleichheit der Citizenships

	Gleichheit	Ungleichheit
weite Inklusion	*Rechtsstaat* Grundrechte, vor allem Habeas-Corpus-Rechte gelten für alle auf einem Territorium Lebenden	*Nationalstaat* Staatsangehörigkeit nur für „Volksangehörige", „jus soli" integrativer als „jus sanguinis"
weitergehende Exklusion	*Wohlfahrtsstaat* Inklusion auch von Immigranten und Asylanten, und selbst für jene, denen Staatsbürgerrechte entzogen wurden	*Demokratischer Staat* Partizipationsrechte nur für Staatsbürger, einzelne Rechte für EU-Bürger, gelegentlich auch kommunales Wahlrecht für Ausländer.

Die Ausweitung der Zivilgesellschaft heißt daher vor allem wachsende Inklusion der Menschen, die auf einem Territorium leben, in alle Bereiche des Citizenship. Das Gleichgewicht der vier Säulen des Citizenship ist in den bestehenden Nationalstaaten kaum gegeben.

Citizenship ist eine Art *symbolische Einheit* verschiedener Rollen der Menschen in den politischen Systemen. Europäisches Citizenship steht bereits in unseren Reisepässen. Aber seine völlige Integration ist ein Traum – und für viele noch nicht einmal ein schöner. Zivilgesellschaft und citizenship entwickeln sich nicht aus einem spontanen *„herrschaftsfreien" Diskurs*. Ein Moment des Macht- und Informationsvorsprungs bleibt auch bei staatlicher Steuerung zugunsten der Zivilgesellschaft erhalten. Daher ist es besser, den Anspruch auf *„täuschungsfreie Kommunikation"* zu reduzieren. Zivilgesellschaft ist ein Konzept der gerechten Gesellschaft mit starken und divergenten nationalen Rechtsordnungen. Die Europäische Gemeinschaft und die ihr angehörenden Staaten können durch verstärkte Inklusion bei Einbürgerungen, Ausweitung der Partizipationsrechte auch für Ausländer und Inklusion der sozial schwachen Nicht-Staatsbürger die Idee der Zivilgesellschaft befördern. Damit dieser Impetus nicht erlahmt, ist der Druck von neuen und nicht mehr ganz neuen sozialen Bewegungen nötig. Beim Agendasetting hat dieser meist rasche Erfolge. Bei der Durchsetzung und Implementation sind die wohlmeinenden Bewegungen jedoch auf den bestehenden Rechtsstaat und seine demokratischen Institutionen weiterhin angewiesen.

Literatur

A. Ágh: Emerging Democracies in East Central Europe and the Balkans. Cheltenham, Elgar 1998
J. Agnoli/P. Brückner: Die Transformation der Demokratie. Frankfurt, EVA 1963
G. A. Almond/S. Verba: The Civic Culture. Princeton UP 1963
B. Barber: Starke Demokratie. Hamburg, Rotbuch Verlag 1994
St. Bartolini: Collusion, Competition and Democracy. Journal of Theoretical Politics, Bd.11, Nr.4, 1999: 35-470
U. Beck: Die Erfindung des Politischen. Frankfurt, Suhrkamp 1993
T. Beichelt: Demokratische Konsolidierung und politische Institutionen im postsozialistischen Europa. Diss, Heidelberg 2000
U. Bermbach (Hrsg.): Theorie und Praxis der direkten Demokratie. Opladen, Westdeutscher Verlag 1973
K. von Beyme: Systemwechsel. Frankfurt, Suhrkamp 1994
K. von Beyme: Die parlamentarische Demokratie. Entstehung und Funktionsweise 1789-1999. Opladen, Westdeutscher Verlag 1999

N. Bobbio: Democracy and Dictatorship. Cambridge, Polity 1989

J. Bohman: Public Deliberation, Pluralism, Complexity and Democrocy. Cambridge/Mass, MIT Press 1996

J. Bohman: The Coming Age of Deliberative Democracy. Journal of Political Philosophy Bd.6, Nr. 4, 1998: 400-425

J. Bohman/W. Rehg (Hrsg.): Deliberative Democracy. Cambridge/Mass., MIT Press 1997

H. Buchstein: Die Zumutung der Demokratie. Von der normativen Theorie des Bürgers zur institutionell vermittelten Präferenzkompetenz. in: K. von Beyme/C. Offe (Hrsg): Politische Theorie in der Ära der Transformation. Opladen, Westdeutscher Verlag 1996 (PVS-Sonderheft 26): 295-324

V. Bunce: Should Transitologists be Grounded? Slavic Review 1995, Nr.1: 111-127

Ch. F. Cnudde/D. E. Neubauer (Hrsg.): Empirical Democratic Theory. Chicago, Markham 1969

M. J. Crozier u.a.: The Crisis of Democracy. New York UP 1975

R. A. Dahl: A Preface to Democratic Theory. Chicago, Chicago University Press 1956

R. A. Dahl: Polyarchy. New Haven, Yale University Press 1971

R. A. Dahl: On Democracy. New Haven, Yale University Press 1998

L. Diamond u.a. (Hrsg.): Consolidating Third Wave Democracies. Baltimore, Johns Hopkins University Press 1997

G. O'Donnell: Delegative Democracy. Journal of Democracy 1994, Nr.1: 55-69

G. O'Donnell: Horizontal Accountability in New Democracies. Journal of Democracy 1998, Nr.3: 112-126

G. O'Donnell/Ph. Schmitter/L. Whitehead (Hrsg.): Transition from Authoritarian Rule. Prospects for Democracy. Baltimore, Johns Hopkins 1986, 3. Bde.

A. Downs: An Economic Theory of Democracy. New York, Harper 1957

G. Duncan (Hrsg.): Democratic Theory and Practice. Cambridge UP 1983

R. Eckert: Wissenschaft und Demokratie. Tübingen, Mohr 1971

R. Eckert: Partizipation. Offene Welt Nr. 101, 1970: 30-47

J. Elster (Hrsg.): Deliberative Democracy. Cambridge, Cambridge University Press 1998

I. Fetscher: Die Demokratie. Grundfragen und Erscheinungsformen. Stuttgart, Kohlhammer 1970

C. J. Friedrich: Demokratie als Herrschafts- und Lebensform. Heidelberg, Quelle & Meyer 1959

M. Greiffenhagen (Hrsg.): Demokratisierung in Staat und Gesellschaft. München, Piper 1973

M. Th. Greven (Hrsg.): Macht in der Demokratie. Baden-Baden, Nomos 1991

F. Grube/G. Richter (Hrsg.): Demokratietheorien. Konzeptionen und Kontroversen. Hamburg, Hoffmann & Campe 1975

B. Guggenberger/C. Offe (Hrsg.): An den Grenzen der Mehrheitsdemokratie. Opladen, Westdeutscher Verlag 1984

J. Habermas: Faktizität und Geltung. Beiträge zur Diskurstheorie des Rechts und des demokratischen Rechtsstaats. Frankfurt, Suhrkamp 1992

D. Held: Political Theory and the Modern State. Cambridge, Polity 1989

W. Hennis: Demokratisierung. Zur Problematik eines Begriffs. Köln/Opladen, Westdeutscher Verlag 1970

S. P. Huntington: The Third Wave. Democratization in the Late Twentieth Century. Norman, University of Oklahoma Press 1991

A. Inkeles (Hrsg.): On Measuring Democracy. New Brunswick 1991

P. Graf Kielmansegg: Volkssouveränität. Eine Untersuchung der Bedingungen demokratischer Legitimität. Stuttgart, Klett 1977

W. Kornhauser: The Politics of Mass Society. Glencoe/Ill., Free Press 1959

A. Levine: Liberal Democracy. A Critique of its Theory. New York, Columbia UP 1981

A. Lijphart: Democracies. Patterns of Majoritarian and Consensual Government in Twenty-One Countries. New Haven, Yale UP 1984

J. Linz: Democracy Today: An Agenda for Students of Democracy. Scandinavian Political Studies, Bd.20, Nr.2, 1997: 115-133

J. J. Linz/A. Stepan (Hrsg.): The Breakdown of Democratic Regimes. Baltimore, Johns Hopkins 1978

J. J. Linz/A. Stepan: Problems of Democratic Transition and Consolidation. Baltimore, Johns Hopkins 1996

S. M. Lipset: Political Man. London, Mercury Books 1960

N. Luhmann: Komplexität und Demokratie. Zu Frieder Nascholds: ‚Demokratie und Komplexität'. PVS 1969: 314-325

N. Luhmann: Die Gesellschaft der Gesellschaft. Frankfurt, Suhrkamp 1997

C. B. Macpherson: Demokratietheorie. München, Beck 1977

K. Mannheim: Mensch und Gesellschaft im Zeitalter des Umbaus. Darmstadt, Wissenschaftliche Buchgesellschaft 1958

T. H. Marshall: Citizenzhip and Social Development. Westport/Conn., Greenwood 1976

R. McKeon (Hrsg.): Democracy in a World of Tensions. Chicago 1951

K. A. Megill: The New Democratic Theory. New York, Free Press 1970

W. Merkel: Systemtransformation. Opladen, Leske & Budrich 1999

W.-D. Narr/F. Naschold: Theorie der Demokratie. Stuttgart, Kohlhammer 1971

F. Naschold: Organisation und Demokratie. Stuttgart, Kohlhammer 1969

P. Norris (Hrsg.): Critical Citizens. Global Support for Democratic Government. Oxford, Oxford University Press 1999

M. Novak: Is there one best ‚Model of Democracy'? Czech Sociological Review 1997, Nr.2: 131-157

D. Oberndörfer: Demokratisierung von Organisationen? Eine kritische Auseinandersetzung mit Frieder Naschlolds ‚Organisation und Demokratie'. In: Ders. (Hrsg.): Systemtheorie, Systemanalyse und Entwicklungsländerforschung. Berlin, Duncker & Humblot 1971: 579-607

C. Offe: Wider scheinradikale Gesten. In: G. Hofmann/W. A. Perger (Hrsg): Die Kontroverse. Weizsäckers Parteienkritik in der Diskussion. Frankfurt, Eichborn 1992: 126-142

R. R. Palmer: Notes on the Use of the Word ‚Democracy'. Political Science Quarterly 1953: 203-226

C. Pateman: Participation and Democratic Theory. Cambridge UP 1970

A. Pelinka: Probleme der Demokratie heute. Opladen, Westdeutscher Verlag 1971

A. Pelinka: Dynamische Demokratie. Stuttgart, Kohlhammer 1974

G. Pridham/T. Vanhanen (Hrsg.): Democratization in Eastern Europe. London, Routledge 1994

Probleme der Demokratie heute. Tagung der Deutschen Vereinigung für Politische Wissenschaft in Berlin. Opladen, Westdeutscher Verlag 1971

A. Przeworski: Democracy and the Market. Cambridge, Cambridge University Press 1991

W. Reese-Schäfer: Grenzgötter der Moral. Der neuere europäisch-amerikanische Diskurs zur politischen Ethik. Frankfurt, Suhrkamp 1997

R. Rose: Ordinary People in Public Policy. Newbury Park, Sage 1989

G. Sartori: Comparative Constitutional Engineering. Basingstoke, Macmillan 1994

G. Sartori: Demokratietheorie. Darmstadt, Wissenschaftliche Buchgesellschaft 1992, ²1997

F. Scharpf: Demokratietheorie zwischen Utopie und Anpassung. Konstanz, Universitätsverlag 1970

R. Schmalz-Bruns: Reflexive Demokratie. Baden-Baden, Nomos 1995

M. G. Schmidt: Demokratietheorien. Opladen, Leske & Budrich ²1997

Ph. C. Schmitter: Dangers and Dilemmas of Democracy. Journal of Democracy 1994, Nr.2: 57-74

J. A. Schumpeter: Kapitalismus, Sozialismus und Demokratie. Bern, Francke 1950

I. de Sola Pool: Symbols of Democracy. Stanford University Press 1952

J. L. Talmon: Die Ursprünge der totalitären Demokratie. Köln/Opladen, Westdeutscher Verlag 1961

D. Usher: Die ökonomischen Grundlagen der Demokratie. Frankfurt, Campus 1982

T. Vanhanen: Prospects of Democracy. A Study of 172 countries. London, Routledge 1997

F. Vilmar: Strategien der Demokratisierung. Neuwied, Luchterhand 1973, 2 Bde.

M. Walzer: Zivile Gesellschaft und amerikanische Demokratie. Berlin, Rotbuch Verlag 1992

F. Zakaria: The Rise of Illiberal Democracy. Foreign Affairs, Nov/Dez. 1997: 22-43

Konfliktmodelle

Konfliktmodelle der Politik wurden in der Geschichte der politischen Theorien meist von Außenseitern vertreten. Vorherrschend waren Integrations-, Concordia- und Konsensmodelle, deren Leerformeln durch ständisch-hierarchische Begriffe ausgefüllt wurden. Konflikt und vor allem organisierter Konflikt wurde überwiegend als Übel angesehen. Selbst wo Konflikt sich aufgrund moralischer Erwägungen nicht vermeiden ließ – wie in der Theorie des Widerstandsrechts –, wurde er möglichst oligarchisch geregelt und die Auslösung des Konflikts an eine Fülle von Vorbedingungen, Warnungen und elitäre Instanzen gebunden. Für katholische wie protestantische Denker waren Concordia-Vorstellungen so dominant, daß für die meisten der Satz von Thomas von Aquin in ‚De regime principum' (Kap. 6) verbindlich war, der empfahl, nur im äußersten Notfall vom Widerstandsrecht Gebrauch zu machen, denn „wenn jemand imstande ist, das Übergewicht gegenüber dem Tyrannen zu erlangen, so entstehen sehr häufig gerade daraus die schwersten Streitigkeiten unter dem Volke, sei es, daß sich die Menge noch während der Erhebung oder nach seiner Niederwerfung darüber in Parteien zerklüftet, wie nun die Herrschaft einzurichten sei". Tyrannei schien im Zweifelsfall erträglicher als Parteienkonflikt.

Konflikte wurden auch in der politischen Theorie der Neuzeit, welche die ständisch-hierarchischen Vorstellungen des Mittelalters zunehmend ablegte, überwiegend verketzert und seit den großen Glaubensbürgerkriegen bei Hobbes und vielen anderen Innovatoren rationaler Modelle der Politik als „Bürgerkriegsgefahren" geächtet. *Partes* und *factiones,* Parteien und Fraktionen, hatten einen negativen Klang, und der Begriff „Interesse" wurde mit umstürzlerischem Gruppenegoismus gleichgesetzt. Die ersten Gruppen, die ideologisch kohärent und organisatorisch versäult waren, die Religionsparteien, haben sich nach jahrzehntelangen bewaffneten Versuchen, die Einheit durch Gewalt wiederherzustellen, auf eine proportionalistische Konfliktschlichtung in der *amicabilis compositio* der Religionsfriedensverträge eingelassen, die zwar pluralistisch, aber ebenfalls konfliktfeindlich war, weil sie jeder möglichen Auseinandersetzung durch striktes Reglement und proportionale Aufteilung aller Herrschaftspositionen zuvorkam.

Die Geschichte der Diskriminierung von Parteien reicht bis ins 20. Jahrhundert. Die Rechtfertigung eines Parteienpluralismus fand erst zu Beginn der Neuzeit vereinzelte Fürsprecher. Einer der ersten war Machiavelli, als er in den ‚Discorsi' (I, 4) über die römische Republik schrieb: „Mir scheint, wer die Kämpfe zwischen Adel und Volk verdammt, der verdammt auch die erste Ursache für die Erhaltung der römischen Freiheit. Wer mehr auf den Lärm und das Geschrei solcher Kämpfe sieht als auf ihre gute Wirkung, der bedenkt nicht, daß in jedem Gemeinwesen die Gesinnung des Volkes und der Großen verschieden ist und daß aus ihrem Widerstreit alle zugunsten der Freiheit erlassenen Gesetze entstehen."

Machiavellis ideologischer Gegenspieler, der Historiker Guicciardini, der stärker die Partei des Adels ergriff – sowohl in den florentinischen als auch in den römischen Kämpfen –, kritisierte gerade diesen Standpunkt Machiavellis in dem Pamphlet ‚Intorno ai discorsi del Machiavelli' aufs heftigste und behauptete, daß der Kampf zwischen Plebs und Senat einer der Gründe für den Niedergang Roms und nicht die Ursache seiner Freiheit gewesen sei.

Noch die ersten Verteidiger des Parteienwesens in England – wo zuerst ein pluralistisches Parteiensystem entstand – hofften (wie Bolingbroke), daß ihre Partei die letzte sein werde, die den Parteienkonflikt dank patriotischer Politik abschaffen werde. Diese Vorstellung der „letzten Partei" hat ihr radikales Pendant bis heute.

Nur einige Schulen des Liberalismus bekannten sich im 19. Jahrhundert zum Pluralismus, den sie jedoch relativ elitär als Pluralismus der besitzenden und gebildeten Gruppen verstanden und dessen Harmonie sie im Elfenbeinturm eines zensitären Wahlrechts und der sozialen Unterprivilegierung der Mehrheit stark überschätzten. Die frühe Konfliktsoziologie bei Gumplowicz und Ratzenhofer arbeitete mit der Übertragung darwinistischer Annahmen auf die Gesellschaft. Die erste radikale Konflikttheorie war die Lehre vom Klassenkampf, aber auch sie war mit der Vorstellung verbunden, daß der Konflikt in einer klassenlosen sozialistischen Gesellschaft beigelegt werden könne. Sie entstand in bewußter Absetzung vom sozial begrenzten Konfliktmodell liberaler Pluralismusvorstellungen.

Erst in der zweiten Hälfte des 19. Jahrhunderts gewannen die Konflikttheorien an Boden, die das harmonistische Bild der älteren christlichen, ständischen, patrimonialen oder konkurrenz-kapitalistischen und Gemeinwohl-Ordnungsmodelle ablehnten und von den Widersprüchen und Konflikten der Gesellschaft ausgingen.

Cum grano salis läßt sich sagen, daß die wichtigsten Konfliktmodelle mit je einer der drei großen ideologischen Strömungen in der Politik des 19. und 20. Jahrhunderts verbunden waren:
(1) *Liberale Theoretiker* opponierten gegen die Staatsmetaphysik und die Fiktion einer einheitlichen Macht durch den Hinweis, daß der Staat immer nur die Summe der in ihm lebenden *Gruppen und Interessen* ist, und kamen zu einem Gruppenkonfliktmodell.
(2) *Sozialistische Theoretiker*, die von der Gegenüberstellung von Staat und Gesellschaft ausgingen, entwarfen eine Theorie, an deren Ende die Aufsaugung des Staates durch eine sich selbst regulierende Gesellschaft stand. Sie entwickelten eine historische Theorie, die auf einem *Klassenkonfliktmodell* basiert.
(3) *Autoritär-konservative Denker* entwickelten aus der Kritik an der liberalen parlamentarischen Demokratie eine Theorie, welche das für sie zentrale Führungsproblem der Gesellschaft lösen sollte, und gingen von einem *Eliten-Massen-Konfliktmodell* aus.

Die drei Ansätze blieben jedoch nicht auf eine politische Richtung beschränkt. Gruppentheorien wurden nicht nur von Liberalen, Klassenanalysen nicht nur von Marxisten und Elitenstudien nicht nur von Autoritären und Faschistoiden übernommen. Die Ansätze befruchteten sich gegenseitig – aber die Rezeptionen veränderten die Bedeutung der einzelnen Begriffe.

Je nach dem wissenschaftstheoretischen Ausgangspunkt und dem bevorzugten Theorieansatz auf mittlerer Ebene wurde den Grundbegriffen der Politik ein anderer Stellenwert im theoretischen System eingeräumt und eine andere Bedeutungsnuance im Sprachgebrauch unterlegt. Taxonomische Bemühungen einiger Konfliktsoziologen führten zu umfangreichen Klassifikationen der Konfliktebenen und der Träger von Konflikten vom Individuum bis zur Allianz von Staaten. Für die politische Theorie sind vor allem die Konflikte zwischen Gruppen und Organisationen von Bedeutung. Es gibt eine Fülle von Begriffen in der Politikwissenschaft, die auf Konflikte hindeuten: Begriffe teils für Aggregate, wie Nationen, Parteien, Opposition, Gewaltentrennung, teils für kollektives Handeln, wie Modernisierung, Revolution oder Krieg. Aber nur die drei Begriffe Klassen, Gruppen und Eliten wurden in der Regel zum Ausgangspunkt von Theorien für das gesamte politische System gemacht, weshalb sich die Darstellung auf diese drei beschränkt.

6. Gruppenpluralismus

Während die Parteiengegensätze von den politischen Ideologien der westlichen Demokraten inzwischen in ihrem Nutzen anerkannt sind und nach dem Zweiten Weltkrieg erstmals auch verfassungsmäßig sanktioniert wurden (z.B. GG, Art. 21, Franz. Verf. v. 1958, Art. 4), ist die Einstellung gegenüber den Interessengruppen in der Öffentlichkeit noch weitgehend von einer gewissen „Verbandsprüderie" gekennzeichnet. Erst in neuerer Zeit hat man das „Interesse" als einen Archetyp menschlicher Bewußtseinsinhalte wie Ehre oder Tugend anerkannt (Kaiser 1954: 9). In der politischen Philosophie der Vergangenheit wurde dem Interesse ein weit geringerer Wert beigemessen. Seit Aristoteles (Politica 1252a) galt es den meisten Philosophen als Glaubenssatz, daß „jeder Staat uns als eine Gemeinschaft entgegentritt ... die ein bestimmtes Gut verfolgt." Das „Gemeinwohl", das alle anderen erstrebenswerten Güter umschloß, wurde höchster Orientierungspunkt der Staatszwecklehren.

Erst mit der begrifflichen Trennung von Staat und Gesellschaft bekam das Interesse als Grundlage der Gesellschaft eine positive Bedeutung. Der Staat hingegen erschien als die Inkarnation des Strebens nach Einheit, welches die desintegrierende Vielfalt der Gesellschaft sammelt und zusammenhält. Interesse wurde von Hegel nahezu mit Kampf identifiziert, „denn Interesse ist nur vorhanden, wo Gegensatz ist" (Vorlesungen über die Philosophie der Weltgeschichte. Leipzig, Meiner 1944, Bd. 1: 46). Nur der „allgemeine Stand" konnte nach Hegels Rechtsphilosophie (§ 205) auch „allgemeinen Interessen" dienen; die Befriedigung seines Privatinteresses muß der Mensch in seiner „Arbeit für das Allgemeine" finden. In der konservativen Staatslehre spielt bis in unsere Zeit der Gedanke eine wichtige Rolle, daß der Staat berufen sei, das Volk und seinen Willen vor der Mediatisierung durch die *potestas indirecta* der Gruppen zu schützen.

Gegen solche Ansprüche des Staates und der ihn beherrschenden Gruppen, das Gemeinwohl jeweils autoritativ zu definieren, hatten bereits die radikale und die liberale Staatslehre des späten 18. und des frühen 19. Jahrhunderts gekämpft. Einflußreich dafür wurde die utilitaristische Kritik an der Lehre vom Gemeinwohl. Für Jeremy Bentham war die *community* lediglich eine fiktive Körperschaft, deren Interessen nur durch die Analyse der Interessen der Individuen erforscht werden könnten, aus denen sie sich zusammensetzt. Das Gemeinschaftsinteresse war für Bentham (An Introduction to the Principles of Moral and Legislation. Oxford 1960, Kap. 1: 3) nur „die Summe der Interessen der verschiedenen Glieder, die sie [die community] bilden". Benthams vereinfachte Bedürfnispsychologie und seine quantitative Addition der Individualinteressen wurden zwar nur von seiner Schule gebilligt, aber die Höherwertigkeit der Interessen des Individuums gegenüber einem durch Spekulation gewonnenen Begriff des Gemeinwohls wurde zu einer weitverbreiteten Überzeugung der Liberalen.

Eine liberal-konservative Variante der Gruppentheorie als Mittel des Kampfes gegen die vorherrschende Staatsmetaphysik wurde von Otto von Gierke in Deutschland entwickelt und wirkte auf englische Theoretiker wie Maitland und Figgis ein. Sie hatte jedoch noch stark organizistische Implikationen und entwickelte hierarchische Gleichgewichtsvorstellungen, die sich in Gegensatz zu einem anderen organizistischen Konfliktmodell der Zeit, dem Sozialdarwinismus, stellten, der das Recht des Stärkeren im Gruppenkampf verherrlichte. Alle diese Vorläufer der Gruppentheorie verzichteten jedoch noch weitgehend darauf, analytische Konzepte zur empirischen Erforschung der Gruppenkonflikte zu entwickeln.

Arthur Fisher Bentley stellte unter dem Einfluß deutscher Soziologen, wie Ratzenhofer, Gumplowicz und Simmel, als erster in seinem Buch ‚The Process of Government' (1908) eine Theorie der Politik als Gruppenkampf auf. Er definierte: „Regieren ist der Anpassungsprozeß mehrerer Interessengruppen in einer bestimmten unterscheidbaren Gruppe oder in einem System."

Bentleys Lehren hatten aber eine Reihe von Schwächen:
(1) Die erste Schwäche seines Ansatzes war, daß sich nahezu jedes Aggregat als Gruppe deuten ließ und selbst Institutionen und Gruppen kaum noch unterscheidbar waren. Immerhin war es jedoch ein Vorteil, daß Bentley in seinem verdienstvollen Kampf gegen die älteren Institutionalisten darauf hinwies, daß auch Institutionen sich wie Gruppen verhalten können. Die Interessengruppenforschung hat daher vor allem in Amerika die Pressure-Tätigkeit staatlicher Agenturen zunehmend in die Gruppenforschung miteinbezogen. Für die angelsächsischen Länder ohne festgefügte Tradition des Civil Service hatte die Theorie Bentleys Anfang des 20. Jahrhunderts eine gewisse Plausibilität. In kontinentalen Ländern mit bürokratisch-autoritären Konfliktschlichtungsmustern ließ sich mit dem Bentleyschen Konzept die Fiktion des gruppenneutralen Staatsapparates schnell entlarven. Aber

die Selbständigkeit des bürokratischen Apparates wurde stark überschätzt, so sehr sich auch für kontinentale Länder vor allem im Bereich der Verwaltung innige *Parentela-* und *Clientela-Verhältnisse nachweisen* ließen, wie sie La Palombara (1964) in Italien erforschte. Die *cashregister-theory,* die staatlichen Organen keine eigene Funktion, sondern nur eine Schiedsrichterrolle im Gruppenkampf zubilligte, erwies sich in vielen Fällen als zu einseitig und widersprach gelegentlich sogar den Bentleyschen Erkenntnissen, da sie die Möglichkeiten bürokratischer Subsysteme, eine eigene Schwerkraft als Pressure-group zu entfalten, die sie in abstracto postulierte, in der konkreten Analyse wieder vergaß.

(2) Rationales Handeln kommt nach Bentleys Lehre nur aufgrund von *self-interest* zustande. Individuelle Ziele, technologische Trends, soziale Bewegungen oder gar Klassen wurden von diesem Ansatz nicht erfaßt. Innovatorische Bewegungen, wie der ‚Progressivism' oder der ‚New Deal', die sich nicht auf ein einzelnes Gruppeninteresse reduzieren ließen, hat Bentley in seiner konservativen Grundhaltung skeptisch betrachtet, obwohl er 1924 für einige Zeit in der Partei La Follettes als Wahlkampfleiter in Indiana tätig war. Das Bentleysche Konzept schien allenfalls in Amerika anwendbar, wo radikale Bewegungen und marginale Gruppen relativ rasch integriert wurden. In fragmentierten und versäulten Gesellschaften und in Gesellschaften mit scharfer sozialer Polarisierung im Klassenkampf versagte das analytische Konzept, wie La Palombara (1960: 29ff.) in einer Kritik an den Bentleyschen Begriffen in *non-American field situations* nachwies. Das geistige Handwerkszeug Bentleys blieb letztlich an den amerikanischen Pragmatismus und eine Gesellschaft mit großer horizontaler und vertikaler Mobilität gebunden.

(3) Obwohl Bentley und seiner Schule vorgeworfen wurde, daß sie dazu neigten, das Trennende, den Konflikt, zu ontologisieren und die Integrationsfaktoren im politischen Prozeß zu gering einzuschätzen, ist an dieser Konflikttheorie das Gegenteil noch auffallender: daß *harmonisierende Gleichgewichtsvorstellungen* einerseits und eine *geheime Einheitsmystik* durch Minimalkonsens-Vorstellungen stark wirksam sind.

Bentley (1949: 372) versuchte, durch den Begriff *habit background* zu erklären, warum die Konflikte der Gruppen eine bestimmte Schärfe und Mittelwahl nicht überschreiten, und hatte ein starkes Vertrauen darauf, daß alle organisierten Gruppen sich zusammenschließen und sogar latente *potential groups* aktivierbar würden, wenn eine Gruppe nach einer Monopolstellung strebe oder die Spielregeln in der Mittelwahl verletze.

Bentleys Schüler Truman (1957: 512f.) entwickelte später die unorganisierten Interessen, die er als *rules of the game* oder allgemeinen ideologischen Konsens bezeichnete. Im amerikanischen System waren solche Spielregeln seiner Ansicht nach: die individuelle Würde der Person, *fair dealing, the democratic mold* und eine semi-egalitäre Vorstellung von materieller Wohlfahrt. Truman hatte gegenüber Bentley den Vorteil, keine allgemeine politische Theorie zu entwickeln, dennoch wurden seine Konzepte häufig auf das Ausland übertragen und dabei für europäische Systeme als nicht haltbar erwiesen. In den 60er Jahren erschien – angesichts von Bewegungen wie SDS und Black Panther – dieses Vertrauen in die Spielregeln und den Grundkonsens selbst für Amerika nicht mehr gerechtfertigt, wo sich erstmals eine „Weimarisierung" der Politik anzubahnen schien.

Die Gleichsetzung von Pluralismus und optimaler kollektiver Rationalität der Gruppentheoretiker ließ sich in Zeiten eines nicht paretooptimalen sozialen Wandels auch in Amerika nicht halten, da immer wieder zahlreiche Gruppen am Gesamtnutzen nicht adäquat beteiligt waren. Engels (MEW Bd. 37: 464) hat dies bereits in einem Brief von 1890 einmal sarkastisch formuliert: „Zweitens aber macht sich die Geschichte so, daß das Endresultat stets aus den Konflikten vieler Einzelwillen hervorgeht, wovon jeder wieder durch eine Menge besonderer Lebensbedingungen zu dem gemacht wird, was er ist; es sind also unzählige einander durchkreuzende Kräfte, eine unendliche Gruppe von Kräfteparallelogrammen ... was jeder einzelne will, wird von jedem anderen verhindert, und was herauskommt, ist etwas, das keiner gewollt hat." Ein Gleichgewicht, das jeder einzelne will, pflegt sich allenfalls in der Distributionssphäre einzupendeln, während in der Produktionssphäre die Machtkonzentration und Profitmaximierung einseitig bei den sozial Mächtigen liegt.

Daher treten auch in Amerika periodisch unzufriedene Gruppen auf, die sich nicht an die Bentley-Trumanschen Spielregeln halten. David Riesman und Nathan Glazer (in: D. Bell [Hrsg.]: The Radical Right. New York 1964: 105ff.) sprachen von *discontented classes,* die bei zunehmender Statusfurcht mit Radikalisierung und Violenz antworten.

Der Gruppenansatz wurde als eine Konflikttheorie entwickelt. Es schlichen sich jedoch immer wieder harmonisierende Gleichgewichtsvorstellungen ein. Nur die marxistischen Denkansätze hätten die Gruppenforschung konsequent als Konflikttheorie weiterentwickeln können. Sie ignorierten jedoch bis vor kurzem die bürgerliche Pressure-group-Forschung fast vollständig. Die Tätigkeit der Interessengruppen wurde meist streng schematisch im Rahmen der Klassenlehre des Marxismus abgehandelt, und die Gruppen wurden überwiegend nach ihrer Bündnisfähigkeit für die Arbeiterbewegung und ihre Organisationen in Partei und Gewerkschaft eingeschätzt. Die Gruppentheorie entwickelte sich in mehreren Schritten weg von dem naivharmonistischen Bild der Gesellschaft, das bei Peter Odegard (Pressure Politics 1928), David Truman (The Governmental Process 1951) oder V. O. Key (Politics, Parties and Pressure groups 1942) dominiert hatte.

a) Der Neopluralismus

Der Neopluralismus bei Fraenkel ist ein Produkt der nichtkonsolidierten Demokratie in Deutschland. Die Negation des Pluralismus im Totalitarismus führte bei Fraenkel in seltsam hegelianisierenden Ausdrücken zur „Negation der Negation". Neopluralismus wurde noch 1964 zum Kampfbegriff gegen den Totalitarismus. Der Zeitpunkt ist vermutlich kein Zufall. In Berlin begann damals ein rousseauistischer Überschwang einer totalitären Demokratieauffassung unter den Studenten zu grassieren. Der neomarxistische Totalitarismus schien die Bekräftigung des liberalen Neopluralismus notwendig zu machen. Das Konzept als normatives Leitbild blieb empirisch vage und auf die Annahmen des Altpluralismus angewiesen. Winfried Steffani (1980: 37) hat das Konzept in Deutschland popularisiert. Aber seine Aufgliederung des Neopluralismus in vier Punkte ergab auch nur Variationen zur Antithese von Totalitarismus und Pluralismus. Daher wurde einiger Scharfsinn darauf verwandt, das Konzept eines sozialistischen Pluralismus seiner Hamburger Kollegen zu zerpflücken. Es blieb immerhin ein sozialistischer Bereichspluralismus übrig.

Der Staat ist weder nur Arena des Konfliktaustrags, noch nur Schiedsrichter, wie in den altpluralistischen Ansätzen der Bentley-Schule, sondern greift in den Gruppenkonstituierungsprozeß ein und regelt die Wettbewerbsbedingungen. Die früher beklagte Sentimentalisierung der Gruppen durch den Interest Group-Liberalismus kam damit zum Ende. Dem Gleichgewichtstheorem der Altpluralisten von David Truman, das neue Gruppen entstehen sieht, wenn das Gleichgewicht gestört wird und die alten Gruppen es durch Reaktion auf neue Konkurrenz wieder herstellen, wird nicht mehr getraut. Fraenkels Neopluralismus setzt einen handlungsfähigen Staat voraus. Laskis Theorie einer Pluralität von Souveränitäten war für ihn nicht akzeptabel. Neopluralismus als normative Theorie erinnert an den *Ordo-Liberalismus*, obwohl die Neopluralisten diesen noch als autoritär-reglementierend bezeichnet haben, und eher Wurzeln des demokratischen Sozialismus der Weimarer Zeit betonten. Antimonopolpolitik wird von den Neopluralisten auch auf dem politischen Markt verlangt und Fraenkel selbst hat schon am Ende der Weimarer Republik eine Stärkung der Verfassung gefordert und die Stabilisierung der demokratisch-pluralistischen Spielregeln verlangt, so daß er selbst bei seinen politischen Freunden, wie Hugo Sinzheimer und Otto Kirchheimer, auf Kritik stieß (Kremendahl 1977: 191ff.). Eine gemäßigt sozialistische Position konnte durch Parallelen zum *Ordoliberalismus* so mühelos zum Kredo der Christdemokraten in der Bundesrepublik werden. Eine Abwehrideologie gegen neue linke monistische Auffassungen wurde zum gesunkenen Kulturgut der Schaffung von Leitbildern in der Bundesrepublik. Neopluralismus gab eher an, was sein soll, als was ist, und insofern mußte er in allen konkret-empirischen Annahmen beim Paläo-Pluralismus Anleihen machen.

b) Der Olsonsche Ansatz der Theorie des kollektiven Handelns

Olsons Theorie, als eine der Varianten des Rational-Choice-Ansatzes eine späte und modernisierte Form des utilitaristischen Denkens, entmystifiziert die Gruppe als Grundbegriff der Bentley-Schule und kehrte zum Individuum als wichtigster Analyseeinheit zurück. Das harmonistische Weltbild des Altpluralismus wurde in Frage gestellt. Die Vorstellung, daß private Organisationen spontan und freiwillig als Antwort auf neue Notwendigkeiten entstünden, empfand Olson (1968: 128) als anarchistisch. Die Bevorzugung großer Gruppen im pluralistischen Modell entsprach nicht Olsons Erfahrungen. Die Vorstellung, daß Regierungspolitik das Resultat von Gruppenkonflikt ist, schien ihm allzu beschönigend. Er betonte dagegen die Macht kleiner Gruppen, die sich dank besserer Organisationschancen und gutplaziertem Erpressungspotential viele Vorteile auf Kosten der größeren Gruppen verschaffen können. Der Gruppenansatz hatte die Individuen vernachlässigt und daher die privaten Nutzenkalküle von Individuen nicht gesehen. Gewisse große Interessen wie die der Konsumenten, der Steuerzahler oder der Arbeitslosen sind schwer organisierbar, weil die Leistungen, die solche Organisationen erkämpfen, allen zu gute kommen. Wird niemand ausgeschlossen, so erkennt auch niemand, warum er nicht als Trittbrettfahrer in den Genuß der Vergünstigungen kommen soll, anstatt sich mit Kosten an Zeit und Geld selbst zu engagieren. Nur Interessen, die mit selektiven Anreizen oder Zwangsmitgliedschaften ihre latente Gruppe zu einer organisierten Gruppe machen können, haben Aussicht, sich durchzusetzen (Kammern, closed shop, Zwangsmitgliedschaften in Korporationen).

Mit vielen Annahmen des Spätpluralismus ist der Ansatz kompatibel. Er zeigte sich jedoch als wenig erklärungskräftig, als neue soziale Bewegungen in den 70er Jahren die etablierte Interessenrepräsentationsstruktur radikal veränderten. Bei Olson gab es die „vergessenen Gruppen", die schweigend leiden. Ihre Chancen der Organisation waren in seinem Modell gering. Wo nicht-rationales oder irrationales Verhalten Grundlage einer Lobby ist, wollte er die Theorie lieber in der Sozialpsychologie suchen als in der politischen Theorie.

c) *Public interest groups*

Um 1970 trat ein Wandel der Interessenrepräsentation ein. Es ist kein Zufall, daß „*Common Cause*", die vielseitigste Gruppe für Advokatenpolitik vom Grundrechts- bis zum Konsumentenschutz, in diesem Jahr entstand. Olsons Theorie konnte diesen Aufstieg nicht erklären. Eine neue Sensibilität für die Advokatenpolitik stellte das individualistische und egoistische Monumentum der Gruppenbildung in Frage. Die public interest groups standen quer zu den Zielen des etablierten Systems der Interessenaushandlung. Der Zugang zur Macht war ihnen dadurch erschwert. Der Erfolg kam vielfach erst durch die Übernahme ihrer Forderungen durch etablierte Gruppen. „Themenwanderung" und „Themenklau", die Reideologisierung verschütteter Themen und die Schaffung neuer Themen, wenn sich bei den alten Ermüdungserscheinungen in der öffentlichen Meinung zeigen, waren bei Olson zu kurz gekommen. Public Interest Groups schienen eine neue Kategorie der Interessendurchsetzung zu sein und erwiesen sich jedoch nur als eine neue Variante der alten *promotional groups* oder weltanschaulich geprägten Förderergruppen, die nicht in erster Linie für den eigenen Nutzen, sondern Aktionen zugunsten Dritter organisieren. Die Dominanz des Unternehmeransatzes seit Salisbury (1969) und anderen, legt bereits die Vermutung nahe, daß Gruppen ohne große Mitgliedschaft und allzeit prekärer Finanzgrundlage nicht langfristig eine von den üblichen Interessenorganisationsmustern verschiedene autonome Existenz führen können.

Wird dieses organisatorische Defizit bei Public Interest Groups überwunden, drohen neue Gefahren. Ein ideelles Interesse kann sich totsiegen. Das Charisma von Amnesty International oder Greenpeace leidet unter dem Erfolg. Die Unternehmer können keine leichten Siege mehr erkämpfen, wie sich auf dem Weg von Brent Spar zu Mururoa für Greenpeace 1996 zeigte. Der *Partizipationsaltruismus* läßt nach, je mehr Mitglieder eine Organisation mobilisiert. Sie muß dann mit selektiven Anreizen arbeiten, um die wachsende Organisation aufrechtzuerhalten. Mit zunehmender Differenzierung der altruistischen Szene wächst die Kritik an der relativ autoritären Führung von Organisationen durch Unternehmer. Ralph Nader oder John Gardiner (Common Cause) waren trotz ihres enormen Prestiges relativ autokratische Führer ihrer jeweiligen Organisationen. 57% der Public Interest Groups kannten nach einer empirischen Studie überhaupt keine Partizipation der Mitglieder (Berry 1977: 292). Die public interest groups, vor allem im Konsumentenschutzbereich, sind zudem nicht immer spontane Gewächse des Problemdrucks in der Gesellschaft. Nicht nur in Deutschland, wo der Consumerism keine Tradition besaß, sondern selbst in Amerika ist so manche Organisation nicht ohne staatliche Hilfe entstanden. Die fortschreitende *Deregulierung* eines Staates in der „Entziehungskur" läßt diese Hilfen geringer werden. Die Folge könnte sehr wohl sein, daß ein neuer Konzentrationsprozeß droht, weil nur die potenten Großorganisationen auch im Bereich des Partizipationsaltruismus überleben können.

Das Auftauchen der Public Interest Groups schien eine Widerlegung von Olsons kollektiver Logik des Handelns zu sein, weil auf breiter Front Gruppen entstanden, die sich nicht unter den egoistischen und individualistischen Ausgangspunkt von Olson subsumieren ließen (Brinkmann 1984: 193). Tatsächlich aber lag eigentlich nur eine klarere Betonung vor, daß Olsons Annahmen auf die Vertretung von materiellen Interessen zu beschränken ist. Der *Rational Choice-Ansatz* kann die Defizite Olsons auffangen, da er über die Maximierung altruistischer Interessen ähnlich formale Aussagen erarbeiten kann, wie über die spätutilitaristische Lust- oder Güteroptimierung.

Olsons Theorie bleibt einer der wichtigsten Marksteine auf dem Weg zu einer Theorie der Interessenrepräsentation und schließt sich wegen seiner Konzentration auf die Gründungsphase von Gruppen nicht mit spätpluralistischen Ansätzen aus. Die Leerformel „*Gemeinwohl*" wird bei Public Interest Groups reichlich strapaziert, kann aber nur begrenzten Schaden anrichten. Die Gemeinwohlkonzeption bleibt mit dem Spätpluralismus vereinbar, weil nicht *das* sondern *ein* Gemeinwohl unterstellt wird, solange die Gruppen nicht dem dogmatischen Rückfall in einen politischen Fundamentalismus verfallen, der dann dem Totalitarismusverdikt des Neopluralismus unterliegt.

d) Der Neokorporatismus

Die Aufgabe der Vorstellung einer Vielzahl von konkurrierenden Gruppen im pluralistischen Modell stellt auch das in den 70er Jahren entwickelte Modell des *Neokorporatismus* dar, da es drei Akteuren, dem Staat, den Arbeitgeberverbänden und den Gewerkschaften, für die Konfliktschlichtung in der Gesellschaft eine herausragende Rolle zuschreibt. In Skandinavien vor allem wurde schon in den 60er Jahren gelegentlich von Corporate Pluralism oder von „freiem Korporatismus" (Gunnar Heckscher) gesprochen.

Zu einer theoretischen Mode wurde der Begriff Neokorporatismus erst durch den amerikanischen Politikwissenschaftler Philippe Schmitter. In dem Aufsatz ‚Still the Century of Corporatism?' (1974) setzte er sich noch überwiegend mit konservativen, organizistischen und faschistoiden Denkern auseinander. Die Brücke zur pluralistischen Demokratie der Gegenwart wurde allenfalls in einer emphatischen Schlußbemerkung geschlagen. Einflußreicher war die Debatte in ‚Comparative Studies' von 1977, in der Schmitter den Korporatismus klarer dem Pluralismus und dem Syndikalismus als Idealtypen gegenüberstellte. Korporatismus wurde definiert als „ein System der Interessenvermittlung, dessen wesentliche Bestandteile organisiert sind in einer begrenzten Anzahl singulärer Zwangsverbände, die nicht miteinander in Wettbewerb stehen, über eine hierarchische Struktur verfügen und nach funktionalen Aspekten voneinander abgegrenzt sind. Sie verfügen über staatliche Anerkennung oder Lizenz, wenn sie nicht sogar auf Betreiben des Staates hin gebildet worden sind. Innerhalb der von ihnen vertretenen Bereiche wird ihnen ausdrücklich ein Repräsentationsmonopol zugestanden, wofür sie als Gegenleistung bestimmte Auflagen bei der Auswahl des Führungspersonals und bei der Artikulation von Ansprüchen oder Unterstützung zu beachten haben" (Schmitter in: v. Alemann/Heinze 1979: 94f.).

In den ersten Äußerungen Schmitters schien eine Art Dreistadiengesetz der Entwicklung von Pluralismus über den Korporatismus zum Syndikalismus angelegt zu sein. Später wurden die drei Typen eher als nebeneinanderstehend aufgefaßt. Der Korporatismus wurde als Idealtyp konzipiert. Kein existierendes System hat alle seine Merkmale aufzuweisen, obwohl Schmitter (1974: 94) Portugal und Brasilien dem Idealtyp nahekommen sah. Da jedoch diese autoritären Systeme schwerlich ein Modell für die symbiotischen Verhältnisse zwischen Staat und Verbänden in Nordeuropa abgeben konnten, wurde es notwendig, den gesellschaftlichen (oder liberalen) Korporatismus vom staatlichen oder autoritären Korporatismus begrifflich zu sondern, der die Vereinigungs- und Koalitionsfreiheit sowie die Verbandsautonomie weitgehend ausgehöhlt hat. Pluralisten und Korporatisten sind in einer Reihe von Punkten ähnlicher Ansicht. Sie unterscheiden sich jedoch in bezug auf die Rolle des Staates. Interessengruppen nehmen im korporatistischen Modell nicht nur Einfluß auf politische Entscheidungen eines mehr oder weniger als „black box" gedachten Staates wie im Modell des Pressure-group-Pluralismus, sondern sind an der Formulierung, Ausarbeitung und Implementierung staatlicher Entscheidungen und legislativer Projekte in allen Phasen des Entscheidungsprozesses mitbeteiligt.

Die Kritik am „Etatozentrismus" der Verbandsforschung, der gleichsam die Begeisterung für ein syndikalistisches Modell freier, konfliktorientierter, staatlich nicht bevormundeter klassengebundener Bewegungen entgegengesetzt wird (z.B. bei Zeuner 1976), kann daher kaum die Neopluralisten treffen, geht aber ganz sicher an den Neokorporativisten vorbei.

Der neugewonnene Begriff ist in den 1980er Jahren vielfach überdehnt wurden. Er bot sich als gleichsam neutraler Vermittlungsbegriff in einer Zeit an, da neomarxistische und „positivistische" Wissenschaft wieder stärker aus der subkulturellen Einigelung heraustraten und den weitgehend abgerissenen Dialog wiederaufnahmen. Linke Kritiker konnten ihn benutzen als „Zwischenglied" zwischen den abstrakten Staatsableitungen und dem konkreten politischen Geschehen, um die Manipulierungsvorwürfe gegen das System zu spezifizieren, die erklären sollten, warum vorausgesagte Zuspitzungen der Krisen und Klassenkämpfe nicht im erwarteten Umfang eintrafen. Konservativere Wissenschaftler konnten den Begriff ins Positive wenden und den Neokorporatismus als Ausweg aus der Unregierbarkeit anbieten. Schmitter (in: v. Alemann/Heinze 1979: 106) hat diesen Weg gewiesen durch eine kritische Attacke gegen den Begriff der *Unregierbarkeit*. Während „Unregierbarkeit" moderner Demokratien systemtheoretisch vielfach aus einer „Überlastung" des Kommunikationssystems und aus Engpässen der Informationsverarbeitungskapazität erklärt wurde und die kritische Theorie bei „Sinnkrise" und „Legitimationsschwäche" eher im subjektiven Bereich der Bürger ansetzte, hat Schmitter die relative Unregierbarkeit mehr als Ergebnis mangelnder Bündelung der Interessen und Koordination der Forderungen durch staatliche Agenturen gesehen. Der Korporatismus bot sich nun als Ausweg aus der Unregierbarkeitskrise an, soweit nicht das syndikalistische Modell mit seiner Vielzahl unkoordinierter und scharf antagonistischer Gruppen dominierte, wie in einigen romanischen Ländern, wo es kaum Ansätze für liberalen Korporatismus gibt.

Selbst wo die Problembereiche im Hinblick auf Aushandlungs- und Konfliktstrategien differenzierter angegangen worden sind, zeigt sich häufig eine Überschätzung der Tragweite des Neokorporatismus. In einigen Gebieten jenseits der Einkommens- und Wirtschaftspolitik schreitet der Korporatismus fort, wie in der Raumplanung, der Gesundheitspolitik, z.T. auch in der Erziehungspolitik (Cawson 1978: 196f.). Je ferner jedoch ein Problembereich den großen Wirtschaftsinteressen rückt, um so mehr sind Reste des pluralistischen Marktmodells in der Interessenartikulation noch wirksam. Wo weltanschaulich fundierte Alternativen diskutiert werden, wie in der Umweltpolitik, stoßen das Aushandeln und die kompromißlerische Prozeßpolitik auf stärkeren Widerstand. Auch wenn letztlich doch Kompromisse mit Bürgerinitiativen geschlossen werden, würde eine Bürgerinitiative an Glaubwürdigkeit verlieren, wenn sie „5-10% mehr Umweltschutz" verlangen würde, wie eine Gewerkschaft ihre Ziele für eine neue Lohnrunde proklamieren kann.

Schien Anfang der 80er Jahre kein Buch akzeptabel, das nicht mit dem Begriff des Neokorporatismus operierte, so war dieser Wachstumsboom eines Konzepts von relativ kurzer Dauer. Schon in der zweiten Hälfte der 80er Jahre kam er aus der Mode. Er schien stark an das Intermezzo eines Wiederauflebens keynesianischer Krisenstrategien nach der Ölkrise von 1973 gebunden. Die neokonservative Tendenzwende in vielen Ländern beendete den „sozialdemokratischen Grundkonsens", der einer effektiven Steuerung durch Korporatismus zugrundeliegt. Theorien der gesellschaftlichen Selbststeuerung (Autopoiesis) ließen sich mit einigen Grundannahmen des neokorporativen Paradigmas schwer verbinden (vgl. Kap. III.3). Das Korporatismusmodell hatte in der empirischen Forschung begeisterten Zuspruch erfahren, gerade weil es empirie-nahe geblieben war. In der theoretischen Diskussion aber wurde gerade die deskriptive Komponente des Korporatismus-Modells bemängelt. Zudem schien der Neokorporatismus an die Idee gebunden, daß das politische System – wie schwach auch immer – Steuerungszentrum der Gesellschaft bleibt. Gerade dies wurde zunehmend in Frage gestellt. Die wachsende Ähnlichkeit des wirtschaftlichen und des politischen Systems ist in der Systemtheorie seit Parsons diskutiert worden und war schon Thema, als Max Weber einen universellen Bürokratisierungsprozeß in unterschiedlichen Subsystemen verfolgte. Theoretische Fortentwicklungen der Korporatismustheorie endeten daher folgerichtig in einer Theorie des generalisierten Tausches (Marin 1990). Politischer Tausch ist langfristig angelegt und kein naturalwirtschaftlich konzipiertes Koppelungsgeschäft. Das Gemeinwohl ergibt sich in ihm nicht als unbeabsichtigtes Produkt wie bei der Vorstellung der „unsichtbaren Hand" im ökonomischen Tausch, sondern ist intendiertes Resultat von kollektiv strukturierter Politik.

Der Korporatismus entstand als Gegenmodell zum Pluralismus. Seit der Wachstumssektor Korporatismus in die Krise geriet, mehren sich die Stimmen, die in ihm nur eine Variante des aufgeklärten Pluralismus sehen. Der Neopluralismus hatte die selbstregulierte Anarchie der Gruppenentstehung bereits durch ein normatives Konzept von Gruppen-Ordo-Politik strukturiert, auch wenn er nur selten soweit ging, rigorose Registrierungspflichten und verbändegesetzliche Kanalisierung zu fordern. Der Neokorporatismus erreichte die Konzentration der Kräfte durch zwei Kunstgriffe: Die *Zuständigkeit* des Staates als Initiator von Round Tables zur Aushandlung und durch *Begrenzung* der eingeladenen Gruppen. Die Konzertierte Aktion hat jedoch gezeigt, daß die Gruppen, die sich ausgeschlossen fühlten, nach einer Weile den Zugang erkämpfen und die Konzertierung durch Aufblähung der berechtigten Teilnehmer unmöglich machen.

Der Korporatismus hatte den Vorteil, sich vom makrotheoretischen Modell zu lösen, das ganze Gesellschaften – am häufigsten Österreich und Schweden – mit dem Korporatismus zu erklären versuchte. Er unterschied verschiedene Arenen. Auch der ältere kritische Pluralismus, der *policies* die politischen Entscheidungsmechanismen determinieren sah, wie bei Lowi, hatte bereits ein Nebeneinander von Aushandlungs-Modellen akzeptiert. Die Entdeckung des Meso-Korporatismus erleichterte den Rückzug aus der nicht geglückten „grand theory" (Cawson 1985). Er blieb aber noch überwiegend der Zentralperspektive verpflichtet, die der Netzwerkansatz später aufgeben sollte.

Der Korporatismus war überwiegend trialistisch angelegt. Der Staat wird aktiv, kann aber nicht mehr hierarchisch befehlen oder Konflikte schlichten, wie im Hegelschen Modell von Staat und Gesellschaft, sondern wird *primus inter pares*. Er dominierte in Arenen der dualistischen Klassenpolitik, aber er ist nicht nur gleichberechtigter dritter Partner, wie beim Modell des Spätpluralismus. In diesem sind bilaterale Verhandlungen eher die Ausnahme. Im Netzwerk-Pluralismus erscheinen alle Verhandlungen multilateral.

e) Netzwerkpluralismus

Da *Netzwerke* für den Ansatz des Spätpluralismus zum Grundbegriff geworden ist, wäre mein Vorschlag, das anrüchige Epitheton „Spät" zu vermeiden, und ein Hauptkriterium schon in der Modellbezeichnung zu benennen.

Der Netzwerkansatz wurde die große Mode nach dem Abflauen des Korporatismusbooms. Was bescheiden als Ansatz der Eliten- und Interessengruppentheorie begann, wurde bald zur großen Theorie aufgebauscht. Netzwerk wurde als ubiquitäre Vokabel dort eingesetzt, wo man früher von Kommunikation oder Einfluß gesprochen hat. Die Netzwerktheoretiker begannen, dem Neokorporatismus an Häme heimzuzahlen, was seine Vertreter einst den Pluralisten angetan hatten. Aber der Netzwerkansatz führte nicht zu einer Renaissance des Alt-Pluralismus. Selbst seine Fortentwicklung hat vielfach mit dem Modell von pressure politics gearbeitet und konnte nicht recht erklären, wie der *input* an politischem Druck sich in der *Blackbox* des Entscheidungssystems in einen *output* interessenkonformer Entscheidungen umsetzte. In kontinentaleuropäischen Systemen wurde auch der *withinput* unübersehbar, der vor allem von staatlichen Akteuren ausging.

Netzwerkanalysen entstanden auch aus der Kritik an früheren Elitentheorien. Linke Theorien hatten Interessenpolitik auf Klassenkonstellationen reduziert. Wo der Klassenansatz nicht genügend die Einzelentscheidung erklärte, mußte er wenigstens die Nichtentscheidungen im System erklären. Dabei kam es zu tautologischen Binsenweisheiten, wie jener, daß im Kapitalismus keine sozialistische Politik möglich sei. Das entfremdete Interesse des Staates an sich selbst (Offe) wurde von der

Autopoiesis in eine unvermeidliche, code-gerechte Verhaltensweise des Staates, der „bei sich selbst" ist, umgedeutet und von dem Geruch der kapitalistischen Bosheit oder Verblendung gesäubert.

Aber selbst der Begriff „*politische Elite*" – in Teileliten aufgesplittert – suggeriert in der Ära des Steuerungspessimismus noch zuviel Einheit. Die Aufgliederung der Steuerungsmechanismen in Korporatismus, Etatismus, *private interest government* oder Markt wird nur noch durch einen losen Begriff, wie den der Netzwerke, zusammengehalten.

Die Netzwerkanalyse ist Ausdruck einer postmodernen Skepsis gegen lineare Kausalität. Die zirkuläre Verursachung, die mit alten pressure- und Einflußmodellen kaum noch zu arbeiten erlaubt, macht auch vor der Spitze der Machthierarchie nicht halt. *Spezielle Tauschverhältnisse* hatte auch die ältere pluralistische Interessengruppenforschung immer wieder anhand von logrolling-Prozessen festgestellt. Der *generalisierte Tausch* erlaubt die langfristigen Erwartungen der beteiligten Akteure nicht mehr auf ein punktuelles Ziel hin zu reduzieren, das dann mit Rational Choice-Methoden maximiert werden kann. Es entsteht vielmehr eine langfristige antagonistische Kooperation mit *integrierten „policy circuits"* (Marin 1990).

Das klassische *subgovernment* wurde auch in Amerika vielfach von fließenden Netzwerken ersetzt. Der Neopluralismus erstand wieder, da die Entwicklung in Richtung Fragmentierung der Gruppen drängte. Die Proliferation der Gruppen reduzierte die Monopole und in einigen Ländern auch die Zahl der Gesetze (Gray/Lowery 1995), weil nicht mehr monopolartige Akteure ihren Willen in die Form des Gesetzes gießen konnten. Die *ehernen Dreiecke* hatten kleine Zahlen von Akteuren umfaßt. Sie waren permanente Mitspieler auf der Basis eines gewissen Konsenses. Die neu entdeckten Netzwerke umfaßten eine größere Anzahl von Mitspielern, die nicht permanent in die Entscheidungen eingebunden waren. In der Arena herrscht ein ständiges Kommen und Gehen. Der Grundkonsens der Akteure ist minimal.

Die Netzwerkanalyse förderte nicht nur eine neue Bescheidenheit des Staates, sie machte auch die Neigung der frühen Policy-Forschung obsolet, ganze Länder mit einem *Politikstil* zu identifizieren. Zwischen den Extremen der Staats- oder der Gesellschaftsdominanz gab es unterschiedliche Typen. Sie konzentrierten sich gelegentlich auf einzelne Länder, wie die *Pantouflage* in Frankreich, aber sie waren niemals der einzige Politiktyp in diesem Land (vgl. Matrix III.2).

Matrix III.2: Typologie der Policy-Netzwerke

Staatsdominanz		Akteure		Gesellschaftsdominanz	
Dominanz von					
Staatlichen Agenturen I	Parteikartellen II	einer sozialen Großgruppe III	zweier konfligierender Großgruppen IV	Gemäßigter Pluralismus von Gruppen V	Unbegrenzter Gruppenpluralismus VI
Pantouflage Staatsdominanz gegenüber der Wirtschaft, Staatskorporatismus	Parentela-Beziehungen	Klientelistische Beziehungen	liberaler Korporatismus	Sponsored pluralism; eiserne Dreiecke; subgovernment	pressure-Pluralismus

Variation zu G. Jordan/K. Schubert: A preliminary ordering of policy network labels. European Journal of Political Research, 1992, (7-27): 25; F. van Waarden: Dimensions and Types of Policy Networks. European Journal for Political Research 1992, (29-52): 50.

In Deutschland gibt es kaum den etatistischen Typ eines policy-networks, der in Frankreich *pantouflage* genannt wird. Zu stark war die Ideologie des Ordo-Liberalismus von Anfang an, mit Propheten wie Röpke und Rüstow und politisch einflußreichen Implementatoren wie Erhard und Müller-Armack. Auch die *Parentela-Beziehungen*, die LaPalombara für Italien herausarbeitete, können allenfalls im Bereich der kommunalen Wirtschaft festgestellt werden, wo lokale Klüngel und Cliquen dominant werden können. Die deutsche Typologie der Netzwerke variiert unter den drei rechten Rubriken. Der *klientelistische* Typ kam immerhin in den Anfangsjahren der Republik vor, insbesondere im Bereich der Vertriebenen- und der Agrarpolitik. Deutschland war kaum je das Land eines unbegrenzten Pressure-Pluralismus. Die Variationen finden vor allem zwischen Typ IV und V statt.

Selbst diese sechs Typen kommen in einzelnen Politikfeldern nicht immer in ungemischter Form zum Tragen. Für das gesundheitspolitische Netzwerk hat man ein Nebeneinander von selbstregulativen und korporatistischen Formen der Steuerung und Interessenvermittlung gezeigt. Im Vergleich zu Amerika war die Bundesrepublik durch eine relativ geringe Zahl der relevanten Verbände gekennzeichnet, die stabile Koalitionen eingingen.

Informelle Komponenten des Regierens wurden früher vielfach an der Elle der Umgehung der formalen Kanäle des Systems gemessen. Seit Government-Perspektiven durch die *Governance*-Perspektiven überlagert wurden, ist der Blick dafür geschärft worden, daß die formellen Kanäle des Regierungshandelns ohne die informellen „*nerves of governance*" nicht funktionieren können. Politikwissenschaftler sind toleranter als Juristen gegenüber diesen Netzwerkverstärkungen, vor allem gegenüber jenen, die aus den Koordinationswirkungen der Parteien resultieren, von der parteipolitischen Penetration der Verwaltung bis zu den Steuerungsfunktionen von Koalitionsausschüssen. Die Grenze der Toleranz sollte freilich auch für Politikwissenschaftler im Falle der *Korruption* gekommen sein.

In der „Architektur der Komplexität" (Atkinson/Coleman) wurden die Netzwerke vielfach als Alternativen zu den traditionellen Steuerungsmitteln wie *Hierarchie* und *Markt* aufgefaßt. Realistischer hingegen war die Sicht, eine Komplementarität von Hierarchie und Netzwerkkooperation anzunehmen. Netzwerkanalyse entstand aus den Defiziten der Institutionenanalyse. Aber die festgefügten parlamentarischen Entscheidungsregeln werden von Netzwerken nicht außer Kraft gesetzt. Die Netzwerke dienen nur dazu, die *Entscheidungskosten zu verringern*. Netzwerke fördern den Interessenausgleich im Vorfeld der formalen Entscheidungen. Die Spannung zwischen informellen Netzwerken, die zum Teil quer zu den Institutionen und den hierarchischen Organisationsstrukturen stehen, bleibt fruchtbar. Netzwerke sind aber kein Allheilmittel gegen die institutionellen Mängel des politischen Systems. Da sie nicht planbar sind, sondern im Wildwuchs entstehen, sind sie ein *paradoxes Steuerungsmittel* (Benz 1993: 204). Gelegentlich werden sie sogar zur parlamentarischen Ordnung gerufen, wenn sich formelle und informelle Entscheidungen zu weit voneinander entfernen.

Netzwerkanalyse und Politikfeldanalyse scheinen eine innere Verwandtschaft aufzuweisen. Eine Seite steuert eine methodische Sichtweise, die andere einen materiellen Fokus bei. Netzwerke sind nicht steuerbar. Nur der Korporatismus hat dies in elitärer Begrenzung der Teilnehmer versucht. Aber das *unkontrollierte Networking* wird durch institutionelle Strukturen und verfassungsmäßige Entscheidungsrechte begrenzt. Für die Parlamentsebene ist vor allem die Kooperation von öffentlichen Institutionen und privaten Organisationen bei der Analyse der Interessendurchsetzung wichtig. Auch private Organisationen haben etablierte

Anhörungs- und Mitwirkungsrechte. Nicht jeder neue Akteur, der sich soziale Bewegung nennt, kann sich ohne weiteres in die Kooperation der Netzwerke einschalten. Ein gewisses Maß an gemeinsamer Orientierung verlangen auch sehr konfliktfreudig eingestellte Netzwerkteilnehmer von neuen Prätendenten. Die Sanktionen des Mehrheitsprinzips auf der formalen parlamentarischen Entscheidungsebene verdecken das Maß der Gemeinsamkeit, das auch schwierigen Entscheidungsprozessen zugrunde liegt.

Netzwerke würden zu wabernden Fäden, die im „Nowhere" enden, wenn sie nicht durch Politikfelder begrenzt wären. Die Teilnehmer auf einem Politikfeld konstituieren sich als loses soziales System, weil sie zwar kein gemeinsames Interesse haben; aber sie haben ein gemeinsames Interesse an der Lösung eines Problems und erkennen ihre gegenseitige Relevanz im Spiel der Entscheidung an (Pappi 1995: 39).

Netzwerktheorien tragen den Stempel eines postmodernen Pluralismus. Sie gehen nicht von einem festen Katalog teilnahmeberechtigter Interessen aus. Sie versuchen die faktische Teilnahme zu rekonstruieren. Postmodern erscheint der Geist der Netzwerkanalyse auch insofern, als man nicht mehr auf *stringente kausale Erklärungen* hofft. Der Netzwerkbegriff ist *final* und nicht *kausal* auf Wenn-dann-Sätze gerichtet.

Netzwerke könnte man in Anlehnung an die kybernetischen „nerves of government" als die *„nerves of governance"* in Politikfeldern bezeichnen. Verband sich der alte kybernetische Regelkreis noch weitgehend mit den etablierten Institutionen, so können die „nerves of governance" keineswegs von den verfassungsmäßig autorisierten Institutionen abstrahieren. Netzwerke wirken in ihnen, aber sie überlagern als informelle Beziehungen die formellen Beziehungen von vertikalen Hierarchien und horizontalen Kooperationsregeln im politischen System. Einige Analytiker sehen in den Netzwerken *spezifische strukturelle Arrangements* des policy-making und eine neue Form des political governance (Kenis/Schneider 1991: 41). Andere definieren sie abstrakter als *Beziehungsstrukturen zwischen Mitgliedern* eines sozialen Systems. Warum soll die erste Fassung nicht ein Untertyp der zweiten sein können? Gerade eine Politikfeldanalyse, die auf einem eng abgegrenzten Handlungsfeld, wie der Arbeits- und Sozialpolitik, operiert, wird jedoch daran interessiert sein, bestimmte „modes of governance" herauszuarbeiten, die zahlreichen Entscheidungen auf einem Feld gemeinsam sind.

Netzwerkanalysen teilen mit dem frühen Politikfeldansatz den Nachteil, daß sie die Politikergebnisse strukturell überdeterminieren. Lowis Devise *„policy determines politics"* wird tendenziell wieder umgekehrt:

"network determines policy". Netzwerke sind dabei allerdings weniger institutionell aufgefaßt als der Lowische Begriff von „politics" als Entscheidungssystem.

Netzwerkanalysen sind ein formales Mittel, die Einseitigkeiten der Positions-, der Reputations- oder der Entscheidungsansätze zu korrigieren. Kein innerer Zirkel, den Netzwerkanalytiker ermitteln, erweist sich über jeden methodischen Zweifel erhaben. Es droht immer die Gefahr, daß die Ingroup der Entscheidungsträger nur das Artefakt der jeweils eingesetzten Methode darstellt. Der Vergleich zahlreicher Entscheidungen kann dazu beitragen, daß der Netzwerkansatz nicht nur zu einem „algebraischen Kurvenanpassen" führt (Pappi). Je stärker entscheidungsbezogen die Netzwerkanalyse angesetzt wird, umso weniger statisch ist das Bild der Entscheidungselite, das sie zutage fördert.

Matrix III.3: Typologie der Netzwerkstrukturen in der Interessenartikulation

	Korporativer Dualismus			Statuspolitischer Pluralismus		
	I. Symmetrischer Dualismus	II. Asymmetrischer Dualismus	III. Korporatismus plus Pluralismus von Statusgruppen	IV. Statusgruppen-Oligopol	V. Statusgruppen-Vielfalt	VI. Dominanz ideeller Förderergruppen
Abgrenzungskriterien	Dominanz eines klassenpolitischen Dualismus von Wirtschaft und Gewerkschaften	Dominanz eines Pols im Dualismus des Korporatismus	Kumulation von klassenpolitischem Korporatismus und statuspolitischem Pluralismus	Begrenzter Pluralismus von politikfeldbeherrschenden Statusgruppen	Erweiterter Zugang für viele Gruppen	Pluralismus vieler Gruppen. Ideelle Fördererverbände geben den Ton an. Statusgruppen wirken als Advokaten zugunsten Dritter

Quelle: Klaus von Beyme: Der Gesetzgeber. Der Bundestag als Entscheidungszentrum. Opladen, Westdeutscher Verlag 1997: 222.

Je formaler und methodologischer die Auffassung von Netzwerken in theoretischen Ansätzen ist, umso größer müssen die Zweifel werden, ob man Netzwerkpluralismus an die Stelle des wenig glücklichen Ausdrucks „Spätpluralismus" setzen kann. Bei den Modellen staatlicher und gesellschaftlicher Handlungsfähigkeit sind von Mayntz und Scharpf die Netzwerke zutreffend zwischen die Modelle gesetzt worden. In allen vier Modellen kommt die Steuerung nicht ohne Netzwerke zustande. Die sechs spezielleren Lobbyregime, die der Verfasser in der Gesetzgebung der Bundesrepublik gefunden hat (Matrix III.3) sind ebenfalls Varianten von Netzwerkkonstellationen, die von der Dominanz dualistischer Korporatismus-Arrangements bis zur Dominanz eines unbegrenzten Pluralismus mit Dominanz von Public Interest Groups reichen.

f) Die neue Ironie des Staates: eine starke Gesellschaft stärkt den maroden Staat

Die Netzwerkanalyse stieß anfangs vielfach auf Systeme der blockierten staatlichen Steuerung. Einige Autoren, wie Fritz Scharpf, sahen das Ergebnis der Aushandlungsprozesse als überwiegend *negative Koordination*. Carl Böhret in seinem ungebrochenen Politikberatungs- und Planspiel-Optimismus betonte stärker als Scharpf die Möglichkeiten der *positiven Koordinierung*.

Dennoch scheint sich ein neuer Konsens in den verschiedenen Pluralismusansätzen der für die empirische Forschung relevanten Ansätze abzuzeichnen. Gegen die „Bielefelder" Gleichschaltung des politischen Systems mit den übrigen Teilsystemen, von denen es sich nur durch seinen subsystemeigenen Code unterscheidet, mehrt sich der „Kölner" Widerstand (Mayntz 1997: 275). Er bläst zur Nichtfolgebereitschaft gegenüber den autopoietischen Grundannahmen und entdeckt im politisch-administrativen System mehr als einen *„nullus inter pares"*, nämlich den *„Spezialisten für das Allgemeine"*.

Der Netzwerkpluralismus funktioniert wie ein starker ausdifferenzierter Vermittlungsausschuß, bei dem überwiegend Kompromisse gefunden werden. Im Fall der Nichteinigung spricht aber der institutionelle Sitz der Volkssouveränität notfalls ein legislatorisches Machtwort, wenn die große Gesetzgebungskoalition der Parteien die Vetopositionen dominanter Interessengruppen überspielen kann. Die *starke Gesellschaft* produziert paradoxer Weise auch gelegentlich einen *starken Staat*. Der Korporatismus war eine frühere Konkretisierung dieser Einsicht, erwies sich jedoch nur für bestimmte zeitlich befristete Krisenlagen als erfolgreich. Als temporäre Arbeitslosigkeit in strukturelle Arbeitslosigkeit umschlug, wurden die korporativen Handlungsmuster geschwächt und mußten durch andere Steuerungsmechanismen ergänzt oder sogar ersetzt werden.

Die Begeisterung für den Netzwerkansatz sollte jedoch nicht gegen den Neokorporatismus ausgespielt werden. Auch er ist eine Variante des Netzwerkpluralismus, wenn auch eine oligopolistische Variante, die in den meisten Arenen nicht funktioniert und in neoliberalen und pluralistischen Systemen keine Entsprechung besitzt.

Es wird Zeit, die Entdeckerfreude zu zügeln und die Theoriemoden gelassen zu relativieren. Die Steuerungsskepsis der Autopoietiker wurde zum funktionalen Äquivalent des Spätmarxismus mit seiner Überzeugung, daß politische Steuerung wenigstens unter kapitalistischen Bedingungen nicht möglich war. Inzwischen wissen wir – ohne es rechtzeitig prognostiziert zu haben – daß der reale Sozialismus an seiner Übersteuerung zugrundeging.

Die Mode, ganze *„Gesellschaftsformationen"*, hätten die Neomarxisten gesagt, jetzt heißen sie *„Regime"*, aufeinander folgen zu lassen, frißt die Kinder der letzten Entdeckergeneration. Während Ulrich Beck die Risikogesellschaft noch erfolgreich als Novum verkaufte, hat Helmut Willke (1997: 13) das Risikoregime bereits vom Supervisionsregime ablösen lassen.

Die Neigung ganze Länder und Epochen mit einem *Politikstil*, *Lobbyregime* oder *Aushandlungsmuster* zwischen staatlichen Agenturen und gesellschaftlichen Organisationen zu identifizieren, sollte abgebaut werden. Die Implementationsforschung und die Entdeckung der Entscheidungsebenen unterhalb der nationalen Exekutive und Legislative – etwa im *Meso-Korporatismus* – haben die Einseitigkeit der früheren Schau aus der Vogelperspektive korrigiert. Aber sie wurden durch einseitige Übertreibung ihrerseits korrekturbedürftig. Die *Zentralperspektive* kann eben im Subsystem der Kunst, das wirklich autonom und notfalls *„l'art pour l'art"* sein kann, leichter aufgegeben werden als im politischen System. Dieses wird von allen anderen Subsystemen unaufhörlich in die Pflicht genommen – ungeachtet der generellen Bestrebung, staatliche Intervention im eigenen Bereich abzubauen. Diese Widersprüche sind an der Subventionspolitik gut zu demonstrieren: überall wird Deregulierung gefordert – mit Ausnahme der Subvention für das eigene Interesse. Die Schließung eines jeden Theaters wird als Untergang des Kulturstaates angeprangert. Ganze Bereiche der Kunst hängen am Tropf des Staates, ohne den nichts geht, wie die Filmindustrie außerhalb der USA zeigt.

Eine neue Spiraldrehung der Theoriebildung führt von „Post"- und „Spät" zu „Neo". Noch ist diese „Neo-Bewegung" nicht benannt, seit der Neo-Korporatismus als auf einige Länder und wenige Arenen bezogener Begriff relativiert worden ist. Einen *Neo-Etatismus* oder *Dirigismus* wage ich nicht zu prognostizieren, auch wenn zunehmende Krisenerscheinungen die Systeme in diese Richtung drängen könnten. Bemerkenswert aber bleibt der Konsens, der sich abzeichnet, daß trotz der Entzauberung des Staates die Interventionsfähigkeit des politischen Systems in anderen Subsystemen der Gesellschaft keineswegs gebrochen erscheint. Nicht einmal auf den Staatsbegriff mag der Mainstream verzichten, weil der *Nationalstaat* – trotz aller *Europäisierung* und *Globalisierung* – in den meisten für die Bürger unmittelbar erfahrbaren Arenen, von der Politik der inneren Sicherheit bis zum sozialen Sicherungssystem, die vorherrschende Arena des Konfliktaustrags und der Regelung bleibt.

Bei Scharpf und Böhret wurde trotz der Erosion des Staatlichen die Hoffnung auf *aktive Reformpolitik* nicht aufgegeben. Widersprüche tun sich auf: Einerseits stirbt der traditionelle Staat im Spätpluralismus ab, andererseits wagte Böhret (1993: 15) die Prognose, daß ein erneuerter funktionaler Staat angesichts neuartiger Herausforderungen seine Handlungsfähigkeit noch erweitert. Der neuartige *Spätpluralismus* in seinem handlungstheoretischen Restimpetus unterscheidet sich damit von *postmodernen* Konzeptionen. Letztere gehen von der Erfahrung aus, daß alle großflächigen Gleichförmigkeiten der sozialen Lage und des soziokulturellen Milieus zersetzt werden und an ihre Stelle atomisierte, pluralisierte Formationen auftreten, die sich kaum noch zu dauerhaften Organisationen zusammenschließen lassen (Offe 1990: 174). Trotz ähnlicher Lageanalyse sind die beiden Ansätze, die man in einem Atemzug genannt hat, in der Prognose der Entwicklung diametral entgegengesetzt. Die zweite Variante muß im Grund die Herausbildung einer *Bewegungsgesellschaft* unterstellen. Gerade diese ist jedoch nicht entstanden. Die Realität des Einflußprozesses zeigt, was die Forschung über amerikanische Public Interest Groups schon lange wußte, daß die neuen schwach organisierten Bewegungen benachteiligt bleiben, oder – wenn sie erfolgreich sind – sich in Konkurrenz mit herkömmlichen Interessenorganisationen verfestigen und die Erfolge auf Dauer stellen.

Die Autopoietiker belächeln die alteuropäische Entdifferenzierung des Kommunitarismus mit seinen Gemeinschaftsidealen. Andererseits hat wenigstens Helmut Willke die These von den zwei Logiken bei Scharpf übernommen. Die Verhandlungen der Netzwerke fördert *kurz-*

fristige egoistische Interessenkalküle zu Tage. Das System würde aber bei Verteilungskonflikten, und noch mehr bei Anrechtsspielen weltanschaulicher Differenzen zerbrechen, wenn nicht *normative Bindungen* der Beteiligten mit *langfristigen Interessenkalkülen* bindende Entscheidungen das System immer wieder möglich machten (Willke 1997: 139f.). Die Bindung an gemeinsame Werte von Parlamentariern verschiedener Parteien und den Gruppen, die hinter ihnen stehen, ist vielfach als Mystifikation verworfen worden, und doch wird die kontextuelle Steuerung von außen gerade wegen der inneren Wertakzeptanz des Subsystems, in das interveniert werden soll, wieder für möglich gehalten.

Der Entscheidungsprozeß im Konflikt der Interessen entspricht keinem zweidimensionalen Fußballfeld, mit begrenztem Spielfeld, begrenzter Zahl von Spielern und einem rigiden System von Spielregeln. Der Autor hat es eher mit dem bizarren Spiel, das Alice im Wunderland antraf, verglichen, wo das Spielfeld variabel war, die Spieler wechselten, das Tor aus beweglichen Kranichhälsen bestand und selbst der Ball ein lebendes Tier mit autopoietischer Selbststeuerungsqualität – noch im Schuß auf das Tor. In einem solchen System hat der Schiedsrichter Staat kaum noch die Macht, mit einer roten Karte den Platzverweis gegenüber einem mächtigen Spieler durchzusetzen. Wenn man die Spielmetapher weiter strapaziert, kann man mit Willke daraufhin weisen, daß dank der *Entgrenzung von Politik* nach innen und außen immer mehrere Spiele zugleich stattfinden. Man kann die Spielregeln dieses Spiels als Spätpluralismus oder Netzwerkpluralismus bezeichnen. Keiner der bisherigen Epitheta befriedigt – aber war das beim Neokorporatismus anders? Worauf es ankommt, ist, den autopoietischen Handlungsdefaitismus abzustreifen, der aktive Politik unmöglich zu machen scheint, und damit – gewiß wider Willen – in einer wachsenden Krise den dann nicht mehr demokratischen Dezisionisten theoretisch in die Hände arbeitet.

Literatur

H. Abromeit: Interessenvermittlung zwischen Konkurrenz und Konkordanz. Opladen, Leske & Budrich 1993

U. von Alemann: Organisierte Interessen in der Bundesrepublik. Opladen, Leske & Budrich 1987

U. von Alemann/E. Forndran (Hrsg.): Interessenvermittlung und Politik. Opladen, Westdeutscher Verlag 1983

U. von Alemann/B. Weßels (Hrsg.):Verbände in vergleichender Perspektive. Berlin, Sigma 1997

H. H. von Arnim: Gemeinwohl und Gruppeninteressen. Frankfurt, Metzner 1977

6. Gruppenpluralismus

A. F. Bentley: The Process of Government (1908). Evanston/Ill., The Principia Press of Illinois 1949

A. Benz: Politiknetzwerke in der horizontalen Politikverflechtung. In D. Jansen/K. Schubert (Hrsg.): Netzwerke und Politikproduktion. Marburg, Schüren 1993: 185-204

J. M. Berry: Lobbying for the People. Princeton, Princeton University Press 1977

J. M. Berry: The Interest Group Society. Boston, Little Brown 1984

K. von Beyme: Neokorporatismus – neuer Wein in alte Schläuche? In: Ders.: Der Vergleich in der Politikwissenschaft. München, Piper 1988: 153-170

K. von Beyme: Interessengruppen in der Demokratie. München, Piper [5]1980

C. Böhret: Funktionaler Staat. Frankfurt, Lang 1993

H. U. Brinkmann: Public Interest Groups im politischen System der USA. Opladen, Leske & Budrich 1984

A. Cawson: Pluralism, Corporatism and the Role of the State. Government and Opposition 1978: 178-198

A. Cawson (Hrsg.): Organized Interests and the State. Studies in Meso-Corporatism. London, Sage 1985

R. E. Dowling: Pressure Group Theory: Its Methodological Range. APSR 1960: 944-954

S. Ehrlich: Die Macht der Minderheit. Wien, Europa Verlag 1966

R. Eisfeld: Pluralismus zwischen Liberalismus und Sozialismus. Stuttgart, Kohlhammer 1972

V. Gray/D. Lowery: Interest Representation and Democratic Deadlock. Legislative Studies Quarterly 1995: 531-552

M. Groser: Grundlagen der Tauschtheorie des Verbandes. Berlin, Duncker & Humblot 1979

W. Hirsch-Weber: Politik als Interessenkonflikt. Stuttgart, Enke 1969

F. Janning: Das politische Organisationsfeld. Politische Macht und soziale Homologie in komplexen Demokratien. Opladen, Westdeutscher Verlag 1998

G. Jordan/K. Schubert: A preliminay ordering of policy network labels. European Journal of Political Research 1992: 7-27

J. H. Kaiser: Repräsentation organisierter Interessen. Berlin, Duncker & Humblot 1954

P. Kenis/V. Schneider: Policy Networks and Policy Analysis. In: B. Marin/R. Mayntz (Hrsg.): Policy Networks. Empirical Evidence and Theoretical Considerations. Frankfurt, Campus 1991: 25-59

H. Kremendahl: Pluralismustheorie in Deutschland. Leverkusen, Heggen 1977

G. Lehmbruch/P. C. Schmitter (Hrsg.): Patterns of Corporatist Policy-Making. London, Sage 1982

T. Lowi: The End of Liberalism. New York, Norton 1969

B. Marin (Hrsg.): Generalized Political Exchange. Frankfurt, Campus/Boulder, Westview 1990

B. Marin (Hrsg.): Governance and Generalized Exchange. Frankfurt, Campus/ Boulder, Westview 1990

P. Massing/P. Reichel (Hrsg.): Interesse und Gesellschaft. Definitionen, Kontroversen, Perspektiven. München, Piper 1977

R. Mayntz (Hrsg.): Verbände zwischen Mitgliederinteressen und Gemeinwohl. Gütersloh, Bertelsmann Stiftung 1992

R. Mayntz: Soziale Dynamik und politische Steuerung. Frankfurt, Campus 1997

F. Nuscheler/W. Steffani (Hrsg.): Pluralismus. Konzeptionen und Kontroversen. München, Piper 1972

C. Offe: Staatliches Handeln und Strukturen der kollektiven Willensbildung. In: T. Ellwein/J.-J. Hesse (Hrsg.): Staatswissenschaften. Baden-Baden, Nomos 1996: 173-190

M. Olson: Die Logik des kollektiven Handelns. Tübingen, Mohr 1968

J. La Palombara: Interest Groups in Italian Politics. Princeton UP 1964

J. la Palombara: The Utility and Limitations of Interest Group Theory in Non-American Field Situations. Journal of Politics 1960: 29-49

F.-U. Pappi u.a.: Entscheidungsprozesse in der Arbeits- und Sozialpolitik. Frankfurt, Campus 1995

J. Schmid (Hrsg.): Verbände. München, Oldenbourg 1998

Ph. Schmitter: Modes of Interest Intermediation and Models of Societal Change in Western Europe. Comparative Political Studies 1977: 7-38

Ph. Schmitter: Still the Century of Corporatism? Review of Politics 1974: 85-131

E. Schütt-Wetschky: Interessenverbände und Staat. Darmstadt, Primus Verlag 1997

M. Seebaldt: Organisierter Pluralismus. Opladen, Westdeutscher Verlag 1997

W. Steffani: Pluralistische Demokratie. Opladen, Leske & Budrich 1980

W. Streeck (Hrsg.): Staat und Verbände. Opladen, Westdeutscher Verlag 1994 (PVS-Sonderheft 25)

C. S. Thomas (Hrsg.): First World Interest Groups. Westport, Conn., Greenwood 1993

D. B. Truman: The Governmental Process. New York, Knopf [4]1957

P. J. Williamson: Corporatism in Perspective. London, Sage 1989

P. J. Williamson: Varieties of Corporatism. Theory and Practice. Cambridge UP 1985

H. Willke: Supervision des Staates. Frankfurt, Suhrkamp 1997

B. Zeuner: Verbandsforschung und Pluralismustheorie. Etatozentrische Fehlorientierungen politologischer Empirie und Theorie. Leviathan 1976: 138-177

7. Theorien des Klassenkonflikts

Die Theorie des Klassenkampfes wurde von vielen als die einzig genuine Konflikttheorie angesehen, die nicht zur voreiligen Harmonisierung der Widersprüche drängt. Keiner der Grundbegriffe der politischen Theorie erscheint heute noch im gleichen Maße abhängig von einer Theorie, die im 19. Jahrhundert formuliert wurde, der von Karl Marx. Die Marxsche Klassendefinition unterschied sich jedoch vor allem in einem Punkt von allen früheren Theorien der Klassengesellschaft: Marx ging es nicht um die Beschreibung einer tatsächlichen Gesellschaft, sondern um die Erklärung des Wandels ganzer Gesellschaftsformationen. Gesellschaft konnte nach der Marxschen Lehre nicht mehr in abstracto definiert werden. Gesellschaft im Kapitalismus bedeutet immer Klassengesellschaft, und die Klassengegensätze sind die Keime für den künftigen Untergang dieser Gesellschaft.

Marx übersah dabei keineswegs, daß die Gesellschaft seiner Zeit komplizierter strukturiert war, als es sein Zweiklassenschema zum Ausdruck brachte. Nicht selten verwickelte er sich dadurch in Widersprüche, daß er das Wort „Klasse" auch für Schichten verwandte, die im Zweiklassenmodell nur Untergruppen einer der beiden großen Klassen darstellen konnten. In seinem 1852 erstmalig veröffentlichten Werk ‚Der achtzehnte Brumaire des Louis Bonaparte' (MEW Bd. 8: 111ff.) sprach er vom Kleinbürgertum als Übergangsklasse oder von der Klasse der Parzellenbauern. Die Einordnung der Intelligenz, der Kleinbürger oder der Beamten, die weder Produktionsmittelbesitzer noch Proletarier waren, bereitete von der Marxschen Theorie her große Schwierigkeiten. Marx glaubte, daß die Mittelschichten (er sprach sowohl von Mittelklassen als auch von Mittelständen) früher oder später zur Option zwischen dem Anschluß an die Bourgeoisie oder an das Proletariat gezwungen würden. Den Kampf der Mittelstände gegen die Bourgeoisie wertete er aber nicht als revolutionär, sondern als konservativ, ja sogar als reaktionär: „Sind sie revolutionär, so sind sie es im Hinblick auf den ihnen bevorstehenden Übergang ins Proletariat, so verteidigen sie nicht ihre gegenwärtigen, sondern ihre zukünftigen Interessen ..." (MEW Bd. 4: 472).

Die Theorie der Klassen wollte Marx im 52. Kapitel des 3. Bandes seines Hauptwerkes ‚Das Kapital' formulieren, und es ist sicher kein Zufall, daß gerade dieses Kapitel Fragment blieb. Im Unterschied zu dem vereinfachenden Zweiklassenmodell im ‚Manifest der Kommunistischen Partei' (MEW Bd. 4: 463) unterschied Marx in den wenigen Sätzen des unvollendeten Kapitels drei Klassen: die Eigentümer von Arbeitskraft, die Eigentümer von Kapital und die Grundeigentümer (MEW Bd. 25: 892). Die Einkommensquellen der drei Klassen beruhten auf Arbeitslohn, Profit oder Grundrente (ebd.: 893). Marx' Epigonen zogen meist das Zweiklassenmodell vor, und zuweilen wurde die Dreiklassentheorie sogar heftig kritisiert, z.B. von N. I. Bucharin, der jedoch Marx dabei nicht erwähnte. Aber auch Bucharin versuchte, die soziale Vielfalt von Gruppen in der gesellschaftlichen Wirklichkeit mit dem Zweiklassenschema in Übereinstimmung zu bringen. Daher unterschied er neben den beiden grundlegenden Klassen (Produktionsmittelbesitzer und Arbeiter) noch Zwischenklassen (Kopfarbeiter), Übergangsklassen (als Relikte vergangener Gesellschaftsformen, wie Handwerker oder Bauern), gemischte Klassen (wie Arbeiter mit etwas Land) und schließlich deklassierte Gruppen (Lumpenproletariat, Bettler). V. I. Lenin definierte 1919 die

Klassen als „große Menschengruppen, die sich voneinander unterscheiden nach ihrem Platz in einem geschichtlich bestimmten System, der gesellschaftlichen Produktion, nach ihrem (größtenteils in Gesetzen fixierten und formulierten) Verhältnis zu den Produktionsmitteln, nach ihrer Rolle in der gesellschaftlichen Organisation der Arbeit und folglich nach der Art der Erlangung und der Größe des Anteils am gesellschaftlichen Reichtum, über den sie verfügen", und als „Gruppen von Menschen, von denen die eine sich die Arbeit einer anderen aneignen kann infolge der Verschiedenheit ihres Platzes in einem bestimmten System der gesellschaftlichen Wirtschaft" (LW Bd. 29: 410).

Das Problem der dritten Klasse, das Marx im ‚Kapital' aufgeworfen hatte, versuchte man bei der Bestimmung der Klassenzugehörigkeit der Bauern zu lösen: Die großen Bauern und Gutsbesitzer wurden zur Kapitalistenklasse gezählt, die kleinen Bauern sah man in einen Proletarisierungsprozeß hineingestellt, der sie mehr und mehr der Klasse von Verkäufern ihrer Arbeitskraft anglich. Andeutungen von Marx über diesen Differenzierungsprozeß – besonders in Frankreich – wurden von den russischen Marxisten später systematisch ausgebaut. In seinen Polemiken gegen die Volkstümler (Narodniki) versuchte Lenin auch für Rußland zu einem Zweiklassenmodell zu kommen. Er teilte die russische Landbevölkerung, die von den Volkstümlern gern als klassenlose Einheit angesehen wurde, in Dorfbourgeoisie (Kulaken) und Dorfproletariat auf. J. V. Stalin wollte auch für die Randgebiete des Zarenreiches, die von einer kapitalistischen Entwicklung noch weiter entfernt waren als Rußland, eine ähnliche Entwicklung auf den Zweiklassenantagonismus hin feststellen (Stalin: Werke Bd. 1: 243). Solche Versuche der Simplifizierung komplizierter geschichteter Gesellschaften können nicht immer Marx zur Last gelegt werden. Sie enthielten aber einen richtigen Kerngedanken: die Suche nach einer dominanten Schichtung. Auch nichtmarxistische Soziologen haben eingeräumt, daß neben einer Reihe von subordinierten Schichtungen eine dominante Schichtung bestehen kann (Geiger 1949: 45).

Die ökonomisch-soziale Definition der Klassen durch den Marxismus mußte gegen eine Reihe von Mißverständnissen verteidigt werden. Bloße Einkommensunterschiede schaffen nach Marx noch keine Klassen. Eine „Dieselbigkeit der Revenuen und Revenuequellen" (MEW Bd. 25: 893) wurde von ihm nicht als Klassenkriterium anerkannt, weil sonst auch Ärzte und Beamte eine gesonderte Klasse bilden müßten. Auch der bloße Unterschied von arm und reich könne den Zweiklassenantagonismus nicht erklären. In der Dialektik der Klassengegensätze schlage die „Quantität der Armut" nur selten in die neue „Qualität" revolutionärer Gesinnung um, denn sonst müßte das Lumpenproletariat, die ärmste Schicht, auch die revolutionärste werden (Bucharin 1922: 325). Andere Marxisten haben darauf hingewiesen, daß auch die Gleichsetzung von Klassenunterdrückung und wirtschaftlicher Ausbeutung unrichtig ist: „In dem proletarischen Staat wird die Klasse der Bourgeoisie unterdrückt, obgleich sie nicht ökonomisch ausgebeutet werden kann ..." (Adler 1922: 86). Die ökonomische Ausbeutung war für Max Adler ein Element, das die Klassenentstehung begünstigte, aber nicht notwendigerweise hervorrief. Eine Umdeutung der beiden Klassen nahm Bucharin vor. Er nannte sie „kommandierende Klasse" und „ausgebeutete Klasse". Die kommandierende Klasse wurde für ihn durch die „Leitung des Produktionsprozesses" konstituiert, eine Deutung, die von anderen Marxisten, wie z.B. Kautsky, als „elitäre Verfälschung" des Begriffs der Ausbeuterklasse zurückgewiesen wurde.

Aus den Kontroversen um die Festlegung bestimmter Kriterien für die einzelnen Gesellschaftsklassen wird deutlich, daß nicht einmal die objektiven Elemente der Klassenlage einzelner Schichten immer widerspruchslos ermittelt werden konnten. Die dynamische Auffassung der Klassengesellschaft bei Marx, die jeden strukturverändernden Konflikt in einen Klassenkonflikt umdeutete und die Klassen im Verhältnis der Hegelschen Dialektik von These und Antithese begriff, versagte häufig gegenüber veränderten sozialen Situationen und ließ unterschiedliche Subsumtionen konkreter Schichtungsphänomene durch die Soziologie zu. Die Klassendefinition wurde zusätzlich dadurch erschwert, daß Marx die Klassen nicht nur nach objektiven Kriterien sonderte, sondern auch noch ein subjektives Element in den Klassenbegriff aufnahm – das Klassenbewußtsein.

Klassenbewußtsein. Der dynamische Klassenbegriff führte dazu, daß die marxistische Soziologie sich nicht damit begnügen konnte, Klassengegensätze in der Gesellschaft lediglich festzustellen. Wie Marx erklärte, strebt die unterdrückte Klasse danach, die gesellschaftliche Wirklichkeit zu verändern und sich als Klasse aufzuheben. Dieses Fernziel ist aber nur zu erreichen, wenn die unterdrückte Klasse als handelnde Einheit in der Geschichte auftritt, und dies wiederum ist nicht möglich ohne ein Bewußtsein von der Klassenlage der unterdrückten und ausgebeuteten Individuen. Das Bewußtsein der Klassenlage hat der Marxschen Theorie gemäß die Tendenz, mit dem Sein identisch zu werden, um es zu überwinden. Ohne dieses Bewußtsein gibt es nur Individuen gleicher Lage, aber keine wirkliche Klasse.

Wie aber sollte Klassenbewußtsein zur meßbaren Größe werden? Die meisten Marxisten versuchten, das Klassenbewußtsein an einer organisatorischen Konkretisierung abzulesen: Es wird durch seine Identifikation mit der proletarischen Partei feststellbar. Schon Marx setzte die „Klasse an sich" zuweilen mit der Partei gleich: „Diese Organisation der Proletarier zur Klasse und damit zur politischen Partei wird jeden Augenblick wieder gesprengt durch die Konkurrenz unter den Arbeitern selbst. Aber sie ersteht immer wieder, stärker, fester, mächtiger" (MEW Bd. 4: 471). Marx hat sich jedoch über die organisatorische Ausdrucksform des Klassenbewußtseins nicht eindeutig geäußert, was den Streit seiner Epigonen um diese Frage verschärfte.

Eduard Bernstein wies in seinem Aufsatz ‚Klasse und Klassenkampf' (1905: 860) die Gleichung Partei = Klasse als Sprachwillkür zurück: „Marx wirft hier ohne Not die Begriffe Klasse und Partei durcheinander. Klasse, im Sinne von Gesellschaftsklasse, ist ein wirtschaftlich-sozialer Begriff, für dessen Bestimmung die objektiven wirtschaftlichen und rechtlichen Merkmale, und nur sie, maßgebend sind. Das Verhalten einer Klasse ist für die Feststellung ihres Vorhandenseins ganz nebensächlich." Diese Auffassung wird heute sogar von empirischen Wissenschaftlern abgelehnt. Der Behavioralismus zum Beispiel legt immer noch das Hauptgewicht auf das Verhalten von sozialen Gruppen. Marx kam es nicht allein darauf an, die Klassenstruktur zu erkennen, sondern zu erklären, warum er glaubte, daß die Arbeiterklasse die Gesellschaft verändern werde. Mit dem Glauben an den Automatismus der dialektischen Entwicklung von Gesellschaftsformationen (bei der Sein und Bewußtsein als zusammenfallend betrachtet wurden) schwand bei Bernstein folgerichtig auch das Interesse am Problem des Klassenbewußtseins.

Klassenkampf. Die Lehre vom Klassenkampf ist das Kernstück der Marxschen Erweiterung der Klassenlehre. Marx hat nie geleugnet, daß bürgerliche Historiker und Sozialphilosophen vor ihm die Geschichte als Geschichte von Klassengegensätzen begriffen hatten. Auch der sozialistischen Theorie schrieb er nicht allein das Verdienst zu, den Klassenkampf entdeckt zu haben. Als seine wissenschaftliche Leistung sah er lediglich an, gezeigt zu haben, „daß der Klassenkampf notwendig zur Diktatur des Proletariats führt" und daß „diese

Diktatur selbst nur den Übergang zur Aufhebung aller Klassen und zu einer klassenlosen Gesellschaft bildet" (MEW Bd. 28: 508).

Für die moderne politische Theorie wurde die Marxsche Klassenlehre vor allem in Form der Ansätze des Staatsmonopolistischen Kapitalismus (vgl. Kap. III.1) und ihrer nichtrevisionistischen Kritiker relevant. Die Kritische Theorie der Frankfurter Schule hingegen hat gerade die Klassenlehre als ein Herzstück des orthodoxen Marxismus aufgegeben. Aber auch andere Teile der Marxschen Ökonomik schienen revisionsbedürftig. Während die Konzentrationstheorie für die Gesellschaft der von den Neomarxisten als „Spätkapitalismus" bezeichneten Epoche noch eine gewisse Brauchbarkeit hatte, wurden die Verelendungstheorie und die Zusammenbruchstheorie von der gesellschaftlichen Entwicklung nicht verifiziert. Jürgen Habermas (Protestbewegung und Hochschulreform. Frankfurt, Suhrkamp 1969: 195) hat daraus geschlossen, daß der – nach wie vor bestehende – Gegensatz sozio-ökonomischer Klassen heute deshalb nicht mehr zu einem politischen Konflikt entfacht werden könne, weil die ganze Organisation des Herrschaftssystems der wirtschaftlichen Stabilisierung und der Sicherung der politischen Massenloyalität dient. „Die Verteilung sozialer Entschädigungen kann, auf der Grundlage eines institutionalisierten wissenschaftlich-technischen Fortschritts, nach allen Erfahrungen so gesteuert werden, daß der systemgefährdende Klassenkonflikt derjenige ist, der mit größter Wahrscheinlichkeit latent bleibt." Zu Lenins Zeiten wurde das dichotomische Klassenmodell nur durch die Gruppen der Arbeiterschaft falsifiziert, die kein proletarisches Klassenbewußtsein entwickelten. Er erklärte dieses Phänomen mit der Entstehung einer Arbeiteraristokratie, die von den Kapitalisten durch Sondervergünstigungen (meist auf Kosten der Ausgebeuteten in den Kolonien) bestochen wurde (LW Bd. 22: 189). Für Herbert Marcuse und andere Neomarxisten zählte zur Arbeiteraristokratie, die ihre Unfreiheit nicht einmal mehr spürt, tendenziell die gesamte Arbeiterschaft (vielleicht mit Ausnahme der Hilfs- und Gastarbeiter).

Wo in der modernen Soziologie mit dem Begriff „Klasse" gearbeitet wurde, geschah es unter Einfluß und in Auseinandersetzung mit dem Marxismus, wenn auch Soziologen wie G. von Schmoller, K. Bücher, W. Sombart oder J. A. Schumpeter zu anderen Ergebnissen kamen als Marx. Eine neuere, unorthodoxe marxistische Analyse des polnischen Soziologen S. Ossowski hat die Klassentheorien der modernen Soziologie unter drei Modelle subsumiert (1962: 38ff.):

(1) dichotomische Gegenüberstellung von Klassen (wie sie der Marxismus am reinsten entwickelte);
(2) bloße Gradationsschemen;
(3) funktionale Systeme, in denen die Klassen nur eine untergeordnete oder auch gar keine Rolle spielen.

(1) Zu den *dichotomischen Klassentheorien* gehört die Lehre von der herrschenden Klasse. Sie kam auf, als der Optimismus der Evolutionisten des 19. Jahrhunderts verlorenging. Von A. Comte bis H. Spencer hofften die Positivisten auf die Entwicklung immer höherer und aufgeklärterer und friedlicherer Führungsgruppen. G. Mosca (1950: 58) stellte zwar wie Spencer die Ablösung des Merkmals „Tapferkeit" durch das Klassenkriterium „Reichtum" fest, aber an der ewigen Dichotomie von Herrschenden und Beherrschten änderte das für ihn nichts. Diese Lehre mündete bei R. Michels in den elitären Zynismus, daß der Sozialismus als Lehre keine Hoffnung auf Verwirklichung seiner Ideale habe. Nach Michels gibt es für die Sozialisten nur die Chance, als eine neue herrschende Klasse zu siegen, die sich in der Folgezeit aber nicht nennenswert von früheren Eliten unterscheidet. Da diese Dichotomie von der konstanten Dumpfheit der Massen ausging, war sie durch Abgründe von der ökonomistischen und aufklärerischen Dichotomie der Marxisten getrennt, obwohl sich im Denkansatz Ähnlichkeiten fanden. V. Paretos (Allgemeine Soziologie. Tübingen, Mohr 1956: 229) Satz: „Die Geschichte ist ein Friedhof von Aristokratien" ist eine polemische Gegenbehauptung gegen Marxens Ansicht über die Geschichte als Geschichte von Klassenkämpfen.

Eine neue Variante der politischen Deutung eines dichotomischen Klassenverhältnisses bot R. Dahrendorf. Er schied die Klassen in Autoritätsbesitzer und Autoritätslose: „Das tragende Element unserer Definition der Klasse liegt in dem schwierigen und vielschichtigen Begriff der Herrschaft" (1957: 140). Rein wirtschaftlich determinierte Klassen, wie sie der Marxismus postuliert, sind für Dahrendorf nur ein „Sonderfall des Klassenphänomens" (ebd.: 143). Dahrendorf stützte sich stark auf Gedankengänge Max Webers über Macht und Autorität, eine Ausdeutung, von der Weber selbst keinen Gebrauch gemacht hatte. Webers Skizze der Klassen in ‚Wirtschaft und Gesellschaft' (1956: 177ff.) beschäftigte sich mit Besitzklassen, Erwerbsklassen und sozialen Klassen, wobei er letztere besonders vage und formalistisch definierte: „Soziale Klasse soll die Gesamtheit derjenigen Klassenlagen heißen, zwischen denen ein Wechsel a) persönlich,

b) in der Generationenfolge leicht möglich ist und typisch stattzufinden pflegt." Die Klassen sah Weber hauptsächlich im Zusammenhang mit Fragen der sozialen Mobilität, was seine Lehre gerade für viele amerikanische Soziologen attraktiv macht.

(2) In den *Gradationsschemen* werden die Klassen nicht als ein Abhängigkeitsverhältnis betrachtet, sondern als ein logisch geordnetes Verhältnis. Alle Klasseneinteilungen, die eine Mittelklasse zwischen Bourgeoisie und Arbeiterklasse annehmen, gehören zu den Gradationsklassifikationen. Sie ordnen die Klassen einer Gesellschaft nach vielen Kriterien, überwiegend jedoch nach Einkommens- und Prestigegruppen. Im Gegensatz zu vielen dichotomischen Klassentheorien betonen sie weniger die Konstanz der Klassenlage und den daraus resultierenden Antagonismus, sondern berücksichtigen stärker die soziale Mobilität. Die Klassenlage hat nach Schumpeter (1953: 158, 169) die Tendenz, das Individuum – oder, wie er auch sagt, die Familie, die er als das „wahre Individuum der Klassentheorie" bezeichnet – in seiner Klasse zu halten und nach oben als Hindernis, nach unten „als Schwimmgürtel" zu wirken.

Relativ vage Klasseneinteilungen waren in den USA üblich. Jede empirische Studie – R. S. Lynds ‚Middletown, a study in American culture' (New York 1929) ist eines der berühmtesten Beispiele – schaffte sich ihre eigene, mehr oder weniger subjektive Klasseneinteilung. W. L. Warner (1949) differenzierte die Klassenschemen sogar nach geographischen Gesichtspunkten; lediglich seine vage Sechsklasseneinteilung läßt er für das ganze Land gelten. Diese Klassen haben jedoch kaum noch etwas mit objektiven ökonomischen Kriterien zu tun; die „upper upper class" und die „lower upper class" zum Beispiel sind nur durch das Merkmal „alte Familie" – „neue Familie" unterschieden. Allerdings sind mit dieser Einteilung keine Klassen, sondern nur Status- und Prestigeschichten gemeint. Th. Veblens Theorie der „leisure class" war für einen Teil der amerikanischen Soziologie wegweisend. Die Statusanalyse begriff die „Klassenanlage" nicht als unabänderliches Schicksal, das allenfalls durch revolutionäre Aktion umgestaltet werden konnte, sondern betonte die Möglichkeiten des Individuums, sich durch bestimmte Verhaltensweisen (bei Veblen besonders die „conspicuous consumption") in bestimmte Statusgruppen einzureihen. Andere Soziologen untersuchten den Status vor allem als Machtphänomen.

(3) Eine dritte Gruppe von Analytikern der modernen Gesellschaft hat den *Klassenbegriff gänzlich aufgegeben oder ihm eine ganz untergeordnete*

Rolle zugewiesen. Th. Geiger sah in seinem Buch ‚Klassengesellschaft im Schmelztiegel' (1949) eine neue Ordnungsform aufkommen, die durch die Position der Mittelschichten, die Neuverteilung und Angleichung der Einkommen, durch die Institutionalisierung des Klassengegensatzes der industriellen Sozialpartner und die Herrschaft der Experten gekennzeichnet sei. Die Nivellierung der Klassengesellschaft ist in den 50er Jahren zum Gemeinplatz der populären soziologischen Literatur geworden. Auch die Theorie von der neuen sozialen Klasse der Angestellten hat weite Verbreitung gefunden.

Die höchste Stufe der Theoretisierung hat die klassenferne Definition der Gesellschaft in T. Parsons' Theorie des sozialen Systems erreicht. Soweit Parsons von Klassen sprach, tat er es allenfalls im Sinn der Gradationslehren: „Eine soziale Klasse ist dann zu definieren als eine Vielzahl von Verwandtschaftseinheiten, deren Mitglieder, was ihren Status in einem hierarchischen Zusammenhang betrifft, annähernd statusgleich sind" (1954: 328). Dieser vagen Definition würde selbst das Warnersche Schema gerecht. Wertvoller als Parsons' Klassendefinition war jedoch seine Unterscheidung von offenen und latenten Konflikten. Diese Unterscheidung ist zwar nicht unbedingt auf eine dichotomische Klassensituation zu beziehen, sie kann jedoch darauf angewandt werden. Latente Konflikte sind auch in der „spätkapitalistischen Wohlstandsgesellschaft" noch vorhanden, selbst wenn in ihnen der soziale Friede gesichert zu sein scheint.

Auf keinem Gebiet hat der funktionalistische Ansatz heftigere Kontroversen hervorgerufen als im Bereich der Schichtungstheorie. Die funktionalistische Schichtungstheorie (Davis/Moore 1945) ging davon aus, daß soziale Schichtung aufgrund ihrer selektiven Wirkung funktional für die Aufrechterhaltung der Gesellschaft sei. Die Knappheit der Talente, die unterstellt wird – und in dieser Theorie die angeborenen Fähigkeiten stark zu bevorzugen scheint -, führt nach diesem Ansatz dazu, daß im Durchschnitt die wenigen motivierten Menschen für höhere Positionen durch höhere materielle und ideelle Belohnungen einen Anreiz erhalten müssen, ihre knappen Talente in den Dienst der Gesellschaft zu stellen. Die Kritik (Mayntz in: Glass/König 1961: 19) hat erwidert, daß das Talentknappheits- und Motivationspostulat (selbst wenn man die anthropologischen Grundannahmen vom faulen und egoistischen Individuum nicht teilt) in vielen Gesellschaften wahrscheinlich zutrifft; daß aber eine offene Wettbewerbssituation, die unterstellt wird, existiert und daß die höchsten Belohnungen auch die wichtigsten Posten erhalten, läßt sich bisher für keine Gesellschaft nachweisen. Auch in stark differenzierten Gesellschaften, in denen die Konvertibilität der Belohnungen (Macht, Besitz, Prestige, Bildung) geringer geworden ist als in der frühkapitalistischen Klassengesellschaft (vgl. Tumin 1968: 77), in der diese Belohnungen in höherem Maße miteinander korrelierten, gibt es weder eine ganz offene Wettbewerbssituation noch eine stets rationale Belohnungszumessung in den einzelnen Statushierarchien. Kritische Soziologen haben mit Recht darauf hingewiesen, daß die Leistungszumessung in vielen Bereichen der Gesellschaft – trotz der Ideologie der Leistungsgesellschaft – nicht bloß nach objektiv meßbaren Leistungen vorgenommen wird, sondern von Faktoren wie Prestige, Selbstdarstellung, Berufsideologien, Symbolen und anderen Leistungssubstituten abhängt (Offe 1970: 58ff.).

Der Funktionalismus, der sich als Gegenontologie versteht (vgl. Kap. II.4), war gerade in der Schichtungsdebatte immer wieder in Versuchung, einen „ontologischen Schichtungsbeweis" (Dahrendorf 1967: 367) anzubieten, und kam entweder zu anthropologischen oder zu tautologischen Erklärungen. Demgegenüber bedeutete Lenskis Theorie der sozialen Schichtung einen Fortschritt. Er ging von einem Dualismus von *need and power* (Notwendigkeit und Macht) aus. Nur im ersten Bereich der Notwendigkeit, d.h. der funktionalen Koordinierung und Kooperation, können die Gleichgewichtsannahmen der Funktionalisten allenfalls gelten. Nur in diesem Bereich – bis zum Ausmaß, das zum Überleben notwendig ist – teilen die Menschen die Früchte ihrer Arbeit und kooperieren. Aus diesem ersten Distributionsgesetz folgt jedoch nach Lenski (1966: 44) ein zweites: daß Macht die Verteilung nahezu des gesamten Surplus bestimmt, das von einer Gesellschaft produziert wird. Der Besitz oder die Kontrolle über das Surplus verleiht nach Lenski Privilegien, und diese sind eine Funktion der Macht. Wäre Lenskis Analyse richtig, so bekämen jene rückwärtsgewandten rousseauistischen Demokraten Recht, deren Theorie auf der Wiederherstellung oder Erhaltung der *frugalité* eines relativ bescheidenen Lebens fußt, in dem kein nennenswertes Surplus zur Verteilung kommt.

Da dies jedoch nach Lenski nicht sehr vielversprechend ist, da der technologische Fortschritt zur unabhängigen Variablen erhoben wird, die immer mehr Surplus produziert (auch dies wäre eine zu überprüfende Hypothese!) und die Konservierung der Frugalität unmöglich macht, kann die Schichtungsstruktur nach den beiden Lenskischen Distributionsgesetzen eigentlich nur komplexer und differenzierter werden. Lenski (1966: 308) selbst mußte jedoch zugeben, daß in „reifen" industriellen Gesellschaften eher eine Umkehr dieses alten evolutionären Trends hin zu immer größerer Ungleichheit zu beobachten ist.

Empirische Klassenuntersuchungen haben sich überwiegend von der allgemeinen Diskussion abgewandt. Kaum eine versuchte ernsthaft, mit dem Parsonsschen Modell zu arbeiten, manche aber übernahmen stillschweigend die konfliktfeindlichen Annahmen der Funktionalisten. Ein großer Teil der empirischen Forschung verstand sich als Widerlegung marxistischer Annahmen von der Zuspitzung der Klassenkonflikte.

Aber selbst die Bejahung sozialer Konflikte in der modernen Soziologie vermag die marxistischen Kritiker nicht zufriedenzustellen, da die sozialen Konflikte nur zum kleineren Teil als Klassenkämpfe gedeutet werden. Die Pressure-group- und Verbandsforschung hat es mit weit vielschichtigeren Konflikten zu tun. Immerhin beginnen auch marxistische Sozialwissenschaftler einzusehen, daß die Klassenforschung durch eine detaillierte Verbands- und Gruppenanalyse ergänzt werden muß. Selbst westliche Forscher sind weitgehend uneinig über die Frage, inwieweit den Gruppenkämpfen in der modernen pluralistischen Demokratie Klassenkonflikte zugrunde liegen. Die Ausprägung des Klassenbewußtseins der unteren Schichten ist fast immer umgekehrt proportional den Chancen des sozialen Aufstiegs. Da der soziale Aufstieg von Arbeitern und Arbeiterkindern jedoch weit seltener ist, als der *American Dream* – auch in seiner europäischen Form – unterstellt, sind die Klassenschranken keineswegs verschwunden. Auch in den USA hat sich gezeigt, daß der Arbeiter noch keineswegs mittelständisch denkt, daß es durchaus ein Zusammengehörigkeitsgefühl unter der Arbeiterschaft gibt, die im allgemeinen der Gewerkschaftspolitik folgt und der Propaganda der Arbeitgeberseite wenig Glauben schenkt (Kornhauser u.a. 1956: 281).

Die Zusammenhänge von sozialer Mobilität und sozialem Bewußtsein werden jedoch von vielen Soziologen nicht mehr in der Verallgemeinerung als Klassenschicksale erforscht. Die fünf Verhaltenstypen (Conformity, Innovation, Ritualism, Retreatism, Rebellion), die R. K. Merton (1957: 140) als Antwort auf die soziale Lage feststellte, sind vorwiegend als individuelle Haltungen gedacht, die keine Aussagen über das Klassenhandeln zulassen, obwohl es in extremen Fällen vorkommen kann, daß eine ganze soziale Schicht eine der fünf Haltungen einnimmt.

In den angelsächsischen Ländern scheint das dichotomische Denken geringer entwickelt zu sein als auf dem europäischen Kontinent, wie man aus älteren Befragungen schloß, bei denen sich z.T. 70-80% der Bevölkerung zur Mittelklasse rechneten. Fehler dieser Befragungen war jedoch häufig, daß man Fragen über die Selbsteinordnung stellte, ohne vorher die Perzeption der Schichtungsstruktur ihrer Gesellschaft bei den Betroffenen zu untersuchen, die allein über den Stellenwert einer Selbsteinstufung etwas aussagen könnte. Ältere angelsächsische Untersuchungen kamen häufig zu dem Ergebnis, daß besonders die Angestellten und Gruppen mit deutlichem Statusstreben nicht von einem dichotomischen Klassenmodell, sondern von einem differenzierten Modell der Statushierarchie ausgingen. Untersuchungen der 60er Jahre (Goldthorpe in: Hörning 1971: 125) zeigten jedoch, daß selbst die finanziell gutgestellten Arbeiter bis zu 81% von einem Zwei- oder Dreiklassenmodell ausgingen. Das immer wieder durch Survey-Studien festgestellte Klassenbewußtsein der Arbeiter setzt sich aber – auch nach Ansicht vieler marxistischer Klassenforscher – in erstaunlich geringem Grad in politisches Handeln um. C. W. Mills (The Power Elite. New York, Oxford UP 1959: 30f.) und andere Elitenforscher mit kritischen Intentionen haben das Klassenbewußtsein der Oberschicht für am stärksten ausgeprägt gehalten.

In der Politikwissenschaft spielte der Klassenbegriff eine wichtige Rolle bei der Erforschung von Wählerverhalten, Parteiensystemen und politischen Kulturen. Am magersten war das Ergebnis bei der Untersuchung von Autoritätsmustern in politischen Kulturen. Lipset (1960: 97ff.) kam zu vagen Korrelationen wie: Arme Klassen sind liberaler und „linker" in ökonomischen Fragen, aber weniger liberal und tolerant in Fragen der Grundrechte oder des internationalen Zusammenlebens.

Selbst für die Analyse von Parteien wird der Klassenbegriff immer unbrauchbarer. Bei der Untersuchung von Arbeiterparteien ergab sich nur, daß z.B. in England die Funktionäre noch eine starke Klassenloyalität zeigen, daß aber ungefähr ein Drittel der Arbeiterklasse trotz aller Appelle an das Klassenbewußtsein die Konservativen wählt – ein Stimmenverlust, der niemals durch die Stimmen aufgewogen werden konnte, welche die Labour Party aus den Mittelschichten bekommt. Die subjektive Identifizierung mit der Arbeiterklasse setzte sich nach Befragungsergebnissen (Rose 1968) in vielen Ländern nicht in eine adäquate Präferenz für die Arbeiterparteien um.

Internationale Vergleiche zeigten, daß Konflikte, die nicht auf Klassengegensätze zurückgeführt werden konnten, die Existenz der Parteiensysteme als Ganzes stärker beeinflußten als die Klassentrennung. Der Protest der Unterprivilegierten hat in der Zeit wirtschaftlichen Aufschwungs nur selten die Ausdrucksweise von *civilized disagreements* (E. Shils) überschritten, während Konflikte auf religiöser, ideologischer und nationaler Basis häufig zu einer fundamentalen Opposition großer Gruppen führten. Zum anderen hat sich die Entideologisierungstendenz der Zeit nach dem Zweiten Weltkrieg nicht als unilinearer Prozeß erwiesen, und es zeigte sich, daß unzufriedene Schichten in Zeiten wirtschaftlicher Rezession ein Bewußtsein und eine Handlungsweise entwickeln, welche die Verwendung des Klassenbegriffs zulässig erscheinen läßt. So sprachen Riesman und Glazer (1963: 109) sogar dort von *discontented classes,* wo es sich keineswegs um proletarische Gruppen handelt, sondern um Schichten – vor allem im ehemaligen Mittelstand –, die angesichts eines disproportionalen und asymmetrischen Nutzenzuwachses von Statusfurcht befallen werden und politisch mit Radikalisierung (vor allem unter reaktionär-ideologischem Vorzeichen) reagieren.

Ein Gleichgewicht der Klassen existiert ebensowenig als Dauererscheinung wie ein Gleichgewicht der Interessen- und Elitegruppen. Vor allem in der Entwicklungsländerforschung wird mit der Klassenanalyse noch immer erfolgreich gearbeitet, wenn auch nur selten mit einem schematischen Zweiklassenmodell.

Eine fruchtbare Kombination des Klassenbegriffs mit anderen Konflikttheorieelementen war durch neuere Ansätze in der kritischen Theorie gegeben, wo die Widersprüche der „spätkapitalistischen" Gesellschaft nicht mehr als Antagonismus zwischen Klassen, sondern als Resultat des nach wie vor dominanten Prozesses privater Kapitalverwertung und eines spezifisch kapitalistischen Herrschaftsverhältnisses verstanden werden.

In dieser Theorie wurde das vertikale Klassenschema durch das horizontale Schema der *Disparität von Lebensbereichen* ersetzt, und die herrschenden Schichten werden nicht mehr eindeutig lozierbar für alle spätkapitalistischen Gesellschaften gedacht. Auf diese Weise wurde eine funktionale Arbeitsteilung bei koordinierter Fragestellung der Konflikttheorien möglich, und Klassenanalyse konnte zunehmend mit Gruppen- und Elitenforschung Hand in Hand arbeiten. Hauptmanko der Forschung ist jedoch, daß die Klassen bisher am wenigsten mit den Mitteln empirischer Forschungstechniken untersucht wurden, weit weniger als Gruppen und Eliten, die klarer abgrenzbar und strukturierter erscheinen als die sehr weite Kategorie der Klasse. In der postmodernen Gesellschaft wurde schließlich das Klassenkonzept vielfach ganz aufgegeben und durch das Studium „sozialer Milieus" ersetzt. Aber selbst in der Wahl- und Parteienforschung blieb das Konzept umstritten (Flaig u.a. 1994, Faltin 1990, Schulze 1992). Es bewährte sich am besten im Bereich der Kultursoziologie, der Lebens- und Wohnstile.

Auf keinem Gebiet gibt es so viele ungesicherte Theoreme, die nicht einmal die Form überprüfbarer Sätze angenommen haben. Dahrendorf (1967: 342) sprach wegwerfend von „Paratheorien". In keinem Forschungsbereich ist die Kluft zwischen deskriptiven Einzeluntersuchungen mit jeweils eigener Klassen- und Statusgruppenabgrenzung und den vorhandenen Theorien größer als im Bereich der Klassen- und Schichtungsforschung.

Literatur

M. Adler: Die Staatsauffassung des Marxismus. Wien 1922 (Nachdruck Darmstadt, Wiss. Buchgesellschaft 1964)
E. Bernstein: Klasse und Klassenkampf. Sozialist. Monatshefte 1905: 857-864
T. B. Bottomore: Die sozialen Klassen in der modernen Gesellschaft. München, Beck 1967
P. Calvert: The Concept of Class. An Historical Introduction. London, Hutchinson 1992
St. Clegg u.a.: Class, Politics and the Economy. London, Routledge & Kegan 1986
L. A. Coser: Theorie sozialer Konflikte. Neuwied, Luchterhand 1965
R. Dahrendorf: Die gegenwärtige Lage der Theorie der sozialen Schichtung. In: Ders.: Pfade aus Utopia. München, Piper 1967: 336-352
R. Dahrendorf: Soziale Klassen und Klassenkonflikte in der industriellen Gesellschaft. Stuttgart, Enke 1957
K. Davis/W. Moore: Some Principles of Stratification. ASR 1945: 242-249
G. G. Diligenski: Sozialpsychologie und Klassenbewußtsein der Arbeiterklasse im heutigen Kapitalismus. Frankfurt, Inst. für Marx. Studien und Forschungen 1978
G. Esping-Andersen: Politics against Markets. The Social Democratic Road to Power. Princeton UP 1985
I. Faltin: Norm, Milieu, Politische Kultur. Wiesbaden, Deutscher Universitätsverlag 1990
B. B. Flaig u.a.: Alltagsästhetik und politische Kultur. Bonn, Dietz ²1994
Th. Geiger: Die Klassengesellschaft im Schmelztiegel. Köln 1949
D. von Glass/R. König (Hrsg.): Soziale Schichtung und Mobilität. Köln, Westdeutscher Verlag 1961
Th. Hagelstange: Die Entwicklung der Klassenstrukturen in der EG und in Nordamerika. Frankfurt, Campus 1988

B. Hindess: Politics and Class Analysis. Oxford, Blackwell 1987
K. H. Hörning (Hrsg.): Soziale Ungleichheit. Strukturen und Prozesse sozialer Schichtung. Darmstadt, Luchterhand 1976
K. H. Hörning (Hrsg.): Der ‚neue' Arbeiter. Zum Wandel sozialer Schichtstrukturen. Frankfurt, Fischer 1971
W. Korpi: The Democratic Class Struggle. London, Routledge 1983
G. Lenski: Power and Privilege: A Theory of Social Stratification. New York, MacGraw Hill 1966
S. M. Lipset: Political Man. London, Mercury Book ²1960
R. K. Merton: Social Structure and Anomie. In: Ders.: Social Theory and Social Structure. Glencoe/Ill., Free Press 1957: 131-160
G. Mosca: Die herrschende Klasse. Bern, Francke 1950
M. Neumann: Methoden der Klassenanalyse. Köln, EVA 1976
C. Offe: Leistungsprinzip und industrielle Arbeit. Frankfurt, Suhrkamp 1970
S. Ossowski: Die Klassenstruktur im sozialen Bewußtsein. Neuwied, Luchterhand 1962
T. Parsons: Social Class and Class Conflict in the Light of Recent Sociological Theory. In: Ders.: Essays in Sociological Theory. Glencoe/Ill., Free Press ²1954: 323-335
R. Pettman: State and Class. London, Croom Helm 1979
D. Riesman/N. Glazer: The Intellectuals and the Discontented Class. In: D. Bell (Hrsg.): The Radical Right. Garden City, Doubleday 1963: 115-134
R. Rose: Class and Party Divisions. Sociology 1968: 129-162
G. Schulze: Die Erlebnisgesellschaft. Frankfurt, Campus 1992
L. A. und Ch. Tilly (Hrsg.): Class Conflict and Collective Action. Beverly Hills, Sage 1981
M. Tjaden/S. Steinhauer/K. H. Tjaden: Klassenverhältnisse im Spätkapitalismus. Stuttgart, Enke 1973
M. M. Tumin: Schichtung und Mobilität. München, Juventa 1968
W. L. Warner u.a.: Social Class in America. Chicago 1949
E. O. Wright: Classes. London, New Left Books 1985

8. Elitentheorien

In noch bewußterer Konfrontation mit der marxistischen Klassenlehre als die liberale Gruppentheorie entstand das dichotomische Konfliktmodell der Elitentheorie. Es ist kein historischer Zufall, daß die Elitentheorie in einem Land wie Italien zuerst formuliert wurde, das relativ disparitätisch entwickelt war und große Schwierigkeiten mit der parlamentarischen Regierungsform hatte. Die Elitentheorie entstand aus der Skepsis enttäuschter Liberaler wie Mosca und wurde zu einem wichtigen Erklärungsschema für rechte politische Gruppen vom altliberalen Honoratiorenliberalismus bis zu faschistischen Ideologien. Marxistische Forscher lehnten den Begriff Elite ab, so sehr sie auch mit dem Massenbegriff gegenüber den Führungskadern operierten. Die marxistischen Sozialwissenschaften hatten jedoch in der

„Leitungswissenschaft" durchaus ein Pendant für die Elitenforschung. Zwar wird in einigen Elitentheorien von Pareto bis Dahrendorf ein Primat des Politischen gegenüber ökonomischen und sozialen Determinanten des sozialen Wandels behauptet. Aber die moderne Elitenforschung schließt andere methodische Ansätze keineswegs aus.

In den Definitionen der Elite wird nicht selten betont, daß der Besitz äußerer Machtmittel nicht ausreicht, um eine herrschende Gruppe als Elite zu charakterisieren. Die Anerkennung der Führungsrolle durch die Beherrschten oder (wenn man den Elite-Begriff nicht so sehr politisch verengt) die gesellschaftliche „Vorbildrolle" (Dreitzel 1962: 71) und ihre prägende Kraft für die Normen der Gesellschaft sind neben dem Einfluß zur Erhaltung oder Veränderung der Sozialstruktur Merkmale von Elite. Das Wort *élite* (von *élire* = auswählen) bezeichnete im 17. Jahrhundert Waren von besonderer Qualität, später wurde es auf „gehobene soziale Gruppen, militärische Einheiten und den Hochadel ausgedehnt" (Bottomore 1966: 7).

Die Verwendung des Elitebegriffes in der politischen Theorie war häufig mit dem Postulat nach Herrschaft der Besten verbunden: Die Herrschaft der Weisen bei Plato, die Herrschaft von „Auserwählten" oder „Kirchenältesten" bei verschiedenen religiösen Sekten, die Helden bei Carlyle, die Verherrlichung der Stärksten bei den Sozialdarwinisten hatten Einfluß auf die politische Theorie. In den Sozialwissenschaften bezeichnete Elite vorwiegend eine genau angebbare Leistungsqualifikation, ohne ethisches oder politisches Postulat. Im wertneutralen Sinn wird auch in der Umgangssprache von Elite im Sport und anderen Leistungsgruppen gesprochen. In der politischen Theorie des 20. Jahrhunderts flossen beide Verwendungsarten des Begriffes nicht selten zu einem ideologisch gefärbten Elitebegriff zusammen, der erst durch Sorel und Pareto im außerfranzösischen Sprachbereich als politischer Begriff weitere Verbreitung erlangte. In modernen Elitentheorien wurde Elite meist in einen Gegensatz zum Begriff Masse gestellt und die Elite als Rettung aus der Depravation einer nivellierten Massengesellschaft gepriesen.

Die moderne Elitentheorie hat häufig auf Machiavelli zurückgegriffen, der als erster moderner politischer Theoretiker einer aus den mittelalterlichen feudalen und religiösen Banden herausgetretenen Führungsgruppe von Staatsmännern Ratschläge zur Technik des Machterwerbs und der Machterhaltung gab. Er ging davon aus, daß die Mehrzahl der Beherrschten sich für die Macht nicht interessierte und nur durch außergewöhnliche Ereignisse zur politischen Aktivität gedrängt werde. Da für Machiavelli die Konflikte nicht durch das Recht (das Konfliktschlichtungsmittel der Menschen) gelöst werden konnten, war für ihn der Rückgriff auf die Gewalt (die Form des Konfliktaustrags der Tiere) unvermeidlich. Den Herrschern empfahl er daher, im Notfall „die Natur des Tieres und des Menschen anzunehmen". Anhand zoologischer Metaphern kam Machiavelli zu einer rudimentären Typologie der Eliten: Die Herrscher sollen zugleich Füchse und Löwen sein (Il Principe, Kap. XVIII). Burnham (1949: 225ff.) hat die Elitetheorien von Mosca, Pareto, Sorel und Michels unter den Begriff „Machiavellismus" zusammengefaßt, als dessen gemeinsame Lehre er die Thesen ansah: Alle sozialen Prozesse erklären sich aus der Trennung von Elite und Nichtelite; Ziel jeder Elite ist die Erhaltung der eigenen Macht; die Herrschaft der Elite beruht auf Gewalt und Betrug; rationale und logische Handlungen spielen im politischen Leben eine untergeordnete Rolle. Solche groben Vereinfachungen wurden weder der Lehre Machiavellis noch der der modernen Elitentheorie gerecht. Bei Saint-Simon hatte noch die „Gesamtgesellschaft elitären Charakter", erst bei Pareto wurde die Trennung von Elite und Nichtelite radikal vollzogen.

Allen modernen Elitentheorien liegt die Vorstellung der Allgegenwärtigkeit von Herrschaft zugrunde. Der Primat des Politischen gegenüber den ökonomischen und sozialen Determinanten des sozialen Wandels wurde implizit oder explizit von den meisten ideologischen Elitentheorien behauptet. Der „Wille zur Macht" (Nietzsche) oder eine menschliche Neigung zu „perpetual and restlesse desire of Power after power that ceaseth only in Death" (Hobbes: Leviathan, Kap. XI), dessen Folgen für Leib und Leben Hobbes im staatlichen Zustand durch bedingungslose Unterwerfung der Untertanen beseitigen zu können hoffte, wurde auch in modernen Elitentheorien immer wieder als Grundantrieb des Menschen hingestellt. Ein tiefer Pessimismus über die Menschennatur findet sich auch noch in einer demokratischen Elitentheorie wie der von Lasswell.

Die Elitetheorie in den neueren Sozialwissenschaften war sowohl eine Absage an den Historismus des 19. Jahrhunderts als auch eine Reaktion auf das dichotomische Zweiklassensystem des Marxismus. Paretos Satz „Die Geschichte ist ein Friedhof von Aristokratien" (Trattato § 2053) war zweifellos als Antithese zu dem Satz des ‚Kommunistischen Manifests' gedacht: „Die Geschichte aller bisherigen Gesellschaft ist die Geschichte von Klassenkämpfen." Die Schule von Mosca und Pareto suchte nach Erklärungen des sozialen Wandels, die für alle – auch für sozialistische – Gesellschaften gelten konnten, während der Klassenkampf nach marxistischer Lehre beim Übergang vom Sozialismus zum Kommunismus aufhören sollte. Nach Mosca ist die Theorie der „politischen Klasse" auf die kommunistische Gesellschaft genauso anzuwenden wie auf jedes andere Herrschaftssystem. Auch eine Theorie, die für alle Gesellschaften Geltung beansprucht, hat ihre zeitbedingten Wurzeln. Die Ablösung der traditionalen Führungsschichten und die Konflikte, die auf dem Weg zur modernen Industriegesellschaft entstanden, haben die schematische Trennung von Elite und Nichtelite gefördert. Die Elitenproblematik wurde vor allem in den Ländern diskutiert, in denen die demokratische Tradition am schwächsten war: in Deutschland und Italien. Gerade die „verspäteten Nationen" haben noch heute ein besonders schlechtes Gewissen bei der Verwendung des Begriffes Elite, und viele Forscher versuchen – nach dem Mißbrauch, der in faschistischen Systemen damit getrieben wurde – das Wort Elite zu vermeiden. In den angelsächsischen Ländern mit vergleichsweise verläßlicheren demokratischen Traditionen ist dagegen der Elitenbegriff ziemlich unbekümmert rezipiert worden, und Pareto wurde in Amerika eigentlich erst nach dem Zweiten Weltkrieg wirklich entdeckt. Elite wird in angelsächsischen Publikationen in sehr verschiedenen Bedeutungen – für Oberschichten, Status- und Prestige-Spitzengruppen, herrschende Cliquen und sogar für Lokalhonoratioren – verwandt.

Elitentheorien entstanden aus der Frustration über die vorherrschenden Klassifikationen der Staatsformenlehre in Staatslehre und politische Theorie. Die Art, wie eine organisierte Minderheit herrschte, schien wichtiger als die formelle Staatsverfassung. Großbritannien und Italien wurden unter den Typ der „konstitutionellen Monarchie" subsumiert. Mosca (1950: 54) wies mit Recht darauf hin, daß die beiden politischen Systeme ansonsten wenig gemein hatten. Der eigentliche Unterschied lag in der Art der Herrschaft der politischen Klasse. Mosca wie Pareto haben ihren Grundbegriff jeweils für wertfrei erklärt. Mosca (1950: 363) beanspruchte für den Terminus „politische Klasse" ein größeres Maß an Wertfreiheit. Pareto (1916: § 2031, 2033) aber hatte gleichfalls klargestellt, daß er keine normativ definierten Substanzeliten im Auge hatte. Als Elite ihres Metiers konnten auch Schachspieler oder Mätressen angesehen werden.

Der eigentliche Unterschied im Ansatz der Erforschung der organisierten Minderheit lag bei den beiden italienischen Klassikern der Elitentheorie in der Ansatzhöhe: Einige Elitentheorien gingen mehr von einem *sozialstrukturellen* Begriff aus, der fragte, was Elite *ist*. Andere waren mehr an der Suche nach einer Einheit interessiert, die auf *politische Aktion* ausgerichtet ist. Der Terminus „politische Klasse" war stärker auf die Frage ausgerichtet: was *tut* die Elite? Behavioralistische Ansätze haben in Amerika später gelegentlich den Ausdruck „Führung" bevorzugt, um das handlungsorientierte Frageinteresse zu verdeutlichen (z.B. Welsh 1979). Eine strikte Festlegung ergab sich aus diesen Differenzen freilich nicht. In der italienischen Forschung ist der Begriff „politische Klasse" vielfach später auch auf sozialstrukturelle, ja sogar auf institutionelle Kriterien verengt worden. Er umschrieb dann lediglich die Regierung und die Parlamentarier (Cotta 1979; 1982: 160). Ein engerer Elitenbegriff, wie ihn Pareto in der begrifflichen Ausdifferenzierung einer „*classe dirigente*" einführte, drohte dabei wieder abhanden zu kommen.

Der Suche nach der organisierten Minderheit als lose Gruppe stand die Suche nach einer Minderheit in Institutionen organisiert gegenüber. Mosca und Pareto hatten beide – aufgrund des „*trasformismo*" eines unklaren Parteiensystems – der Parteiorganisation geringe Aufmerksamkeit geschenkt. Bei Ostrogorski und Weber trat der innere Kern der Parteiorganisation – nach amerikanischem Muster „*Caucus*" genannt – ins Zentrum. Weber (1958: 522) wählte auch den Begriff der „*Berufspolitikerschicht*". Er erkannte klarer als die Elitentheoretiker vor ihm – ohne je das Wort Elite zu verwenden -, daß die Bürokratisierung das wirtschaftliche wie das politische System erfaßt hatte. Bei den italienischen Klassikern herrschte die Neigung, im Begriff „*Plutokratie*" eine Herrschaft der Reichen und Mächtigen zusammen zu sehen. Weber machte klar, daß die Parteienorganisation seiner Zeit „halb Honoratiorenwirtschaft, halb bereits Angestellten- und Unternehmerbetrieb", nicht nur negativ beurteilt werden durfte, weil er die Professionalisierung der Politik förderte. Robert Michels hatte genug von Max Weber gelernt, um den Bürokratisierungsprozeß nicht zu verkennen. Bei ihm wurde die organisierte Minderheit jedoch – am Anschauungsmaterial der SPD allzu sehr mit den Parteibeamten identifiziert. Die Parteienforschung zeigte später, daß die Parteibürokraten keineswegs die Spitze der Machtpyramide erklommen.

8. Elitentheorien

Versucht man, die verschiedenen Ansätze in einer Matrix zu veranschaulichen, so ergibt sich folgendes Bild:

	Sozialstruktureller Ansatz mit der Frage: was ist die Elite?	Handlungsorientierter Ansatz mit der Frage: was tut die Elite?
Minderheit als lose Gruppe	• Elite (Pareto) • Kapitalistische Klasse (bei einigen Marxisten) • Plutokratie, Demo-Plutokratie (Pareto) • Intellektuelle (Gouldner)	• Politische Klasse (Mosca) • Führung (Welsh und andere Behavioralisten)
Minderheit in einer Institution organisiert	• Classe dirigente (Pareto) • Caucus (Ostrogorski, Weber) • Parteibürokratien (Michels) • Manager (Burnham)	• Machtelite (Mills) • Nicht-Entscheidungs-Vetogruppe (Bachrach, Therborn, Offe)

Der Rückblick auf die Klassiker der Moderne legt nahe, den Terminus politische Klasse nur unter zwei Kautelen zu übernehmen:
(1) Eine zeitgenössische Analyse muß die Differenzierung der Sphären der Gesellschaft stärker akzeptieren, als es die älteren Theorien der „politischen Klasse" taten. Die politische Klasse ist weder identisch mit der Plutokratie, wie einige Traditionalisten wähnten, noch nur Agent des Kapitals, wie die Theoretiker der marxistischen Staatsableitungen in verschiedenen Schattierungen unterstellten. Seit Max Weber wächst die Einsicht, daß die politische Klasse der wirtschaftlichen Elite in einigen Charakteristika ähnlicher wird und daß der Unternehmeraspekt von Führung berücksichtigt werden muß. Von Max Weber ist in diesem Punkt mehr zu lernen als von den italienischen Elitentheoretikern.
(2) Der Ausdruck „politische Klasse" muß im Gegensatz zu Mosca und Pareto den Aspekt der Parteiorganisation ins Zentrum stellen. Dies kann jedoch nicht mit wertenden Begriffen wie „Verschwörung" geschehen durch die eine im „Caucus" organisierte Minderheit die ignoranten Massen zu unterjochen trachtet. Andererseits darf der Aspekt der Parteibürokratie nicht so übertrieben werden wie bei Michels. Die empirische Parteienforschung hat den Aufstieg der Parteibürokraten im Sinne Michels nicht bestätigt. Das Gemisch von Dilet-

tantenverwaltung und bürokratisiertem Anstaltsbetrieb, das Weber einst konstatierte, blieb auch für spätere Phasen der Entwicklung der Parteiendemokratie relevanter als Michels polemische Überhöhung des Prügelknaben „Parteibürokrat".

Die Herrschaft der organisierten Minderheit bei Mosca hat zudem das Phänomen der alternierenden Regierung zu wenig in die Betrachtung einbezogen. Das Konzept der politischen Klasse wurde am Ende des 19. Jahrhunderts weitgehend aufgrund von Erfahrungen in Italien und Frankreich gewonnen. Dort haben große diffuse und wenig organisierte Fraktionen den parlamentarischen Betrieb beherrscht. Die „chorégraphie ministerielle" hat jahrzehntelang trotz aller Regierungsinstabilität immer die gleichen Cliquen an der Macht gehalten. Im „trasformismo" Depretis' wurde das rudimentäre Zweiparteiensystem von starken Ministerpräsidenten, die sich Mehrheiten notfalls durch Korruption beschafften, sogar planmäßig verwischt. Regierung und Opposition hatten sich nicht in gleichem Maße entwickelt wie in demokratisierten parlamentarischen Systemen. Sie sind bis heute in einigen Ländern nicht in dem Maße entwickelt, wie es eine sehr abstrakte Code-Idee Luhmanns unterstellte, die etwa ab der französischen Revolution eine Verdoppelung der Selbstperzeption des politischen Systems in Opposition und Regierung entstehen sah. In vielen fragmentierten Systemen ist diese dualistische Sicht, ein gleichsam gebändigtes Freund-Feind-Denken, das seine Schmittianische Bürgerkriegsmentalität ablegte, noch immer eine starke Vereinfachung der Realität.

Wo die alternierende Regierungsweise funktioniert – und das ist nicht nurmehr in den britisch geprägten Systemen der Fall -, wäre es eine grobe Vereinfachung, Regierung und Opposition unterschiedslos als eine politische Klasse anzusehen, so stark ritualisiert der Konfliktaustrag auch erscheinen mag. Der binäre Code funktioniert allenfalls in Ländern, die nicht mehr von einem latenten ideologischen Bürgerkrieg bedroht sind und in denen coup d'etat oder gar Revolution als ausgeschlossen gilt. Für gefestigte Demokratien hat die Elitenforschung von einer „konsensuell geeinten Elite" gesprochen (Highley u.a. 1976: 87). In ihr sind alle einflußreichen Personen bereit, im Fall eines Konflikts fundamentaler Interessen parteiliche Interessen zugunsten der Erhaltung der bestehenden Institutionen zurückzustellen. Bei Pareto mehr noch als bei Mosca war die Revolution als Mittel einer beschleunigten Elitenzirkulation weit stärker einkalkuliert. Das Faktum, daß die Mitglieder der politischen Klasse in modernen Demokratien bei Innovationsentscheidungen – im Gegensatz zu Routine-Entscheidungen – bereit sind, sich mit ihrer „zweiten Wahl" bei einer Entscheidung zufrieden zu geben, wenn es um die Erhaltung der Spielregeln des Systems geht, wurde von Mosca bis Michels noch nicht gesehen.

Die ältere Theorie der politischen Klasse stand vor einem Dilemma: einerseits überschätzte sie die Kohärenz der Klasse, andererseits konnte sie in jener Übergangsepoche – nach dem Zerfall einer religiösen Legitimationsgrundlage und vor der Durchsetzung eines demokratisch-prozeduralen Mechanismus der Konsensfindung – den ideologischen Grundkonsens des Systems kaum feststellen. Die politische Klasse schien vielfach geeinter als sie war, weil sie im Elfenbeinturm eines noch zensitären Wahlrechts die Gegeneliten von der Macht ausschloß. Das änderte sich erst nach 1918.

Mit der Demokratisierung der Systeme wurde es schwerer, über den Grundkonsens hinaus die soziale Homogenität und ideologische Geschlossenheit der politischen Klasse zu belegen. Einer der bekanntesten Interpreten von Moscas Werk, James H. Meisel (1958: 4), hatte eine C-Formel für den Nachweis des Zusammenhalts der politischen Klasse vorgeschlagen. Mit dieser Formel wurden strengere Kriterien als Mosca und Pareto sie entwickelt hatten, an den Nachweis der politischen Klasse gebunden. Die drei Cs lauteten im englischen Original „consciousness, coherence and conspiracy". Die deutsche Fassung des Buches eines Gelehrten, der die Übersetzung sachkundig autorisieren konnte, da er aus dem deutschsprachigen Raum stammte, hat bezeichnenderweise nicht nur die schöne Symmetrie der drei Cs als unübersetzbar opfern müssen, sondern sprach statt von „conspiracy" nur noch von „Zusammenarbeit". Als „cooperation" hätte die Ästhetik der drei Cs gerettet werden können, ohne die Mißverständnisse zu übernehmen, auf die Meisel sich einließ, daß er allzu leichtfertig Äußerungen von Mosca über „Konspiration" in seine Formel aufnahm. Die C-Formel ist in der Literatur häufig kritisiert worden, weil sie nicht mit den Intentionen Moscas und Paretos übereinstimme. Das Argument bleibt schwach: warum soll es einem Autor, der nicht nur immanente Text-Rekonstruktion anstrebt, verwehrt sein, die Operationalisierbarkeit eines Begriffes über die Intentionen eines Klassikers hinaus zu entwickeln? Die Formel sollte daher nicht an der Treue zu Moscas Texten, sondern an der Brauchbarkeit für die empirische Abgrenzung einer politischen Klasse getestet werden.

Eine breite empirische Elitenforschung gibt es erst seit dem Zweiten Weltkrieg. Mosca und Pareto hatten ihre weitreichenden Theorien nur mit einigen wahllos aus der Geschichte gewählten Beispielen exemplifiziert, in ihrer historischen Methode haben sie mit Machiavelli tatsächlich manches gemeinsam. R. Michels zog aus der schmalen empirischen Basis seiner Kenntnis der deutschen Sozialdemokratie viel zu weitreichende Schlüsse. Noch Lasswells bekanntes Buch ‚Politics. Who gets what, when, how?' (1958: 13) simplifizierte die alte Dichotomie: „The influential are those who get the most of what there is to get. Available values may be classified as deference, income, safety. Those who get the most are elite; the rest are mass." Trotz solcher Simplifizierungen ging gerade von Lasswell der entscheidende Impuls für die moderne Elitenforschung aus. Anfang der 50er Jahre initiierte er zusammen mit Lerner ein Programm zur Erforschung „of the Revolution and the Development of International Relations" (RADIR), ab 1951 erschienen einzelne Studien in Stanford über die Eliten der weltrevolutionären Bewegungen (gesammelt 1965).

Da die Elitentheorie in einer bestimmten sozialen Lage weite Verbreitung erlangte, kam der Gedanke auf, daß der Elitebegriff nur für einen begrenzten historischen Zeitraum brauchbar sei. Pareto und Mosca hatten ihn zeitlich unbegrenzt verwandt, und Paretos Schülerin Kolabinska (1912) verwandte die Theorie Paretos zur Erforschung der französischen Aristokratie seit dem Mittelalter. Einige Forscher wollen den Elitebegriff erst dort verwenden, wo der Adel aufgehört hat, die Führungsschicht nach dem Blutsprinzip zu rekrutieren. Bei einer solchen Einschränkung wird der Adel leicht als eine allzu abgeschlossene Führungsschicht gesehen. Studien von adligen Führungsschichten wie die von Preradovich (1955) ergaben, daß die Machtelite sich immer aus breiteren Schichten als dem Adel im engen Sinne rekrutierte und daß die soziale Mobilität auch in Preußen und Österreich größer war, als man gemeinhin angenommen hat. Untersuchungen wie die von Jaeggi (1960), die sich nicht auf die formellen Herrschaftspositionen beschränken wollten, neigten ebenfalls nicht zu einer historischen Relativierung des Elitebegriffs. Nach Jaeggi gehören zur Elite alle Gruppen, die dichotomisch und nicht hierarchisch verteilte Machtpositionen innehaben. Zu ihnen gehören auch die „grauen Eminenzen" und „Drahtzieher" ohne formelle Herrschaftspositionen. Das Problem der Elite in der historischen Forschung ist eng mit der Erforschung der sozialen Mobilität verbunden: „Denn die gesellschaftlich vermittelte und ausgeübte Macht wird nicht regellos und zufällig an bestimmte Personen und Personengruppen verteilt, sondern auf Grund bestimmter, der Sozialstruktur immanenter Notwendigkeiten" (Schluchter 1963: 240). Auch Fürstenberg (1962: 147) hat in einer Studie nachgewiesen, daß die Struktur des Aufstiegsprozesses „konstituierende Bedeutung für die Struktur gesellschaftlicher Führungsgruppen" hat.

Im Anschluß an Max Webers Forschungen über den Zusammenhang von rationaler Herrschaft und Bürokratie haben einige Wissenschaftler den Elitenbegriff strikt auf moderne Industriegesellschaften beschränkt. Die Klassenherrschaft, die vorwiegend auf dem Besitz der Produktionsmittel beruht, wurde in dieser Sicht durch die „Elitenherrschaft" abgelöst, durch die Herrschaft von Gruppen, die nicht mehr durch Blut oder Besitz rekrutiert werden, sondern allein durch Leistungsqualifikation. Substanzeliten werden nach dieser Lehre durch Leistungseliten verdrängt (Dreitzel 1962: 44). Auch der Umkehrschluß wurde gezogen, daß jede Leistungsgesellschaft elitären Charakter trägt. Legitimationsgrund der Leistungselite ist die Rationalität des Ausleseprozesses, wie sie in der Rekrutierung der Bürokratie am frühesten angewandt worden ist. Militärische Qualifikation, Bildungsqualifikation, unternehmerische Leistung, politische Elitebildung mit besonderer ideologischer und rhetorischer Ausbildung stehen noch nebeneinander. Nicht jede Gruppe kann ihre Elite nach gleichen Kriterien auslesen, obwohl die Leistungsqualifikation die Tendenz hat, universal zu werden. Die Eliten einzelner Gruppen und Subkulturen entwickeln daher trotz verschiedener Auslese immer mehr eine integrierende Kraft auf das soziale Gesamtsystem. Als Kennzeichen der modernen Industriegesellschaft gilt, daß die Bedeutung der eigenen Arbeit in der Gesamtgesellschaft über Status und Position des einzelnen entscheidet (Dreitzel 1962: 73).

Diese Verengung des Elitebegriffes auf die Industriegesellschaft ist nicht von allen Forschern akzeptiert worden. Schon Mannheim (1958: 106) vertrat die Ansicht, daß die drei Selektionsarten Blut, Besitz und Leistung selbst in der modernen Demokratie noch kombiniert werden. Mosca (1950: 61) hatte bei herrschenden Klassen generell die Tendenz „zur gesetzlichen Erblichkeit" festgestellt und damit dem Blutsprinzip eine auch für die Gegenwart übergebührliche Bedeutung beigemessen. Die englische *Gentry* ist in gesellschaftlicher Stellung und politischer Funktion noch bis ans Ende des 19. Jahrhunderts oft als Vorbild einer Elite im konstitutionell-parlamentarischen Staat angesehen worden (Stammer 1951: 513). Schluchter (1963: 250) sah dagegen auch das Leistungsprinzip in älteren Gesellschaften für einflußreich an. Um den Elitebegriff für verschiedene Gesellschaften anwenden zu können, unterschied er Werteliten, die wertrational-traditional ausgewählt werden, von zweckrationalen Funktionseliten und emotional-utilitaristischen, delegierten Repräsentationseliten. Diese dritte Gruppe bezeichnete eigentlich kein Prinzip von universaler Bedeutung, sondern charakterisierte vornehmlich eine bestimmte Elite der repräsentativen Demokratie, die mit dem Leistungsbegriff bis heute nicht hinreichend gefaßt werden kann.

Eine vielseitige Verwendung des Elitebegriffes auf Gesellschaften verschiedenen Entwicklungsstandes bietet eine Typologie Kornhausers (1959: 40f.), der die Gesellschaftsformationen überhaupt nach ihrem Verhältnis von Elite und Massen einteilt, und zwar nach dem Kriterium des Zugangs zur Elite und der Mobilisierbarkeit der Massen. Der Begriff der „communal society" bezeichnete für ihn eine traditionale Gesellschaft, in der die Elite kaum zugänglich ist, aber auch die Massen durch die Elite in der Regel nicht mobilisiert und manipuliert werden können, da sie fest in ihren traditionalen Banden von Familie, Nachbarschaft und Gemeinde ruhen. Die pluralistische Gesellschaft kennzeichnete für Kornhauser die Zugänglichkeit der Eliten bei mangelnder Mobilisierbarkeit der Massen, die in autonomen Gruppen vielfacher Art organisiert sind. In der Massengesellschaft dagegen wurden die Massen als mobilisierbar gedacht, obwohl auch hier die Elite Aufstiegswilligen zugänglich ist. Totalitäre Gesellschaft schließlich wurde durch eine unzugängliche Elite und einen hohen Grad der Mobilisierbarkeit atomisierter Massen definiert. Diese Vierteilung der Gesellschaften ist recht holzschnittartig, und die Thesen über totalitäre Gesellschaften werden zunehmend schiefer. Es war jedoch ein Verdienst Kornhausers, die moderne Industriegesellschaft nicht unterschiedslos als „Massengesellschaft" eingestuft zu haben, wie das in der älteren Elitentheorie häufig geschah. Verdienstvoll war auch die differenzierte Betrachtung der Massen, deren soziale Mobilität und innere Gliederung in den vier Modellen berücksichtigt wurde.

Die politische Soziologie ist bei solchen groben Typologien nicht stehengeblieben. Die Erforschung einzelner politischer Kulturen und des vorherrschenden Organisationsgefüges und des Konfliktaustrages in den Gesellschaften hat gezeigt, daß Elite und Massen nicht schematisch einander gegenübergestellt werden können. Nicht jede politische Kultur tendierte zur krassen Dichotomie von Herrschern und Beherrschten.

Alle Versuche der Quantifizierung von Elite neigen zur Überschätzung der Einheitlichkeit und Kohäsion der Elite. Reißerische Berichte über die 50 oder 400 Familien Amerikas können als nicht ernstzunehmende Versuche übergangen werden. Aber auch empirische Studien haben immer wieder Zahlen für einzelne Länder zu geben versucht. Für Großbritannien kam man zu einer Elite, die etwa 11 000 Personen umfaßt (Guttsman 1963: 328), für Italien hat man 4 000-5 000 Personen (Meynaud 1966: 361), für die USA 5 416 Positionen (Dye 1919: 14) angenommen, die Einfluß auf wichtige Entscheidungen haben. Aber auch wo auf genaue Zahlen verzichtet wurde, erwies sich die pauschale Einteilung von Massen und Eliten als revisionsbedürftig.

Hatten die Klassiker den Leser mit vagen Zahlenangaben wie „ein paar Dutzend Leute" oder auch „über Hundert" entlassen, sind erst neuere Netzwerkstudien zu präziseren Angaben vorgedrungen. Sie gaben sich nicht mehr mit der Addition wichtiger Posten zufrieden, mit der ein positioneller Ansatz quantitative Kriterien zu gewinnen trachtete. Vergleichende Netzwerkanalysen haben für westliche Demokratien von Deutschland und Norwegen bis Australien und USA relativ ähnliche Größenordnungen zutage gefördert. Der innere Zirkel, der sich aus Verdichtungen der Interaktion zusammensetzte, variierte von 227 bis 418 (Highley u.a. 1991). Nur die Zusammensetzung der Segmente enger Interaktion wies große Unterschiede auf, vor allem im Hinblick auf die Medieneliten und die Gewerkschaftsführungen.

Ähnlich wie beim Begriff Klasse genügt es bei der Elite nicht, die Existenz einer herrschenden Schicht festzustellen. Politische Folgen hat die Existenz solcher Aggregate erst, wenn sie durch ein Gruppenbewußtsein zusammengehalten werden. Unter marxistischem Einfluß wurde den Machteliten häufig ein einheitliches Bewußtsein – das der produktionsmittelbesitzenden Bourgeoisie – unterstellt. In Zeiten starker außerparlamentarischer Kritik am „Establishment" wird die Elite wiederum als einheitlich handelnde Schicht mit einem Verschwörernimbus umgeben. Neben den „etablierten Eliten" gab es jedoch immer auch „abstrakte Eliten", die mit der herrschenden Oberschicht nur die Eliteposition gemeinsam haben, ohne durch Familienbeziehungen, einheitliche Schulung und enge Kontakte verbunden zu sein.

Selbst Forschungen über die britische Elite, der oft eine besondere Kohäsion und Homogenität nachgesagt wird – da ihr Herrschaftsanspruch durch keine revolutionären Umbrüche angetastet worden ist – konnten kein einheitliches Establishment nachweisen. Man fand nur eine Reihe von konkurrierenden Establishments (Sampson 1963: 562). C. W. Mills (1961: 241) hat trotz einer Differenzierung der drei mächtigsten Gruppen der bürokratischen, wirtschaftlichen und militärischen Hierarchien dem Mythos von der einheitlichen „power elite", welche die Massen in der Vormundschaft eines „conservative mood" hält, Vorschub geleistet. Die Elitentheorie der sechziger Jahre hat sich daher in ständiger Auseinandersetzung mit Mills Thesen befunden. Die Gemeindeuntersuchungen haben die Thesen Mills auf der fundiertesten empirischen Basis widerlegen können: Gerade die lokale Elite hat man gern als besonders einheitlich und verbunden angesehen. Aber selbst dort, wo mächtige Gruppen in räumlicher Nähe lebten, ließ sich nicht einmal eine ständige Zusammenarbeit und Kommunikation der *top leaders* nachweisen. Banfield (1961: 296) schilderte eindringlich, welcher Aufwand von Konferenzen, Arbeitsfrühstücken mit Vizepräsidenten, *branch managers, supervisors,* Kaufleuten und Politikern nötig ist, um eine lokale Elite auch nur um ein gemeinsames Interesse zu scharen. Selbst wenn dieser Aufwand von Erfolg gekrönt ist, ist einheitliches Handeln der Mächtigen nicht die Regel. Die potentielle Macht einer Elitegruppe, die unbegrenzte Geldreserven zur Beeinflussung einer politischen Entscheidung mobilisieren kann, wird nur selten gebraucht. Gruppen mit relativ geringem Potential der Einflußmöglichkeiten, aber einem hohen Grad an Homogenität, haben ihre Wünsche oft besser durchsetzen können als die mächtige, aber heterogene Elite im engeren Sinne, wie die Interessengruppenforschung immer wieder erweist. Dahl (1958: 465) hat daher mit Recht davor gewarnt, aus dem Fehlen politischer Gleichheit bereits auf die Existenz einer „ruling elite" zu schließen. Die große Gruppe des „neuen Mittelstandes", die Bottomore (1966: 11) auch „Subelite" genannt hat – die hohen Beamten, Manager, Wissenschaftler, Ingenieure und Intellektuellen -, liefert nicht mehr nur den Nachwuchs für die Spitzengruppe oder die herrschende Elite im engeren politischen Sinn, sondern wird auch für die Durchsetzung von Entscheidungen immer wichtiger. Die moderne Lehre der Kommunikation hat gezeigt, daß die *top leaders* häufig gar nicht die günstigste Position innehaben, um Entscheidungen durchzubringen. Ein *strategic middle level* (K. W. Deutsch: The Nerves of Government. New

York, Free Press 1963: 154) erweist sich oft als entscheidend. Nicht die Spitzen der Hierarchien sind die Bestinformierten, sondern eine mittlere Gruppe, die von der Spitze und der Basis der Machtpyramide gleich weit entfernt ist und aufgrund dieser Mittelposition große Vorteile im Informationsprozeß genießt. Deutsch hielt es für keinen Zufall, daß Militärputsche meist von Obersten durchgeführt werden. Der Oberst im Militär, die obersten Ministerialbeamten, die Redakteure großer Massenkommunikationsmittel gehören zu diesen mittleren Positionen, und für diese Subeliten ließ sich oft ein einheitlicheres Handeln nachweisen als für die *top leaders*.

Die zweite Frage der Elitenforschung, *was* eine politische Klasse *tut*, ist systematisch erst seit der Entwicklung der Politikfeldanalyse studiert worden. Da die politische Klasse offensichtlich in modernen Wettbewerbsdemokratien viele widersprüchliche Dinge tut, hat man nach Methoden gesucht, die vermeiden helfen, daß ein voreilig pluralistisches Bild entsteht. Es wurde entdeckt (Bachrach/Baratz 1970: 44), daß nicht nur ermittelt werden muß, was die politische Klasse tut, sondern auch was sie *nicht tut*. Die Frage mancher Linker, die dem simplen Agentenansatz abgeschworen hatten, „was tut die herrschende Klasse, wenn sie herrscht?" (Therborn 1980: 161), drohte mit dieser Betrachtungsweise freilich wieder in eine Binsenweisheit einzumünden: „Sie reproduziert im wesentlichen die wirtschaftlichen, politischen und ideologischen Beziehungen ihrer Herrschaft". Der Nichtentscheidungsansatz kam zur Tautologie, daß Kapitalisten keinen Sozialismus zulassen, und die Suche nach den positiven Entscheidungen ließ in jeder Entscheidung eine bestandserhaltende Maßnahme wittern, ohne daß genügend thematisiert wurde, daß ganz unterschiedlich intentional bestandserhaltende Entscheidungen der politischen Klasse funktional bestandsgefährend wirken können.

Daß politische Klassen für ihren Staat ein „entfremdetes Interesse an sich selbst" entwickeln (Offe), wurde nach der autopoietischen Wende der Systemtheorie weniger verwunderlich gefunden. Die Systemerhaltungsinteressen werden vielfach nicht mehr als „entfremdet", sondern als ganz unvermeidlich gewürdigt. Nach der Entwicklung vom Neomarxismus zum Postmarxismus hat sich das Konzept der politischen Klasse gleichsam als mittlere Abstraktionsebene angeboten. Auf der einen Seite wird die hochabstrakte Staatsdebatte überwunden, die lange Merkmal eines „teutonischen Denkens" im Sinne von Johan Galtung war. Auf der anderen Seite verliert sich die Theoriebildung nicht im Gewimmel einzelner pluralistischer Akteure. Die

Analyse darf sich einerseits nicht auf große kontroverse Entscheidungen beschränken, die es leicht macht, das selbstproduzierte Aha-Erlebnis einer Non-Decision zu genießen. Auf der anderen Seite muß sie sich über die deskriptive Fallstudie zu erheben versuchen.

Wo sich die Analyse auf ein paar Routineentscheidungen beschränkt, hat sich keineswegs immer ein einheitliches Klasseninteresse der beteiligten Akteure nachweisen lassen (Laumann/Knoke 1987: 383). Kurzsichtige Strategien der Beteiligten und „unheilige Koalitionen", die der Maximierung eines partiellen Ziels dienen, können zu Entscheidungen führen, die gegen das „wohlverstandene Interesse" der Status-Quo-Erhaltung der beteiligten Akteure steht. Wo Teile einer herrschenden Klasse Einzelziele nicht zugunsten der Systemerhaltung zurückstellen, sondern nach der Devise handeln, daß „gut für Amerika ist, was gut für General Motors ist", kann bei Überwiegen eines solchen Einflusses das übergeordnete Bestandserhaltungsinteresse auch empfindlich geschädigt werden.

Die Beantwortung der Frage „was tut die politische Klasse" ist nicht ohne empirische Erforschung der Netzwerke möglich. Zwei Ansätze sind üblich:

- Die Interaktionsmuster werden nach den Bedingungen sozialer Kohäsion für die verdichteten Interaktionsfelder abgesucht.
- Das Modell der strukturellen Äquivalenz versucht Personen mit ähnlichen Verbindungsmustern zu anderen herauszustellen.

Die meisten Elitenstudien waren deskriptiver Natur, die mit Methoden des Positionsansatzes, mit der reputationellen Methode, welche durch Umfragen unter den beteiligten Akteuren die inneren Zirkel aufzuspüren versucht, und mit dem Entscheidungsansatz, der einzelne Entscheidungsprozesse analysiert und mit anderen vergleicht, arbeiteten. Als Theorien verstanden sich nur wenige Ansätze.
(1) Am stärksten war der Theoriecharakter in den *Zirkulationsmodellen* gewahrt, die mit dem Anspruch prädiktiver Kraft vertreten wurden. Marie Kolabinska, eine Schülerin Paretos, hat mehrere Zirkulationstypen für die französischen Oberschichten herausgearbeitet: 1) Individuen aus den unteren Schichten gelingt der Eintritt in eine bestehende Elite, 2) Individuen der unteren Schichten bilden neue Eliten. Die Zusammenhänge zwischen individueller sozialer Mobilität und dem Auf- und Abstieg ganzer Gruppen wurden jedoch auch bei der Herausarbeitung dieser beiden Mobilitätsprozesse nicht deutlich. Paretos Elitentheorie wollte – ähnlich wie Marxens Klassentheorie –

vor allem einen Beitrag zur Erklärung von Revolutionen leisten: „Revolutionen entstehen, weil sich bei langsamer werdendem Kreislauf der Eliten oder aus anderen Ursachen Elemente mit unterlegenen Eigenschaften in den Oberschichten ansammeln" (Trattato § 2057). Paretos Theorie versuchte ebenfalls zu erklären, warum die Unterschichten in Revolutionen meist von Angehörigen der Elite geleitet werden (§ 2058). Die Erklärung der Faktoren, die im konkreten Fall eine Revolution auslösen, ist aber durch den Hinweis Paretos auf die blockierte soziale Mobilität nicht geleistet. Seine Revolutionstheorie läßt daher keine Hypothesen zu, die empirisch verifiziert oder falsifiziert werden können. Das Handeln einer revolutionären Gegenelite konnte von Pareto noch weniger erklärt werden als von den Marxisten das angebliche Handeln ganzer Klassen in bestimmten historischen Augenblicken. Neuere Elitenforscher haben daher nicht nur die soziale Mobilität in der Gesellschaft studiert, sondern auch die Mobilisierbarkeit der Massen und ihren Organisationsgrad in die Analyse mit einbezogen (z.B. Kornhauser). Der marxistische Ansatz erwies sich für die Revolutionstheorie als fruchtbarer als der paretanische.

Nur in einzelnen Aussagen konnten Paretos Lehren erhärtet werden. Die Studien unter Lasswell und Lerner (1965: 319ff.) über revolutionäre Eliten zeigten, daß z.B. in China die Kuomintang-Elite und die kommunistische Elite – entgegen der kommunistischen Selbstdarstellung – weitgehend aus den gleichen oberen Schichten kamen. Über den marginalen Ursprung der Nazi-Elite oder die Veränderungen der sowjetischen Elite mit der Verdrängung der alten revolutionären Intelligenz durch neue technische Eliten haben einzelne Studien wertvolle, aber noch keineswegs ausreichende Informationen geben können (ebd.: 459). Die Rolle der Ideologien, von Symbolen (Lasswell) oder „politischen Formeln" (Mosca) wurde durch die Elitenstudien ebenfalls stark befruchtet.

(2) In Anlehnung an paretanische Gedanken entwickelte der ehemalige Trotzkist James Burnham 1941 die Theorie, daß die Kapitalbesitzer von den *Managern* zunehmend entmachtet würden und diese ein Bewußtsein entwickelten, das dem der Manager in sozialistischen Staaten zunehmend ähnlicher werde. „Stellung, Aufgabe und Funktion der Manager sind in keiner Weise davon abhängig, daß die kapitalistischen Eigentums- und Wirtschaftsverhältnisse erhalten bleiben; sie beruhen auf der technischen Natur des modernen Produktionsvorganges" (Burnham 1951: 112). Für Burnham war entscheidend,

nicht wer nominell Eigentümer der Produktionsmittel war, sondern wer den Zugang zu ihnen kontrollierte und die Privilegien genoß, welche diese Kontrolle schafft.

Eine Abwandlung dieses Theorie-Ansatzes stellt die *Technokratiehypothese* dar, die vor allem in Frankreich nach dem Zweiten Weltkrieg durch Jacques Ellul und Jean Meynaud populär wurde. Sie hatte in Amerika jedoch ältere Vorläufer, wie Thorstein Veblens ‚The Engineers and the Price System' (1921) und die technokratische Bewegung der 30er Jahre. Die Vorherrschaft von Experten, die durch die Übermacht des wissenschaftlichen und technischen Sachverstandes Bürokratien, gesellschaftliche Organisationen und Parteien in gleicher Weise zu beherrschen drohen und vermittels eines sich immer stärker ausdifferenzierenden Geflechts von Kommissionen, Planungsorganen und Koordinationsstäben den Entscheidungsspielraum politischer Instanzen immer mehr einengen, wurde in den 60er Jahren eine der wichtigsten Möglichkeiten konservativen Sachzwangdenkens, das die Skepsis von wissenschaftlich-technischen Laien gegenüber Partizipation und Diskussion ausbreiten half. Auch diese Hypothese mündete nicht selten in eine Konvergenztheorie ein, die davon ausging, daß die ideologisch-politisch sich legitimierenden Parteieliten sozialistischer Systeme immer stärker durch die technokratische Intelligencija, die sich durch Wissen und Sachverstand auszeichnete, von den Schalthebeln der Macht verdrängt würden und somit neue Verständigungsmöglichkeiten der Technokraten in kapitalistischen und sozialistischen Systemen entständen. Diese Hypothese erwies sich als falsch.

(3) Die bekannteste Elitentheorie in der Zeit nach dem Zweiten Weltkrieg ist die Theorie der *Power Elite* von Charles Wright Mills. Mills verstand seine Theorie als Versuch, die bis dahin verbreiteten Erklärungen der Machtkonzentration in Amerika durch die „60 amerikanischen Familien" oder die Managerrevolutionstheorie zu widerlegen (1961: 28). Er sah enge Zusammenhänge zwischen Militärelite und Wirtschaftselite, zumal er die moderne Wirtschaft als eine Art „Kriegsindustrie" hinstellte. Sein Buch wurde daher von Marxisten gern zitiert und wurde sogar ins Russische übersetzt. Unmarxistisch ist jedoch der Schluß, den Mills zog „The very rich do not reign alone on top of visible and simple hierarchies" (ebd.: 117). Lasswell/Lerner/Rothwell (1952: 15) kamen zu dem Ergebnis, daß der Aufstieg der Businessmen seit der großen Krise der Weltkriege aufgehalten worden sei und die politische Elite die Wirtschaftsführer an den

Schalthebeln der Macht abgelöst habe. Mills hat unter Macht überwiegend die Teilnahme an großen Entscheidungen verstanden. Auch Lasswell/Kaplan (1950: 206) hoben eine *ruling class* als aktivsten Teil der Elite besonders heraus. Mills hat jedoch seine Power Elite bewußt vom Klassenbegriff der Pareto-Mosca-Schule abgehoben. Er sah Klassen zu Recht mit der Nebenbedeutung verbunden, daß eine wirtschaftliche Gruppe die Politik beherrscht, da er daran festhielt, daß Klassen Gruppierungen nach ihrer Stellung zu den Produktionsmitteln heißen sollen. Andere Forscher haben den Klassenbegriff gerade auf das Verhältnis von herrschenden und beherrschten Gruppen verengt. R. Dahrendorf (Soziale Klassen und Klassenkonflikt 1957: 144) betonte die Unabhängigkeit der Klassenanalyse und der Untersuchung der sozialen Schichtung. Ihre Verbindung sah er darin, „daß Herrschaft, der Bestimmungsgrund sozialer Klassen, zugleich einer der Bestimmungsgründe sozialer Schichtung ist". Klassen definierte er als „Gruppierungen der Träger von Positionen gleicher Autorität in Herrschaftsverbänden" (ebd.: 145). Wirtschaftliche Klassen waren für Dahrendorf nur ein „Sonderfall des Klassenphänomens", und er lehnte sich damit wieder an die alte Theorie Moscas an, so sehr er den „präsoziologischen Charakter" einiger Thesen Moscas auch kritisierte. Um dem Vorwurf vorzubeugen, auch er mystifiziere die Einheit der herrschenden Klasse, half er sich damit, daß man „analytisch" in jeder Gesellschaft eine Zweiteilung vornehmen könne, „empirisch" aber können die „die politische Szene einer bestimmten Gesellschaft beherrschenden Klassenkonflikte als Vielfrontenkrieg konkurrierender Gruppen erscheinen" (ebd.: 143).

Allen Aussagen über das Verhältnis von politischer und Wirtschaftselite haftet bisher etwas Schematisches an, da nicht genügend empirische Vorarbeit geleistet wurde. Hacker (1966: 144) sah seine Zeit durch ernsthafte Spannungen zwischen beiden Eliten gekennzeichnet. Kommunikationsstörungen, Mißverständnisse über ihre Zielsetzungen, Unterschiede der Herkunft und Erfahrung (viele Politiker sah Hacker im Vergleich mit der Wirtschaftselite als provinziell an) machte er für diese Spannungen verantwortlich. Oft ist behauptet worden, die Wirtschaftselite stünde in der Prestigehierarchie höher als die unsichere und kurzlebigere politische Elite. Das hat sich in empirischen Studien nicht verifizieren lassen. Presthus (1964: 210) betonte vor allem das Bündnis zwischen wirtschaftlicher und politischer Elite. Andere Lokalstudien haben ergeben, daß die Reichsten keineswegs die Mächtigsten in der Gemeindepolitik sind. Sie fielen zum Teil sogar durch große politische Zurückhaltung auf, während die Mitglieder einiger Subeliten stärker hervortraten. Banfield (1961: 292) sprach von einem ausgesprochenen *staff assistant ethos* in der Politik einer großen Stadt wie Chicago. Er erklärte die Zurückhaltung der Wirtschaftselite unter anderem damit, daß die Manager sich heute weniger mit „ihrer Stadt" identifizieren als die früheren Großkapitalisten, da eine Stadt oft nur Durchgangsstufe ihrer Karriere sei. Selbst wenn die Reichsten und Mächtigsten in der Wirtschaft in der Lage schienen, ihre Interessen bei politischen Streitfragen durchzusetzen, machten sie davon seltener Gebrauch als angenommen. Mangelnde Kommunikation, mangelndes einheitliches Interesse waren auch hier auffallend. Auch wenn die formelle Organisation der Reichen und der Manager in Interessenverbänden solche Ergebnisse über lokale Eliten nicht ohne weiteres auf die nationale Politik übertragbar erscheinen läßt, so ergibt sich bei Einflußstudien auf nationaler Ebene dennoch kein so eindeutiges Bild, wie einige reißerische Enthüllungen (im Stile Pritzkoleits und Lundbergs) unterstellten.

Neuere Hypothesen, die an Mills anknüpfen, neigten dazu, die politische Elite in ihrem Einfluß noch geringer anzusetzen als Mills und sprachen nur noch vom „industriell-militärischen Komplex" (Pilisuk/Hayden 1969).

Die theoretische Aussagekraft des Machtelitenmodells ist nicht sehr groß. Die Darlegung der Interaktion der drei Elitenteile bleibt bei Mills durchaus im Rahmen der üblichen Deskription und wird auch dem Anspruch nach nicht in Form allgemeiner Sätze über kapitalistische Gesellschaften vorgebracht. Abgesehen von der generellen Gefahr, daß die Elitentheorie zur Verherrlichung von Herrschaft und bestimmter Gruppen, die sie ausüben, mißbraucht wird – wie das vor allem bei Pareto und Michels der Fall war, die starke Konzessionen an den italienischen Faschismus machten –, drohen zwei Gefahren der Harmonisierung in Elitentheorien:

1. durch die Unterstellung eines Gleichgewichts der Eliten in der Theorie des Elitenpluralismus und
2. durch die Rechtfertigung überflüssiger Herrschaft mit den demokratischen Delegationsmechanismen.

(4) Die Theorie des *demokratischen Elitismus,* wie sie Joseph Schumpeter (1950: 452) erstmals in einer verengten Demokratiehypothese formulierte, reduzierte die Demokratie auf den „freien Wettbewerb zwischen Führungsanwärtern um die Stimmen der Wählerschaft". Anthony Downs (An Economic Theory of Democracy. New York

1957: 295) trieb die Analogien eines Politikverständnisses, das parallel zu den Gesetzmäßigkeiten kapitalistischer Märkte konzipiert war, auf die Spitze, indem er es als seine Hauptthese erklärte, daß demokratische Parteien analog zu den Unternehmen in einer profitstrebenden Wirtschaft zu untersuchen seien. Demokratie wird auf ein prozedurales Verfahren reduziert, nach dem die Parteien *policies* mit starkem Werbeaufwand anbieten und um Stimmenanteile auf dem Stimmenmarkt kämpfen. Während in diesem Modell einerseits die Schumpeter-Hypothese zugespitzt wird, daß die Massen kaum zu direkter Partizipation an der Politik willens und fähig seien, wird ihnen andererseits die Rationalität des *economic man* unterstellt, der mit einer gewissen Sachkenntnis zwischen den angebotenen Waren auswählt. In der Wahl- und Parteienforschung haben sich Hypothesen des elitären Demokratiekonzepts nicht selten mit der Vorstellung verbunden, daß Partizipation dem politischen System unzuträglich sei und daß es ein gewisses Maß an stabilisierender politischer Apathie geben müsse (z.B. Berelson u.a.). Auch in neuerer abgeschwächter Form spielt diese Annahme wieder eine Rolle, die Politik für den Durchschnittsbürger als „exzentrisches Handlungsfeld" ansieht. Damit wird die Kluft zwischen Eliten und Nichteliten letztlich unüberbrückbar und der Elitenpluralismus bei Erhaltung alternativer Ausleseprozeduren die einzige Garantie für die Aufrechterhaltung von Demokratie. Erst in der neueren Partizipationsforschung (Bachrach 1967; Naschold 1969) wurden diese Annahmen der notwendigen Kritik unterzogen und die Möglichkeiten, die Effizienz des Systems symmetrisch mit Partizipation der Bürger nach den Erkenntnissen moderner Organisationssoziologie zu steigern, aufgezeigt.

Alle vier Varianten der Elitentheorie gingen von einer einheitlichen Gruppe aus, die objektive und subjektive Bedingungen für ihre Elitenqualitäten mit sich brachte. Erst spät wurden jedoch Zweifel an der Einheitlichkeit solcher Eliten angemeldet (Lasswell/Kaplan 1950: 267) und der Begriff der *Gegenelite* herausgearbeitet: „Die Stabilität der Herrschaft variiert mit dem Grad der Organisation einer Gegenelite (counterelite)." Der Sache nach läßt sich diese Einsicht bis auf Max Weber (Wirtschaft und Gesellschaft ³1947: 128) zurückführen. Teile der Gegeneliten in Parteien, Verbänden und Intelligenz müssen in die politische Elite einbezogen werden, soweit sie an politischen Entscheidungen mitwirken (Bottomore 1966: 15). Elitentheorien, die sich eine Elite in positiver Beziehung zum bestehenden Normensystem der Gesellschaft denken (wie Dreitzels Integrationsmodell) und den sichtbaren Erfolg zum Qualifikationsmerkmal der Elite machen, können die Gegeneliten weit weniger berücksichtigen, obwohl ihre Einbeziehung in ein Konfliktmodell ebensogut stabilisierende Wirkung für die Gesellschaft haben kann. Die moderne Entscheidungslehre würdigt auch den Einfluß der Opposition auf politische Entscheidungen weit stärker, da sie nicht so sehr in Schichtmodellen als in Verhaltenstypen bei Entscheidungsprozessen denkt.

In Polemik gegen Riesman versuchte Mills (1961: 243), den „Mythos von der Balance der Eliten" zu zerstören. Die meisten Forscher sehen den Elitenpluralismus aber noch immer als Kennzeichen der modernen Gesellschaft an. Presthus (1964: 25) hat dagegen überzeugend dargelegt, daß Elitismus und Pluralismus nur Grenzfälle eines Kontinuums sind. Die meisten modernen Gesellschaften sind in der Mitte dieses Kontinuums zu suchen. Mannheim (1958: 102) sah noch überwiegend die negativen Seiten des Elitenpluralismus, den „wachsenden Reizhunger" der Massen, der durch modische Eliten befriedigt wird, und den Verlust der prägenden Kraft der Elite für Kultur und Geschmack einer Gesellschaft. Die positive Seite des Elitenpluralismus ist die Konkurrenz der Elitegruppen, welche die Machtergreifung einer „strategischen Clique" verhindert. Trotz des Elitenpluralismus läßt sich feststellen, daß die verschiedenen Führungsgruppen „dazu tendieren, auch einander ähnliche gesellschaftliche Charakteristika zu entwickeln" (Lasswell 1966: 181), ohne daß dies jedoch zu einem einheitlichen Gruppenbewußtsein oder gar Gruppenhandeln führt.

Der wachsende Elitenpluralismus hat es unmöglich gemacht, die Elite als Wertelite zu verstehen. Eliten sind nicht mehr – wie noch Kluth (1957: 30) behauptete – „Schöpfer und Repräsentanten der strukturbestimmenden Werke einer Epoche". Der Versuch, den Elitegedanken als interne Selbsterziehung einer Wertelite zu verharmlosen, ist heute inakzeptabel. Schon die Pareto-Schule wollte den Elitebegriff wertfrei gebrauchen. Kolabinska (1912: 5) hatte nur die Überlegenheit als Kriterium der Elite anerkannt. Würdigung von Verdiensten, Nützlichkeit oder Werten schloß sie aus. Elite als Wertbegriff gehört einer hierarchisch gegliederten, vordemokratischen Gesellschaft an. Selbst Kritiker wie Mills (1961: 360), die den Einfluß der Machteliten dämonisieren, sehen keinen werterfüllten Vorbildcharakter mehr in der Elite. Er sagt sogar: „In this fundamental sense, America is indeed without leaders." Der Elitenpluralismus führt dazu, daß die Leistungsqualifikation von Personen oft nur von der ingroup beurteilt werden kann. Es gibt daneben die Vorbildhaftigkeit von Personen für andere Gruppen, ohne daß diese Personen eine Führungsrolle ausüben. Einfluß oder Prestige und Führungsrolle müssen daher unterschieden werden. Das Führungs-Gefolgschafts-Verhältnis ist eine Wechselbeziehung; die Vorbildrolle ohne Führungsposition beruht auf einseitiger Hinnahme.

Der Elitenpluralismus hat zu den bekannten Klagen geführt, daß an die Stelle der wertprägenden Elite nur eine kurzlebige „Prominenz" getreten sei (F. Sieburg, H. Plessner). Wo heute noch „Substanzeliten" postuliert werden, beruht dies gemeinhin auf der „bloßen Ideologisierung faktischer Leistungsauslese" (Dreitzel 1962: 66). Der Elitenpluralismus wird auch durch die Nivellierung des Ausbildungswesens gefördert. Neben die alten Elitenschulen treten neue und traditionslose Universitäten und Schulen von gleichem Rang. Deutschland hat niemals Elite-Schulen wie Harvard, Oxford oder die „école normale" gehabt. Der kulturelle Föderalismus wirkte hier dispersiv auf die Elitenbildung. Die zentrifugalen Kräfte wurden jedoch durch eine einheitliche Ausbildung in einer bestimmten Art von Fachwissen kompensiert. Dahrendorf (1962: 23) kritisierte noch das „elitebildende" Studium der Jurisprudenz in Deutschland. Ein Pluralismus der Zugangsmöglichkeiten und Ausgangsstudien für den Aufstieg zeichnet sich jedoch auch in Deutschland ab.

In einigen Fällen war die Elite nichts als das „reine Artefakt demokratischer Spielregeln" (Dahl 1958: 464). Der Elitebegriff widerspricht aber in den meisten Fällen dem demokratischen Mehrheitsprinzip. Die antidemokratischen Implikationen der Elitentheorie wurden um so stärker empfunden, als führende Elitentheoretiker wie Pareto und Michels der Demokratie skeptisch gegenüberstanden und sogar Ehrungen durch den Faschismus annahmen. Die Elitentheorie hat in der Regel behauptet, daß Demokratie allenfalls Herrschaft für das Volk, nicht durch das Volk bedeuten könne. Die moderne Elitentheorie hat versucht, den undemokratischen Makel von sich zu nehmen, indem sie entweder nur deskriptiv vorging und an ihre Analyse die Forderung nach Gleichgewicht anhängte, oder aber indem sie versuchte, demokratische Postulate und Elitenherrschaft zu vereinen. Ein gescheiterter Vermittlungsversuch ist die Theorie, daß die Demokratie nicht die Gleichheit, sondern nur die Gleichheit der Chancen verwirklichen könne. Gleichheit der Chancen ist jedoch als Widerspruch in sich entlarvt worden. Sie setzt die Möglichkeit voraus, in einer geschichteten Gesellschaft aufzusteigen. Schichtung und

Gleichheit schließen einander aus. Gleiche Chancen könnte es nur in einer nicht geschichteten Gesellschaft geben. Wo aber Gleichheit herrscht, ist Gleichheit der Chancen ein Pleonasmus (Bottomore 1966: 153).

Die Repräsentation wurde häufig als Mittel angesehen, eine politische Elite in der Demokratie zu rekrutieren. Im vordemokratischen Repräsentativsystem wurden ein begrenztes, zensitäres Wahlrecht und ein Zweikammersystem zur Erhaltung der Vormachtstellung einer großbürgerlichen Elite benutzt. Die Elitentheorie Moscas und Paretos war jedoch gerade aus dem Zweifel an den Ausleseprinzipien des repräsentativen Parlamentarismus entstanden. Pareto hat die Repräsentation für eine reine Fiktion gehalten, ohne Bedeutung für die Auslese der herrschenden Elite (Trattato § 2244). Die Skepsis gegenüber der plebiszitären und antirepräsentativen Demokratie hat dazu geführt, daß der Repräsentation nach dem Zweiten Weltkrieg wieder größere Bedeutung beigemessen wird. Daneben aber gewinnen die nicht repräsentativen Eliten der Interessenverbände und Einflußgruppen ständig an Bedeutung. Die demokratische Elitentheorie hält es zum Teil für legitim, daß die „politischen Entscheidungen immer im Gefüge der Eliten fallen" (Stammer 1951: 525), unter der Voraussetzung einer konstitutionellen Zuordnung von Staatsorganen, in welchen die Eliten wirksam werden: „Demokratische Elitenrekrutierung muß auf Wahl und Delegation, nicht auf Kooptation und anderen undemokratischen Prinzipien beruhen." Auch in der Demokratie kann nicht verhindert werden, daß Minderheiten größere Macht haben als die Mehrheit, welche die Grundentscheidungen in den Wahlen trifft. Demokratische Eliten sind nicht machtloser als andere, aber verantwortlicher. Von den Eliten bestimmter Subsysteme und Organisationen, die allenfalls ihren Basisgruppen verantwortlich sind, muß der demokratische Staat weitgehende Öffentlichkeit der Entscheidung verlangen und notfalls gesetzgeberisch die Mittel des politischen Einflusses und die Art der Willensbildung öffentlicher Kritik und staatlicher Kontrolle unterwerfen. Parteigesetze und Lobby-Acts dienen unter anderem diesem Zweck. Darüber hinaus dienen die Demokratisierung der Erziehung, die Hebung der Bildungschancen für untere Schichten, die Rationalisierung der Aufstiegsmöglichkeiten einer Öffnung moderner Eliten und einer größeren sozialen Mobilität in der Gesellschaft.

Obwohl die Elitentheorien unter die Konfliktmodelle zu zählen sind, haben sich auch mit ihnen immer wieder harmonisierende Konzepte verbunden:

(1) Einige Soziologen wie Dahrendorf haben darauf hingewiesen, daß es in westlichen Demokratien keine sozial homogenen Eliten gibt, da es kein „Establishment" im Sinne des altliberalen Systems mehr gibt. Strategische Eliten und Oberklassen können „twin-born" sein, sind aber in der Regel nicht mehr identisch (Keller 1963: 32). Dennoch haben gemeinsame ökonomische und politische Stabilisierungsinteressen und eine ähnliche formalistische juristische Ausbildung den Mangel an informellen Sozialisationsmöglichkeiten in einigen Systemen kompensiert.

(2) Die Theorie des demokratischen Elitismus seit Schumpeter vertraut allzusehr auf die demokratischen Auslesemechanismen in ihrem Rückkopplungseffekt zwischen Eliten und Nichteliten und in der Konkurrenz von Eliten, die sich in einer offenen Gesellschaft um die Gunst der Wähler bemühen.

(3) Lasswells Konzept der Gegeneliten hat immer wieder suggeriert, daß keine Elite auf die Dauer übergroße Machtkonzentration realisieren könne, weil gleichsam aus funktionalen Notwendigkeiten jede Elite ihre Gegenelite produziert. Selbst für Diktaturen haben neuere Forschungen bereits ein übertriebenes Vertrauen in den Aufstieg der Gegeneliten gesetzt (z.B. Ludz für die DDR).

(4) Das Bild einer heterogenen Elite hat häufig die kartellhafte Einigkeit sozial inhomogener Eliten überdeckt und die Klassenphänomene in Gesellschaften angesichts der Elitenuntersuchungen vernachlässigt. Neuere Ansätze der kritischen Theorie, die nicht mehr von einem doktrinär postulierten Zweiklassenmodell ausgehen, sondern von einem komplexen System von Disparitäten in der Gesellschaft, führen erstmals dazu, daß Klassen- und Elitenanalysen nicht mehr als inkompatibel, sondern als komplementär gesehen werden. Studien, die nur anhand der Daten von Eliten zu generellen Aussagen über politische Systeme zu gelangen trachteten, haben sich gelegentlich in ihren Voraussagen geirrt, wie Deutsch (1967) in seiner Untersuchung über französische und deutsche Eliten. In dem Augenblick, da das Buch erschien, wurden Innovationen in beiden Systemen möglich, die nach den bloßen Interviewergebnissen kaum zu erwarten gewesen waren. Eine Elitenforschung, die sich ihres Ausgangspunktes als Konflikttheorie bewußt bleibt, wird daher Elitenverhalten immer auch mit Ergebnissen der Forschung über Massenverhalten kombi-

nieren, je mehr die Machteliten an den politischen Entscheidungen partizipieren, und je weniger es auch in Semidiktaturen möglich ist, sie zum bloßen Objekt von Herrschaft zu machen. Aber selbst für die Phänomene der Massenmobilisierung ist es nicht überflüssig, sich mit Elitenforschung zu beschäftigen, da sich die Nichteliten nur selten spontan und simultan gegen die Herrschenden auflehnen, sondern in der Regel nur durch protestierende Gegeneliten mobilisierbar werden. Durch die neuen sozialen Bewegungen wurde eine neue Dimension nicht funktionierender Elitenzirkulation sichtbar. Der *Ressourcenansatz* in der Bewegungsforschung geht davon aus, daß nur Bewegungen erfolgreich sein können, die Ressourcen an „Unternehmern", Knowhow und organisatorischen Fähigkeiten mobilisieren (McCarthy/Zald 1977). Mit der Hebung des Bildungsstandards immer weiterer Kreise wird die Kooptation der Aufstiegswilligen immer schwieriger. Immer häufiger stellen sich Gegeneliten den neuen sozialen Bewegungen zur Verfügung. Immer seltener kommt es zu einem revolutionären Elitenkreislauf im Sinne der Klassiker. Aber jede politische Klasse ist durch die Diversifizierung der Durchsetzungsmuster von neuen Eliten zu stärkerer Rückkopplung an die Wünsche ihrer Wähler und zu Responsivität gegenüber Forderungen im Bereich einzelner Politikfelder gezwungen. Ein Paradoxon tut sich auf: Die politische Elite stabilisiert trotz der demokratischen Postulate eine gewisse Abgehobenheit, um sich als handlungsfähige Einheit zu bewahren, gerade weil die Rückbindung an die Wähler größer ist als zur Zeit Moscas und Paretos.

Literatur

P. Bachrach: The Theory of Democratic Elitism. Boston, Little Brown 1967
E. C. Banfield: Political Influence. New York, Free Press 1961
K. von Beyme: Die politische Elite in der BRD. München, Piper ²1974
K. von Beyme: Die politische Klasse im Parteienstaat. Frankfurt, Suhrkamp ²1995
J. Borchert (Hrsg.): Politik als Beruf. Die politische Klasse in westlichen Demokratien. Opladen, Leske & Budrich 1999
T. B. Bottomore: Elite und Gesellschaft. München, Beck 1966
W. Bürklin u.a.: Eliten in Deutschland. Opladen, Leske & Budrich 1997
J. Burnham: Das Regime der Manager. Stuttgart, Union Deutsche Verlagsanstalt 1951
M. Cotta: Classe politica e parlamento in Italia 1946-1976. Bologna, Il Mulino 1979
M. Cotta: The Italian Political Class in the 20th Century. In: M. Czudnowski (Hrsg.): Does who governs matter? De Kalb, Northern Illinois UP 1982
M. M. Czudnowski (Hrsg.): Political Elites and Social Change. De Kalb, Northern Illinois UP 1983

8. Elitentheorien

R. A. Dahl: A Critique of the Ruling Elite Model. APSR 1958: 463-469
R. A. Dahl/Ch. Lindblom: Politics, Economics and Welfare. New York, Harper 1963
H. P. Dreitzel: Elitebegriff und Sozialstruktur. Stuttgart, Enke 1962
Th. R. Dye: Who's Running America. Englewood Cliffs, Prentice Hall 1979
L. J. Edinger (Hrsg.): Political Leadership in Industrialized Societies. New York, Wiley 1967
L. J. Edinger/D. D. Searing: Social Background in Elite Analysis. A Methodological Inquiry. APSR 1967: 428-445
G. Endruweit: Elitebegriffe in den Sozialwissenschaften. ZfP 1979: 30-45
W. Felber: Eliteforschung in der Bundesrepublik Deutschland. Stuttgart, Teubner 1986
E. Fischer: Bündnis der Eliten. Düsseldorf, Droste 1979
F. Fürstenberg: Das Aufstiegsproblem in der modernen Gesellschaft. Stuttgart, Enke 1962
W. L. Guttsman: The British Political Elite. London, MacGibbon & Kee 1963
A. Hacker: Die Gewählten und Gesalbten: zwei amerikanische Eliten. In: E. Krippendorff (Hrsg.): Political Science. Tübingen, Mohr 1966: 132-147
J. P. Heinz u.a.: Inner Circles or Hollow Cores? Elite Networks in National Policy Systems. Journal of Politics 1990: 356-360
D. Herzog: Politische Führungsgruppen. Darmstadt, Wissenschaftliche Buchgesellschaft 1982
D. Herzog: Politische Karrieren. Opladen, Westdeutscher Verlag 1975
J. Highley u.a.: Elite Integration in stable democracies. European Sociological Review 1991: 35-53
J. Highley u.a.: Elite Structure and Ideology. New York, Columbia UP 1975
J. Highley/R. Gunther (Hrsg.): Elites and Democratic Consolidation in Latin America and Southern Europe. Cambridge, Cambridge University Press 1992
U. Jaeggi: Die gesellschaftliche Elite. Bonn, Haupt 1960
S. I. Keller: Beyond the Ruling Class. Strategic Elites in Modern Society. New York, Random House 1963
H. Kluth: Sozialprestige und sozialer Status. Stuttgart, Enke 1957
M. Kolabinska: La circulation des élites en France. Lausanne 1912
W. Kornhauser: Politics of Mass Society. New York, Free Press 1959
H. D. Lasswell/A. Kaplan: Power and Society. New Haven, Yale UP 1950
H. D. Lasswell: Politics. Who gets what, when, how. New York, Meridian Books 1936, 1958
H. D. Lasswell/D. Lerner (Hrsg.): World Revolutionary Elites. Cambridge/Mass., MIT Press 1965
H. D. Lasswell/D. Lerner/C. Rothwell: The Comparative Study of Elites. Stanford UP 1952
E. O. Laumann/D. Knoke: The Organizational State. Madison, University of Wisconsin Press 1987
G. Lenski: Power and Privilege. New York, MacGraw Hill 1966
K. Mannheim: Mensch und Gesellschaft im Zeitalter des Umbaus. Leiden, Gentner 1935, 1958
J. D. McCarthy/M. N. Zald: Resource Mobilization and Social Movements. American Journal of Sociology 1977: 1212-1241
J. Meisel: Der Mythos der herrschenden Klasse. Düsseldorf, Econ 1962
J. Meynaud: Rapporto sulla classe dirigente. Mailand, Giuffrè 1966

R. Michels: Zur Soziologie des Parteiwesens in der modernen Demokratie. (Leipzig 1911). Stuttgart, Kröner 1958, ⁴1989
C. W. Mills: The Power Elite. New York, Oxford UP 1956, 1961
G. Mosca: Die herrschende Klasse. Bern, Francke 1950
S. F. Nadel: The Concept of Social Elites. International Social Sciences Bulletin 1956: 413-424
V. Pareto: Trattato di sociologia generale. Florenz 1916
M. Pilisuk/Th. Hayden: Is there a Military-Industrial Complex which prevents Peace? In: W. E. Conolly (Hrsg.): The Bias of Pluralism. New York, Atherton 1969: 123-155
N. von Preradovich: Die Führungsschichten in Österreich und Preußen 1804-1918. Wiesbaden, Steiner 1955
R. Presthus: Men at the Top. New York, Oxford UP 1964
H. Pross: Manager und Aktionäre in Deutschland. Frankfurt, Suhrkamp 1965
R. D. Putnam: The Comparative Study of Political Elites. Englewood Cliffs, Prentice Hall 1976
W. Röhrich: Eliten und das Ethos der Demokratie. München, Beck 1991
W. Röhrich (Hrsg.): Demokratische Elitenherrschaft. Darmstadt, Wissenschaftliche Buchgesellschaft 1975
A. Sampson: Wer regiert England? Anatomie einer Führungsschicht. München, Piper 1963
W. Schluchter: Der Elitebegriff als soziologische Kategorie. KZfSS 1963: 233-256
J. A. Schumpeter: Kapitalismus, Sozialismus und Demokratie. Bern, Francke 1950
O. Stammer: Das Eliteproblem in der Demokratie. Schmollers Jahrbuch für Gesetzgebung 1951: 513-540
G. Therborn: What does the ruling class do when it rules? London, Verso 1980
J. Walker: A Critique of the Elitist Theory of Democracy. APSR 1966: 285-295
W. A. Welsh: Leaders and Elites. New York, Holt, Rinehart & Winston 1979
W. Zapf: Wandlungen der deutschen Elite. Ein Zirkulationsmodell deutscher Führungsgruppen 1919-1961. München, Piper 1965

Rückblick: Zur Dynamik des Wandels politischer Theorien

„Wir fühlen, daß selbst, wenn alle *möglichen* wissenschaftlichen Fragen beantwortet sind, unsere Lebensprobleme noch gar nicht berührt sind. Freilich bleibt dann keine Frage mehr; und eben dies ist die Antwort".
L. *Wittgenstein*

(1) *Empirische Forschung kann ohne Theorie nicht geleistet werden.* Die unendliche Vielfalt gesellschaftlicher Wirklichkeit bleibt ohne aufschließende Theorie verworren. Auch angeblich theorieferne Aussagen erweisen sich immer wieder als gebunden an bestimmte Theorien, die als „gesunkenes Kulturgut" kaum noch bewußt sind. In ökonomischen Fragen ist dies meist ein neoliberales Ordomodell, in politischen Fragen ein pluralistisches Modell mit technokratischen Reservaten, die als dem Kampf der Gruppen und Parteien entzogen gedacht werden. Jede wissenschaftliche Arbeit beginnt mit Begriffen, deren Formulierung bereits ein Teil der theoretischen Arbeit ist.

(2) Die Theoriebildung in der Politik vollzieht sich auf dem Boden *verschiedener Wissenschaftstheorien oder Metatheorien* (Theorie über Theorien). Deren wichtigste sind:
a) normative Theorien,
b) die analytische Wissenschaftstheorie (von Anhängern häufig als „kritischer Rationalismus", von Gegnern als „Neopositivismus" bezeichnet)

Der kritische Rationalismus bewältigt Probleme der Methodologie am besten und ist in der Regel der gesellschaftlichen Wirklichkeit am nächsten, weil er am wenigsten willkürlich durch Ontologie oder Geschichtsmetaphysik nichtempirische Glaubensinhalte setzt. Nur ein paar Grundregeln werden durch Konsens gesetzt, keine Erkenntnis wird jedoch als endgültig akzeptiert. Die Wertproblematik wird hingegen von den normativen und kritischen Theorien entschiedener angepackt. In der konkreten Forschung sind diese jedoch auf die Grundregeln und die methodischen Errungenschaften des kritischen Positivismus angewiesen.

Die wissenschaftstheoretische Position steht in einem gewissen Zusammenhang zum politischen Standort eines Wissenschaftlers. Es besteht jedoch keine absolute Parallelität: Normativisten sind nicht immer konservativ; Neopositivisten nicht immer liberal; kritische Theoretiker und Dialektiker sind nur bedingt sozialistisch (z.B. Frankfurter Schule).

(3) Zwischen den wissenschaftstheoretischen Ausgangspunkten (im ersten Kapitel), den sechs Approaches (im zweiten Kapitel) und den Grundbegriffen der politischen Theorie (im dritten Kapitel) bestehen gewisse Affinitäten (die im folgenden Schema durch Verbindungslinien wiedergegeben sind), aber *es besteht kein eindeutig determinierter Zusammenhang zwischen ihnen.*

Ontologisch-normative Theorien arbeiteten vorwiegend mit historisch-genetischen oder institutionellen Ansätzen. Behavioralistische Forscher akzeptierten meist stillschweigend die Grundannahmen der analytischen Wissenschaftstheorie, und die frühe Epoche des logischen Positivismus war durchaus von der behavioralistischen Voreingenommenheit für beobachtbares Verhalten gekennzeichnet. Hingegen hatte der kritische Rationalismus starke Vorbehalte gegen funktional-strukturelle Ansätze und vor allem gegen die allgemeine Systemtheorie, in der er eine neue Ontologie witterte.

Dahl hat in einer berühmten Rede die Durchsetzungskraft der behavioralistischen Methode in der Politikwissenschaft überschätzt. Historische, institutionelle und dogmatische Ansätze werden daneben bestehen bleiben, aber nicht nur wegen der Widerstandskraft des Traditionalismus – deren Brechung eine Frage der Zeit wäre –, sondern aus methodisch vertretbaren Gründen. Die Institutionen werden vom Behavioralismus meist nur in reduzierter Form untersucht. Auch wenn man konzediert, daß die Leistung jeder Theorie die Fülle der Wirklichkeit stark reduziert, so wird die Wirkung höchst singulärer Institutionen von der Verfassung bis zum Wahlgesetz wenigstens in rechtsstaatlichen Systemen ebenfalls erforscht werden müssen. Beim Studium nichtsingulärer Institutionen, wie Bürokratien, Parteien und Verbände, hat darüber hinaus der institutionelle Ansatz durch die Organisationstheorie und Entscheidungslehre eine starke verhaltenswissenschaftliche Anreicherung im Vergleich zum Institutionenstudium der Traditionalisten erlebt. Auch genetisch-historische Studien sind als Voraussetzung für Longitudinalstudien und die Arbeit mit Zeitreihen im Rahmen der Politikwissenschaft nicht völlig nutzlos. Eine an den generalisierend-theoretischen Ansprüchen der Politikwissenschaft gemessene Arbeit, die als „zu historisch" oder zu „institutionalistisch" bezeichnet wird, kann immer noch eine hervorragende historische oder juristische Arbeit sein und darf nicht deshalb für erledigt gehalten werden, weil sie nicht „politikwissenschaftlich" im engeren Sinn erscheint. Solche vorschnellen Urteile gehen von reifizierten Fachgrenzen aus, die weder von den Positionen der analytischen Wissenschaftstheorie noch von denen der dialektischen Theorien aus haltbar sind.

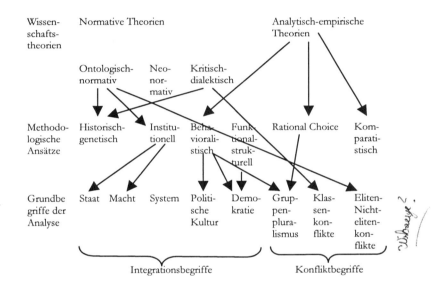

(4) Die Konflikte zwischen den metatheoretischen Positionen in den Sozialwissenschaften haben den Blick dafür geschärft, daß die Frage nach dem *Fortschritt in der Wissenschaft* nicht als Prozeß der Kumulation erfaßt werden kann, wie der Kritische Rationalismus mit seiner *trial and error*-Methode nahelegt. Die Dynamik des Theorienwandels ist für die Sozialwissenschaften bisher kaum erforscht worden. Soweit es um die ideologischen Grundlagen der Metatheorien ging, hat man versucht, Wellen der Theoriebildung auf der Grundlage von Generationen herauszuarbeiten. Nach der Durchsetzung einer Lehre kommt es zur Entzweiung der Flügel und nach Entideologisierungsbestrebungen zu einer neuen Generationsrevolte (Feuer 1978). Für die wissenschaftliche Theoriebildung im engeren Sinne kann diese Dialektik

des Ideologiewandels wenig erklären, und sie ist auf sie bisher auch nicht systematisch angewandt worden. Die Politikwissenschaft ist zudem als Wissenschaft zu jung, um schon sinnvolle Generalisierungen zu ermöglichen. Die Darstellungen der Geschichte der Politikwissenschaft haben entweder mit den konkreten politischen Ereignissen in dem betreffenden Land argumentiert (Kastendiek 1977: 245) oder ziehen sich auf eine vage Generationenhypothese zurück. Gelegentlich ist diese verbunden mit einer Verschwörungstheorie, soweit – anhand der Entwicklung der Deutschen Vereinigung für Politische Wissenschaft – eine zielstrebige sukzessive „Machtübernahme" der „Kritischen Politikwissenschaft" behauptet wurde (Arndt 1978: 193ff.).

Die weitaus verbreitetste Erklärung für den Theoriewandel ist die These vom Wandel der Paradigmen durch Revolutionen seit dem Buch von Thomas Kuhn über ‚Die Struktur der wissenschaftlichen Revolutionen' (1962). Paradigmen werden logisch und wissenschaftspolitisch den Theorien übergeordnet. Ein Paradigma ist nach Kuhn (1976: 187) „das, was den Mitgliedern einer wissenschaftlichen Gemeinschaft gemeinsam ist". Kuhn relativiert den wissenschaftlichen Fortschrittsgedanken und versucht zu zeigen, daß die Entwicklung nicht rational und kumulativ vor sich geht, sondern in Revolutionen. Das eigentlich Studierenswerte an der Geschichte einer Wissenschaft ist danach weniger die Konkurrenz der Theorien als der Kampf der Paradigmen, wenn plötzlich – als Antwort auf Krisen, die von den herkömmlichen und etablierten Theorien nicht mehr geistig gemeistert werden können – ein neues Paradigma aufkommt. Mit dem älteren Falsifikationismus im Kritischen Rationalismus teilt Kuhn noch die Annahme, daß überholte Theorien gleichsam zu den Akten gelegt werden. Das siegreiche Paradigma versucht sich jedoch eher kraft wissenschaftspolitischer Machtpositionen als durch bloße intellektuelle Überzeugungskraft als Sieger zu definieren und das unterlegene Paradigma zu eliminieren. Kritische Rationalisten, die den Pluralismusgedanken Poppers ernst nehmen, haben an diesem Punkt ihre Bedenken angemeldet und lassen einen Minderheitenschutz für die unterlegenen Paradigmen zu: „Um sich bewähren zu können, müssen Theorien zunächst bewahrt werden", und: „Durch das pluralistische Bewahrungsprinzip soll der ‚Mord' an vielversprechenden neugeborenen Ideen verhindert werden, um den vorläufig unterlegenen Standpunkten die Chance zu erhalten, den Wettbewerb schließlich doch noch zu gewinnen" (Spinner 1974: 91). In Feyerabends (1976) anarchistischer Erkenntnistheorie schließlich kam es sogar zur Forderung nach Gleichberechtigung für jede prima vista absurd erscheinende Lehre, auch wenn sich die Mehrzahl der Konfliktgegner im Paradigmenstreit über die „Unwissenschaftlichkeit" einer Theorie einig zu sein scheint.

Kuhn (1976: 35) erwähnte die Sozialwissenschaften nur nebenbei. Gleichwohl ist die Paradigmathese auch von Politikwissenschaftlern als brauchbares Erklärungsraster für den Wandel von Theorien angesehen worden (Stammen 1976: 40f.). In manchen Punkten scheint der Theorienstreit seit dem Ende der 60er Jahre mit Kuhns Begriffen gut erklärbar zu sein. Auffallend war die gewisse Gläubigkeit, auf der der Erfolg eines neues Paradigmas laut Kuhn beruht, solange es viele Phänomene nicht wirklich besser als die alten Theorien erklären konnte. Kuhns Thesen haben sich aber in der Aneignung durch Politologen stark verselbständigt. Bußhoff (1975: 240) hat den Politikbegriff als eine grundlegende gesamtgesellschaftlich bedeutsame Einheit gedeutet, die parallel zum Paradigma-Begriff nicht völlig auf logisch letzte Bestandteile reduzierbar sei. Paradigmawandel wurde bei ihm gleichsam zu einer kulturrevolutionären Aufgabe. Dieser Überdehnung steht eine Verengung in der Reduktion auf den Methodenwandel gegenüber. Karl Deutsch (1971: 12) hat die Einführung von Umfragetechniken, der quantitativen Inhaltsanalyse und der Computersimulationen als revolutionären Paradigmawechsel angesehen. Aber gerade die „behavioral revolution" hat die anderen Ansätze in der Politikwissenschaft nicht erledigt, und ein Paradigma im Kuhnschen Sinne ist nicht an eine bestimmte Forschungsmethode gebunden. Immerhin kann die „Methodenrevolution" den grauen Alltag der Wissenschaft, der sich nach Kuhn (1976: 38) in wenig innovativen „Aufräumarbeiten" erschöpft, in einem dynamischeren Licht erscheinen lassen.

Der Paradigmabegriff, der zu einer Erforschung der sozialen Grundlagen des Wissenschaftsfortschritts beitragen sollte, erscheint bisher allzu vieldeutig. Die Parallele zu Karl Mannheims vager Kategorie der „Denkstile" drängte sich auf (Ludz 1978: 218). Das Verhältnis von Paradigma und Theorie bleibt weitgehend ungeklärt. Der Fall, daß eine Theorie das umfassendere Phänomen darstellt, innerhalb dessen mehrere Paradigmen verschiedene Bilder für das Explanandum bereitstellen, ist nicht vorgesehen (Hondrich 1978: 315). Es wird gerade in der Politikwissenschaft die politische Dimension der sozialen in der Erforschung der Theoriendynamik hinzugefügt werden müssen. Machiavelli und Hobbes haben Aristoteles nicht im gleichen Maße „überholt" wie Kopernikus das ptolemäische Weltbild. Der Aristotelismus in der politischen Theorie hatte ein zähes Weiterleben, zum Teil durch Macht abgestützt. Auch die Konflikte der 60er und 70er Jahre in der deutschen Politikwissenschaft zeigten, daß ein Paradigmawechsel administrativ behindert werden kann. Das Bündnis der alten Erzfeinde „Normativisten" und „Neopositivisten" unter dem Druck des Neomarxismus hat in den Fakultäten und in der Hochschulpolitik ein anscheinend unterliegendes Paradigma am Leben halten können.

Wenn die Kuhnsche These richtig ist, haben Theorienvergleiche, um die sich die deutsche Soziologie zunehmend bemühte (Hondrich/Matthes 1978), eigentlich keinen Sinn. Paradigmen stehen sich fremd und gesprächsunbereit gegenüber. De facto zeigt sich jedoch, daß die wirklich angewandten Methoden und ihre Ergebnisse viel mehr Übereinstimmungen – bis in die Relevanz- und Beurteilungskriterien hinein – aufweisen, als die von den Vordenkern der jeweiligen metatheoretischen Position proklamierten Grundsätze vermuten lassen. Nach ersten konfliktreichen Jahren, die der Kuhnschen These ähnlich sahen, ist zu bestreiten, daß sich die Theorien weiter gleichsam sozialdarwinistisch zueinander verhalten und die siegreiche nicht rastet, ehe alle anderen ausgerottet sind. Paradigmen bewegen sich nach Zeiten nutzloser Streitereien auch häufig aufeinander zu und befruchten einander trotz sattsamen Aneinandervorbeiredens wie im Positivismusstreit, in der Habermas-Luhmann-Debatte oder in der französischen Kontroverse zwischen Strukturalisten und Marxisten. Unterhalb der metatheoretischen Ebene bei den methodologischen Ansätzen kam es zu erstaunlichen Annäherungen zwischen Behavioralismus und Funktionalismus und in den neunziger Jahren zwischen Behavioralismus und Rational Choice (vgl. Kap. II.5).

Anfang der 70er Jahre kam es vor allem zu einer Annäherung der beiden abstraktesten Theoriegebilde in Deutschland, des Neomarxismus und des Funktionalismus. Die lange verketzerte Kybernetik wurde selbst im orthodoxen Marxismus-Leninismus rezipiert (Georg Klaus). Der Gegensatz zwischen Systemtheorie und Gesellschaftstheorie wurde auch von Marxisten zunehmend relativiert (K. H. Tjaden in: Hondrich/Matthes 1978: 125ff.). Nur einige Neodogmatiker fuhren fort, andere Meinungen als „zur abstrakten Systemtheorie ...

verkommen" zu denunzieren (Hirsch in: v. Braunmühl u.a. 1973: 200).

In der Auseinandersetzung zwischen Marxismus und der älteren Systemtheorie zeigten sich einige erstaunliche Gemeinsamkeiten:
a) die Wahl eines *Ganzheitsbegriffes* als Ausgangspunkt (Totalität oder Systemzusammenhang) und die ontologische Prämisse, daß ein Seiendes nicht wahrhaft und beständig sein könne, wenn es einen Widerspruch zu sich selbst enthält;
b) die Neigung zu neuen Formen *teleologischen Denkens*, Emanzipation und Fortschritt im Gang der Geschichte stehen den Begriffen *purpose* und Systemziel gegenüber;
c) eine *unklare Haltung zum Problem der Kausalität*, die Natur des Zusammenhangs von systemischen Interdependenzen ist wie die dialektischen Bezüge oder die „Syndrome", welche die Freudo-Marxisten allerorten entdecken, nicht selten im schöpferischen Halbdunkel gelassen;
d) eine Tendenz *zu schwer operationalisierbaren Globaltheorien*, die von bestechendem didaktischen und nicht zu leugnendem heuristischen Wert im Stadium der Hypothesenbildung sind, jedoch durch die Ausbildung wissenschaftlicher Subkulturen mit eigener Terminologie und isolierenden Schulbildungen immer falsifikationsfeindlichere Züge annehmen. Der Neigung des aktiven Teils der Jugend, dialektische Globaltheorien zu übernehmen, stand eine vergleichbare Neigung eines großen Teils der theoretisch interessierten und professionalisierten Sozialwissenschaftler gegenüber, im systemtheoretischen Ansatz ein Erklärungsschema für alle politischen Phänomene zu finden, ob man eine lokale Parteieinheit oder die UNO untersucht. Der gewichtigste Unterschied zwischen beiden theoretischen Positionen war jedoch, daß funktionalistische Systemtheorien sich besser zur Ordnung und Beherrschung des Bestehenden, dialektische Geschichtstheorien besser zur Veränderung des Bestehenden zu eignen schienen.

Bei der Politikwissenschaft, die weniger stark auf Generalisierung eingestellt ist als Soziologie und Psychologie, da die individuellen Rahmenbedingungen einzelner politischer Systeme nun einmal nicht ohne weiteres ausgeklammert werden können, prallen im täglichen Routinebetrieb der Wissenschaft nur selten ganze Paradigmen aufeinander, sondern allenfalls eine Vielzahl von Paradigmafragmenten (Wolin 1968; Hargens in: Stehr/König 1975: 377), von einigen Techniken ohne theoretische Verallgemeinerungen dargestellt. Andere theoretische Aussagen sind quasi-metaphysische Theoreme wie bei manchen Normativisten, deren Darstellung zwischen Aristoteles und Zitaten aus einer Tageszeitung hin- und herpendeln. Viele Objekttheorien – die den Verallgemeinerungsgrad der Begriffe, die hier im Kapitel III.1-8 behandelt wurden, nicht überschreiten – können sogar in relativer Unabhängigkeit von Paradigmen behandelt werden.

Soweit Paradigmawechsel den Theorienwandel erklärt – vor allem die hektische Bekehrung einiger jüngerer Politikwissenschaftler zum Neomarxismus Ende der 60er Jahre hat das Wort „Paradigmawechsel" fast zum konservativen Schimpfwort werden lassen -, war er angesichts des Abflauens des politischen Drucks, der hinter den neuen Paradigmen stand, auch keineswegs in allen Fällen so dauerhaft, wie die These vom revolutionären Paradigmawandel unterstellen müßte.

(5) *Keiner der sechs Approaches wird in der Politikwissenschaft ausschließlich angewandt.* Die meisten empirischen Studien sind durchaus eklektisch. In der Regel sind sie es um so mehr, je weniger abstrakt der gewählte Ansatz ist. Die metatheoretische Position kann vom Forscher nicht willkürlich ausgewählt werden. Sie hängt vom Verständnis und der Rollenauffassung im Theorie-Praxis-Bezug der Wissenschaft ab. Die Ansätze hingegen können je nach Gegenstand und Fragestellung durch bewußte Entscheidung ausgewählt und – trotz der oben erwähnten Affinitäten zwischen einigen metatheoretischen Positionen und theoretischen Ansätzen – relativ unabhängig von der wissenschaftstheoretischen Position des Forschers ausprobiert werden. Die metatheoretischen Positionen können nicht von staatlich sanktionierten Curricula vorgeschrieben werden. Es kann vom akademischen Lehrer allenfalls verlangt werden, daß er die Gegenpositionen darstellt und sich mit ihnen auseinandersetzt, nicht jedoch, daß er sie vertritt. Die Approaches hingegen enthalten in ihren technischen Möglichkeiten eine Fülle von wertfrei erlernbarem Handwerkszeug – von der Quellenbehandlung beim genetischen Approach bis zu den Techniken der Survey-Studien beim behavioralistischen Ansatz oder den Regeln für die Behandlung aggregierter Daten bei der komparativen Methode.

Die vergleichende Methode ist in ihren Merkmalen nicht ohne weiteres auf eine Stufe mit den fünf anderen Ansätzen zu stellen, da sie selbst sehr vielfältige Verfahren ausgebildet hat und sich mit institutionellen, behavioralistischen, funktional-strukturellen und Rational Choice-Ansätzen verbinden läßt.

Der Funktionalismus hat auf der mittleren Ebene der Approaches die komparative Methode am stärksten befruchtet, während die Ansätze, die auf normativen oder dialektischen Metatheorien aufbauten, dazu neigten, die komparative Methode gering zu achten, weil beiden der sammelnde und klassifizierende Eifer der Komparatistik für die Vielfalt des zufällig Gewachsenen im Bereich des Verhaltens wie der Institutionen fremd war. Kritisch-dialektische Theoretiker waren im Gegensatz zu normativen Theoretikern meist antiinstitutionell eingestellt. Nur im übersteigerten Kampf gegen bestehende Institutionen zeigte sich gelegentlich ein negativer Institutionalismus, der die Bedeutung von Institutionen im Kampf ebenso überschätzte wie die Resultate des Gewonnenen bei Zerstörung bestehender Institutionen.

Für die Theoriebildung haben *die verschiedenen Ansätze Unterschiedliches geleistet*, am wenigsten der historisch-genetische, am meisten der systemtheoretische Ansatz. Noch immer aber gilt für diese mittlere Ebene der Abstraktion im Bereich der politischen Theorie der resignierende Satz Mertons (1961: 9): „We have many concepts but few confirmed theories; many points of view, but few theorems; many ‚approaches', but few arrivals."

Gute wissenschaftliche Arbeiten sind in der Regel nicht rigoros auf einen Ansatz festgelegt, und selbst in der Systemtheorie überwiegen eklektische Systemtheoretiker. Die Qualität von Werken, der Spürsinn für Fragestellungen und die Materialbewältigung lassen sich nicht auf die Methode allein reduzieren, obwohl in gewissen Epochen ein Trend der wendigsten und fähigsten Forscher zu bestimmten neuen Ansätzen immer wieder auffällig war. Diese Ansätze behielten jedoch selten für immer die intellektuelle Führung in der Methodendiskussion. Ähnliches gilt für Theorien und deren heuristische Leistungsfähigkeit. Fragwürdige Theorien produzieren gelegentlich brauchbare Einsichten und führen zu neuen vielversprechenden Fragen. Auch der Umkehrschluß gilt gelegentlich. Karl Deutsch (1971: 15) hat in seiner „Presidential Address" vor der American Political Science Association 1970 mit Recht vor der Annahme gewarnt, daß die Formulierung einer Theorie, die den bisherigen überlegen scheint, bereits eine Garantie dafür sei, daß alle Resultate, die beim Einsatz der Theorie gefunden werden, nützlich und richtig sein werden. In den 90er Jahren galt das vor allem für den Rational Choice-Ansatz.

Pluralismus auf der metatheoretischen Ebene kann nur bedeuten: Toleranz gegenüber anderen Positionen. Pluralismus auf der Ebene der Ansätze, Methoden und Forschungstechniken hingegen kann auch das gleichzeitige Nebeneinander der Anwendung beinhalten. Vor allem Marxisten haben gern den Vorwurf des Eklektizismus gegen diese Ansicht zur Hand, meist ohne wahrhaben zu wollen, daß die meisten Marxisten und Dialektiker eine narrative Darstellungsweise konservieren, die den historisch-genetischen Approach nach Bedarf mit forschungstechnisch meist nicht sehr entwickelten Einsprengseln anderer Approaches (z.B. der vergleichenden Methode anhand aggregierter Daten, seltener anhand von Survey-Studien) ergänzen. Konsequent waren Marxisten und Dialektiker allenfalls in der Vertretung ihrer metatheoretischen Position. Darin aber steht ihnen der kritische Rationalist nicht notwendigerweise nach. Im Methodenbewußtsein und in der Forschungstechnik ist er ihnen bisher in der Regel überlegen gewesen. Das muß jedoch nicht immer so bleiben, falls sich der Marxismus in entdogmatisierter Form in den Sozialwissenschaften behaupten sollte.

Es ist wahrscheinlich, daß es auch nach dem Endes des Sozialismus Wissenschaftler geben wird, die sich als Marxisten fühlen. Es wird auch künftig Bedarf an großen Weltbildern geben. Die Probleme sind nicht ausgestorben, die dem Marxismus zu geistigem Einfluß verhalfen. Im Gegenteil, einige haben sich noch verschärft. Schon Popper hatte einst den Marxismus als Wissenschaft für erledigt angesehen, aber seinen moralischen Impetus gelobt. Der Analytiker von politischen Theorien sollte sich nicht in die undifferenzierte Stimmung des Sektkorkenknallens hineinziehen lassen, die sich nach dem Zusammenbruch des realen Sozialismus ausbreitete. Der Marxismus muß – wie alle Theorien – differenziert getestet werden. Einige Teile, wie die Geschichtsmetaphysik, waren *ex tunc* – schon zur Zeit von Marx – keine Wissenschaft. Die Dialektik als Methode wies für Sozialwissenschaftler schon damals mehr Probleme als Lösungen auf. Eine zweite Gruppe von spezielleren Theoremen bei Marx kann als „läßliche Sünde" angesehen werden, wie die Arbeitswertlehre, an die auch mancher bürgerliche Ökonom damals glaubte. Viele Teile seiner Theorien wurden falsifiziert wie die Verelendungstheorie oder der tendenzielle Fall der Profitrate. In einem dritten Bereich – etwa der Schichtungstheorie – hingegen wird Marx vermutlich ein lesenswerter Klassiker bleiben, der zu immer neuen „Rekonstruktionen" einlädt.

Die Pioniere einer wertfreien Sozialwissenschaft wie Pareto oder Weber haben Marx schon immer allenfalls als Soziologen, nicht hingegen als Ökonomen ernst genommen.

Während für Monographien mit einem begrenzten Gegenstand der *Methodeneklektizismus* nicht nötig und wünschenswert erscheint, läßt er sich für Überblicksdarstellungen und einführende Lehrbücher kaum vermeiden. Je rigoroser eine einzige Methode benutzt wird und je verfeinerter die Forschungstechniken sind, die dabei eingesetzt werden, um so größer wird beim heutigen Forschungsstand der Bereich des wissenschaftlich und politisch Relevanten, das auf dem „Altar der reinen Methode" geopfert werden muß und aus methodischen Skrupeln den spekulativen Sozialphilosophen oder den Popularisatoren überlassen wird.

Methodenpurismus ist in der Regel blind, nicht nur gegen die möglichen Fehlerquellen und Einseitigkeiten der eigenen Methode, sondern auch für die gesellschaftlichen Bedingungen wissenschaftlicher Produktion. Methoden sind in mehrfacher Hinsicht durch soziale Faktoren ihrer Umwelt determiniert:

a) *durch die Persönlichkeitstypen der Forscher und die Modi ihrer individuellen Anpassung*

Die Konformisten, Ritualisten, Innovatoren, Retreatisten und Rebellen, die Mertons Anomietheorie unterscheidet, gibt es auch unter Sozialwissenschaftlern. Welche Methode jedoch Konformismus ermuntert oder welche Methode die Ritualisten ritualisieren, dürfte von der „herrschenden Lehre" und der „etablierten Methode" abhängen – ähnlich wie methodische Rebellion. Eine Methode, die durch eine wissenschaftliche Rebellion bekannt wurde (z.B. die dialektische), kann nach ihrer Etablierung durchaus ödesten Ritualismus fördern (wie in einigen sozialistischen Staaten). Nur Essentialisten glauben an die „kritische Methode" an sich.

b) *durch die Bedürfnisse innerhalb der Wissenschaftsorganisation und ihren Zusammenhang mit dem publizistischen Markt*

Je nach dem Genre der wissenschaftlichen Publikation (vom Pamphlet bis zum Lehrbuch) und nach den Zwecken in der wissenschaftlichen Hierarchie, denen eine Arbeit nebenbei dient (z.B. Qualifikation für ein Examen), oder den außerwissenschaftlichen Wirkungsmöglichkeiten, die anvisiert werden (z.B. in der Beratung von Politik), wird sich ein anderer Approach empfehlen. Wenn nur relativ kleine institutionelle Reformen möglich erscheinen, ist das Bestehen auf einem systemtheoretischen Globalansatz auf hoher Abstraktionsstufe zwar nach wie vor wissenschaftlich höchst respektabel, bedeutet jedoch vermutlich den Verlust jeglicher Einwirkungsmöglichkeit. Aber auch zentralere Gesichtspunkte der Forschung haben Einfluß auf die Wahl des Ansatzes: die Quellenlage, die Forschungsmittel, die Möglichkeiten zur Teamarbeit, die Möglichkeiten zur Forschung unter bestimmten Systemen. Interviews in Diktaturen sind kaum möglich, also sind in diesem Fall Studien mit sozialen Background-Daten vorzuziehen, die einen relativ institutionellen Approach mit sich bringen. Nur wenn kein Mangel an Forschern und Mitteln besteht, wäre eine ideale Forschungsstrategie zu entwerfen, in der ein methodisch streng überprüfter Ansatz mit kumulierbaren Daten verbindlich gemacht würde. Dies ist vorerst jedoch ein Traum und nicht einmal ein schöner, denn technokratische Wissenschaft sollte gelegentlich von methodisch auf anderen Voraussetzungen fußenden Pamphleten verunsichert werden können, wenn sie kreativ bleiben will.

c) durch den Zusammenhang von Methoden und außerwissenschaftlichen Interessen an wissenschaftlichen Leistungen.

Einige Methoden sind außerhalb der Universität angeregt worden, wie etwa die Statistik, an der ein staatliches Interesse im Zeitalter des Merkantilismus bestand, oder im 20. Jahrhundert die Demoskopie. Der „Verein für Socialpolitik" der Kathedersozialisten in Deutschland, die „Fabian Society" der reformistischen Sozialisten in England oder die Durkheim-Schule mit ihrem außerwissenschaftlichen Nebeninteresse, moralische Unterstützung für die französische Dritte Republik zu organisieren, haben neue Methoden auch aus außerwissenschaftlichen Antrieben gefördert (Lepenies 1985; v. Beyme 1988; Wagner 1990).

Das bedeutet nicht, daß das politische Interesse die Methode und ihren wissenschaftlichen Wert determiniert, wohl aber ihre Durchsetzungsfähigkeit, die Unterstützung, die sie außerhalb der Wissenschaft findet, und ihre Macht, sich gegenüber neuen Methoden mit außerwissenschaftlichen Mitteln (z.B. durch Monopolisierung der Forschungsmittel oder Macht bei der universitären Stellenbesetzung) zu behaupten. Methoden sind wegen ihrer technischen Nutzbarkeit für außerwissenschaftliche Interessen direkter fungibel als Theorien.

(6) Die Grundbegriffe der Politik lassen sich zwischen zwei Polen begreifen: entweder als *Integrations- oder Ordnungsmodelle* oder als *Konflikttheorien*. Kein Begriff ist jedoch auf eine der beiden Varianten eindeu-

tig festgelegt. Der System- oder Machtbegriff als Ordnungsmodell ist von modernen Konflikttheorien dynamisiert worden und nur noch bedingt integrationistisch zu verstehen. Umgekehrt sind Klassen oder Gruppenpluralismuskonzepte von Integrationstheoretikern adaptiert worden und haben dadurch viel von ihrer Dynamik verloren.

Einige kritische Theoretiker begriffen System- und Konflikttheorien nur als zwei Varianten „spätbürgerlichen" Denkens, von denen die Systemtheorie ontologisiert, was die Menschen eint – die Konflikttheorie, das was sie entzweit, den Konflikt. Die Gefahr von Ontologisierung und Substantialisierung ist in der Tat niemals ganz gebannt, auch nicht beim „nichtbürgerlichen" Denken, weil die Übernahme der marxistisch-dialektischen Theorie dazu verleitet, Annahmen über den Geschichtsprozeß sowie über das Verhältnis von Basis und Überbau, Ökonomie und anderen Subsystemen des sozialen Systems zu ontologisieren. Zusammenfassend läßt sich jedoch sagen, daß die Tendenz der politischen Theorie immer wieder auf die Schaffung von Ordnungsmodellen gerichtet ist und daß Konfliktmodelle den Ordnungsmodellen gegenüber strukturell benachteiligt zu sein scheinen:

a) Systematisches Denken zeigt immer wieder die Tendenz, zum *doktrinären System* zu gerinnen. Elemente von statischem Gleichgewichtsdenken fanden sich in allen Konflikttheorien: in den *cross-cutting-memberships* – *cross-cutting-cleavages* der Gruppentheorien, im *Patt der Vetogruppen* (Riesman), in der Annahme temporärer *Klassengleichgewichte* in der Klassentheorie und der Vorstellung einer *Rückkoppelung* der Elite durch demokratische Führungsauslese an die Massenbasis und die Existenz der *Gegenelite* (Lasswell) bei den Elitentheorien.

b) Die widersprüchlich konzipierten Einheiten, wie Gruppen, Klassen und Eliten-Massen, wurden von den Ordnungsmodellen ebenfalls verwandt und nicht selten in nichtantagonistischem Sinne umgedeutet, so daß im täglichen Sprachgebrauch (in Amerika selbst bei dem Klassenbegriff, der überwiegend im Sinne des Warnerschen Gradationsschemas benutzt wird) eine *konfliktferne Deutung der Begriffe* überwiegt.

c) Während die Grundbegriffe der Ordnungsmodelle wie „Staat", „politisches System", „Macht", „Politische Kultur" oder „Konsens" jedoch die Tendenz hatten, sich zur nichtoperationalisierbaren *Leerformel* auszuweiten, gaben die Grundbegriffe der Konflikttheorien – da sie von Teilen und nicht vom Ganzen ausgingen – mehr Anregungen zur Hypothesenbildung im Bereich der empirischen Detailforschung.

Sie erkauften diese Fruchtbarkeit der Anregung zu konkreter Forschung indessen mit dem Abnehmen des theoretischen Niveaus. Allgemeine Konflikttheorien waren meist *Evolutionsschemen* mit detaillierter Periodisierung – wie sie von Comte bis zum modernen historischen Materialismus immer wieder einflußreich sind – oder *Modernisierungstheorien,* die als Theorien über historische Prozesse einen stärkeren Imperativ zum Handeln enthielten als die Ordnungsmodelle. In der Beschreibung historischer Stufen indessen gingen auch die Konflikttheorien überwiegend taxonomisch vor und verloren sich in Typologien, die allenfalls noch unter dem Gesichtspunkt einer revolutionären Organisationslehre den Mobilisierungscharakter von Konflikttheorien bewahrten.

(7) In allen Theorien sind neben empirischen immer auch *ideologische Elemente* enthalten, und diese sind nicht einmal ausschließlich negativ zu bewerten. Ohne spekulative Vorgriffe fallen in der Regel die Hypothesen für empirische Arbeit dürftig aus. Kreative Phantasie ist jedoch an soziale Positionen und ein bestimmtes Vorverständnis gebunden, das bei allem Bemühen nie ganz ideologiefrei zu halten sein wird. Das Wissen um die Unvermeidbarkeit ideologischer Elemente und die Würdigung ihrer schöpferischen Seiten brauchen jedoch nicht in die Verherrlichung der politischen Theorie als „Ziviltheologie" zu führen, die Falsifikation durch Heilsgewißheit und Überprüfung durch einseitige Kommunikationsformen wie Indoktrinierung und Agitation auszuschalten versucht.

(8) Spätestens seit der französischen Revolution wurde offenbar, daß die Theorien der Politik sich nicht im luftleeren Raum einer normativ gedachten „*societas civilis*" entwickeln, sondern *von großen Ereignissen präformiert* werden. Die Suche nach dem Movens der Theoriegeschichte unterschied mehrere Ebenen der außertheoretischen Einwirkungen auf die Theorieentwicklung:

- Die Wissenschaftstraditionen und Denkstile der Länder, ihrerseits von der Organisation des Wissenschaftssystems geformt, üben *langfristige* Wirkungen auch auf die Entwicklung der politischen Theorie aus.
- Die Konkurrenz zu anderen Fächern und die Abgrenzung eines relativ jungen Faches, wie der Politikwissenschaft, übt *mittelfristige* Wirkungen auf die Theorieproduktion aus.

- Bei den aktualitätsbezogenen Sozialwissenschaften kommt es immer wieder zu Tendenzwenden, politischen Einbrüchen und Mode-Anforderungen des politischen Systems und seiner Umwelt, die *kurzfristige* Wirkungen auf die Produktion politischer Theorien entfalten.

Der Einfluß der großen Transformation seit 1989 ist prima vista ein solch kurzfristiger Einfluß auf die Theorieproduktion. Neue soziale Lagen führen zu Theoriemoden, die durch staatliche Förderung unterstützt, mittelfristige Wirkung auf die Theorieentwicklung entfalten. Es mehren sich jedoch die Stimmen, die eine Transformationswissenschaft für Unsinn halten und die Besonderheiten des sozialen Wandels nach dem Zusammenbruch autoritärer Regime des Sozialismus unter den hergebrachten Oberbegriffen behandeln wollen. Insbesondere wird im Kampf um Förderungsmittel – wie einst bei der Friedensforschung – von den Traditionalisten Wert auf die Feststellung gelegt, daß keine Sonderfonds zu schaffen seien und die neuen Themen sich dem Normalverfahren der Förderungsevaluierung zu unterwerfen hätten.

Nur von der Transformationstheorie selbst kann man erwarten, daß dieser Wandel einen ganzen Wissenszweig neu konstituiert. In den meisten Bereichen ist dieser Einfluß eher indirekter Art. Je formaler ein Theorieansatz, umso gleichgültiger ist der Anwendungsbereich, wie beim Rational Choice-Ansatz. In einigen Bereichen ist die Theorieentwicklung eher von der langsamen Erosion des realen Sozialismus geformt worden als von einem konkreten Ereignis. Der Kollaps des sozialistischen Lagers ist für den Autopoietiker, der bei dem theoretischen „Flug über den Wolken" schon Anfang der achtziger Jahre „die erloschenen Vulkane des Marxismus" sichtete, nicht verwunderlich (Luhmann 1984: 13). Es fehlte zunehmend an großen Alternativen zum Mainstream westlicher Theorien. Visionen „aktiver Gesellschaft" und handlungstheoretischer Steuerungstheorien hatten einen schweren Stand. Aber das Ereignis von 1989 hat die Theorieentwicklung allenfalls in ihrem Aha-Effekt bestärkt. Die Autopoietiker warnten uns davor, die wenigen Anhaltspunkte im Flug über die soziale Landschaft als Anhaltspunkte für die Steuerung der Theorieentwicklung zu nehmen. Die Suche nach Alternativen zu den szientistischen Ansätzen, früher in toto als „Positivismus" kritisiert, ein Verdikt, das den Marxismus-Leninismus in seiner vorherrschenden Form zunehmend einschloß, ist durch das Ereignis von 1989 befruchtet worden, etwa im Kommunitarismus. Die Suche nach einem neuen Verständnis von Bürgertugend (*citizenship*) und *civil society* hatte längst vor 1989 begonnen. Aber die friedliche Kerzenrevolution und ihr schwacher Widerglanz im Westen bei der Bewältigung von Folgeproblemen der globalen Änderungen (z.b. Lichterketten gegen Ausländerfeindlichkeit) erhielten Auftrieb durch die Ereignisse.

Nicht alle Theorieelemente, welche auch von äußeren Ereignissen abhängen, sind von der Transformationsproblematik geformt worden. Die Kämpfe um eine nichtpaternalistische Abtreibungsregelung dürfte auf die Entwicklung der feministischen Theorie größeren Einfluß gehabt haben als der Kollaps des Sozialismus. Dennoch haben einige Theoretikerinnen, wie Nancy Fraser (1995), welche die feministische Theorie stärker mit den Ansprüchen anderer vernachlässigter Gruppen verknüpften, auf das Ende des Sozialismus schon im Titel angespielt. Der Sozialismus und sein Untergang spielt für das Argument kaum eine Rolle. Aber „der Kampf um Anerkennung" wird als *„postsozialistischer Konflikt"*, der viele Gruppen von der Nationalität bis zur Sexualität betrifft, durch den Niedergang des Kommunismus gefördert gesehen. Die Kulturblindheit des politökonomischen Paradigmas des Marxismus scheint damit obsolet zu sein. Aber die Mäßigung einer solchen Position zeigt sich darin, daß „kulturelle Anerkennung" und „soziale Redistribution" qua Anspruch nicht mehr als antagonistisch gesehen werden. Sexualitätsgruppen sind „kulturell", Klassen „ökonomisch" konstituiert. Aber es wird nicht verkannt, daß Rasse und Geschlecht immer beide Aspekte der Revindikation auf sich vereinigen: Anerkennung und Umverteilung. „Transformation" wird als Strategie noch vorgesehen. Auf der Ebene der Redistribution steht der Sozialismus noch als Modell neben dem liberalen Wohlfahrtsstaat. Auf der Ebene der „Anerkennung" hingegen bleibt „Transformation" gegenüber der „Affirmation" im Multikulturalismus noch ein Modell der „Dekonstruktion", bei der die Anerkennungsstrukturen umgewandelt werden und Gruppendifferenzierungen destabilisiert werden. Diese postsozialistische Strategie wird vorgezogen und scheint einem „postsozialistischen Sozialismus" angemessen. Jedenfalls wird am Anspruch auf radikale Umverteilung festgehalten. Diese kann sich – je nach Gruppe – redistributiv oder im Kampf um Anerkennung äußern. Radikale Transformationstheorien der benachteiligten Gruppen, die um Anerkennung ringen, haben schon früher Anleihen beim Marxismus, aber Absetzungsmanöver gegenüber sozialistischer Einseitigkeit gemacht.

In der Theoriegeschichte gibt es – wie in der Kulturgeschichte generell – das Phänomen des *survival* und des *revival*. Die Theoriemodelle kommen und gehen und suggerieren einen ständigen Paradigmawandel. Im Alltagsbetrieb der Theoriebildung ist der Wandel hingegen weniger dramatisch.

Auf der Ebene der *Metatheorien* war die ontologisch-normative Ebene immer so marginal, daß sie die Dreiteilung der Trias (normativ, empirisch-analytisch, kritisch-dialektisch) im internationalen Vergleich kaum rechtfertigten (vgl. Einleitung). Die kritisch-dialektischen Theorien verloren an Einfluß. Habermas Diskurstheorie wurde „weberisiert", das heißt empirisch-analytisch angereichert, so daß mehr „Faktizität als Geltung" übrig blieb. Der Kritische Rationalismus wurde theoretisch in liberal-anarchische Formen zum Ultra-Pluralismus weiterentwickelt, so daß er nicht wehrlos der Kritik postmoderner Theorien gegenüberstand, die den dogmatischen Popperismus für den Inbegriff einer veralteten rationalistisch halbierten Moderne hielten. Aber beide Paradigmen überlebten in gewandelter Form. Die kritische Theorie lebte in weniger weitreichenden Theorien der deliberativen und reflexiven Demokratie fort. Sie erwies sich als anpassungsfähig gegenüber neuen Theorien der Zivilgesellschaft und des „Citizenship" (vgl. Kap. III.5). Der kritische Rationalismus wurde vielfach für tot erklärt, lebte aber in Varianten eines realistischeren empirisch-analytischen Ansatzes fort (Lane 1996).

Methodische Ansätze auf der zweiten Ebene der Theoriebildung (Kap. II) überlebten, wie der Behavioralismus oder wurden mit einem neuen Ansatz, wie dem Rational Choice kompatibel gemacht (Dowding 1994). Der Institutionalismus erlebte ein „revival" durch den Neoinstitutionalismus, vor allem als er sich mit dem Rational Choice-Ansatz verband (Kap. II.2 und 5). Ansätze der politischen Ökonomie schienen abgestorben, soweit sie im Vorzeichen des Neomarxismus gestanden hatten. Umso stärker wurden sie unter neoliberaler Flagge (Kap. II.5). Selbst historisch-genetische Ansätze sicherten durch methodologische Aufrüstung mit einem behavioralistischen oder Rational Choice-Handwerkzeug ihr Überleben.

Auf der Ebene der *Grundbegriffe der politikwissenschaftlichen Analyse* gab es starke – und vermutlich nicht revidierbare – Einbrüche beim Klassenkonzept. Die beiden anderen Konfliktmodelle – Gruppenpluralismus und Eliten-Nichteliten-Konflikte – modernisierten sich, zunächst durch den Korporatismus und später durch die Netzwerkanalyse. Analysen der Politischen Klasse veränderten die alten Elitentheorien. Bei den Ordnungsmodellen wurde die Systemtheorie autopoietisch „postmodernisiert" um den Preis der Unbrauchbarkeit für eine empirische Analyse. Politische Kultur trat aus der Enge behavioralistischer Umfrageforschung heraus und erweiterte sich zur Deutungskultur und einer Erforschung der Modi von symbolischer Politik. Selbst der Staatsbegriff – von der autopoietischen Systemtheorie zunehmend „entzaubert" – wurde durch komplexere Steuerungsmodelle am Leben erhalten. Auch in Amerika, wo er nie eine dominante Rolle spielte, kam es zum „revival" unter der Losung „bringing the state back in". Andere Grundbegriffe wie die Demokratie, waren immer hinreichend weit gefaßt, um unterschiedliche Ausdeutungen zu ermöglichen. In den neunziger Jahren wurden sie durch diskurstheoretische Anregungen in der deliberativen und reflexiven Demokratie dynamisiert. Die Zivilgesellschaft wurde zu einem ganz neuen gesellschaftstheoretischen Fokus, welcher die Sicht auf eine bloß repräsentative Demokratie erweiterte (Kap. II.5). 1989/90 schien die westliche Demokratie gesiegt zu haben und alternativlos geworden zu sein. Eine Stimmung des Sektkorkenknallens konnte gleichwohl auch in der westlichen Welt nicht aufkommen. Zivilgesellschaftliche Ansätze, die über die bürokratische Herrschaft des realen Sozialismus triumphiert hatten, erhielten gewaltigen Auftrieb. Die Liberalismus-Kommunitarismus-Debatte hatte schon in den 80er Jahren neue Horizonte der normativen Theorie eröffnet. Was kein Szientist für möglich gehalten hatte, trat ein: eine beispiellose Wiedergeburt der normativen Theorie.

Literatur

H.-J. Arndt: Die Besiegten von 1945. Versuch einer Politologie für Deutsche samt Würdigung der Politikwissenschaft in der Bundesrepublik Deutschland. Berlin, Duncker & Humblot 1978

U. von Alemann (Hrsg.): Politikwissenschaftliche Methoden. Opladen, Westdeutscher Verlag 1995

T. Ball (Hrsg.): Ideoms of Inquiry: Critique and Renewal in Political Science. Albany, Suny Press 1987

A. Benz/W. Seibel (Hrsg.): Theorieentwicklung in der Politikwisssenschaft – eine Zwischenbilanz. Baden-Baden, Nomos 1997

K. von Beyme: Neuere Tendenzen der Entwicklung von Theorien der Politik. In: Ders.: Der Vergleich in der Politikwissenschaft. München, Piper 1988: 11-28

K. von Beyme (Hrsg.): Politikwissenschaft in der Bundesrepublik Deutschland. Entwicklungsprobleme einer Disziplin. Opladen, Westdeutscher Verlag 1986 (Sonderheft 17 der PVS)

K. von Beyme: Theorie der Politik im 20. Jahrhundert. Von der Moderne zur Postmoderne. Frankfurt, Suhrkamp ³1996

K. von Beyme/C. Offe (Hrsg.): Politische Theorien in der Ära der Transformation. PVS-Sonderheft 26, 1996

C. von Braunmühl u.a.: Probleme einer materialistischen Staatstheorie. Frankfurt, Suhrkamp 1973

S. C. Brown (Hrsg.): Philosophical Disputes in the Social Sciences. Sussex, Harvester 1979

H. Busshoff: Systemtheorie als Theorie der Politik. Pullach, Verlag Dokumentation 1975

K. W. Deutsch: On Political Theory and Political Action. APSR 1971: 11-17

K. Dowding: The compatibility of behavioralism, rational choice and ‚new institutionalism'. Journal of Theoretical Politics, Bd. 6, Nr. 1 1994: 105-117

J. W. Falter: Der ‚Positivismusstreit' in der amerikanischen Politikwissenschaft. Opladen, Westdeutscher Verlag 1982

J. W. Falter u.a.: Politische Theorie in den USA. Eine empirische Analyse der Entwicklung von 1950-1980. Opladen, Westdeutscher Verlag 1990

L. S. Feuer: Die autoritäre Vermessenheit. Ideologen im Dilemma. Graz, Styria 1978

P. Feyerabend: Wider den Methodenzwang. Frankfurt, Suhrkamp 1975

D. W. Fiske/R. A. Shweder (Hrsg.): Metatheory in Social Science. Chicago, University of Chicago Press 1986

N. Fraser: Recognition, Redistribution? The Journal of Political Philosophy, Nr. 2 1995: 166-180

N. Fraser: From Redistribution to Recognition? Dilemmas of Justice in a Post-Socialist Age. New Left Review, Nr. 212 1995: 68-93

G. Göhler/B. Zeuner (Hrsg.): Kontinuitäten und Brüche der deutschen Politikwissenschaft. Baden-Baden, Nomos 1991

R. E. Goodin/H.-D. Klingemann (Hrsg.): A New Handbook of Politcal Science. Oxford, Oxford University Press 1996

L. L. Hargens: Anomie und Dissens in wissenschaftlichen Gemeinschaften. In: N. Stehr/R. König (Hrsg.): Wissenschaftssoziologie. Studien und Materialien. (Sonderheft 18 der KZfSS) Opladen, Westdeutscher Verlag 1975: 375-392

D. Held: Political Theory Today. Stanford, Stanford University Press 1991

K. O. Hondrich/J. Matthes (Hrsg.): Theorienvergleich in den Sozialwissenschaften. Darmstadt, Luchterhand 1979

H. Kastendiek: Die Entwicklung der westdeutschen Politikwissenschaft. Frankfurt, Campus 1977

J. Kocka/Th. Nipperdey (Hrsg.): Theorie und Erzählung in der Geschichte. München, DTV 1979

Th. S. Kuhn: Die Struktur wissenschaftlicher Revolutionen. Frankfurt, Suhrkamp ²1976

R. Lane: Positivism, Scientific Realism and Political Science. Recent Developments in the Philosophy of Science. Journal of Theoretical Politics, Bd. 6, Nr. 3 1996: 361-382

W. Lepenies: Die drei Kulturen. Soziologie zwischen Literatur und Wissenschaft. München, Hanser 1985

P. Ch. Ludz: Thomas S. Kuhns Paradigmathese: eine ideologiekritische Untersuchung. In: Sozialphilosophie als Aufklärung. Festschrift für Ernst Topitsch. Tühingen, Mohr 1978: 217-246

N. Luhmann: Soziale Systeme. Frankfurt, Suhrkamp 1984

R. K. Merton: Social Theory and Social Structure. Glencoe/Ill., Free Press 1961

H. Spinner: Pluralismus als Erkenntnismodell. Frankfurt, Suhrkamp 1974

Th. Stammen: Theoriendynamik in der Politikwissenschaft. München, Vögel 1976

J. M. Vallès/K. Newton (Hrsg.): Political Science in Western Europe 1960-1990. European Journal for Political Research. Special Issue 1991

R. Wagner: Sozialwissenschaften und Staat in Kontinentaleuropa. Konstitutionsbedingungen des gesellschaftswissenschaftlichen Diskurses der Moderne. Frankfurt, Campus 1990

Sh. S. Wolin: Paradigms and Political Theory. In: P. King/B. C. Parekh (Hrsg.): Politics and Experience. Cambridge/Mass., Harvard UP 1968: 125-152

Register

Adorno, Th. W.   48, 70, 81
Albert, H.   13, 44, 71, 72, 76ff., 91, 134, 168, 175
Allardt, E.   98
Almond, G.   21, 26, 100, 104, 112, 119f., 125, 141, 163, 168, 172, 206, 209f., 221ff., 233, 242
Apter, D.   163
Arendt, H.   17f., 41, 46, 49, 65, 228, 260
Aristoteles   40f., 47, 67, 99, 156, 222, 237, 242, 273, 342, 344

Bacon, F.   40, 41
Banfield, E.   133, 197, 322, 327
Barker, E.   97
Bay, Ch.   118, 121, 231
Beck, U.   22, 33, 56, 85, 258, 263, 292
Bentham, J.   137, 273f.
Bentley, A. F.   19, 50, 112, 227, 274ff.
Bergstraesser, A.   42f.
Bermbach, U.   238
Burgess, J. W.   112
Burke, E.   40, 43

Comte, A.   18, 93, 162, 170, 302, 350
Coser, L.   131
Crick, B.   29, 45ff.
Croce, B.   94

Dahl, R.   103, 112-121, 197, 228, 252, 322, 331
Dahrendorf, R.   73, 79, 92, 302ff., 310f., 327, 333
Deutsch, K.   21, 26, 28, 104f., 118ff., 131, 198ff., 204ff., 222f., 242ff., 323, 333, 341, 345
Downs, A.   18, 77, 137f., 239, 328

Durkheim, E.   18, 29, 55, 112, 124, 152ff.
Duverger, M.   97, 162, 164
Easton, D.   10, 21, 26, 100ff., 122, 124, 157, 206, 224
Eckstein, H.   120f., 226f., 242, 244
Engels, F.   162, 183, 188, 252, 276
Etzioni, A.   21, 31, 53, 63, 130, 191, 198, 214ff.
Eulau, H.   17, 102, 112-122, 152

Feyerabend, P.   78, 85, 340
Forsthoff, E.   186, 187
Foucault, M.   85, 153, 201
Freud, S.   195, 198
Friedrich, C. J.   9, 16, 65, 97, 121, 151, 161
Fromm, E.   239

Geiger, Th.   298, 303

Habermas, J.   22, 51f., 56ff., 73ff., 81ff., 127, 132ff., 179, 183, 189, 255, 259, 261f., 301, 342, 353
Hauriou, M.   100
Hegel, G. F. W.   62, 81, 182ff., 260, 273, 277, 285, 299
Hempel, C.   128
Hennis, W.   29, 40ff., 255
Hirsch, J.   188, 343
Hirschman, A. O.   168
Hobbes, Th.   40, 43, 184, 194ff., 270, 312, 342
Horkheimer, M.   48
Huntington, S.   15, 66, 101, 245, 250

Inglehart, R.   226, 231f.

Jouvenel, B. de   45, 49

Kaplan, M. A. 16, 19, 102, 205, 326, 329
Key, V. O. 19, 112, 277
Koselleck, R. 88ff., 165
Kuhn, Th. 8, 17, 148, 340ff.

Lakatos, I. 8, 77f., 143, 148
LaPalombara, J. 275, 287
Lasswell, H. 16, 17, 19, 102, 112, 312, 318, 325f., 329ff., 349
Lehmbruch, G. 20, 223, 227f., 242
Lenin, V. I. 297, 301
Lenski, G. 305
Lerner, D. 171f., 318, 325f.,
Lijphart, A. 20, 173, 227ff., 242, 247
Lipset, S. M. 29, 118ff., 172ff., 239, 243, 307
Lübbe, H. 47f.
Luhmann, N. 28, 29, 30, 31, 32, 33, 59, 72, 85, 87, 98-110, 123-136, 147ff., 186, 201, 203, 207-221, 231, 260, 316, 342, 351
Lyotard, F. 85

Machiavelli, N. 40ff., 99, 271, 311, 318, 342
Maier, H. 41ff., 92
Malinowski, B. 123, 223
Mannheim, K. 57, 319, 330
Marin, B. 20, 284f.
Marx, K. 81, 99, 182, 188, 262ff., 296ff., 346ff.
Merton, R. K. 70, 81, 125ff., 145, 306, 345, 347
Michels, R. 108, 301, 312ff.
Miliband, R. 102, 190
Mill, J. St. 153ff.
Mills, C. W. 307, 314, 322, 326ff.
Montesquieu, Ch. 41ff., 58, 100, 156, 162, 222
Morgenthau, H. 196
Morus, Th. 41, 58
Mosca, G. 301, 310, 312ff.
Münch, R. 20, 34, 55, 100, 107

Narr, W.-D. 12, 26, 235
Naschold, F. 12, 159, 212, 235, 254, 257, 329

Nietzsche, F. 194, 195, 312

Oakeshott, M. 43ff.
Offe, C. 14, 175, 188, 189, 245, 247, 257, 285, 305, 314, 323
Olson, M. 102, 137ff., 279-295
Ostrogorski, M. 108, 162, 165, 314

Pareto, V. 112, 302, 310ff., 347
Parsons, T. 55, 100, 125-136, 147, 164, 201, 204ff., 219, 283, 304
Popper, K. R. 7, 8, 45, 56, 71-86, 340, 346, 353
Poulantzas, N. 102, 183

Rawls, J. 51-69, 180
Riesman, D. 137, 143ff., 201, 239, 277, 307, 330, 349
Riker, W. 16, 17, 23, 76, 190, 341
Rokkan, St. 29, 121, 173, 228
Rousseau, J.-J. 43, 237, 240ff., 247

Sartori, G. 29, 109, 114, 153, 163ff., 179, 246, 247f.
Scharpf, F. W. 106, 140, 158f., 235, 238, 255, 290, 293
Scheuch, E. K. 77, 84, 113, 121, 175
Schluchter, W. 318, 319
Schmitt, C. 184, 186
Schmitter, Ph. 20, 244ff., 281ff.
Schumpeter, J. A. 239, 301
Spinner, H. 8, 77ff., 340
Spiro, H. 42, 118, 206, 208ff.
Sternberger, D. 47, 67, 99, 222
Strauss, L. 16, 42-69

Thomas von Aquin 41, 270
Tocqueville, A. de 100, 165, 170, 222, 243
Topitsch, W. 79-81
Truman, D. 19, 50, 112, 227, 276ff.

Verba, S. 27, 119, 162, 165, 171, 222, 353
Voegelin, E. 42ff.

Walzer, M. 51, 53, 59, 62, 264
Weber, M. 18, 26, 55, 90, 99ff.,

142ff., 162, 163, 180, 183, 194, 199, 204, 219, 283, 302, 314ff., 347
Weldon, Th. 46, 182, 184
Willke, H. 21, 31ff., 191, 192, 218, 220, 291, 293
Wittgenstein, L. 46, 180, 337

AUS DEM PROGRAMM

Politikwissenschaft

Joachim Jens Hesse, Thomas Ellwein
Das Regierungssystem der Bundesrepublik Deutschland
Band 1: Text, Band 2: Materialien
8., völlig neubearb. und erw. Aufl. 1997. 1400 S.
Br. DM 98,00
ISBN 3-531-13124-9
Geb. DM 148,00
ISBN 3-531-13125-7

Das Standardwerk über das Regierungssystem der Bundesrepublik Deutschland wurde für die achte Auflage umfassend überarbeitet und auf den neuesten Stand gebracht. Allgemein verständlich geschrieben, vereint das Lehrbuch die Vorzüge einer kompakten Gesamtdarstellung mit denen eines Handbuchs und Nachschlagewerkes.

Klaus von Beyme
Das politische System der Bundesrepublik Deutschland
Eine Einführung
9., neu bearb. und aktual. Aufl. 1999. 475 S. Br. DM 28,00
ISBN 3-531-13426-4

Der seit vielen Jahren in Lehre und Studium bewährte und für die 9. Auflage völlig neu bearbeitete Band ist vor allem dem schwierigen Prozess der deutschen Einigung gewidmet. Außen- und innenpolitische Hindernisse des Prozesses werden dargestellt. Die Schwierigkeiten des Zusammenwachsens von Ost- und Westdeutschland werden mit der Analyse der Institutionen – Parteien, Bundestag, Regierung, Verwaltung, Verfassungsgerichtsbarkeit und Föderalismus – und der politischen Prozesse – Wahlverhalten, Legitimierung des Systems, Durchsetzung organisierter Interessen und Führungsauslese – verknüpft.

Bernhard Schreyer, Manfred Schwarzmeier
Grundkurs Politikwissenschaft: Studium der Politischen Systeme
Eine studienorientierte Einführung
2000. 243 S. Br. DM 32,00
ISBN 3-531-13481-7

Konzipiert als studienorientierte Einführung, richtet sich diese Einführung in erster Linie an die Zielgruppe der Studienanfänger. Auf der Grundlage eines politikwissenschaftlichen Systemmodells werden alle wichtigen Bereiche eines politischen Systems dargestellt. Im Anhang werden die wichtigsten Begriffe in einem Glossar zusammengestellt. Ein Sach- und Personenregister sowie ein ausführliches allgemeines Literaturverzeichnis runden das Werk ab.

www.westdeutschervlg.de

Erhältlich im Buchhandel oder beim Verlag.
Änderungen vorbehalten. Stand: April 2000.

Abraham-Lincoln-Str. 46
65189 Wiesbaden
Tel. 0611. 78 78 - 285
Fax. 06 11. 78 78 - 400

Westdeutscher Verlag